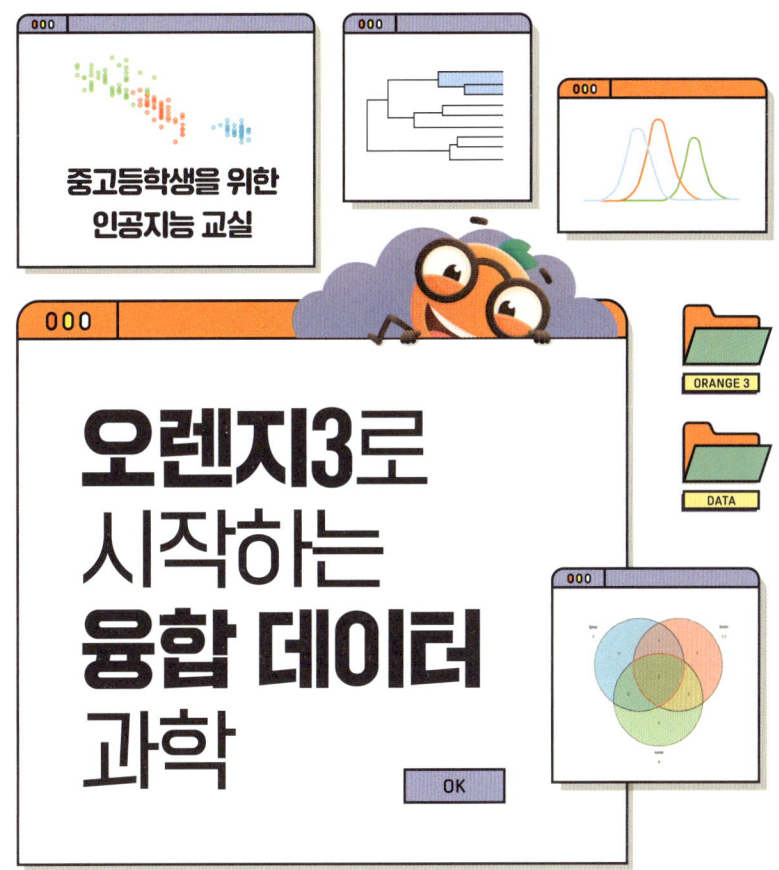

오렌지3로 시작하는 융합 데이터 과학

중고등학생을 위한 인공지능 교실

채상미·김세희·박솔애·우범윤·이준용·정지은·조광진 지음

오렌지3로 시작하는 융합 데이터 과학

초판 1쇄 발행 • 2024년 10월 10일 | **지은이** • 채상미, 김세희, 박솔애, 우범윤, 이준용, 정지은, 조광진 | **발행인** • 이종원
발행처 • (주)도서출판 길벗 | **출판사 등록일** • 1990년 12월 24일 | **주소** • 서울시 마포구 월드컵로 10길 56(서교동)
대표 전화 • 02)332-0931 | **팩스** • 02)323-0586 | **홈페이지** • www.gilbut.co.kr

책임편집 • 최준란(chran71@gilbut.co.kr) | **디자인** • 강은경 | **제작** • 이준호, 손일순, 이진혁
영업마케팅 • 김진성 | **영업관리** • 김명자 | **독자지원** • 윤정아

교정교열 • 장도영프로젝트 | **전산편집** • 박은비 | **출력 및 인쇄** • 정민인쇄 | **제본** • 정민제본

잘못된 책은 구입한 서점에서 바꿔 드립니다. 이 책에 실린 모든 내용, 디자인, 이미지, 편집 구성의 저작권은 길벗과 지은이에게 있습니다.
허락 없이 복제하거나 다른 매체에 옮겨 실을 수 없습니다.
ISBN 979-11-407-1424-7 03000(길벗 도서번호 060114)
정가 25,000원

독자의 1초를 아껴주는 정성 길벗출판사

(주)도서출판 길벗(www.gilbut.co.kr) • 교육서, IT단행본, 경제경영서, 어학&실용서, 인문교양서, 자녀교육서
길벗스쿨(www.gilbutschool.co.kr) • 국어학습, 수학학습, 어린이교양, 주니어 어학학습, 학습단행본
페이스북 • www.facebook.com/gilbutzigy | **커뮤니티** • http://cafe.naver.com/gilbutit

머리말

데이터 과학의 세계는 매혹적입니다. 또한 데이터가 존재하는 곳이라면 어디든지 포함될 수 있다는 점에서 데이터 과학의 세계는 방대합니다. 수십억 개의 데이터가 생성되고, 그 속에서 의미를 추출하는 과정은 끝이 없습니다. 이처럼 방대한 데이터는 인간의 이해력을 넘어서는 복잡성과 깊이를 가지고 있으며, 이를 분석하는 과정은 끊임없는 도전과 탐험을 요구합니다.

데이터 과학은 단순히 숫자와 통계의 나열을 넘어서, 우리가 일상적으로 접하는 현상과 문제를 새로운 시각으로 바라보게 해줍니다. 데이터 속에 숨겨진 패턴과 인사이트를 발견하는 것은 마치 숨겨진 보물을 찾는 듯한 기쁨을 줍니다. 우리는 데이터의 흐름 속에서 인간 행동의 복잡성을 이해하고, 미래를 예측하며, 더 나은 결정을 내릴 수 있는 통찰을 얻습니다.

이 책은 데이터 과학의 기초를 다지면서도 실용적인 도구와 기법을 제공하기 위해 쓰였습니다. 특히 우리는 강력하고 직관적인 데이터 분석 툴인 오렌지3를 중심으로 데이터 과학을 탐구할 것입니다. 오렌지3의 다양한 기능을 활용하여 데이터 전처리, 시각화, 기계학습 모델링, 평가 및 해석 등 데이터 과학의 주요 과정을 다룰 것입니다.

특히 데이터 과학의 수학적 기초와 사회, 과학과 융합하는 것이 이 책의 목표입니다. 과학 데이터와 사회 데이터를 분석할 때 실제 문제의 해결에 데이터 과학이 어떠한 기여를 할 수 있는지를 보여주고자 합니다.

각 장은 사례를 중심으로 구성되어 있어, 이론적인 학습과 실습이 자연스럽게 어우러지도록 설계되었습니다. 학교 현장에서 중등 정보 교사뿐만 아니라 다른 과목의 교사들, 중고등학생, 그리고 데이터 과학을 처음 접하는 초보자들까지도 쉽게 따라 할 수 있도록 단계별 가이드를 제공하여 다양한 학습자들이 효율적으로 학습하도록 돕습니다.

이 책을 펼치며 데이터 과학의 여정을 시작하는 여러분의 호기심과 열정을 응원합니다. 데이터 분석의 힘을 통해 세상의 문제를 해결하고 새로운 통찰을 얻는 기쁨을 누리시길 바랍니다. 데이터의 힘을 믿고, 오렌지3와 함께 풍부한 분석의 세계를 탐험해보세요.

감사합니다.

저자를 대표하여
채상미

이 책을 미리 따라 해본 베타테스터들의 한마디

"데이터 분석 입문자도 쉽게 따라 할 수 있는 완벽한 가이드!
오렌지3를 처음 시작하는 분들에게 꼭 필요한 책!"

데이터 분석에 대한 문턱을 낮춰주는 오렌지3! 이 책은 그 문턱을 더욱 낮춰주는 완벽한 책으로, 초보자에게 최적화되어 있습니다. 이 책은 직관적인 시각 자료와 함께 단계별로 친절한 설명을 제공하여 복잡한 데이터 분석 개념도 쉽게 익힐 수 있도록 돕습니다. 실생활에서의 주제를 다룬 실습 예제들은 학습자가 더욱 흥미롭게 데이터 분석을 할 수 있도록 하며 그 결과는 성취감을 줍니다. 또한 책 곳곳에 배치된 Tip 섹션은 실습 중 깊이 있는 이해를 돕고, 기본적인 내용부터 응용까지 폭넓게 다룰 수 있게 구성되었습니다. 데이터를 다루는 전 과정이 시각 자료로 명확하게 설명되어 있어, 차근차근 따라가다 보면 누구나 오렌지3를 통하여 데이터 분석 능력을 기를 수 있습니다. 코딩에 대한 부담 없이 데이터 분석을 경험하고 싶은 분, 데이터 시각화를 통해 데이터를 더욱 효과적으로 표현하고 싶은 분, 기계학습(머신러닝)을 처음 시작하는 분들에게 이 책을 강력 추천합니다.

— 양산중학교, 신혜선

오렌지3는 텍스트 코딩을 작성할 필요 없이, 위젯들을 서로 연결하면 쉽고 간결하게 인공지능을 활용해 데이터 분석과 기계학습 모델의 성능을 비교 분석할 수 있어서, 학생들이 쉽게 다룰 수 있는 매우 훌륭한 프로그램입니다. 이 책은 특히 실생활과 밀접한 예제로 실습할 수 있게 구성되어 있어, 학생들이 흥미를 느끼고 접근하기에 매우 유익한 데이터 분석 교양서입니다. 알맞은 그림 표현과 명료한 설명은, 책을 따라 실습하다 보면 어느새 인공지능 모델을 활용하여 데이터를 분석하고 문제를 해결한 결과가 눈앞에 펼쳐지는 신기한 경험을 안겨줄 것입니다. 이 책이 흥미로운 또 다른 이유는, 각 챕터마다 <준비하기>로 상황 스토리를 제시해 해결해야 할 문제를 보여주고 <정리하기>로 결과가 나오기까지 놓친 부분은 없었는지 다시 한번 검토할 수 있기 때문입니다. 오렌지3로 데이터 분석에 대해 공부하고 싶은 학생들에게 친절하게 설명을 해주는 이 책을 추천합니다.

— 동광양중학교, 안정은

데이터 분석이라고 하면 어렵게 느껴지시나요?

한번 생각해보세요. 여러분이 지금 다니는 학교에 늦지 않게 가려면 몇 시쯤 집을 나서야 하나요? 우리는 본능적으로 몇 시쯤 집을 나서야 늦지 않게 학교에 도착할 수 있는지 알고 있습니다. 아마 우리 뇌 속에 쌓인 수많은 데이터를 바탕으로 예측한 결과일 것입니다. 이 밖에 화장실을 지금 가야 할지 조금 더 참아도 될지와 같은 일상적인 결정도 우리는 분석과 예측을 기반으로 하고 있습니다.

이 책은 그 과정을 직접 실습하며 이해할 수 있도록 친절하게 안내해줍니다. 언제쯤 첫눈이 내릴지, 영화를 본 사람들은 어떤 리뷰를 남겼을지, 미세먼지 데이터로 언제 푸른 하늘을 볼 수 있을지 등 아주 흥미로운 주제들이 여러분을 기다리고 있습니다! 부디 포기하지 말고 끝까지 차근차근 따라 해보세요. 여러분이 바라보는 세상이 아주 흥미롭게 바뀔 거예요!

― 용인고등학교, 백승균

학생들을 대상으로 데이터 분석 수업을 할 때 몇 가지 고민이 있습니다. 가장 큰 고민은 '어떤 데이터로 수업 구성을 해야 학생들이 재미있어할까?'입니다. 이 책은 학생들이 흥미로워할 만한 소재와 유익한 주제로 실습이 이루어져 있어 수업 아이디어를 얻기가 좋습니다. 그다음 고민은 '텍스트 코딩의 문법적 측면보다 데이터 분석의 원리와 이해를 중점으로 한 수업을 구성하고 싶다'입니다. 아이들과 프로그래밍 실습을 할 때 텍스트 코딩의 문법의 어려움과 틀린 문자 찾기로 수업 진행에 많은 어려움이 있습니다. 이 점 또한 이 책은 오렌지3를 사용하여 언어에 초점을 두지 않고 단순히 위젯을 드래그 앤 드 드롭하여 학생들이 데이터 분석에 초점을 맞출 수 있게 해준다는 점에서 저의 고민을 해결해주었습니다. 또한 실습 과정의 시각화 예시가 순서대로 자세히 설명되어 있어 쉽게 따라 할 수 있습니다. 데이터 분석을 다양한 데이터로 재미있게 공부하고 싶은 학생들과 선생님들께 추천합니다.

― 구룡중학교, 박원미

이 책은 중학생 수준에서도 이해할 수 있도록 쉽게 풀어 설명하고 있으며, 오렌지3의 다양한 기능을 활용하여 데이터 분석의 전 과정을 체험할 수 있도록 구성되어 있습니다. 특히 시각 자료와 함께 실습을 진행할 수 있어, 텍스트 기반의 프로그래밍에 익숙하지 않은 독자들도 쉽게 따라 할 수 있습니다. 이러한 접근 방식은 학습자의 실습 참여도를 높이고, 데이터 과학의 기초부터 실전까지 자연스럽게 익힐 수 있도록 도울 것입니다. 데이터 분석을 처음 접하는 이들에게 매우 유용하기에 데이터 분석에 입문하려는 모든 이에게 강력히 추천할 수 있는 교재입니다.

― 숭덕고등학교, 김현승

베타테스터의 한 줄 평

★ 오렌지3에 대해서 잘 모르는 사람이어도 이 책을 사용해서 차근차근 따라가다 보면 데이터 분석과 인공지능에 대해서 금방 이해할 수 있을 거라고 생각합니다!

— 수원칠보고등학교, 최보미

★ 실생활 데이터로 쉽게 데이터 분석을 할 수 있는 실용적인 책입니다. 꼼꼼한 설명과 다양한 예제들 덕분에 인공지능에 대해 쉽게 이해할 수 있고, 실습을 통해 바로 적용할 수 있어 유익합니다.

— 용인삼계고등학교, 김지현

★ 오렌지3에 대한 실용적이고 다양한 주제들을 볼 수 있어서 좋았습니다. 뻔하지 않은 주제들로 적용 가능한 프로젝트들이 많아서 앞으로 활용도가 높을 것으로 기대됩니다.

— 원곡고등학교, 박수빈

★ 실생활 데이터를 이용하여 분석하고 시각화하는 예제가 자세히 설명되어 있어서 따라 하기 쉽고 수업에 활용하기 좋아요.

— 양강중학교, 윤선영

★ 오렌지3를 잘 몰라도 주변에서 볼 수 있는 데이터를 가지고 따라 해볼 수 있어서 데이터 분석에 쉽게 다가갈 수 있습니다.

— 산내중학교, 이두리

★ 흥미로운 실습 예제가 많아 오렌지3를 처음 접해보는 사람도 재밌게 배울 수 있습니다. 같은 데이터를 다양한 방법으로 분석해볼 수 있도록 꼼꼼하게 설명되어 있어 데이터 과학에 대한 이해가 깊어질 수 있습니다!

— 상갈중학교, 임병주

★ 재미있는 예제로 수업에 활용하기도 좋고, 단계별로 따라 하다 보면 데이터 분석이 너무 쉽게 돼요.

— 신갈고등학교, 강소희

★ 오렌지3의 배경부터 조작 방법이 상세히 작성되어 학생들이 쉽게 따라 할 수 있는 책입니다. 학생들이 흥미를 가질 다양하고 신선한 주제들로 오렌지3를 실습할 수 있어 인공지능과 데이터 분석을 즐겁게 배울 수 있습니다.

— 인천영종고등학교, 김희연

★ 오렌지3를 처음 접하는 사람도 자세한 설명과 시각적인 이미지 그리고 주변에서 쉽게 접할 수 있는 흥미로운 예제를 통해 재미있고 어렵지 않게 기계학습을 배울 수 있습니다.

— 불로중학교, 김주희

★ 실습 예제를 따라 하며 인공지능의 원리를 쉽게 이해할 수 있습니다.

— 부천고등학교, 오유경

★ 흥미로운 주제에 대한 실제 데이터가 단계별로 잘 설명되어 있어 복잡한 기계학습 개념도 부담 없이 이해할 수 있습니다. 이 책을 통해 학생들이 데이터 분석의 재미를 느끼고 실제 프로젝트에 적용하는 기회를 가질 수 있기를 기대합니다!

— 안곡중학교, 정화정

★ 오렌지3로 데이터 과학을 시작하고 싶은 사람은 누구나 쉽게 따라하고 이해할 수 있는 책입니다. 여러 가지 융합 주제를 토대로 차근차근 실습을 하다 보면 데이터 분석의 전체적인 흐름을 이해할 수 있습니다. 이 책을 통해 탄탄한 기본기를 갖추고 본인만의 프로젝트 탐구에 도전해보면 좋을 것 같아요.

— 향남고등학교, 이은무

베타테스터의 한 줄 평

★ 실생활 데이터를 기반으로 원하는 자료를 분석하기 위해 친절한 그림과 설명이 알기 쉽게 되어 있어서 데이터 과학, 인공지능 분야를 쉽게 접해볼 수 있어요!

― 금성고등학교, 이유미

★ 학생들의 흥미를 유발할 수 있는 재밌는 데이터를 사용하고, 문제 해결 과정을 세세하게 설명하고 있어 수업에 활용하기 좋아요.

― 월촌중학교, 김지혜

★ 쉽고 자세하게 풀어쓴 책으로, 중학생도 코딩 없이 어렵지 않게 따라 하면서 실생활의 데이터를 분석해볼 수 있는 기회를 제공하는 책입니다.

― 박달중학교, 모요셉

★ 우리 주변에서 발견할 수 있는 상황들을 데이터 분석을 통해 멋지게 해결하는 과정을 다양하게 보여주는 책이랍니다. 따라 하기 쉬워서 선생님, 학생 모두 좋아하실 것 같아요.

― 백마고등학교, 호준희

★ 데이터 분석을 익힐 때는 흥미로운 실생활 사례가 중요한데, 다양한 실생활 사례와 함께 자세히 설명되어 있어 흥미롭게 따라 할 수 있어서 좋습니다.

― 가림고등학교, 류현욱

★ 실생활과 관련된 주제로 구성된 실습 과제를 다양하게 제공하고 과제별로 실제 작업 순서에 따라 차근차근 설명하고 있어서 학교 현장에서 교과 프로젝트 수업이나 동아리 수업을 위한 교재로 바로 사용할 수 있을 것 같습니다.

― 성덕중학교, 이준웅

⭐ 시계열 분석을 포함한 데이터 분석 기법을 자세히 설명하고 있어서 데이터 과학에 관심 있는 학생들이 흥미를 가지고 실습할 수 있고, 동아리 활동에 활용하기 좋을 것 같아요.

— 광양용강중학교, 우정훈

⭐ 오렌지3를 활용하여 다양한 데이터를 수집 및 활용한 분석과 시각화 과정이 체계적으로 설명되어 있어 교육 현장에 쉽게 활용할 수 있고, 데이터 패턴과 트렌드를 쉽게 이해할 수 있는 우수한 IT 교양 도서입니다.

— 광운인공지능고등학교, 김동영

⭐ 실생활 데이터를 활용해 흥미로운 주제들에 대한 프로젝트를 수행하면서 개념을 직접 적용해보는 과정을 통해 쉽고 재미있게 수업에 활용할 수 있어요.

— 경산고등학교, 성예린

⭐ 이 책은 오렌지3를 활용해 데이터를 분석하는 과정을 실습 위주로 풀어내고 있으며, 이론과 실습이 균형 있게 배치되어 데이터 분석의 기초부터 체계적으로 배울 수 있습니다. 복잡한 코드 없이도 중고등학생 입장에서 강력한 데이터 분석을 수행할 수 있는 점이 돋보입니다.

— 풍암중학교, 주지석

⭐ 학생들에게 데이터 과학의 즐거움과 가능성을 열어주는 최고의 입문서입니다.

— 수원고등학교, 김민지

⭐ 실제 데이터를 기반으로 한 예시와 구체적인 분석 절차가 잘 설명되어 있어 초보자도 쉽게 따라 할 수 있어요.

— 상인천여자중학교, 유동호

베타테스터의 한 줄 평

★ 데이터 홍수 시대에 살아남기 위한 필수 코어 근육! 이 책은 당신의 개인 트레이닝 선생님이 되어 인공지능과 공존하는 세상에서도 잘 살아갈 수 있게 데이터 분석의 코어 근육을 키워줄 겁니다.

— 영신여자고등학교, 김준오

★ 각 실습마다 정리 영역이 있어 문제 해결 과정과 결과를 분석하고 활용 방법을 제시해 독자가 도출한 결론과 비교할 수 있어 유익해요.

— 전주솔빛중학교, 이윤경

★ 데이터 분석을 하고자 하는 모든 학생들이 쉽게 접근할 수 있을 것으로 보입니다. 코딩 없는 데이터 분석 입문을 위한 도서로 추천합니다.

— 별가람고등학교, 김미애

★ 다양한 실습 예제와 실생활 데이터를 활용한 설명 및 교과 융합 사례가 돋보이는 이 책은 중고등학생들에게 데이터 과학과 인공지능 리터러시 함양에 큰 도움이 되리라 생각됩니다.

— 대경중학교, 유정주

★ 예시로 사용된 데이터가 학생들의 눈높이에 적합하여 수업에 활용하기 좋을 것 같고, 어렵지만 꼭 알아야 할 용어와 개념이 따로 정리되어 있어 좋습니다.

— 봉평중학교, 최지연

★ 오렌지3를 활용한 중고등학교 데이터 시각화 수업에서 다양한 예제를 직접 실습하며 활용할 수 있을 것 같아요. 같이 실습 열심히 해봅시다.

— 상산고등학교, 윤현지

★ 학생들과 데이터 분야를 비교적 쉽고 재밌게 배울 수 있는 이런 교양서가 나와서 너무 좋습니다.
― 웅상중학교, 최광일

★ 실생활 데이터를 활용한 쉽고 실용적인 예제로 데이터 분석과 시각화 기술의 교육 현장 적용을 돕는 필수 안내서입니다.
― 운리중학교, 장현국

★ 자주 접하는 데이터를 다루는 내용이라서 초보자도 쉽게 따라 할 수 있어요.
― 전남고등학교, 주하연

★ 캐글의 실생활 데이터를 활용해서 데이터 분석을 해볼 수 있어 좋습니다.
― 한성과학고등학교, 우혜수

★ 데이터를 처리하고 분석하는 과정이 시각적으로 잘 나와 있어서 학생들 스스로도 공부할 수 있을 것 같아요.
― 버들중학교, 김한별

★ 이해하기 쉬운 설명과 실습 예제로 청소년들에게 데이터 과학의 재미를 느끼게 하는 훌륭한 가이드입니다.
― 동지고등학교, 서유니

★ 오렌지3를 배우고 싶은 교사와 학생에게 추천해요!
― 중앙중학교, 김혜령

목차

머리말 ··· 003
이 책을 미리 따라 해본 베타테스터들의 한마디 ················ 004
베타테스터의 한 줄 평 ·· 006

CHAPTER 1

:준비마당: 오렌지3의 기초 상식

오렌지3란 무엇일까? ·· 016
오렌지3 설치하기 ··· 017
오렌지3 시작하기 ··· 021
오렌지3 준비운동 ··· 027

CHAPTER 2

:창의융합: 오렌지3와 데이터 분석

북미에서는 Wii, 일본에서는 GB가 왜 인기일까? ············ 046
| 데이터로 보는 비디오게임 - 데이터 시각화 |

연비가 좋은 자동차를 고르려면 무엇을 알아야 할까? ···· 062
| 딤식직 데이터 분석, 데이터 핵심 속성 추출, 로지스딕 회귀 |

언제쯤 첫눈이 내릴까? ··· 081
| 회귀 |

조건에 따른 주택의 가격을 예측해볼까? ····························· 102
| 지도 학습, 알고리즘 비교 |

축구 선수들을 능력별로 군집화해볼까? 116
| 비지도 학습, K-평균 군집화와 계층적 군집화 |

《개구리 왕자》 동화책 내용은 긍정적일까, 부정적일까? 140
| 텍스트 마이닝 |

전국의 초·중·고등학교는 어떻게 분포되어 있을까? 157
| 지리 정보 시각화 |

CHAPTER 3

: 교과융합 : 오렌지3로 교과과목 응용하기

미세먼지 데이터를 분석하여 푸른 하늘을 예측해보자 190
| 군집(K-means) |

백제, 신라, 고구려의 유물을 구분할 수 있을까? 202
| 로지스틱 회귀 |

구름의 종류를 인공지능으로 잘 분류할 수 있을까? 219
| 트리 기반 분류 모델 |

우리가 사는 지구의 환경은 시간이 지나면서 어떤 변화를 겪고 있을까? 231
| 예측 분석, 시계열 |

영화를 본 사람들은 어떤 리뷰를 남겼을까? 251
| 텍스트 마이닝 |

혈당과 혈압 측정을 통해 당뇨병인지 알 수 있을까? 267
| 지도 학습, 나이브 베이즈 분류 |

CHAPTER 1

: 준비마당 :

오렌지3의 기초 상식

오렌지3란 무엇일까?

오렌지3(Orange3)는 복잡한 코드나 수학적 계산 없이도 위젯을 드래그 앤 드롭 방식으로 데이터 과학 및 기계학습(machine learning)을 수행할 수 있도록 다양한 기능을 제공하는 오픈 소스 소프트웨어이다.
오렌지3의 핵심 기능은 다음과 같다.

- **쉬운 인터페이스**: 사용자는 복잡한 텍스트 프로그램을 작성하지 않고도 드래그 앤 드롭 방식을 활용하여 위젯을 연결하고 구성하여 데이터 분석 및 모델링 작업을 수행할 수 있다.
- **다양한 분석 도구 및 확장성**: 오렌지3는 데이터를 분석하고 시각화하기 위한 다양한 도구를 제공한다. 또 다양한 플러그인과 확장 기능을 제공하여 사용자가 필요에 따라 위젯을 추가해 기능을 확장할 수 있다.
- **기계학습 알고리즘**: 분류, 회귀, 군집화 등 다양한 기계학습 알고리즘을 포함하는 작업을 수행할 수 있다. 이 밖에도 평가 위젯을 제공하여 기계학습 모델의 성능을 비교 및 분석할 수 있다.

오렌지3는 csv 파일을 비롯한 정형 데이터뿐만 아니라 이미지, 텍스트 파일 등 다양한 형태의 비정형 데이터를 다룰 수 있는 추가 위젯을 지원하기 때문에 데이터 분석, 시각화, 예측 및 분류 모델 작업을 수행하는 데 널리 활용되고 있다.

오렌지3 설치하기

오렌지3는 윈도(Windows)와 맥OS(macOS) 운영체제 모두에서 설치할 수 있으며, 설치 방법은 다음과 같다.

1. 오렌지3 설치 파일 다운로드하기

① 인터넷 브라우저를 열고 주소창에 https://orangedatamining.com/을 입력하여 홈페이지에 접속한다.

② 메인 화면에서 Download Orange 3.36.2 를 클릭하거나 상단 메뉴 중 'Download'를 선택하여 자신이 사용하는 운영체제에 해당하는 형식을 선택한다. 이때 버전은 반드시 3.36.2일 필요는 없으며, 설치 시점에서 가장 최신 버전을 다운로드한다.

▶ 오렌지3 다운로드 메뉴

2. 프로그램 파일 설치하기

① 다운로드가 완료되면 다운로드한 파일을 우클릭하여 '관리자 권한으로 실행'을 선택해 설치 프로세스를 시작한다. 이때 '이 앱이 디바이스를 변경할 수 있도록 허용하시겠어요?'라는 질문이 나오면 '예'를 클릭한다.

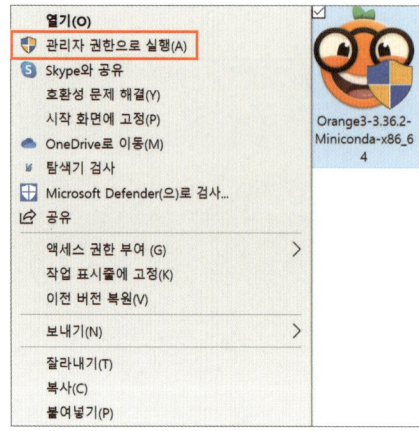

▶ 오렌지3 설치 파일 실행 방법

② 설치 프로세스 과정에서 선택해야 하는 것은 다음과 같다.

a. 설치 프로세스 초기 화면

b. 사용자 선택

설치 환경에 따라 'Install for anyone using this computer'와 'Install just for me' 중에서 선택하고 'Next'를 클릭한다.

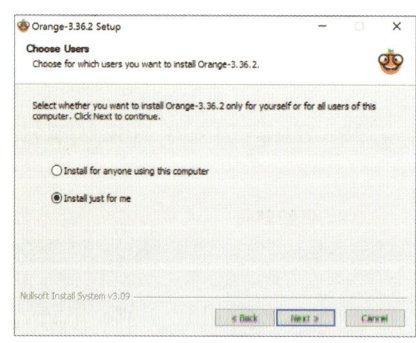

c. 구성요소 선택

'바로 가기' 설치를 위해 'Shortcuts'를 선택한 후 'Next'를 클릭한다.

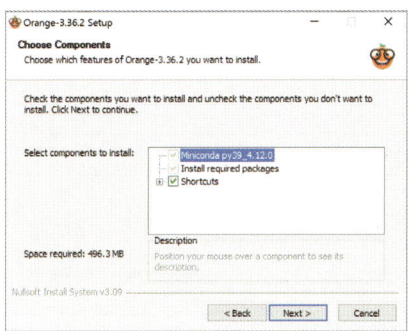

d. 설치 경로 확인

설치되는 경로를 확인한 후 'Next'를 클릭한다.

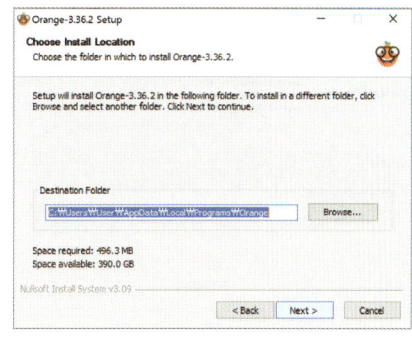

e. 시작 메뉴 폴더명 설정

특별한 상황이 아니라면 'Orange'로 설정하고 'Install'을 선택한다.

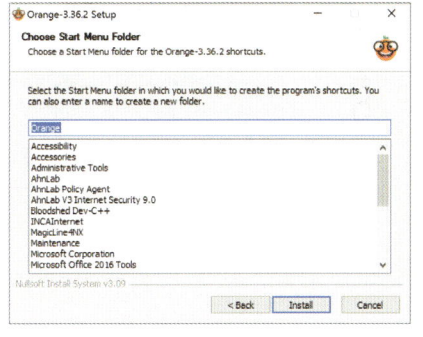

f. 설치 안내 문구 확인

오렌지3는 미니콘다 파이썬 기반으로 작동하기 때문에 기존에 설치되지 않은 환경에서는 자동으로 설치 안내 문구가 뜬다.

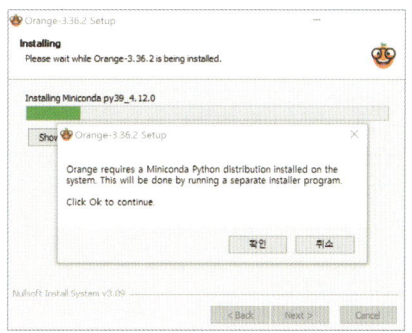

g. 미니콘다 설치

미니콘다 설치 프로세스를 진행한다.

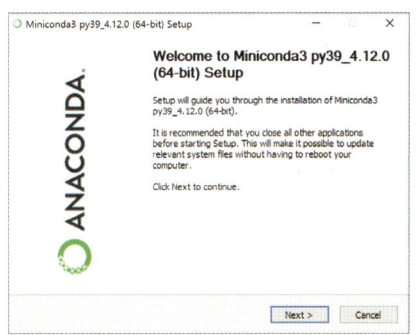

h. 라이선스 동의 확인

라이선스 내용을 확인한 후 'I Agree'를 선택한다.

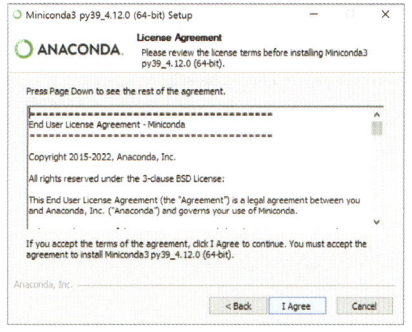

i. 사용자 선택

설치 환경에 따라 'Just Me'와 'All Users' 중에서 하나를 선택하고 'Next'를 클릭한다.

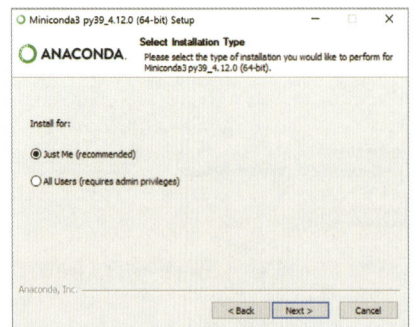

j. 설치 경로 확인

설치되는 경로를 확인한 후 'Next'를 클릭한다.

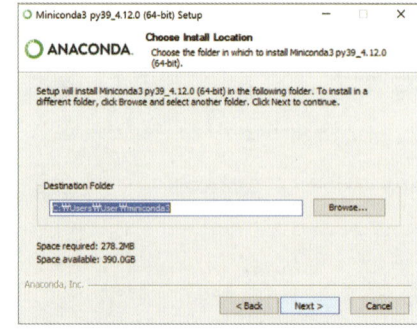

k. 추가 설치 옵션

이때 첫 번째 옵션인 환경변수 설정은 아나콘다를 주력으로 사용할 목적으로 윈도 CMD 창에서 파이썬을 사용하려면 체크한다.

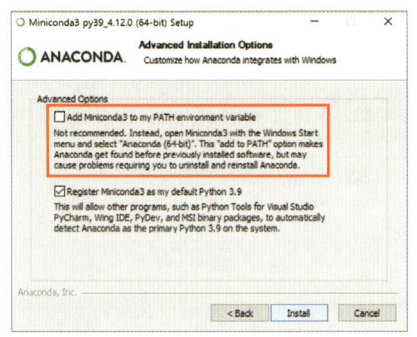

l. 설치 완료

미니콘다 설치를 완료한다.

m. 오렌지3 설치 완료

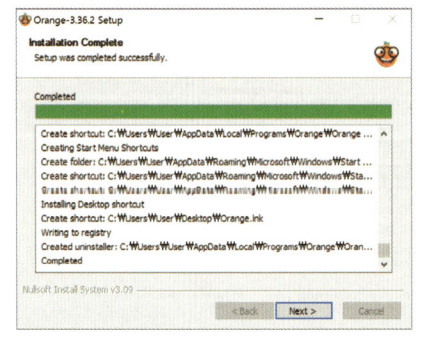

오렌지3 시작하기

1. 오렌지3 기본 화면 구성

▶ 오렌지3 기본 화면 구성

- 오렌지3의 메뉴 바. 파일 생성 및 불러오기, 실행 취소, 보기 설정, 위젯 추가 설치 등 다양한 기능을 지원

- 윗줄 왼쪽부터
  ① 새로 만들기
  ② 기존 프로젝트 불러오기
  ③ 최근 프로젝트 열기
  아랫줄 왼쪽부터
  ④ 튜토리얼 영상
  ⑤ 홈페이지 튜토리얼 페이지
  ⑥ 예제 파일
  ⑦ 카테고리별 위젯 설명 페이지

- 카테고리별로 사용할 수 있는 위젯을 표시하는 위젯 카테고리

- 노란 박스 안의 위젯에 마우스 커서를 가져다놓으면 해당 위젯에 대한 간략한 설명 제공

- 왼쪽부터 ① 프로젝트 정보 작성 ② 캔버스의 위젯 정리
  ③ 캔버스 위 주석 입력 ④ 캔버스 위 화살표 추가
  ⑤ 프로그램 실행 일시 정지 ⑥ 초록 박스(도움창) 활성화

2. 위젯 카테고리

오렌지3에서 위젯은 데이터 분석 및 시각화, 기계학습을 위해 사용되는 사용자 인터페이스 요소다. 각 위젯마다 특정 작업을 수행하고 그 결과를 사용자에게 제공하므로, 사용자는 캔버스 위에 위젯들을 서로 연결시킴으로써 데이터를 처리하고 기계학습 모델을 구축할 수 있다.

추가 위젯 설치하는 방법

오렌지3의 위젯 카테고리는 다양한 데이터 분석 및 시각화 작업을 수행하는 데 사용되는 위젯을 그룹화한 것으로, 기본적으로 설치되는 6개의 카테고리 외에도 확장 기능을 통해 추가 위젯 카테고리를 제공한다. 위젯을 추가 설치하는 방법은 다음과 같다.

① 상단 메뉴 바에서 'Options'를 선택하고 'Add-ons...'를 클릭하면 추가 설치할 수 있는 위젯이 표시된다.

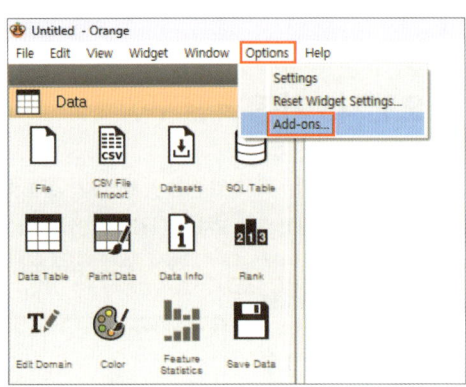

▶ 추가 위젯 카테고리를 설치하는 메뉴

② 설치를 희망하는 위젯 카테고리를 선택한 후 'OK' 버튼을 클릭하면 순차적으로 설치된다.

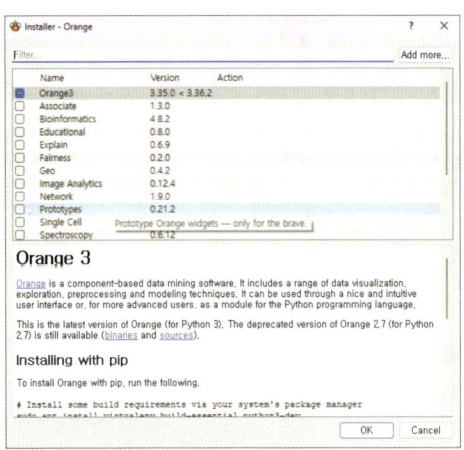

▶ 추가 위젯 카테고리를 선택하는 화면

위젯 카테고리 안내

주요 위젯 카테고리에 대해 홈페이지에서 제공하는 설명을 정리했다. 본 책에서 활용하는 카테고리는 다음과 같다(설치가 필요한 위젯은 빨간색 선으로 표시했다).

카테고리	설명
Data	데이터 로드 및 처리 관련 위젯
Transform	데이터 전처리 및 변환 관련 위젯
Visualize	데이터 시각화 관련 위젯
Model	기계학습 모델 관련 위젯
Evaluate	기계학습 모델의 성능 평가 관련 위젯
Unsupervised	비지도 학습 알고리즘 관련 위젯
Prototypes	프로토타입 모델 구축 및 시각화 관련 위젯
Image Analytics	이미지 데이터 분석 관련 위젯
Associate	연관 규칙 분석 관련 위젯
Bioinformatics	생물정보학 데이터 분석 관련 위젯
Educational	기계학습의 알고리즘 학습 지원 관련 위젯
Explain	기계학습 모델의 결과 해석 관련 위젯
Fairness	데이터 공정성을 위한 데이터 편향 감지 관련 위젯
Geo	지리 데이터 시각화 관련 위젯
Network	네트워크 데이터 분석 및 시각화 관련 위젯
Single Cell	단일세포 데이터 분석 관련 위젯
Survival Analysis	생존 분석 관련 위젯
Text Mining	텍스트 데이터의 자연어 처리, 통계 등 관련 응용 위젯
Textable	텍스트 데이터 전처리 및 시각화 관련 위젯
Time Series	시계열 데이터 분석 및 예측 관련 위젯
World Happiness	사회경제 데이터 분석 관련 위젯
Spectroscopy	분광 데이터 분석 관련 위젯

3. 위젯 이해하기

위젯 추가하기

작업을 위해 캔버스 위에 위젯을 가져오는 방법은 크게 2가지가 있다.

① 위젯 카테고리에서 가져오기

    a. 위젯 카테고리에서 원하는 위젯을 클릭하면 캔버스에 나타난다.

▶ [File] 위젯 클릭하기

    b. 위젯 카테고리에서 원하는 위젯을 클릭하고 캔버스로 드래그하여 원하는 위치에 정확히 배치한다.

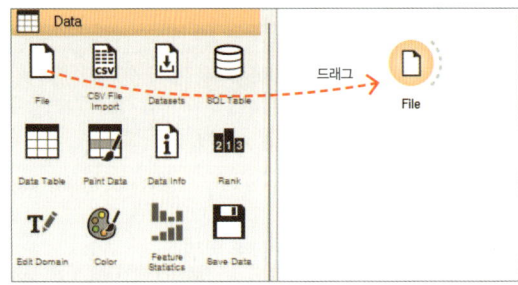

▶ [File] 위젯 가져오기

② 빈 캔버스에 마우스 커서를 올리고 우클릭하면 위젯 메뉴가 펼쳐지니 여기서 원하는 위젯을 선택한다. 이때는 위젯 이름을 검색할 수 있다.

▶ 위젯 추가하는 방법

위젯 연결하기

오렌지3는 위젯 간 연결을 통해 데이터 분석 및 기계학습 과정을 수행하기 때문에 위젯을 연결해주는 과정이 중요하다. 모든 위젯은 입력 채널, 출력 채널 혹은 둘 다를 가지고 있다. 따라서 위젯 간 데이터를 전달해주기 위해서는 위젯의 출력 채널(오른편)과 입력 채널(왼편)을 연결해줘야 한다.

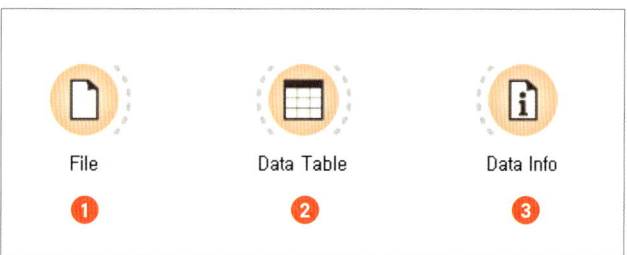

▶ 위젯 링크의 종류

❶ 출력 채널만 존재하는 위젯: 위젯의 오른편만 있는 것을 확인할 수 있다.
❷ 입력 채널과 출력 채널이 모두 존재하는 위젯: 위젯의 왼편과 오른편이 모두 있는 것을 확인할 수 있다.
❸ 입력 채널만 존재하는 위젯: 위젯의 왼편만 있는 것을 확인할 수 있다.

위젯을 연결하는 방법은 2가지다.
① 위젯의 오른편(점선으로 표시)을 마우스로 클릭한 상태로 연결하고자 하는 위젯의 왼편까지 드래그하면 실선이 나타나며 위젯이 연결된다.

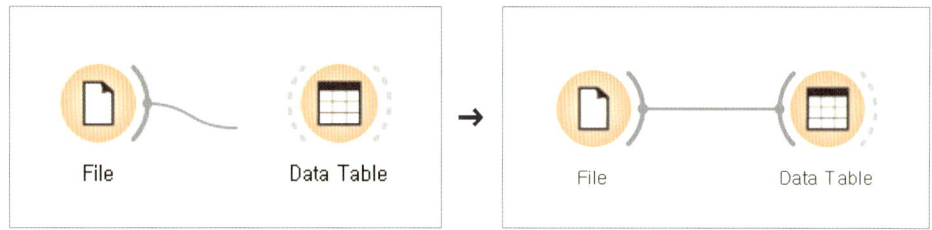

▶ 위젯을 연결하는 방법 1

② 위젯의 오른편을 클릭한 상태로 빈 캔버스에 드래그하면 해당 위젯에 연결할 수 있는 위젯을 제안해준다.

▶ 위젯을 연결하는 방법 2

이때 오렌지3에서는 호환하지 않는 위젯은 서로 연결할 수 없다는 점에 주의해야 한다.

오렌지3 준비운동

본격적으로 오렌지3와 관련된 활동을 하기 전에 오렌지3가 제공하는 기본 데이터셋을 통해 기초 예제를 실습해보자.

새로운 프로젝트를 시작하는 방법은 2가지가 있다.

① 프로그램 실행 시 나타나는 Welcome to Orange 창에서 'New'를 클릭한다.
② 오렌지3의 메뉴 바에서 [File]-[New]를 클릭하면 새로운 프로젝트를 시작할 수 있는 빈 캔버스가 나타난다.

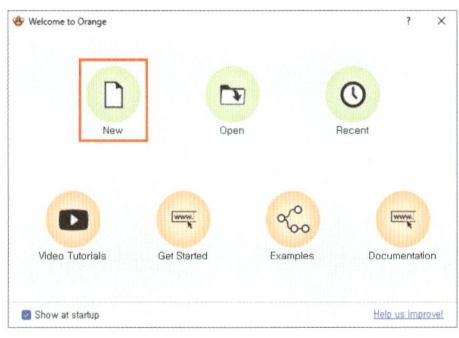 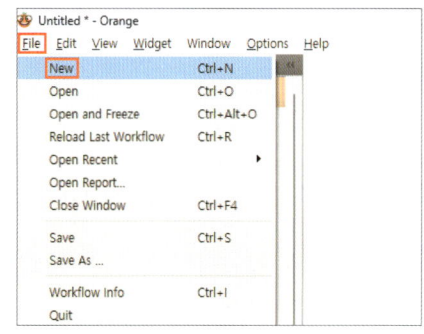

▶ 새로운 프로젝트를 시작하는 2가지 방법

1. 데이터 입력하기

[File] 위젯 활용하기

① Data 카테고리에서 [File] 위젯을 한 번 클릭하거나, 드래그해서 빈 캔버스로 가져온다.

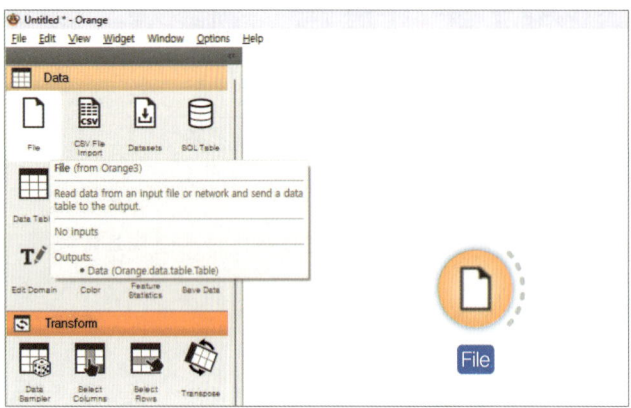

▶ [File] 위젯을 빈 캔버스에 가져오기

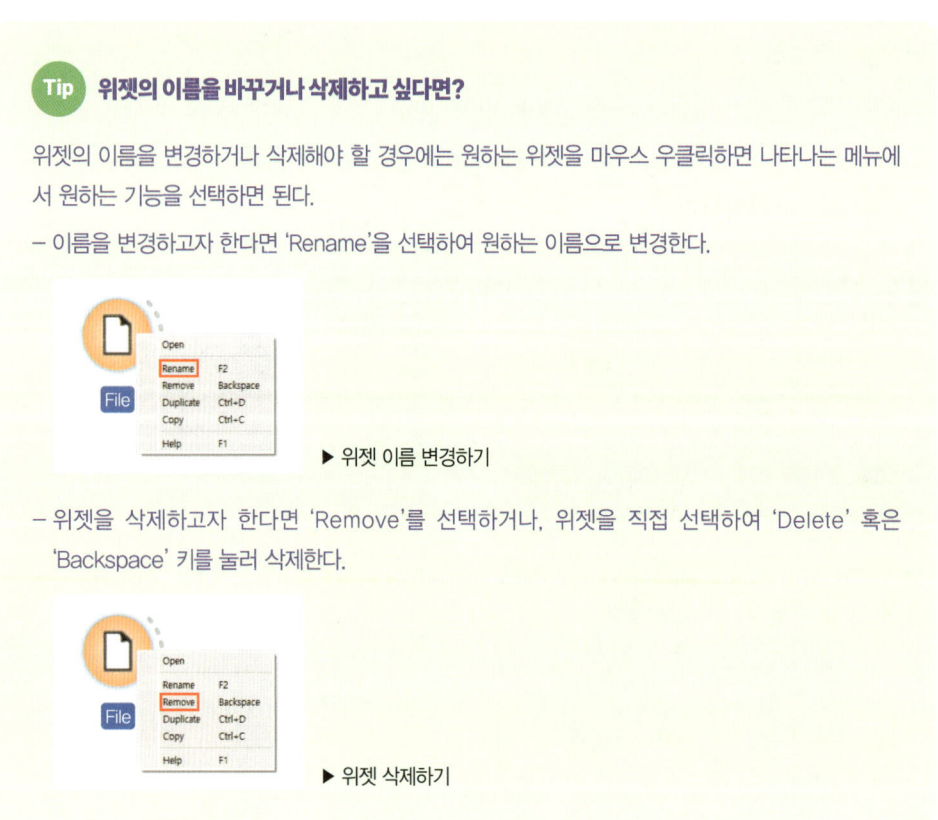

Tip 위젯의 이름을 바꾸거나 삭제하고 싶다면?

위젯의 이름을 변경하거나 삭제해야 할 경우에는 원하는 위젯을 마우스 우클릭하면 나타나는 메뉴에서 원하는 기능을 선택하면 된다.

– 이름을 변경하고자 한다면 'Rename'을 선택하여 원하는 이름으로 변경한다.

▶ 위젯 이름 변경하기

– 위젯을 삭제하고자 한다면 'Remove'를 선택하거나, 위젯을 직접 선택하여 'Delete' 혹은 'Backspace' 키를 눌러 삭제한다.

▶ 위젯 삭제하기

② 캔버스로 가져온 [File] 위젯을 더블클릭한다. [File] 위젯을 더블클릭하면 다음과 같은 팝업창이 나타난다.

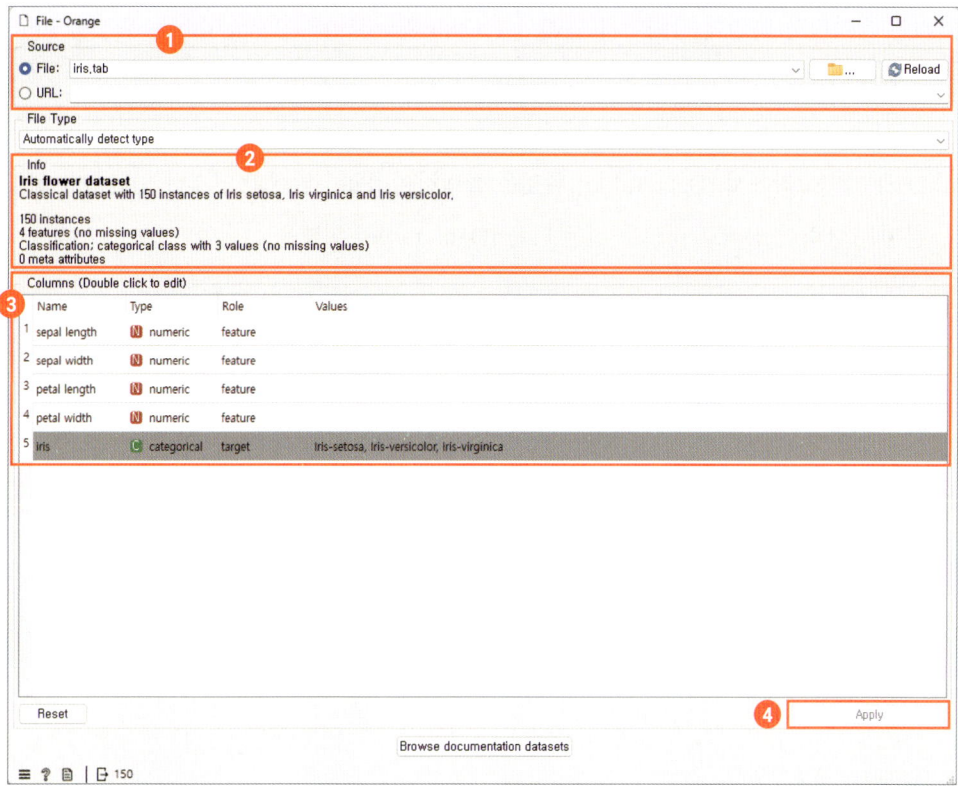

▶ [File] 위젯 팝업창

❶ Source 영역: 프로젝트에 활용할 데이터를 가져오는 방법을 선택할 수 있다.
- File: 컴퓨터에 저장된 파일을 활용하고자 할 때 사용한다. 왼쪽에 있는 폴더 아이콘 (▨...)을 클릭하여 파일을 선택하면 된다.
- URL: 웹에 있는 파일을 활용하고 싶다면 사용한다. 파일이 있는 주소를 입력한다.

❷ Info 영역: 선택한 데이터의 정보를 요약해서 설명한다.

❸ Columns 영역: 선택한 데이터의 속성에 대한 정보를 불러온다. 여기서 속성의 종류(Type)나 역할(Role)을 변경할 수도 있다.

❹ 'Apply' 버튼: 'Apply'를 눌러 초기 데이터 설정을 완료한다.

2. 데이터 출력하기

[Data Table] 위젯 활용하기

불러온 데이터를 화면에 출력하기 위해서는 Data 카테고리의 [Data Table] 위젯을 사용해야 한다.

① Data 카테고리에서 [Data Table] 위젯을 클릭하여 [File] 위젯과 연결하거나, [File] 오른편을 클릭한 상태로 링크를 만든 다음 [Data Table] 위젯을 선택한다.

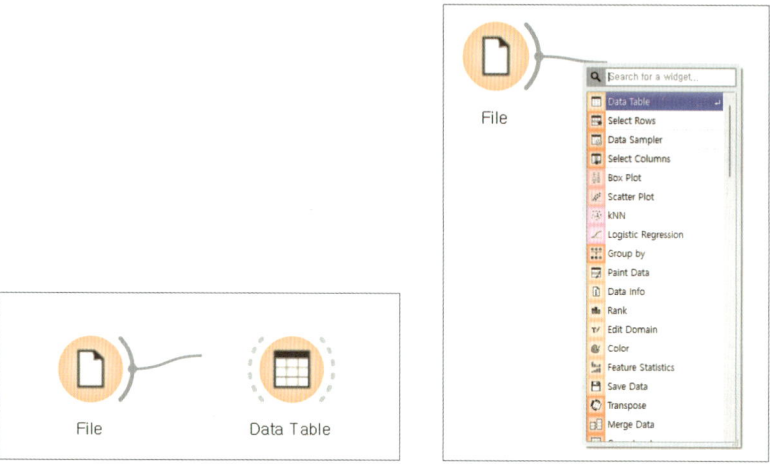

▶ [Data Table] 위젯 연결하기

② 캔버스로 가져온 [Data Table] 위젯을 더블클릭한다. [Data Table] 위젯을 더블클릭하면 다음과 같은 팝업창이 나타난다.

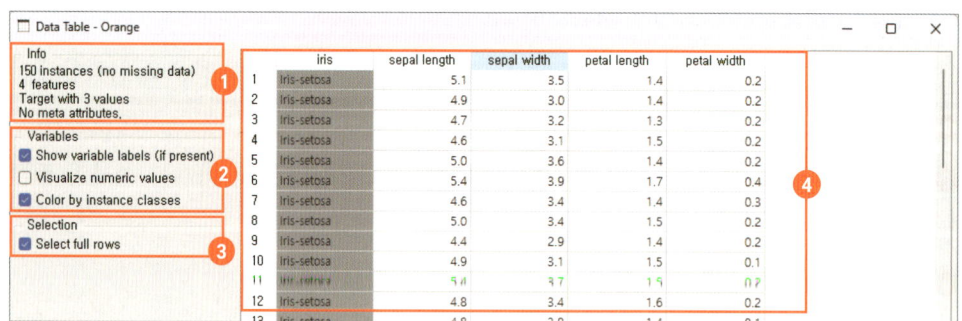

▶ [Data Table] 위젯 팝업창

❶ Info 영역: [Data Table] 위젯에 연결시킨 데이터의 정보를 요약해서 설명한다.

❷ Variables 영역
  - Show variable labels (if present): 변수의 라벨 표현 여부를 선택하는 옵션이다.
  - Visualize numeric values: 수치형 속성의 값을 시각화하고자 할 때 선택하는 옵션이다.
  - Color by instance classes: 범주형 데이터의 경우 클래스에 따라 행의 색을 다르게 표현하고자 할 때 사용하는 옵션이다.
❸ Selection 영역: Select full rows는 특정 셀을 클릭하면 해당 줄을 모두 선택하고자 할 때 사용한다.
❹ 데이터 영역: 연결시킨 데이터의 정보를 표의 형태로 출력하여 나타낸다.

3. 데이터 필터링하기

[Select Rows] 위젯을 활용하여 특정 행을 필터링하기

① Transform 카테고리에서 [Select Rows] 위젯을 가져와서 [File] 위젯에 연결한다.

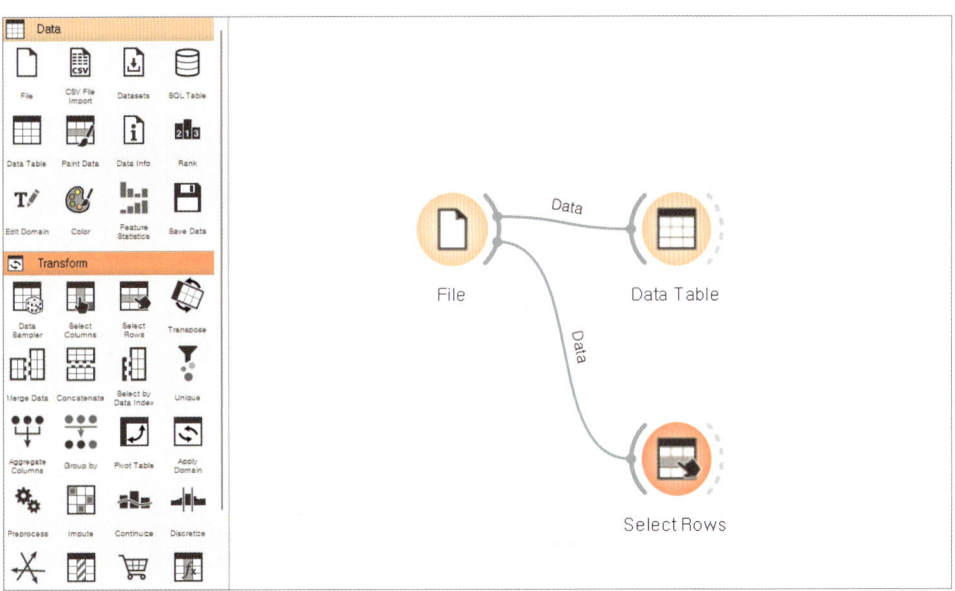

▶ [Select Rows] 위젯 연결하기

② [Select Rows] 위젯을 더블클릭하면 다음과 같은 팝업창이 나타난다. 이미지를 참고하여 설정을 해보자.

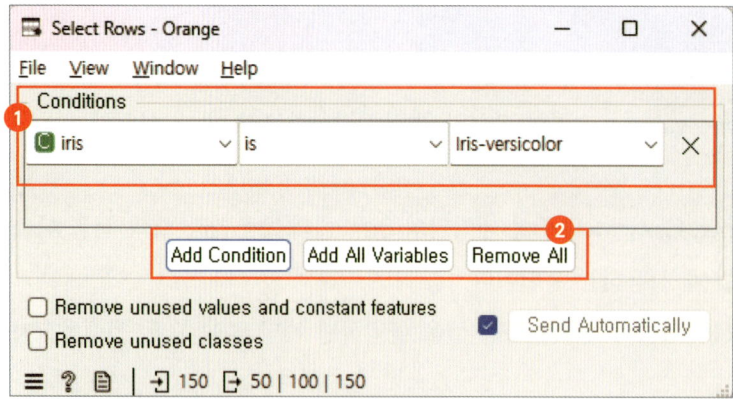

▶ [Select Rows] 위젯 팝업창

❶ Conditions 영역: 필터링하고 싶은 조건을 설정하는 영역으로 특정 속성의 값을 지정하거나, 특정 속성이 아닌 것만 지정하는 등 다양한 조건을 설정할 수 있다.

❷ 조건 추가/삭제 영역: 버튼을 활용하여 조건을 한 개씩 추가하거나(Add Condition), 모든 속성에 대한 조건을 추가(Add All Variables) 또는 삭제(Remove All)할 수 있다.

③ 필터링이 잘되었는지 확인하기 위해 File 카테고리에서 [Data Table] 위젯을 가져와 [Select Rows] 위젯에 연결해준다. 이때 생성된 [Data Table (1)]은 [Select Rows] 위젯에 의해 필터링된 행만을 출력한다.

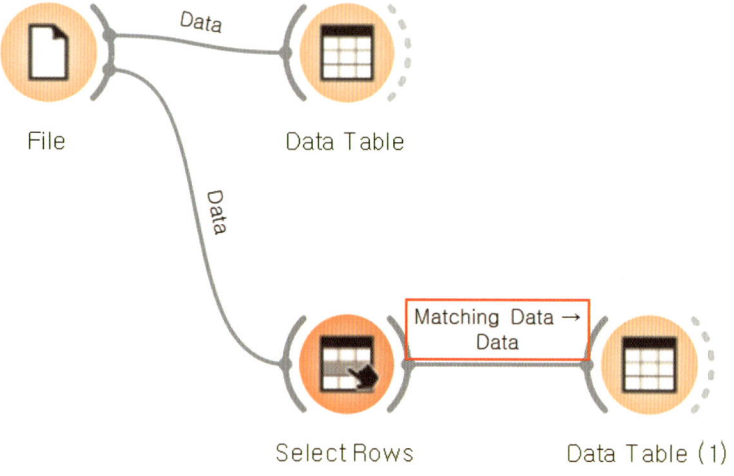

▶ [Select Rows]와 [Data Table] 위젯을 연결하는 링크

여기서 주목할 점은 [Select Rows] 위젯과 [Data Table] 위젯을 연결하는 링크에는 'Data'가 아닌 'Matching Data → Data'라고 적혀 있는 것을 확인할 수 있다.

> **Tip** 오렌지3의 링크

오렌지3에서 위젯 간의 연결을 설정하는 링크에는 다양한 종류가 있다. 링크 부분을 더블클릭하면 설정을 변경할 수 있는데, [Select Rows] 위젯과 [Data Table] 위젯 간의 링크의 경우 기본 설정이 'Matching Data→Data'이다.

만약 필터링되지 않은 결과를 보고 싶다면 두 위젯 간의 링크를 더블클릭한 후 Matching Data와 Data 사이의 링크를 클릭하여 삭제한 다음, Unmatched Data와 Data를 드래그해서 연결해준다.

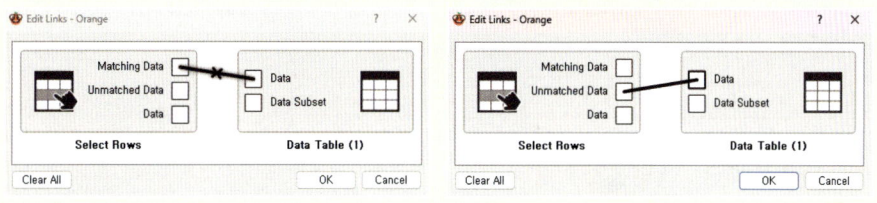

▶ 위젯의 링크 변경하기

전체 그림으로 표현하면 다음과 같다.

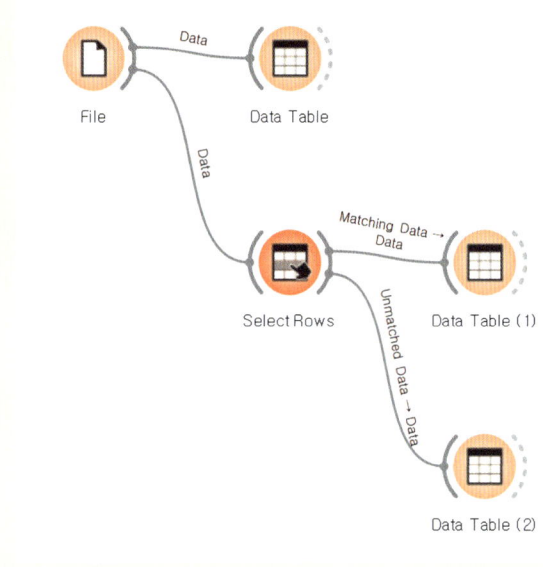

▶ '특정 행 필터링하기'의 전체 위젯

[Select Columns] 위젯을 활용하여 특정 속성을 필터링하기

그러면 이번에는 [Select Columns] 위젯을 활용하여 보고 싶지 않은 속성을 감춰보자.

① Transform 카테고리에서 [Select Columns] 위젯을 가져와서 [File] 위젯에 연결한다.

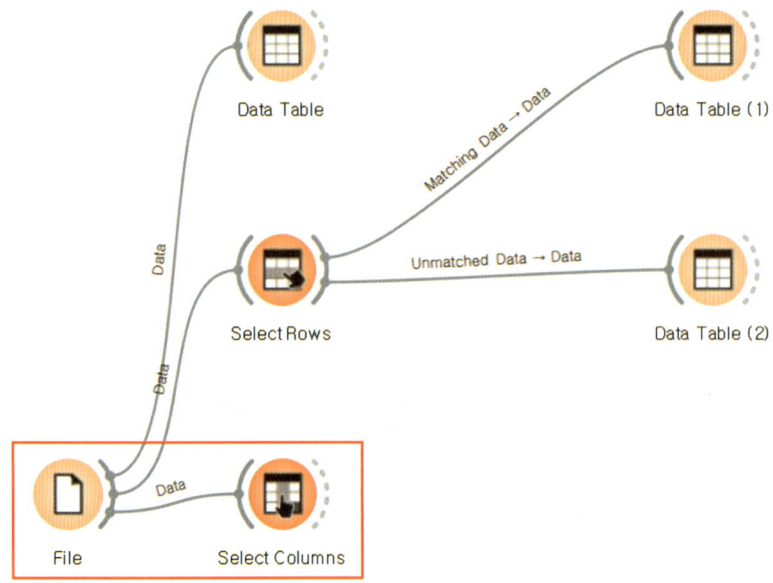

▶ [Select Columns] 위젯 연결하기

② [Select Columns] 위젯을 더블클릭하면 다음과 같은 팝업창이 나타나며, 이때 보고 싶지 않은 속성은 왼쪽의 Ignored 영역으로 옮기면 된다.

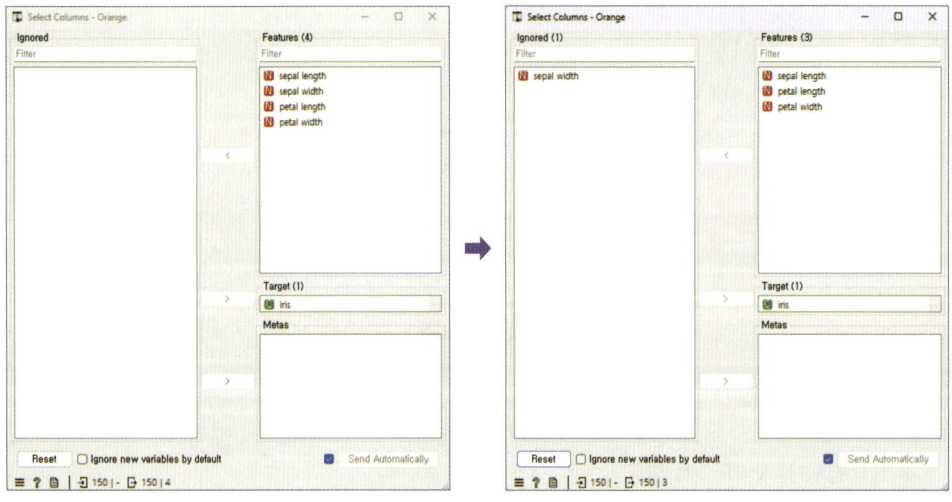

▶ 특정 속성 제외하기

③ 마찬가지로 필터링이 잘되었는지 확인하기 위해 File 카테고리에서 [Data Table] 위젯을 가져와 [Select Columns] 위젯에 연결해준다. 이때 생성된 [Data Table (3)]는 [Select Columns] 위젯에 의해 sepal width 속성이 없어진 모습을 보여준다.

▶ sepal width 속성이 없어진 [Data Table (3)]의 모습

4. 박스플롯(상자그림)

박스플롯(Box Plot, 상자그림)은 데이터 분석 및 시각화 작업에서 널리 사용된다. 데이터의 분포를 시각적으로 표현하여 데이터셋의 중앙값, 사분위수, 이상치 등을 확인하는 데 사용되며 특히 이상치를 탐지하는 데 유용한 시각화 도구이다.

① Visualize 카테고리에서 [Box Plot] 위젯을 가져와서 [File] 위젯에 연결한다.

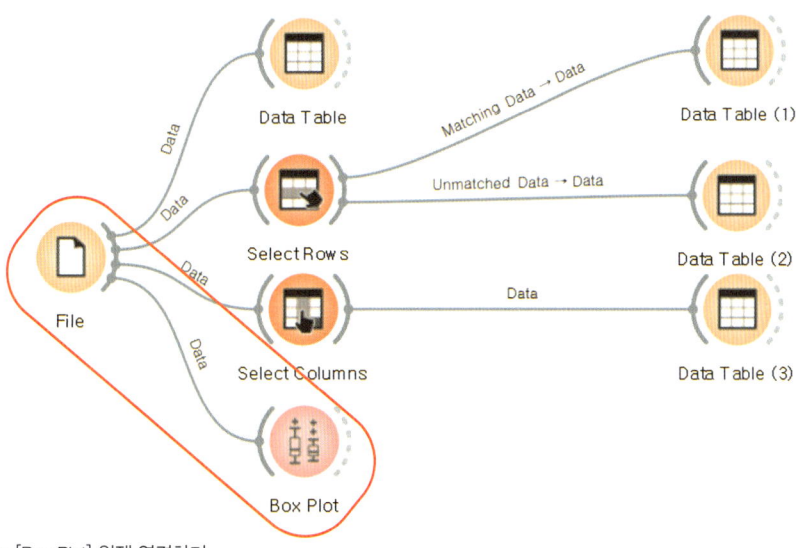

▶ [Box Plot] 위젯 연결하기

② [Box Plot] 위젯을 더블클릭하면 다음과 같은 팝업창이 나타난다.

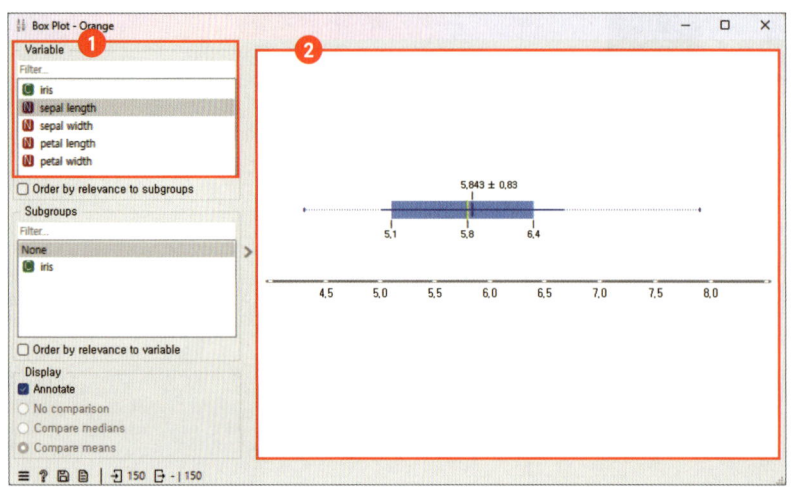

▶ [Box Plot] 위젯 팝업창

❶ Variable 영역: 데이터셋의 속성에 해당하는 영역으로, 박스플롯으로 표현하고 싶은 속성을 선택한다.

❷ Box Plot 영역: 선택한 속성에 대한 박스플롯을 표현한다.

Tip 박스플롯이 의미하는 내용

다음은 Iris 데이터셋의 sepal length 속성을 박스플롯으로 표현한 그림이다. 박스플롯 각각의 수치가 갖는 의미는 다음과 같다.

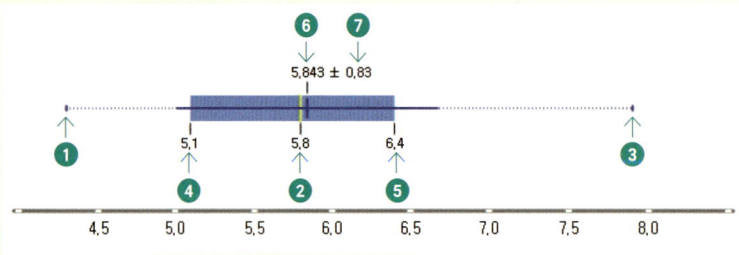

▶ 박스플롯 그래프 이해하기

❶ **최솟값**: 전체 sepal length 데이터 중 가장 작은 값이다.

❷ **중앙값(제2사분위수)**: 전체 sepal length 데이터 중에서 가장 가운데에 있는 값이다. 즉 sepal length 속성의 모든 값을 크기 순서대로 일렬로 줄 세웠을 때 가장 가운데에 있는 값이다.

❸ **최댓값**: 전체 sepal length 데이터 중 가장 큰 값이다.

sepal length 데이터를 이등분하여 최솟값, 중앙값, 최댓값으로 나눴지만 보다 세밀한 표현을 위해 최솟값과 중앙값, 중앙값과 최댓값 사이를 한 번 더 쪼개 사등분한다.

❹ **제1사분위수**: 최솟값과 중앙값 사이를 가르는 수로, 최솟값과 중앙값 사이를 일렬로 세웠을 때 가운데 있는 값을 기준한다.

❺ **제3사분위수**: 중앙값과 최댓값 사이를 가르는 수로, 중앙값과 최댓값 사이를 일렬로 세웠을 때 가운데 있는 값을 기준한다.

이를 통해 sepal length 데이터가 전체적으로 어떻게 분포되어 있는지를 확인할 수 있다.

❻ **평균값**: sepal length 데이터의 평균값으로, 데이터의 모든 값을 더한 후 값의 개수로 나눈 값이다.
❼ **표준편차**: 각 데이터의 값들이 평균으로부터 얼마나 떨어져 있는가를 나타낸다.

5. 산점도

이번에는 산점도(Scatter Plot)라는 시각화 위젯을 사용해보자. [Scatter Plot] 위젯은 두 변수 간의 관계를 시각화하는 데 사용되는 위젯으로, 데이터셋의 행을 점으로 표시하여 두 변수 간의 분포, 상관관계 등을 시각적으로 확인하는 데 사용한다.

① Visualize 카테고리에서 [Scatter Plot] 위젯을 가져와서 [File] 위젯에 연결한다.

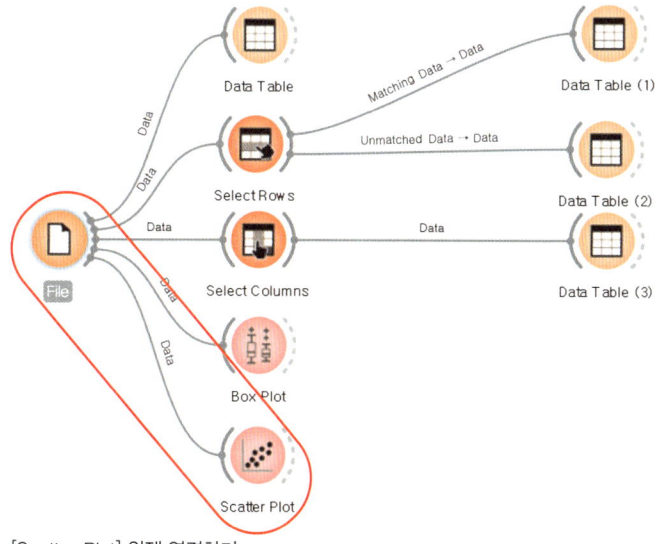

▶ [Scatter Plot] 위젯 연결하기

② [Scatter Plot] 위젯을 더블클릭하면 다음과 같은 팝업창이 나타난다.

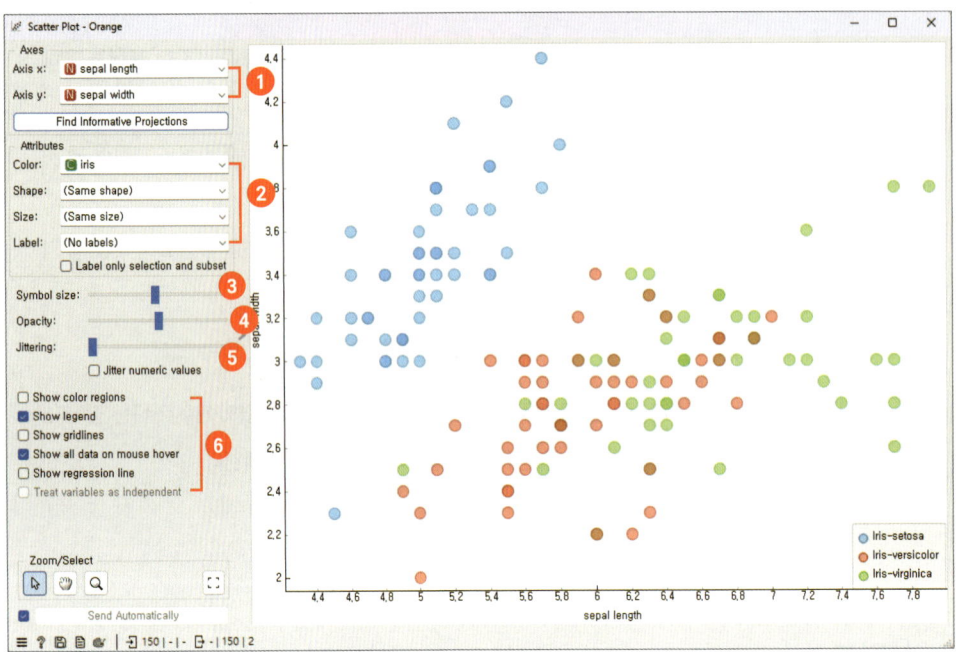

▶ [Scatter plot] 위젯 팝업창

❶ Axis 영역: 산점도의 x축(가로), y축(세로)을 설정한다. 여기서는 x축으로 sepal length, y축으로 sepal width를 설정했다.

❷ Attributes 영역: 산점도 위에 표시되는 점의 색, 크기, 모양 등에 특정 속성값을 반영할 수 있다. 예를 들어 Color 옵션을 Iris 속성으로 설정한다면 붓꽃의 종류에 따라 빨간색, 초록색, 파란색으로 색이 다르게 표현된다.

❸ Simbol size: 슬라이드 위치에 따라 점의 크기를 줄이거나 늘릴 수 있다.

❹ Opacity: 점의 투명도를 조절할 수 있다.

❺ Jittering: 산점도 위에 점들이 겹쳐서 보일 때 점 사이 간격을 벌려 점들을 식별하는 데 활용한다.

❻ 그 밖에 색의 영역 표시하기, 범례 표시, 격자 표시 등 다양한 옵션을 설정할 수 있다.

6. 기계학습 사용하기

그러면 본격적으로 기계학습 위젯을 사용해보려고 한다. 각 모델에 대한 설명은 Chapter 2에 자세하게 설명되어 있으니, 지금은 간단히 위젯을 체험해보자. 오렌지3에서 데이터를 전달하여 기계학습하는 과정은 무척 간단하다. 이때 캔버스 위 위젯이 복잡해지는 것을 피하고자 앞서 실습한 부분에서 [Data Table] 위젯을 제외한 나머지는 삭제하고 시작한다.

데이터 추출하기

먼저, 전체 데이터 중 70%만 학습에 활용하고 나머지 30%는 기계학습의 성능을 평가하는 데 사용하기 위해 데이터를 무작위로 추출하는 과정이 필요하다.

① Transform 카테고리에서 [Data Sampler] 위젯을 가져와서 [File] 위젯에 연결한다.
② [Data Sampler] 위젯을 더블클릭하면 무작위로 추출할 데이터의 비율을 결정할 수 있는데, 기본적으로 70%로 설정되어 있음을 확인할 수 있다.

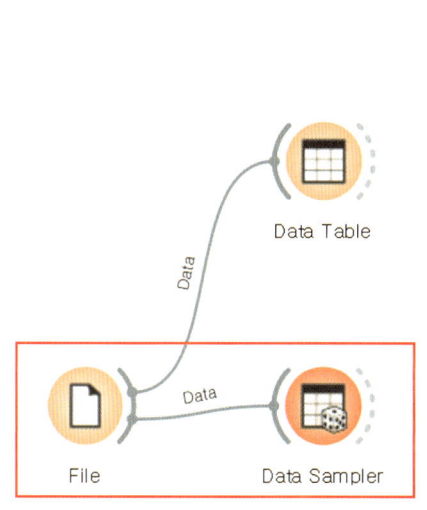 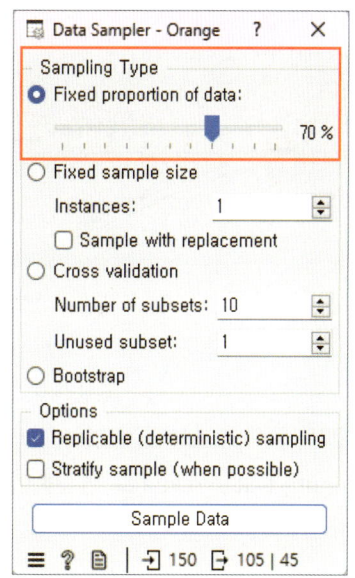

▶ [Data Sampler] 위젯 연결하기 및 팝업창

기계학습 모델 학습시키기

① Model 카테고리에서 [Logistic Regression] 위젯을 가져와서 [Data Sampler] 위젯에 연결한다.

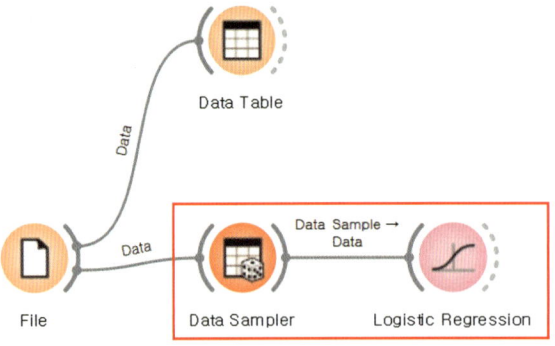

▶ [Logistic Regression] 위젯 연결하기

② 오렌지3에서는 모든 기계학습이 위젯만 연결되면 자동으로 진행된다.

학습한 모델을 활용해서 예측해보기(모델 성능 평가)

① Evaluate 카테고리에서 [Predictions] 위젯을 가져와서 [Data Sampler] 위젯과 [Logistic Regression] 위젯에 연결한다.

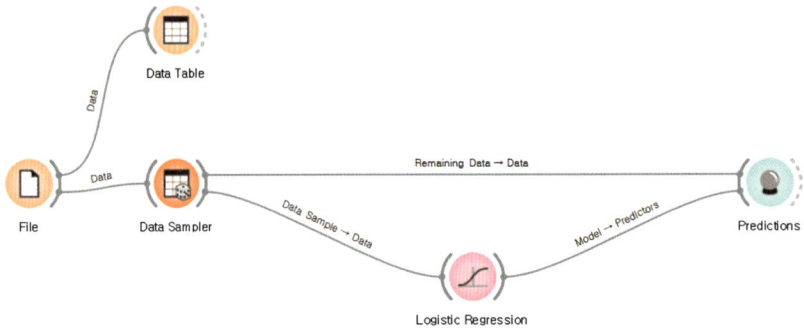

▶ [Predictions] 위젯 연결하기

② [Predictions] 위젯과 [Data Sampler] 위젯 사이의 링크는 'Data Sample→Data'가 아닌 'Remaining Data→Data'로 변경해야 학습에 활용하지 않은 데이터로 모델의 성능을 평가할 수 있다.

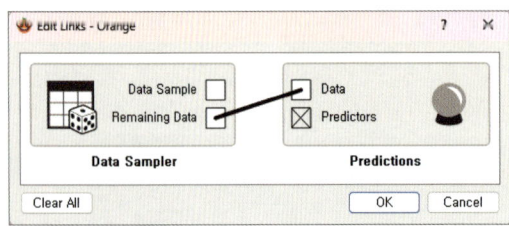

▶ [Predictions] 위젯과 [Data Sampler] 위젯의 링크 변경하기

③ [Preditions] 위젯을 더블클릭하여 로지스틱 회귀 모델로 학습시킨 붓꽃 데이터의 분류 결과를 확인한다.

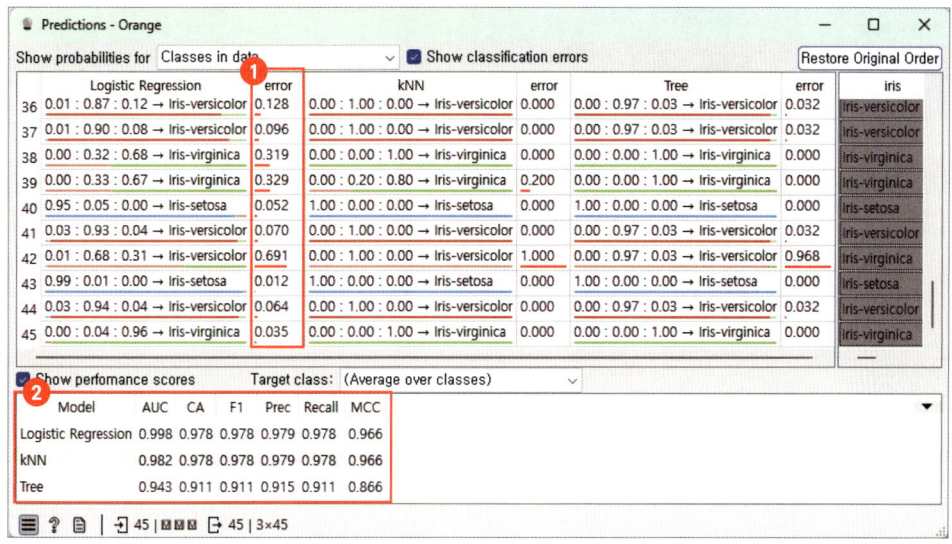

▶ [Predictions] 위젯 팝업창

❶ error 영역에서 0.6 이상의 값을 갖는 경우를 보면 모델이 잘못된 분류를 하고 있는 것을 확인할 수 있다.

❷ CA(정확도)가 0.978로, 총 45개의 테스트 중 97.8%에 해당하는 44개의 붓꽃 품종을 올바르게 분류했음을 확인할 수 있다.

④ [Preditions] 위젯의 분류 결과는 [Predictions] 위젯에 [Data Table] 위젯을 연결하면 더욱 자세하게 확인할 수 있다. [Data Table (1)] 위젯의 결과는 다음과 같다.

▶ [Predictions] 위젯의 결과를 자세히 알기 위한 [Data Table] 위젯

041

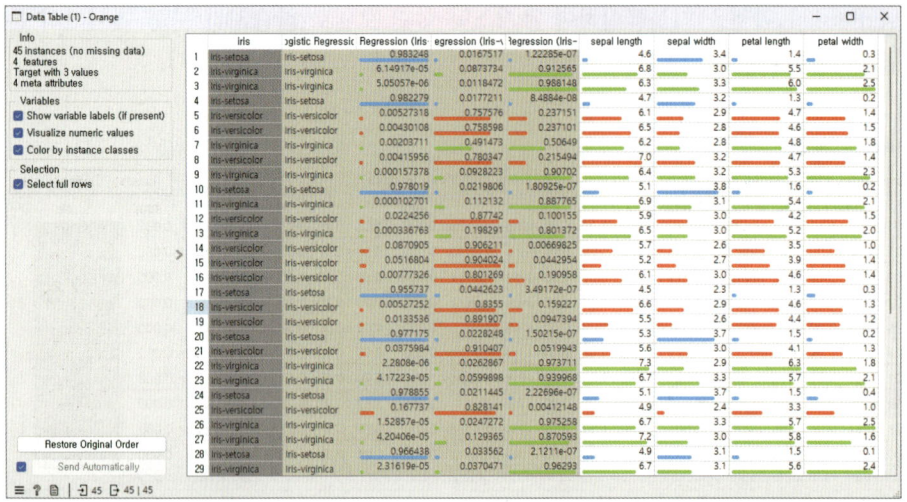

▶ [Data Table] 위젯 팝업창

⑤ 로지스틱 회귀 모델 이외에도 다양한 모델을 함께 비교하고 싶다면 다음과 같이 연결하면 된다.

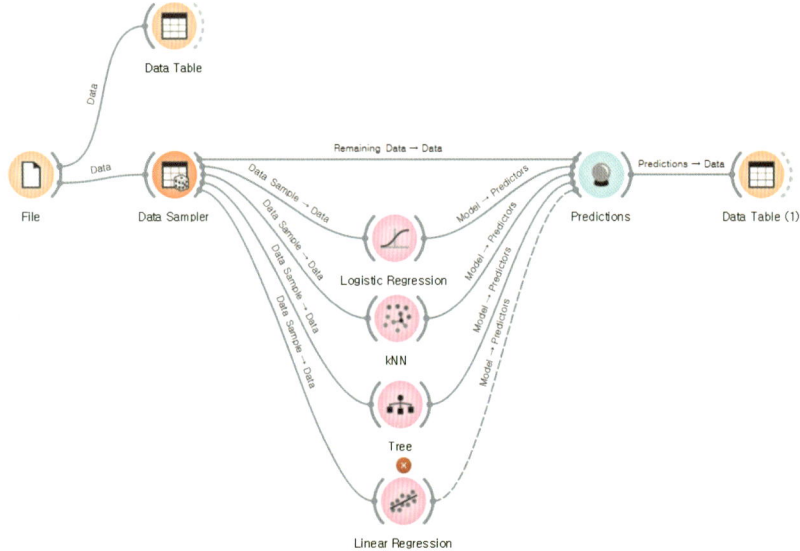

▶ 다양한 분류 모델 연결하기

> **Tip 오류 발생**
>
> 오렌지3는 연결할 수 없는 위젯끼리 연결할 경우 위젯 위쪽에 표시를 띄운다. 이때 마우스 커서를 표시 위로 가져가면 어떤 부분으로 인해 오류가 발생했는지를 확인할 수 있다. 해당 위젯은 연결할 수 없다는 것을 의미하기 때문에 삭제한다.

7. 정리하기

오늘날 데이터는 사회 전반에서 중요한 자원으로서 결정적인 역할을 하고 있다. 데이터를 잘 가공하여 분석 및 활용하는 능력은 미래 사회가 바라는 인재상에서 가장 핵심적인 요소로 떠오르고 있다. 이러한 데이터를 가공 및 분석하고 기계학습을 하기 위해 파이썬, R 등 다양한 도구가 존재한다. 하지만 대부분 기초 이상의 프로그래밍 문법 지식을 요구하는데, 데이터 분석을 처음 접하는 사람에게 끝없는 프로그래밍 문법은 하나의 장벽으로 다가올 것이다.

오렌지3와 파이썬, R을 비롯한 텍스트 프로그래밍 언어는 각자의 쓰임이 분명히 존재한다. 어쩌면 복잡한 데이터 전처리 과정이나 분석을 하기 위해서는 반드시 프로그래밍 언어를 사용해야 할 수 있다. 그러나 우리의 목적은 복잡한 프로그래밍 문법을 정복하는 것이 아니라 데이터 분석에 있음을 잊지 말자. 문법에 얽매이지 않고 위젯의 간단한 활용만으로 데이터 분석과 기계학습 모델의 즐거움에 뛰어들어 실생활의 데이터와 부딪혀보는 경험을 하길 바란다.

CHAPTER 2

: 창의융합 :

오렌지3와 데이터 분석

북미에서는 wii, 일본에서는 GB가 왜 인기일까?

데이터로 보는 비디오게임 - 데이터 시각화

> **📊 준비하기**
>
> 롤리팝은 게임 동아리의 핵심 멤버! 매달 새로운 게임을 추천하여 모두를 놀라게 한다. 최근에는 〈Wii Sports〉, 〈Pokémon〉을 둘러싼 Wii와 GB의 인기에 흥미를 느꼈다. 'Wii는 북미에서, GB는 일본에서 인기가 많다'는 가설을 증명하기 위해 캐글 데이터 분석에 도전했다. 이번 분석이 동아리원들이 좋아할 게임을 발견하는 데 큰 도움이 될 것이다. 게임의 데이터 세계로 함께 떠날 준비가 되었는가?

캐글(Kaggle) 사이트에서 'Global Video Game Sales'라는 흥미로운 데이터셋을 다운로드해보자. 이 데이터셋은 vgchartz.com에서 제공한 것으로 전 세계 1만 6,598개 비디오 게임의 판매량을 모아놓은 자료이다. 우리는 이 데이터를 통해 어떤 게임 플랫폼이 세계 시장을 이끌고 있는지, 또한 각 지역에서 어떤 게임 장르가 가장 선호되는지를 알아볼 수 있다. 더불어 시간이 흐르면서 게임의 인기 트렌드가 어떻게 변화하고 있는지도 살펴볼 수 있다.

이 데이터셋에는 게임의 이름, 플랫폼, 출시 연도, 출판사, 북미·유럽·일본과 기타 지역에서의 판매량과 세계 총판매량 등의 정보가 포함되어 있다. 이 정보를 바탕으로 세계에서 어떤 게임 플랫폼과 장르가 인기를 끌고 있는지 살펴보고, 특히 북미와 일본에서 가장 인기 있는 게임 플랫폼을 함께 분석해보자.

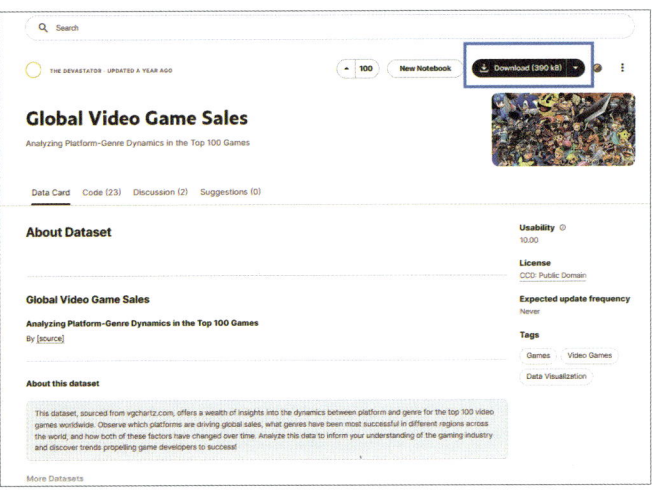

▶ 캐글 사이트의 'Global Video Game Sales'

1. 알고 가기

데이터 시각화는 복잡한 정보를 쉽고 빠르게 이해할 수 있도록 돕는 매우 중요한 방법이다. 다양한 그래프, 차트, 지도와 같은 시각적 수단을 활용함으로써 데이터 속 숨겨진 패턴과 추세, 그리고 예외적인 사항들을 식별할 수 있게 해준다. 게임 데이터를 시각화하기 전에 시각화를 통한 데이터 분석의 기본 원리와 방법을 먼저 살펴보자.

데이터를 분석할 때 첫 번째로 해야 할 일은 우리가 다룰 데이터가 어떤 유형인지 알아보는 것이다. 데이터에는 수치형 데이터, 범주형 데이터가 있다. 예를 들어 게임 데이터셋을 살펴보면, 게임 판매량처럼 구체적인 숫자로 표현되는 것을 수치형 데이터(아래 그림에서 빨간색 상자)라고 하고, 게임이 어느 플랫폼에서 나왔는지, 어떤 장르에 속하는지와 같이 여러 범주 중 하나로 분류할 수 있는 것을 범주형 데이터(아래 그림에서 파란색 상자)라고 부른다.

▶ 다운 받은 vgsales.csv 파일의 일부

데이터 분석의 핵심 단계 중 하나는 데이터를 시각적으로 표현하여 그 안의 정보를 더 잘 이해하는 것이다. 이 과정에서 우리는 데이터의 형태와 데이터 포인트 사이의 관계를 그림으로 나타내는 데 집중할 수 있다. 예를 들어, 산점도는 두 변수 사이의 관계를 보여주는 데 유용하며, 히스토그램은 데이터의 분포를 직관적으로 파악할 수 있게 해준다. 또한 분석하고자 하는 특정 목적에 부합하는 시각화 도구를 선택하는 것도 매우 중요하다. 시간에 따른 데이터의 변화를 추적하고 싶다면 선 그래프를 활용하고, 서로 다른 범주를 비교하고자 한다면 막대그래프를 사용하는 것이 좋다. 이처럼 분석 목적에 적합한 시각화 방법을 선택함으로써 데이터의 중요한 특징을 더 명확하게 드러내고, 이해하기 쉬운 형태로 정보를 표현할 수 있다.

데이터 분석의 마무리 단계에서는 시각화를 통해 표현된 데이터를 분석하여 그 의미를 해석하는 과정이 포함된다. 예를 들어, 특정 플랫폼에서 게임 판매량이 눈에 띄게 높다면 이는 해당 플랫폼에서의 게임 인기를 반영하는 것일 수 있다. 이 과정은 데이터에서 숨겨진 의미를 발견하고 그 결과를 바탕으로 우리가 정보에 기반한 결정을 내릴 수 있게 도와준다.

2. 전처리하기

오렌지3를 사용해서 'Global Game Sales' 데이터를 살펴보고 준비하는 과정은 정말 쉽다. 우리가 해야 할 첫 걸음은 [File] 위젯을 열어 csv 파일 형식의 데이터를 불러오는 것이다.

이 데이터를 열어보면 Info 부분에서, 비디오게임 1만 6,598개에 대한 정보가 담겨 있다는 것을 확인할 수 있다. 이 정보에는 게임의 이름, 출시 연도, 출판사와 같은 중요한 메타데이터가 포함되어 있고, 더 나아가 데이터 분석을 위해 준비된 8개의 다른 속성들이 있다. Columns 부분을 살펴보면 대부분의 속성이 판매량을 나타내는 NA_Sales, EU_Sales, JP_Sales 같은 속성으로 구성되어 있음을 알 수 있다. 또한 게임의 플랫폼과 장르 같은 카테고리형 데이터도 포함되어 있어 우리에게 분석의 다양한 가능성을 열어준다. 또한 우리가 사용할 게임 데이터셋에는 결측치(데이터에 값이 없는 것)가 없어서 데이터를 분석하기 위한 준비 과정에서 결측치를 다루는 단계를 생략할 수 있다.

[File] 위젯 창에서 Columns 부분을 통해 각 데이터 속성의 역할(Role)을 확인할 수 있는데, 이번 분석에서는 시각화를 통한 분석 활동으로 특정 속성의 Role을 'target'으로 변경하지 않고 기본 설정된 'feature'로 설정하기로 한다.

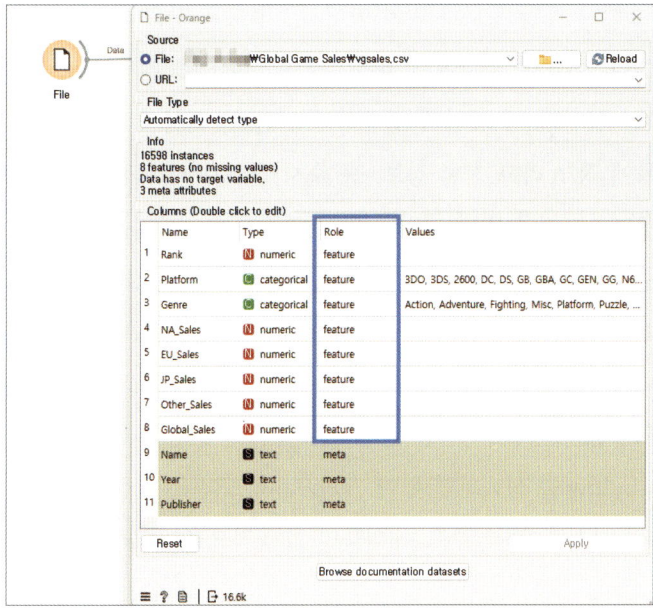

▶ csv 파일 불러오기

데이터 준비를 마치고 나면 시각화를 이용해 데이터 속 패턴과 추세를 찾아보는 단계로 넘어갈 수 있다. [File] 위젯에 [Data Table] 위젯을 연결하여 우리가 가진 데이터셋을 자세히 들여다보면 게임의 이름, 출판사, 순위, 플랫폼, 장르, 그리고 북미·유럽·일본과 그 외 지역의 판매량과 세계 판매량이 모두 포함되어 있음을 확인할 수 있다. 또한 데이터셋에는 다양한 플랫폼에서 즐길 수 있는 게임들과 스포츠, 액션, 플랫폼, 레이싱, 어드벤처와 같은 여러 장르의 게임들이 포함되어 있어, 이러한 정보를 시각화하여 볼 수 있다.

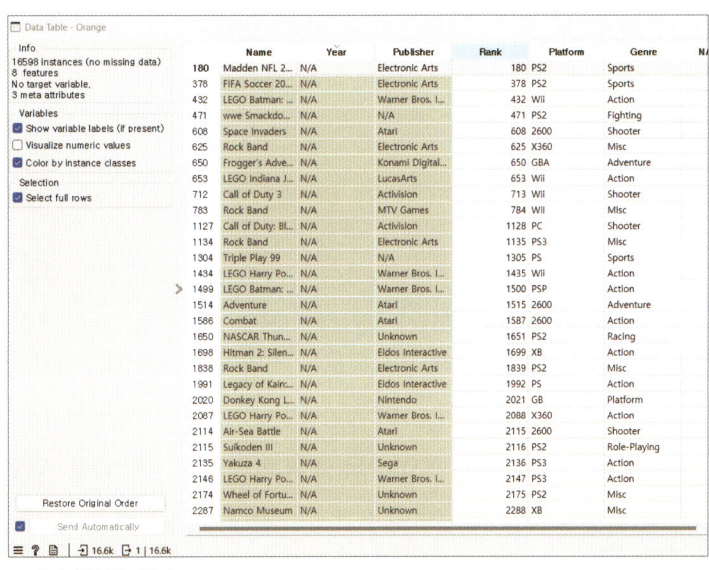

▶ 데이터셋 확인하기

우리가 탐구할 데이터셋에는 수많은 게임 정보가 담겨 있어서, 이 모든 것을 한꺼번에 파악하려면 어려움을 느낄 수 있다. 이러한 상황에서 효율적으로 데이터를 분석하고 이해하기 위해 Rank 항목에 기록된 상위 50개 게임에 집중하기로 한다. 더불어 데이터셋을 꼼꼼히 조사해보면, Year 항목에 'N/A'라고 적힌 정보, 즉 출시 연도가 기록되지 않은 게임들이 있다는 걸 발견할 수 있다. 이것은 몇몇 게임의 출시 연도가 빠져 있다는 뜻이다. 하지만 운이 좋게도 우리가 주목하려는 상위 50위에 랭크된 게임 중에서는 출시 연도 정보가 빠진 게임이 없어, 별다른 데이터 정리 작업 없이도 분석을 시작할 수 있다.

이 과정을 위해 [Select Rows] 위젯을 활용한다. 우선, [Select Rows] 위젯을 [File] 위젯에 연결한 후 Rank 항목이 '51 미만'인 데이터만을 선별하는 작업을 진행한다. '51 미만'이라는 조건을 사용하려면 'is below'를 선택하면 된다. 'is below' 조건은 설정한 값보다 낮은 데이터만 선택해줌으로써 분석해야 할 주요 게임들만 효율적으로 골라낼 수 있게 해준다.

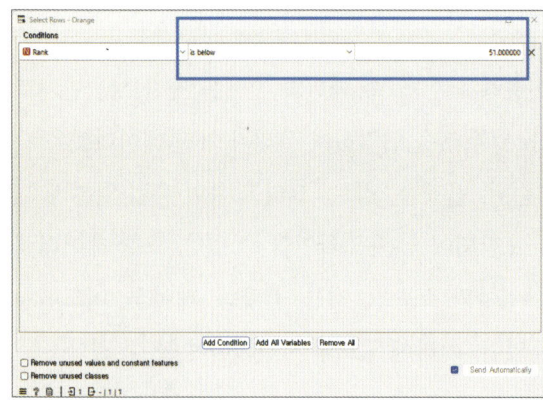
▶ 데이터 필터링

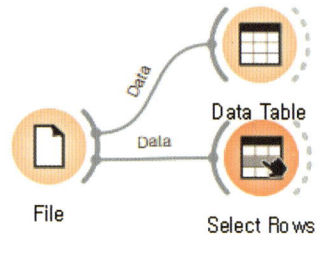
▶ 데이터 처리 흐름도

3. 시각화하기

막대그래프 사용하기

우리의 분석 목표는 세계에서 어떤 게임 플랫폼과 장르가 가장 인기 있는지, 특히 북미와 일본에서 선호되는 게임 플랫폼을 시각화를 통해 분석해보는 것이다. [Select Rows] 위젯에 [Data Table] 위젯을 하나 더 연결하여 상위 50위 게임들만 모아졌는지 확인해보자. 이제 [Bar Plot] 위젯을 사용하여 글로벌 판매량에서 상위 50위 안에 드는 게임들을 막대그래프로 표현해볼 것이다. 이 플롯을 통해 각 게임의 세계적인 판매 순위를 쉽게 비교해볼 수 있다. 막대의 높이가 게임의 세계 판매량을 나타내므로 이를 통해 성공적인 게임들의 공통된 특징을 파악할 수 있고, 어떤 플랫폼이나 장르가 사람들에게 인기가 있는지 분석하는 우리의 목표에 점점 더 가까워지게 된다.

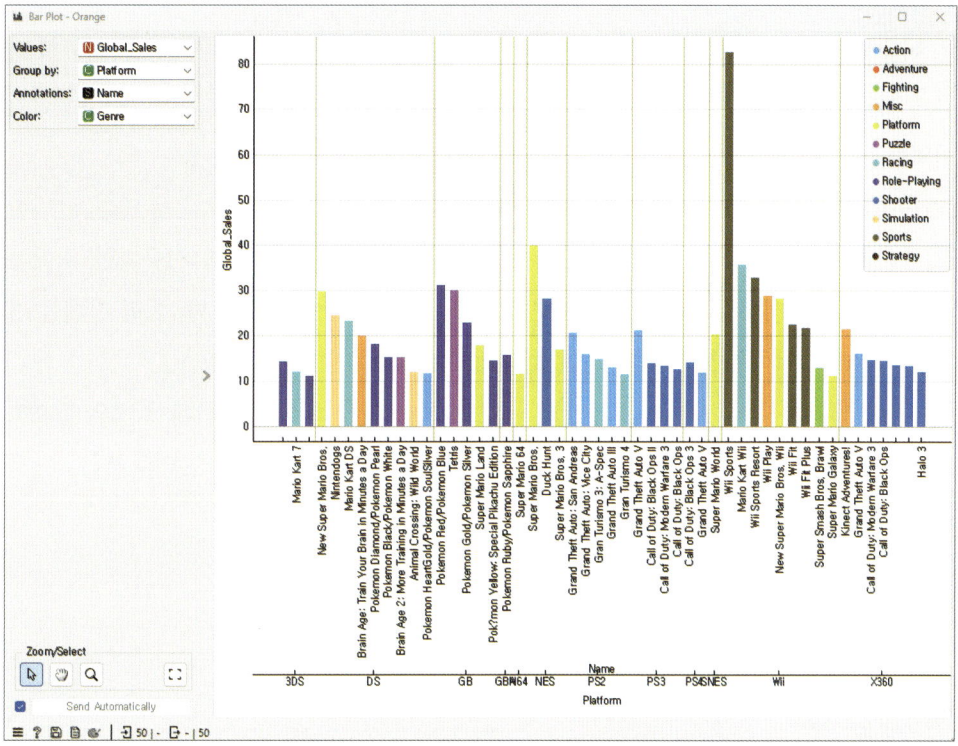

▶ 플랫폼과 장르별 글로벌 게임 판매 동향

이 플롯은 막대그래프를 통해 비디오게임 판매 데이터의 장르별 및 플랫폼별 글로벌 판매량을 시각화한 것이다. 그래프에서 x축은 게임 플랫폼을 나타내고, y축은 해당 플랫폼에서 판매된 게임의 세계 판매량을 나타낸다. 다양한 색상의 막대는 각기 다른 게임 장르의 판매량을 나타낸다. 플롯에서 Wii 플랫폼의 스포츠 장르가 독보적으로 높은 판매량을 보이고 있다.

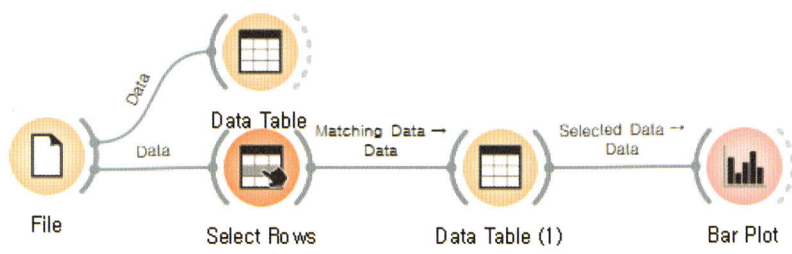

▶ 데이터 처리 흐름도

051

산점도 사용하기

산점도 시각화를 위해 [Scatter Plot] 위젯을 활용하기 전에 또 다른 중요한 단계가 있다. 그것은 바로 [Preprocess] 위젯을 통해 데이터를 정리하는 과정이다. [Preprocess] 위젯을 이용하면 수치 데이터를 0과 1 사이의 값으로 변환할 수 있는데, 이 과정을 '정규화'라고 부른다. 정규화는 다양한 크기의 데이터를 비슷한 범위 안으로 조정하여 데이터 간의 비교를 더욱 쉽게 해준다.

[Preprocess] 위젯의 Preprocessors에서 'Normalize Features' 옵션을 선택하고, 'Normalize to interval [0,1]' 옵션을 고른다. 데이터를 이렇게 정규화한 뒤에는 [Preprocess] 위젯에 [Scatter Plot] 위젯을 연결하고 시각화를 계속 한다. 이런 단계를 거치면 데이터 분석이 훨씬 더 명확하고 효율적으로 이루어진다.

데이터를 정규화하는 것은 복잡해 보일 수도 있지만 사실 데이터 분석에서 매우 중요한 과정으로, 우리가 데이터를 더 잘 이해하고 올바른 결론을 도출하는 데 도움을 준다.

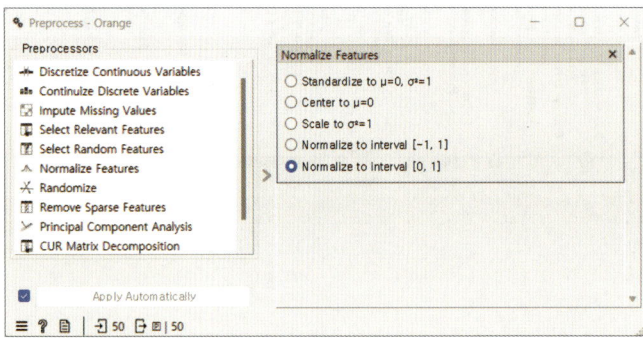

▶ 특성 정규화하기

> **Tip | Normalize Features**
>
> 비디오게임 판매량 데이터를 정리할 때는 여러 가지 방법을 사용할 수 있는데, 분석의 목적이나 데이터의 특징을 잘 고려해서 결정해야 한다.
>
> - **Standardize to μ=0, σ=1 (표준화, 평균=0, 표준편차=1)**: 데이터가 평균을 중심으로 어떻게 퍼져 있는지 보여준다. 데이터가 벨 모양의 정규분포를 따른다면 이 방법이 좋으며, 기계학습 같은 복잡한 계산을 할 때 유용하게 쓰인다.
> - **Center to μ=0 (중앙집중화, 평균=0)**: 모든 데이터를 평균값을 기준으로 분석하고 싶을 때 적합하다. 예를 들어 게임들이 전체 판매량의 평균에서 얼마나 차이가 나는지 알고 싶을 때 사용된다.
> - **Scale to σ=1 (척도 조정, 표준편차=1)**: 이 방법은 변동성, 즉 데이터가 얼마나 많이 변하는지가 중요할 때 사용할 수 있다. 게임 판매량의 변동 폭을 같게 만들고 싶을 때 좋다.

- **Normalize to interval [-1, 1] (구간 정규화 -1에서 1)**: 최솟값과 최댓값을 기준으로 모든 값을 -1과 1 사이로 조정하는 방법이다. 판매량의 상대적 크기를 비교하고 싶을 때 효과적이다.
- **Normalize to interval [0, 1] (구간 정규화 0에서 1)**: 모든 값을 0과 1 사이로 맞춘다. 특히 모든 값이 양수일 때, 그리고 데이터를 비율이나 확률로 해석하고 싶을 때 유용하다.

보통은 비디오게임 판매량 같은 데이터를 0과 1 사이로 맞추는 구간 정규화 방법이 많이 사용되는데, 이렇게 하면 데이터 포인트들을 직관적으로 쉽게 비교할 수 있다. 하지만 어떤 정규화 방법을 사용할지는 하고 싶은 분석 종류나 사용하고자 하는 분석 도구에 따라 달라질 수 있다.

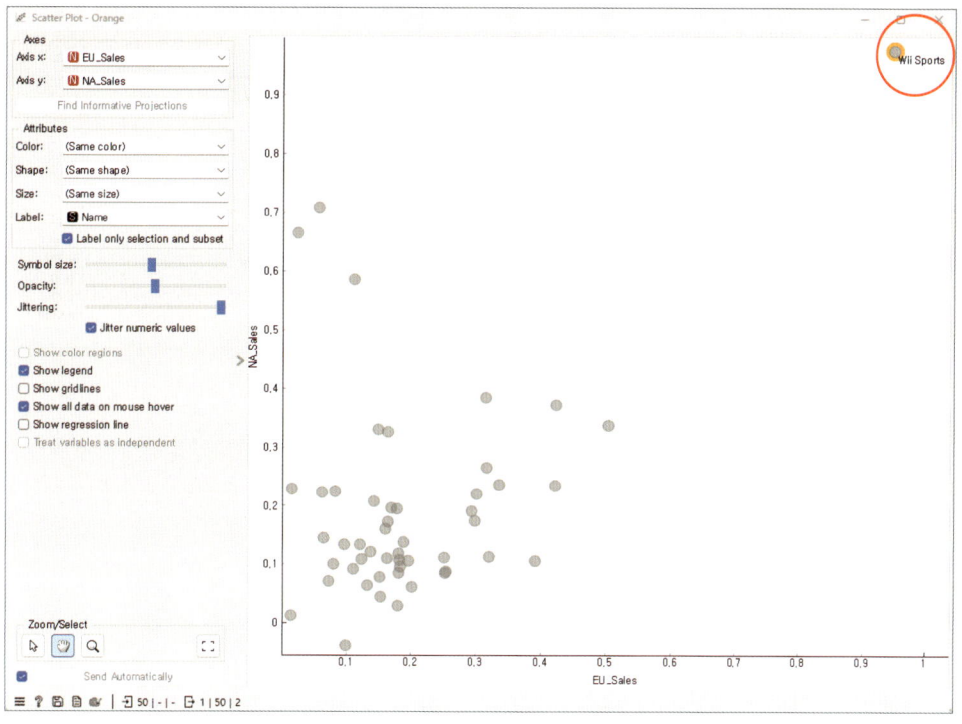

▶ 유럽(EU)과 북미(NA)에서의 게임 판매량 비교

위의 플롯은 [Scatter Plot] 위젯을 이용한 산점도로, 두 변수 간의 관계를 시각적으로 표현한 그래프이다. 이 그래프에서 x축은 유럽 판매량(EU_Sales)을, y축은 북미 판매량(NA_Sales)을 나타낸다. 각 점은 하나의 게임을 나타내며, 점의 위치는 그 게임의 유럽과 북미 지역에서의 판매량에 대응한다.

위의 플롯에서 대부분의 데이터 포인트(게임)는 낮은 판매량 범위에 몰려 있으며, 이는 게임 대부분이 중간 이하의 판매량을 기록한다는 것을 의미한다.

북미와 유럽 판매량 사이에 일정 수준의 양의 상관관계가 있어 보이는데, 이는 한 지역에서 판매량이 높은 게임은 다른 지역에서도 비교적 높은 판매량을 보일 가능성이 있다는 것을 나타낸다. 몇몇 점들은 x축이나 y축 근처에 위치하고 있어 한 지역에서는 높은 판매량을 보이지만 다른 지역에서는 그렇지 않은 게임들도 존재함을 보여준다.

우측 상단에는 'Wii Sports'라는 라벨이 보이는데, 이는 그 게임이 북미와 유럽에서 매우 높은 판매량을 기록했음을 나타낸다.

아래의 플롯은 다양한 게임 플랫폼에서의 일본과 북미 지역의 게임 판매량을 비교한 것으로 x축은 일본 판매량(JP_Sales)을, y축은 북미 판매량(NA_Sales)을 나타낸다. 점의 모양은 플랫폼을 구분하며, 'DS'는 원(●) 모양, 'GB'는 X 모양, 'PS2'는 삼각형(▲), 'Wii'는 플러스(+) 기호, 'X360'은 마름모(◆), 'Other'는 별(★) 모양으로 표현되고 있다.

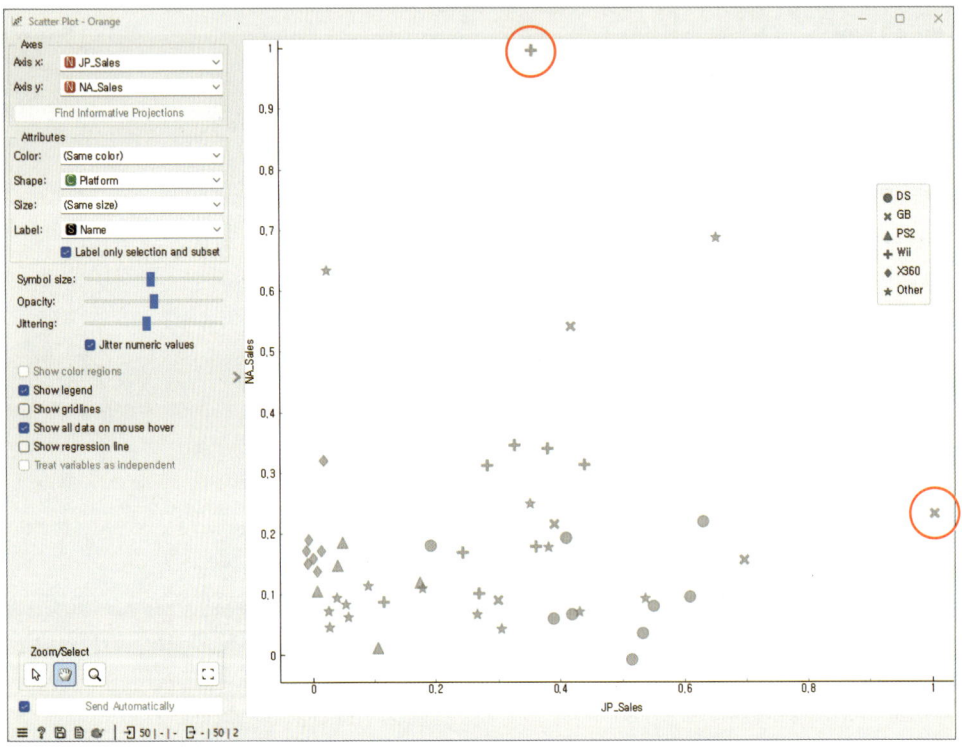

▶ 일본(JP)과 북미(NA) 게임 판매량 비교

대부분의 게임은 낮은 판매량 범위에 집중되어 있으며, 일본 판매량이 낮은 게임은 북미에서도 비슷하게 낮은 경향을 보인다. 하지만 특정 게임의 판매량은 지역에 따라 크게 달라질 수 있는데, 일본에서는 낮은 판매량을 보이지만 북미에서는 높은 판매량을 기록하는 경우가 있고, 반대로 북미에서는 상대적으로 낮은 판매량을 보이지만 일본에서는 높은 판매량을 달성하는 예도 보인다. 북미에서 높은 판매량을 보이는 것은 Wii 플랫폼의 〈Wii Sports〉이고, 일본에서 높은 판매량을 보이는 것은 GB 플랫폼의 〈Pokémon〉으로, 이는 지역별 시장 선호도의 차이를 반영한다.

> **Tip** **Jittering**
>
> Jittering은 데이터 시각화에서 아주 유용한 기술로, 우리가 데이터 포인트들을 더 잘 볼 수 있게 도와준다.
>
> 가끔 데이터를 점으로 표현할 때, 많은 점이 한 곳에 몰려 있거나 서로 너무 가까이 있어서 구분하기 어려울 때가 있다. 이럴 때 Jittering 기술을 사용하면 점들을 약간씩 옮겨서 서로 겹치지 않고 각각의 데이터 포인트를 더욱 분명하게 볼 수 있게 해주며, 데이터가 어떻게 분포되어 있는지 파악하기 쉽게 도와준다.
>
> 하지만 Jittering을 너무 많이 사용하면 데이터 포인트들이 원래 있던 자리에서 너무 멀어져서 실제 데이터의 모습과 다르게 보일 수 있다. 그래서 이 기술은 적절히 사용하는 것이 중요하다.

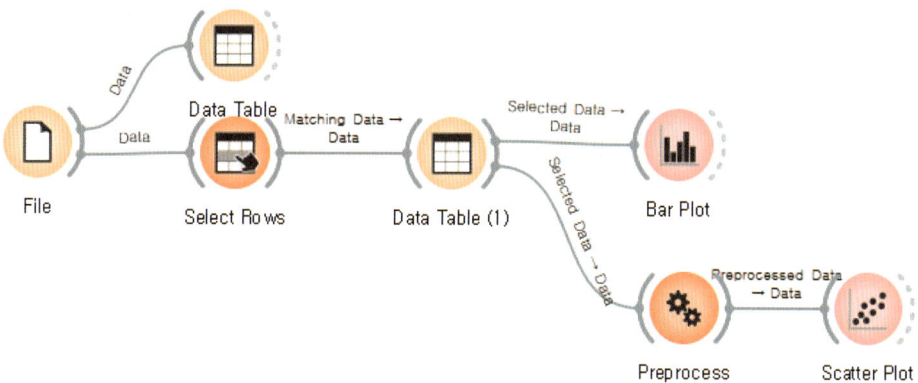

▶ 데이터 처리 흐름도

모자이크 그래프 사용하기

[Mosaic Display] 위젯은 비디오게임 판매 데이터 같은 복잡한 정보를 이해하는 데 아주 효과적인 방법이며, 특히 범주형 데이터에서 두 변수 간의 관계를 시각화하는 데 유용한 도구이다. 우리는 지역별 판매량, 장르, 플랫폼 등 다양한 변수 간의 관계와 패턴을 타일 형태의 그래프로 시각화할 수 있다.

[Mosaic Display] 위젯의 변수 설정은 간단하다. 위젯을 클릭하면 나오는 창에서 좌측 상단의 변수들 중 원하는 변수를 선택하면 된다. 우리는 게임 콘솔 플랫폼별로 북미 지역에서의 게임 판매량을 보기 위해 'NA_Sales'와 'Platform' 변수를 선택하기로 한다.

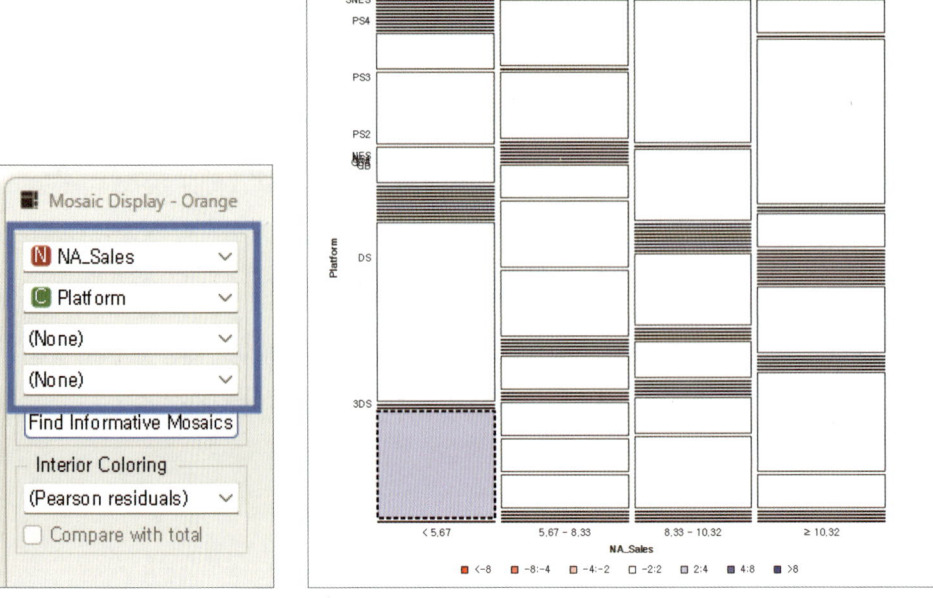

▶ 북미(NA) 게임 시장의 플랫폼별 판매량 분포

각 플랫폼의 판매량은 네 가지 범주로 나뉘어 있으며, 색상으로 판매량 수준을 나타내고 있다. 가로축은 북미 지역의 판매량(NA_Sales) 범주를, 세로축은 게임 콘솔 플랫폼(Platform)을 나타낸다. 칸의 크기는 각 범주에 속한 게임 수를 나타내며, 칸이 클수록 해당 범주에 속하는 게임이 많음을 의미한다. 또한 칸의 색상은 판매량 수준을 나타내는데, 흰색은 판매량이 −2에서 2 사이임을, 파란색은 판매량이 2에서 4 사이임을 나타낸다.

플롯에서 '3DS' 플랫폼은 가장 아래에 위치해 있으며, 첫 번째 범주(⟨5.67)에서 파란색 칸으로 표시되어 있다. 이는 '3DS' 플랫폼의 이 범주에서 판매량이 2에서 4 사이임을 의미한다. 반면, 다른 대부분의 플랫폼들은 흰색 칸으로 표시되어 있으며, 이는 해당 범주에서의 판매량이 −2에서 2 사이에 있다는 것을 나타낸다. 따라서 '3DS' 플랫폼의 첫 번째 범주에서의 판매량은 상대적으로 높은 판매량을 나타내며, 다른 플랫폼들은 판매량이 기대치와 비슷한 수준임을 나타낸다. 이 플롯은 게임 콘솔 플랫폼별로 북미 지역에서의 판매량을 비교하는 데 유용하다.

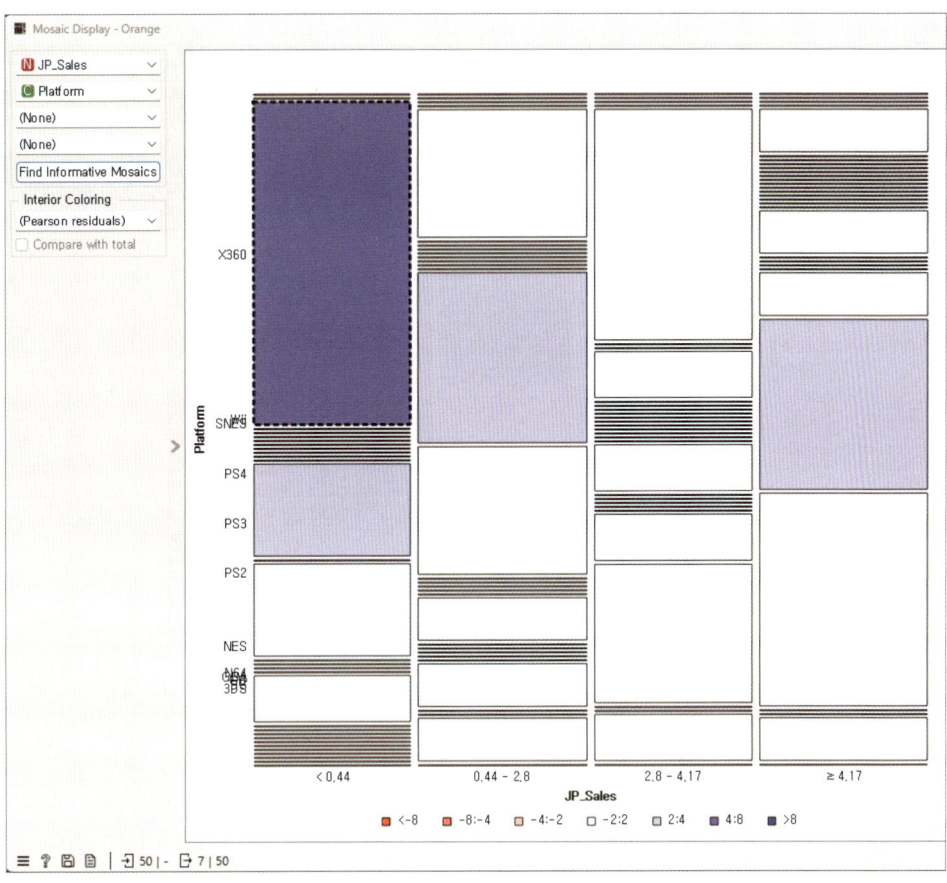

▶ 일본(JP) 게임 시장의 플랫폼별 판매량 분포

위의 모자이크 플롯은 게임 콘솔 플랫폼별로 일본(JP) 지역에서의 게임 판매량을 시각적으로 보여준다. 가로축은 일본 지역의 판매량(JP_Sales) 범주를 나타내며, 네 가지 범주로 나뉘어 있다. 네 가지 범주는 '<0.44', '0.44-2.8', '2.8-4.17', '≥4.17'이다. 세로축은 여러 게임 콘솔 플랫폼을 나타내며, 각각의 플랫폼이 별도의 행을 차지하고 있다.

'X360' 플랫폼의 가장 큰 칸이 가장 왼쪽에 위치해 있으며, 짙은 파란색으로 표시되어 있어 판매량이 0.44 미만(<0.44)의 범주에서 기대치보다 훨씬 높음을 의미한다. 'PS4' 플랫폼은 연한 파란색으로 표시되어 있어 0.44 미만(<0.44)의 범주에서 판매량이 기대치보다 약간 높음을 의미한다. 'PS3' 플랫폼도 연한 파란색 칸으로 표시되어 있어 '0.44-2.8'의 범주에서 판매량이 기대치보다 약간 높음을 의미한다. 'GB' 플랫폼도 연한 파란색 칸으로 표시되어 있어 4.17 이상(≥4.17)의 범주에서 판매량이 기대치보다 약간 높음을 의미한다. 이를 제외한 다른 플랫폼들은 흰색 칸으로 표시되어 있어 판매량이 기대치와 거의 비슷함을 의미한다. 이 그래프는 게임 콘솔 플랫폼별로 일본 지역에서의 판매량을 비교하는 데 유용하다.

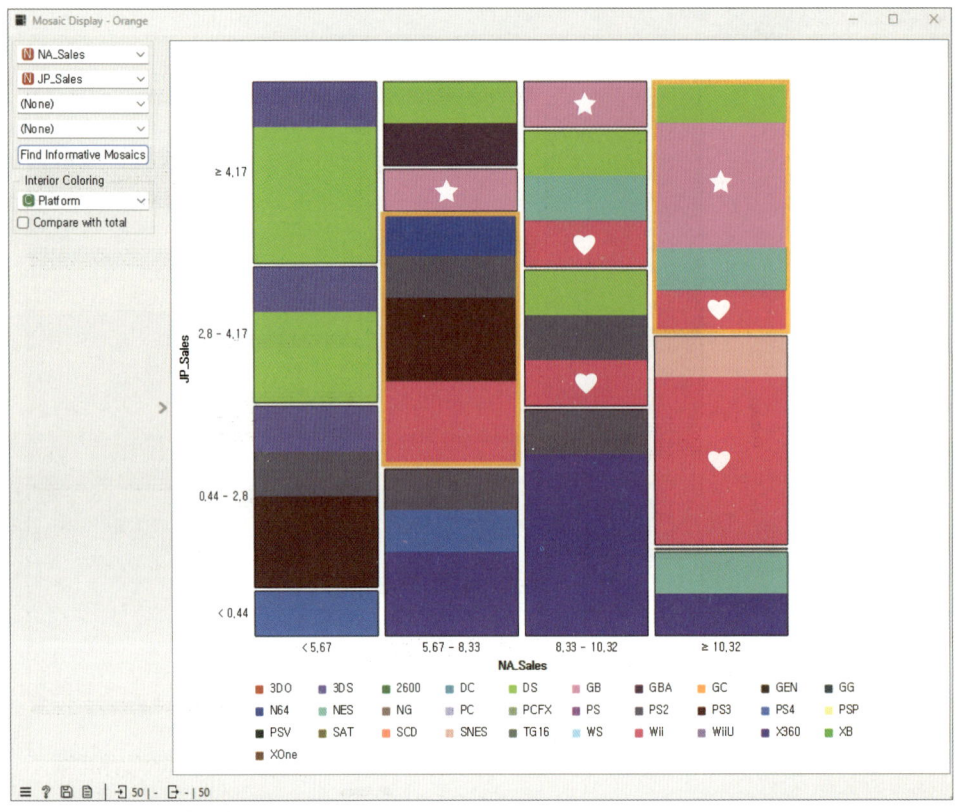

▶ 북미(NA) 대 일본(JP) 게임 플랫폼별 판매량 비교

이 플롯은 북미(NA)와 일본(JP) 지역에서의 게임 판매량을 비교한다. 가로축은 북미 지역의 판매량(NA_Sales)을 네 가지 범주로 나누어 나타내고 있으며, 세로축은 일본 지역의 판매량(JP_Sales)을 네 가지 범주로 나누어 나타내고 있다. 각 칸의 크기는 해당 범주에 속하는 게임 수를 나타내며, 칸이 클수록 해당 범주에 속하는 게임이 많음을 의미한다. 가로축의 범주는 '<5.67', '5.67-8.33', '8.33-10.32', '≥10.32'로 나뉘어 있으며, 세로축의 범주는 '<0.44', '0.44-2.8', '2.8-4.17', '≥4.17'로 나뉘어 있다.

플롯에서 주목할 만한 부분은 '5.67-8.33 NA_Sales'와 '0.44-2.8 JP_Sales' 범주(노란색 상자)가 상당히 큰 칸으로 표시되어 있다는 것이다. 이는 북미에서 판매량이 '5.67-8.33' 사이인 게임이 일본에서 판매량이 '0.44-2.8' 사이인 경우가 많음을 의미한다. 또한 10.32 이상(≥10.32)의 'NA_Sales'와 4.17 이상(≥4.17)의 'JP_Sales' 범주(노란색 상사)도 주목할 만한데, 이는 북미에서 매우 높은 판매량을 기록한 게임이 일본에서도 높은 판매량을 기록한 경우가 많음을 나타낸다.

또한 플롯에서 별표가 표시된 부분은 'JP_Sales'에서 'GB' 플랫폼의 판매량이 높은 구간을 나타내며, 하트가 표시된 부분은 'NA_Sales'에서 'Wii' 플랫폼의 판매량이 높은 구간을 나타낸다. 이를 통해 각 플랫폼이 특정 판매량 범주에서 두드러지는 성과를 보이는 것을 알 수 있다.

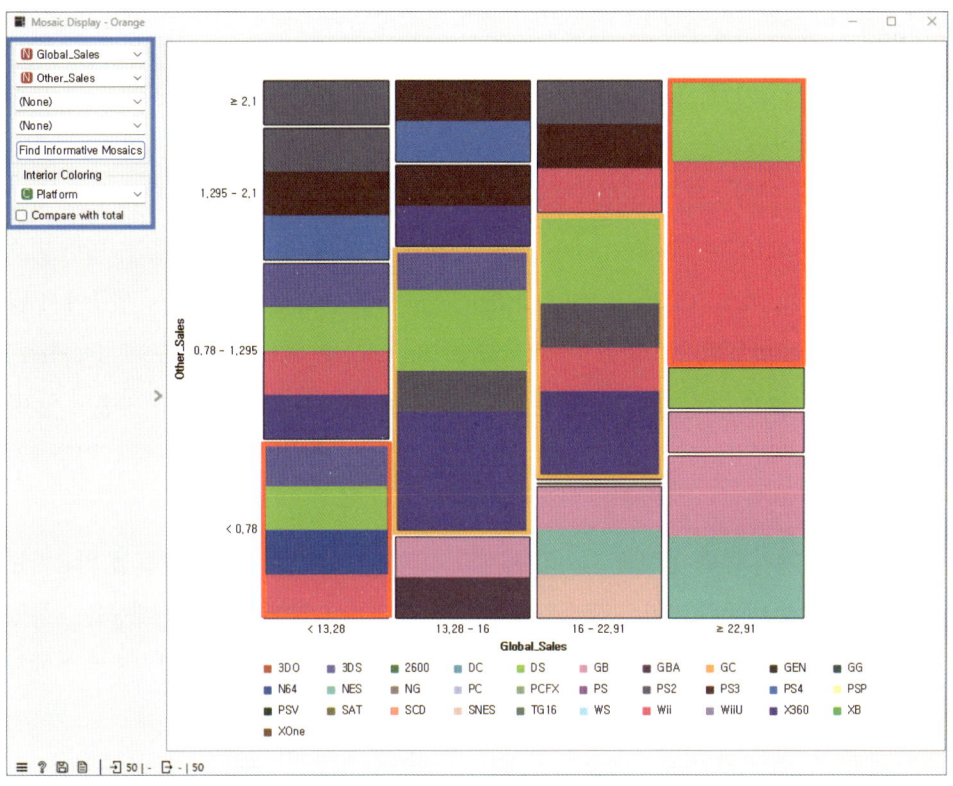

▶ 게임 콘솔 플랫폼별 전 세계 및 기타 지역 판매량 비교

이 플롯은 게임 콘솔 플랫폼별로 전 세계(Global_Sales)와 기타 지역(Other_Sales)에서의 게임 판매량을 비교한다. 가로축은 전 세계 판매량(Global_Sales)을 네 가지 범주로 나누어 나타내고 있으며, 세로축은 기타 지역의 판매량(Other_Sales)을 네 가지 범주로 나누어 나타내고 있다. 각 칸의 크기는 해당 범주에 속하는 게임 수를 나타내며, 칸이 클수록 해당 범주에 속하는 게임이 많음을 의미한다. 가로축의 범주는 '<13.28', '13.28-16', '16-22.91', '≥22.91'로 나뉘어 있으며, 세로축의 범주는 '<0.78', '0.78-1.295', '1.295-2.1', '≥2.1'로 나뉘어 있다. 각 칸은 다양한 색상으로 채워져 있으며, 각 색상은 특정 게임 콘솔 플랫폼을 나타낸다. 하단 정보(범례)를 통해 각 색상이 어떤 콘솔 플랫폼을 나타내는지 확인할 수 있다.

이 플롯에서 '<13.28 Global_Sales'와 '<0.78 Other_Sales' 범주에는 다양한 플랫폼이 포함되어 있으며, 상대적으로 작은 칸들이 많음을 볼 수 있다. 이는 다양한 플랫폼의 게임이 낮은 판매량을 기록했음을 의미한다

'13.28-16 Global_Sales'와 '0.78-1.295 Other_Sales' 범주, '16-22.91 Global_Sales'와 '1.295-2.1 Other_Sales' 범주에도 다양한 플랫폼이 포함되어 있으며, 일부 플랫폼(DS와 X360)이 눈에 띄게 많음을 볼 수 있는데, 이는 상대적으로 높은 판매량을 기록했음을 의미한다.

22.91 이상(≥22.91)의 'Global_Sales'와 2.1 이상(≥2.1)의 'Other_Sales' 범주는 특정 플랫폼이 주도하는 것을 볼 수 있다.

플랫폼별 주요 관찰로는 'GB(핑크색)'가 여러 범주에서 비중을 차지하고 있으며, 특히 22.91 이상(≥22.91)의 'Global_Sales' 범주에서 두드러진다. 'X360(보라색)'은 여러 범주에서 눈에 띄며, 특히 '13.28-16 Global_Sales'와 '16-22.91 Global_Sales' 범주에서 많이 보인다. 'DS(연두색)'는 22.91 이상(≥22.91)의 'Global_Sales'와 '1.295-2.1 Other_Sales', '0.78-1.295 Other_Sales' 범주에서 큰 비중을 차지하고 있다. 'Wii'(자홍색 상자)는 여러 범주에 분포되어 있으며, 특히 22.91 이상(≥22.91)의 'Global_Sales' 범주에서 눈에 띈다.

이 플롯은 각 게임 콘솔 플랫폼별로 전 세계와 기타 지역에서의 판매량 분포를 비교하는 데 유용하다. 각 범주의 크기와 색상을 통해 특정 플랫폼이 얼마나 많은 판매량을 기록했는지 쉽게 파악할 수 있다. 이를 통해 플랫폼별로 시장에서의 성과를 시각적으로 이해할 수 있다.

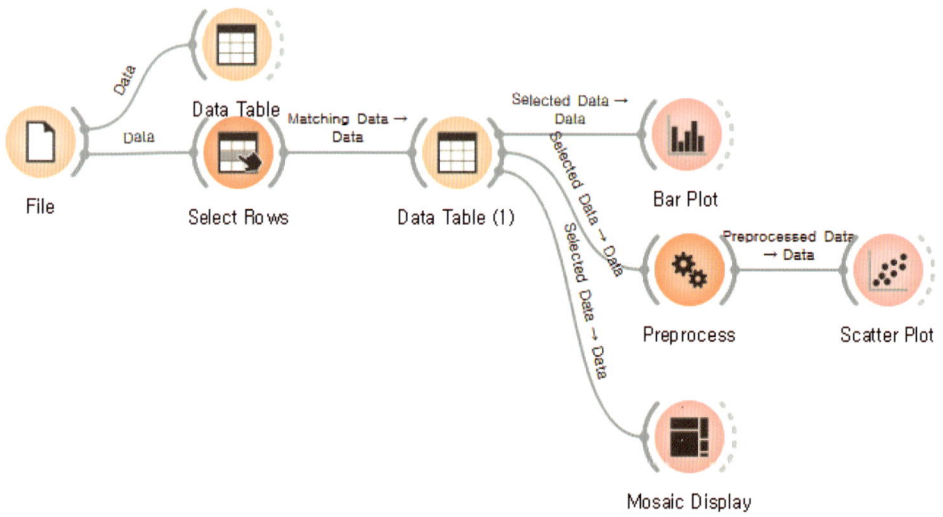

▶ 데이터 처리 흐름도

4. 정리하기

게임 데이터셋을 활용해 여러 시각화 기법으로 세계적으로 인기 있는 게임 플랫폼과 장르를 시각화해보았다. 특히 북미와 일본 시장에서 인기 있는 플랫폼을 집중적으로 살펴보며, '롤리팝'이 가졌던 'Wii는 북미에서, GB는 일본에서 인기가 많다'는 가설을 증명하기 위한 정보들을 살펴보았다.

막대그래프를 이용한 분석에서는 세계시장에서 Wii가 큰 성공을 거두었음을 알 수 있었고, 산점도로는 북미와 일본의 판매량 사이의 관계를 시각화하여 두 지역에서 인기 있는 플랫폼 간의 상관관계를 살펴볼 수 있었다. 이 플롯에서 지역별 시장 선호도의 차이도 볼 수 있었는데 북미에서는 Wii가, 일본에서는 GB가 가장 판매량이 높은 플랫폼임을 확인할 수 있었다.

모자이크 플롯을 통해서는 지역별 판매 데이터와 게임 플랫폼 간의 관계를 더욱 복잡한 다중 레벨 분석으로 볼 수 있었는데 일본에서는 GB의 판매량이, 북미에서는 Wii의 판매량이 눈에 띄게 큰 비중을 차지하며 주목받았다.

연비가 좋은 자동차를 고르려면 무엇을 알아야 할까?

탐색적 데이터 분석, 데이터 핵심 속성 추출, 로지스틱 회귀

> **준비하기**
>
> 길동이는 자동차 회사에 다니고 있다. 길동이가 다니는 회사는 친환경이면서 연비가 좋은 자동차를 만드는 것을 목표로 하고 있다. 시장을 분석하기 위해 이미 개발된 자동차들의 데이터를 분석하여 데이터에 숨겨져 있는 중요한 정보를 찾고자 한다. 이를 위해 먼저 누락된 숫자, 이상치를 파악할 것이다. 그리고 삭제, 값의 변형 등의 작업을 할 것이다. 두 번째로, 여러 차량 특성을 기반으로 갤런당 이동 거리(MPG)를 예측하는 선형 회귀 모델을 개발하기 위해 필요한 핵심 속성을 찾을 것이다. 세 번째로, 선형 회귀 모델을 사용하여 모델을 만들고, 성능 평가를 하기 위해서 탐색적 데이터 분석을 통해 핵심 속성만 이용한 모델과 전체 속성을 모두 사용한 모델과 비교한다.
> 모델이 완성되면 테스트 데이터를 이용하여 실제로 예측해본다.

1. 알고 가기

탐색적 데이터 분석이란 데이터 속성들의 특성과 구조를 파악하기 위해 여러 방법을 사용하여 분석하는 활동을 말한다. 간단하게는 다양한 시각화 도구를 사용하여 데이터의 분포를 살펴보는 것이며, 더 나아가 독립 속성 간의 연관성을 파악하기 위해 상관분석 등 통계적 기법을 활용하여 분석하는 것을 포함한다.

탐색적 분석을 하면 예측하려고 하는 종속변수에 어떤 독립변수들이 영향을 미치는지 알 수 있고, 이런 독립변수들을 인공지능 모델의 학습에 이용할 수 있는 핵심 속성으로 선택

할 수 있다. 이렇게 다양한 각도에서 데이터를 살펴보는 과정을 통해 문제 정의 단계에서 미처 발생하지 못한 다양한 패턴을 발견할 수 있고, 이를 바탕으로 기존의 가설을 수정하거나 새로운 가설을 세울 수 있다.

1단계. 데이터를 전체적으로 살펴보기
데이터에 문제가 없는지 확인한다. 극댓값과 극솟값을 확인하고 이 값이 이상치인지 판단한다. 그리고 결측치가 있는지도 확인하기 위해 탐색한다.

2단계. 데이터의 개별 속성값 살펴보기
각 속성값이 예측한 범위와 분포를 갖는지 확인하는 단계이다. 만약 그렇지 않다면 이유가 무엇인지를 파악하기 위해 통계값을 분석한다. 속성 간의 관계에 초점을 맞추어 개별 속성 관찰에서 찾아내지 못했던 패턴을 발견하기 위해 탐색한다.

3단계. 핵심 속성 선택하기
탐색적 데이터 분석을 통해 속성 간의 관계를 파악하면 예측에 영향을 미치는 속성을 파악하여 선택할 수 있다.

탐색적 자료 분석 및 시각화	요약 통계 검토
	이상치 제거
	상관관계 검토
	시각화

▶ 숫자형 변수의 탐색적 데이터 분석 과정

2. 데이터 불러오기

캐글 사이트에서 'Car information dataset'으로 검색하면 자동차 가격을 예측하기 위해 사용할 데이터를 다운로드 받을 수 있다.

다운로드 링크 :

https://www.kaggle.com/datasets/tawfikelmetwally/automobile-dataset/data

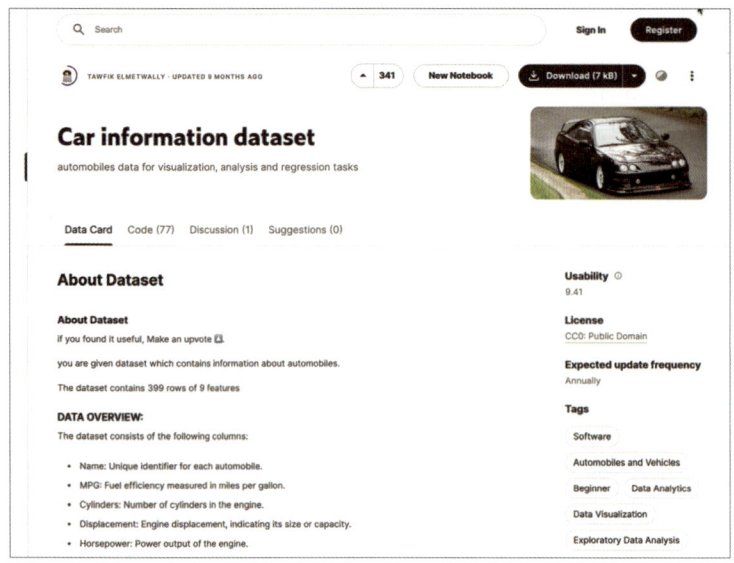

▶ 캐글 사이트의 'Car information dataset'

Info 부분을 보면 다운로드한 데이터셋은 8개의 속성을 가지고 있으며, 398개의 행으로 되어 있다. 각 데이터 속성은 다음과 같은 값을 가진다.

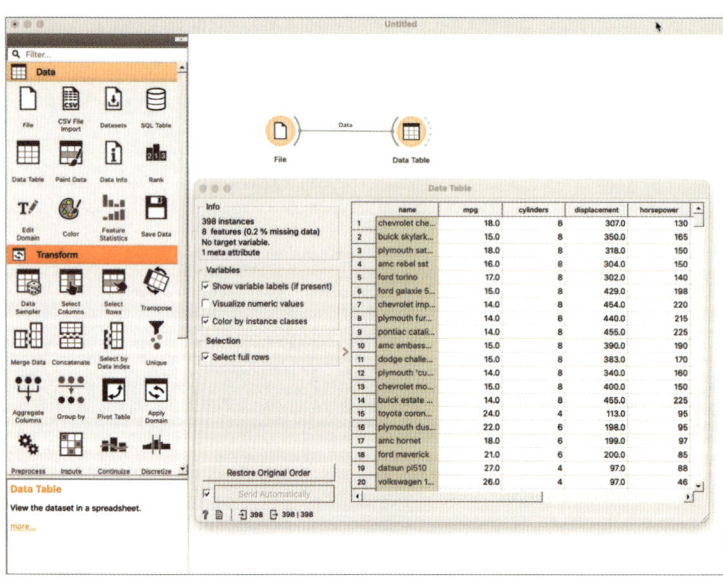

▶ 데이터셋 확인하기

❶ name: 이름. 각 자동차 고유 식별자

❷ mpg: 이동 거리. 연비는 갤런당 마일 단위로 측정

❸ cylinders: 엔진의 실린더 수

❹ displacement: 엔진 변위, 크기 또는 용량

❺ horsepower: 마력. 엔진의 동력 출력

❻ weight: 자동차의 무게

❼ acceleration: 가속도. 초 단위로 측정된 속도를 높일 수 있는 기능

❽ model_year: 자동차 모델의 제조 연식

❾ origin: 자동차별 원산지 또는 지역

3. 탐색적 데이터 분석하기

탐색적 데이터 분석 1단계: 결측치 확인하기

[Data Table] 위젯을 통해 데이터를 살펴보자. 8개의 속성을 가지고 있으며, 전체 데이터의 0.2%가 결측치임을 알 수 있다.

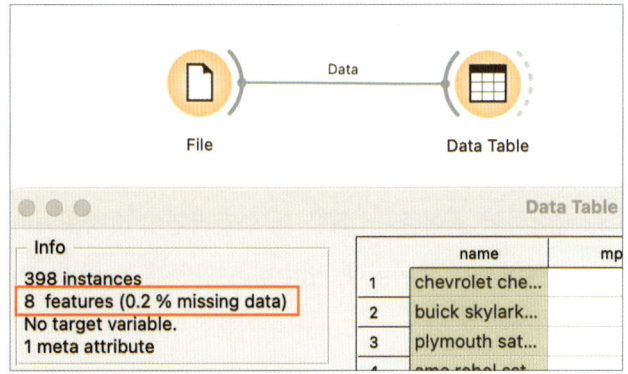

▶ Info에 나타난 결측 데이터 수

그러면 8개의 속성 중에서 어떤 속성에 결측치가 있는 것일까? 이를 알기 위해서는 [Feature Statistics] 위젯을 이용하면 된다.

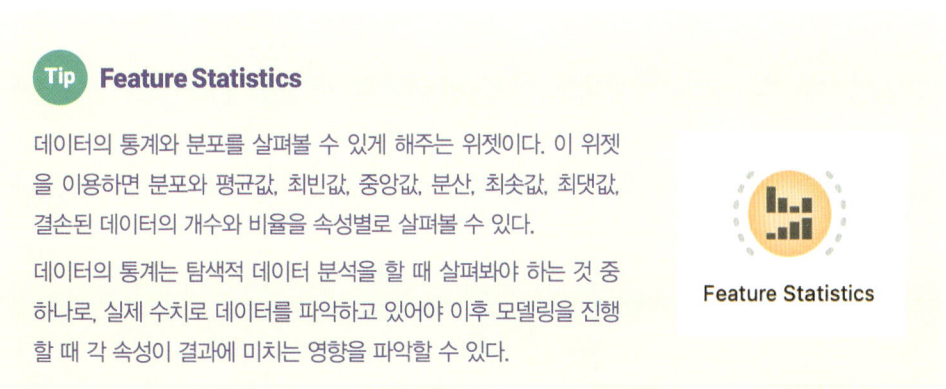

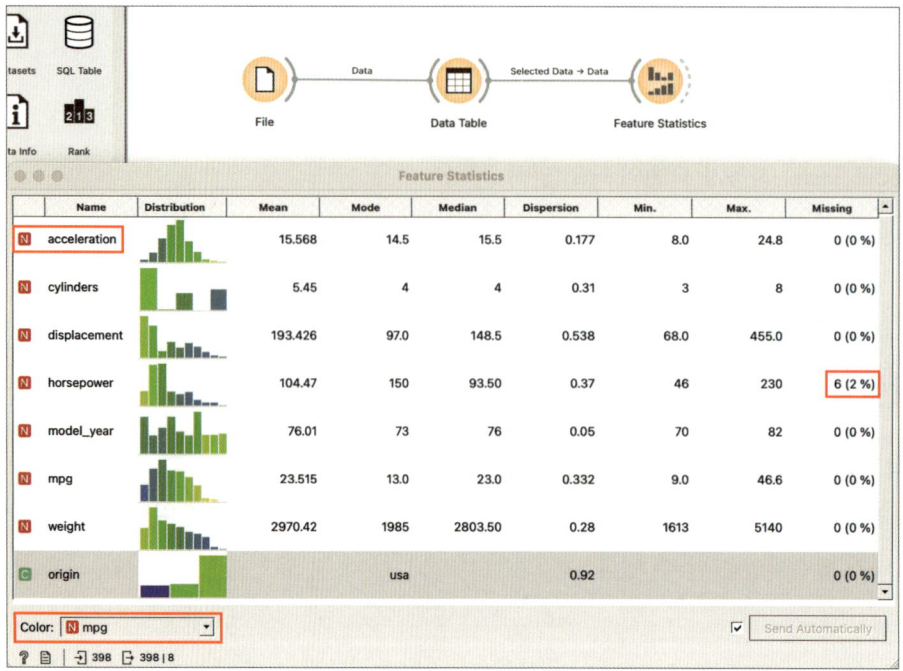

▶ 데이터의 통계와 분포 확인하기

빈칸을 클릭하면 데이터 타입별로 정렬할 수 있고, Name, Mean 등 속성 이름을 클릭하면 데이터를 해당 속성을 기준으로 정렬하여 보여준다. N은 데이터 타입이 숫자형이라는 의미이고 C는 데이터 타입이 범주형이라는 의미이다. 범주형은 평균값, 중앙값, 최솟값, 최댓값을 계산할 수 없어 값을 보여주지 않는다. Color의 기준을 mpg로 하면 그 속성을 기준으로 각각의 값이 다른 속성들에서 어디에 분포하는지 색상으로 보여준다. Missing 열을 보면 horsepower에 6개의 결측치가 있는 것을 알 수 있다.

> **Tip 결측치 처리 방법**
>
> - **아무 처리도 하지 않는 방법**: 알고리즘이 알아서 결측치를 처리하게 둔다. 일부 알고리즘은 결측치를 파악하여, 손실함수값을 기준으로 결측치를 어떻게 채우는 것이 가장 나은 성능을 갖는지 학습한다(예: XGBoost). 또 어떤 알고리즘은 그냥 결측치를 무시해버린다(예: LightGBM).
> - **'평균값/이전 값/비슷한'으로 대체하는 방법**: 결측치가 존재하는 변수에서 결측되지 않은 나머지 값들의 평균을 내어 결측치를 대체하는 방법이다. 해당 값으로 대체 시 변수의 값을 이용할 수 있는 장점이 있지만, 실제로 측정된 값을 넣지 않는다는 단점이 있다.
> - **해당 열 또는 행을 삭제하는 방법**: 다른 값을 채워 넣지 않아도 된다는 장점이 있지만 수집한 데이터를 잃게 되는 단점이 있다. 결측치가 많을 경우 많은 데이터를 삭제하게 된다.

결측치를 처리하는 방법에 정해진 규칙은 없다. 데이터의 특성과 결측치가 어느 정도인지에 따라 처리 방법을 정할 수 있으며, 우리는 결측치가 적으므로 그냥 두도록 한다.

탐색 결과 1: horsepower 속성에 결측치가 있다.
그 비율이 적으므로 결측치는 그냥 두기로 한다.

탐색적 데이터 분석 2단계: 타깃 변수 분포 살펴보기

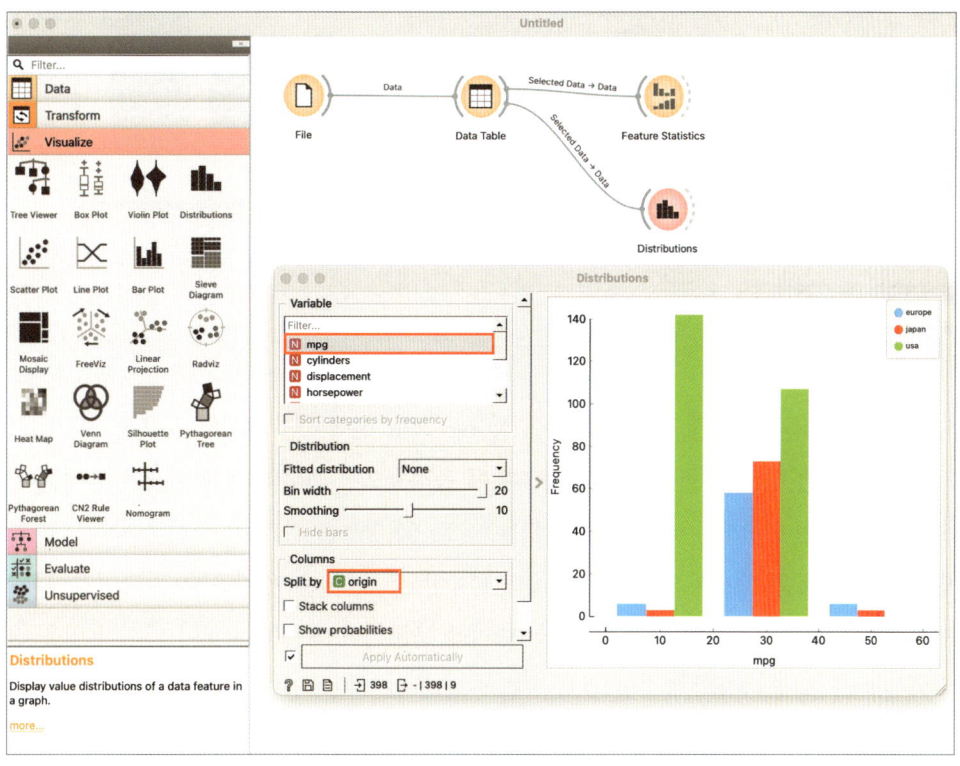

▶ [Distributions] 위젯의 화면

[Distributions] 위젯으로 분포를 살펴보자. Filter 값과 Split by 기능을 이용해 다양한 데이터를 각기 다른 기준으로 분석하고 시각적으로 비교해볼 수 있다. 종속변수인 'mpg'를 Filter로 선택하고, 범주형인 'origin'을 Split by로 선택하면 유럽, 일본, 미국 자동차의 분포를 살펴볼 수 있다. 'mpg' 값이 20 이하에서 미국 자동차의 수가 많고, 유럽과 일본 자동차는 주로 20~40 사이에 분포되어 있는 것을 알 수 있다.

데이터의 양을 보면 usa, 즉 미국 자동차에 대한 데이터가 많은 것을 알 수 있다. 데이터의 양을 수치로도 알아보자

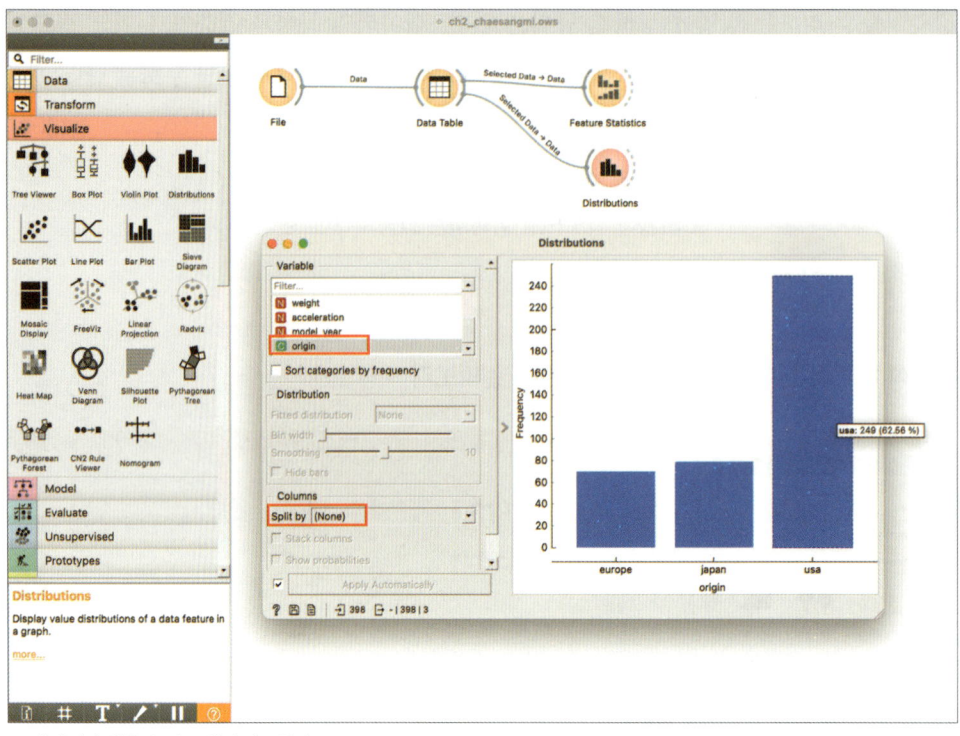

▶ 데이터의 양을 수치로 알아보는 화면

Filter는 'origin'을 선택하고 Split by는 '(None)'으로 선택하면 데이터 분포를 시각적으로 확인할 수 있다. 마우스를 막대그래프 위에 올려놓으면 개수와 전체 비율을 알려준다. usa의 데이터는 398개의 데이터 중에서 249개로, 62.56%를 차지한다. 같은 방식으로 확인하면 europe은 70개를 차지하며 전체의 17%이고, japan은 79개로 19.85%이다. 나라별로 개수가 차이 나는 것을 알 수 있다. 나라를 구분하여 예측하는 것이 의미가 있을 경우에는 어느 특정 나라의 개수만 많으면 결과를 왜곡시킬 수 있다. 하지만 지금은 나라별로 구분하지 않기 때문에 분포만 확인하고 다른 작업을 하지 않기로 한다.

탐색 결과 2: mpg 값이 20 이하에서는 미국 자동차의 수가 가장 많고,
유럽과 일본 자동차는 주로 20~40 사이에 분포되어 있다.

탐색적 데이터 분석 3단계: 숫자 속성들의 이상치 제거하기

극단적인 이상치는 분석 결과에 왜곡을 가져올 수 있기 때문에 제거해야 한다. 그러면 어떤 값들을 이상치로 정할 수 있을까?

예를 들어, cylinders를 보면 IQR=8−4=4이며, 공식에 따르면 이상치는 4−1.5*4=−2 이

하인 값과 4+1.5*4=10 이상인 값이다. 박스플롯을 보면 이상치는 없는 것으로 나온다. 이렇게 각 속성에 대해 이상치가 있는지 Filter를 순서대로 선택하면서 확인해보자. 계산을 하지 않더라도 그림에 'minimum'과 'maximum'이 표시되므로 이 표시를 넘어가는 값이 있는지를 살펴보면 된다.

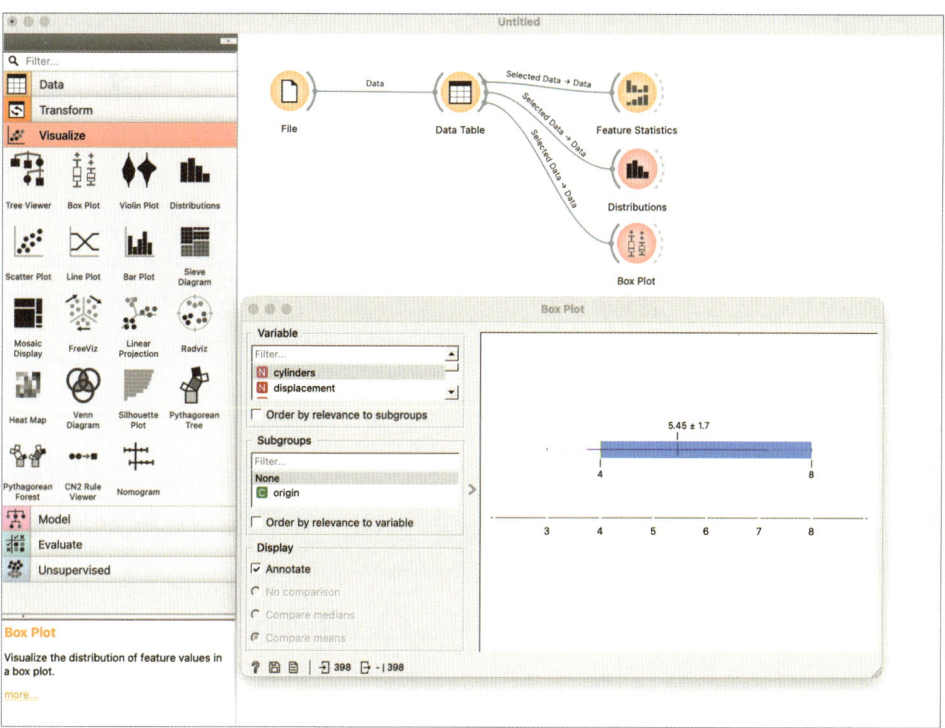

▶ cylinders의 박스플롯

박스플롯(상자그림) 해석하기: 'Outliers'가 이상치에 해당한다.

- **Minimum** : (Q1-1.5*IQR) 미만의 값이 Outliers 값이며 이상치에 해당한다.
- **Maximum** : (Q3+1.5*IQR) 이상의 값이 Outliers 값이며 이상치에 해당한다.

※ Outliers를 더 넓게 잡고 이상치를 작게 선정하고자 할 때는 1.5 대신 3.0을 IQR에 곱하기도 한다.

더 정확하게 하기 위해 [Select Rows] 위젯을 사용하여 이상치를 제거해보자.

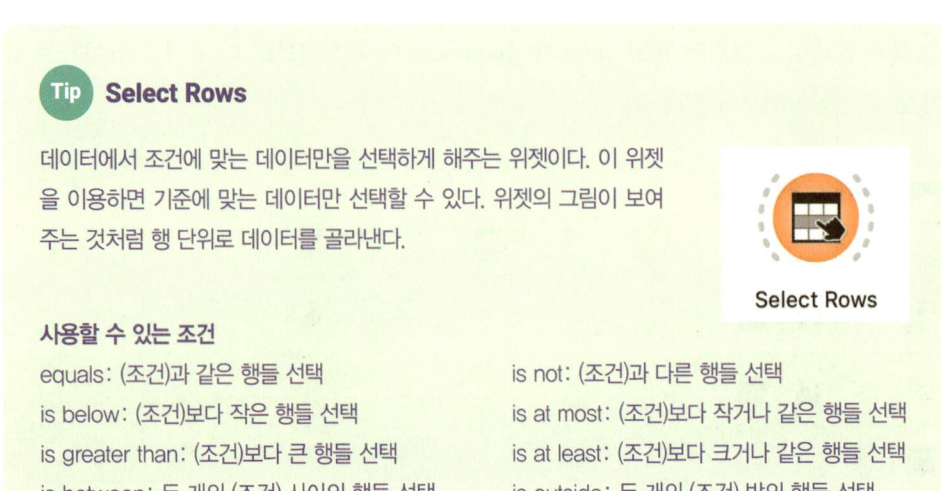

앞서 계산한 cylinders의 값 중 10이 넘는 값을 제거하기 위해서는 그림과 같이 조건을 주면 된다. 우리가 살펴보는 데이터에서는 이상치가 존재하지 않기 때문에 창 아래 숫자를 보면 398개의 데이터가 모두 조건을 통과하는 것을 알 수 있다.

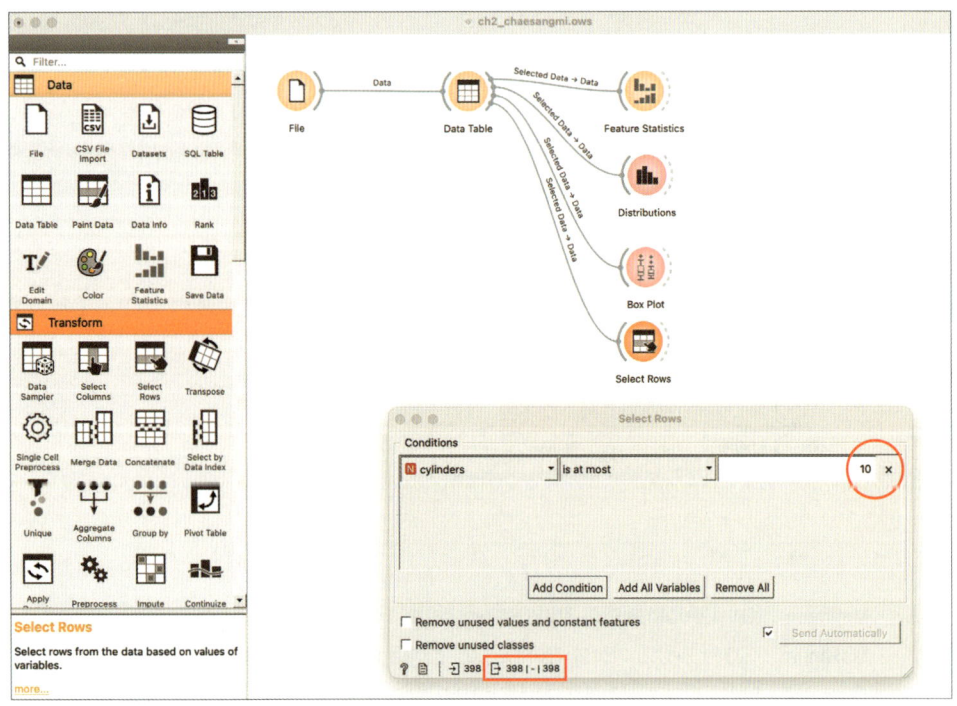

▶ 10을 기준으로 이보다 작거나 같은 값들 선택

탐색 결과 3: 속성들에 이상치는 존재하지 않는다.
제거 없이 모두 사용 가능하다.

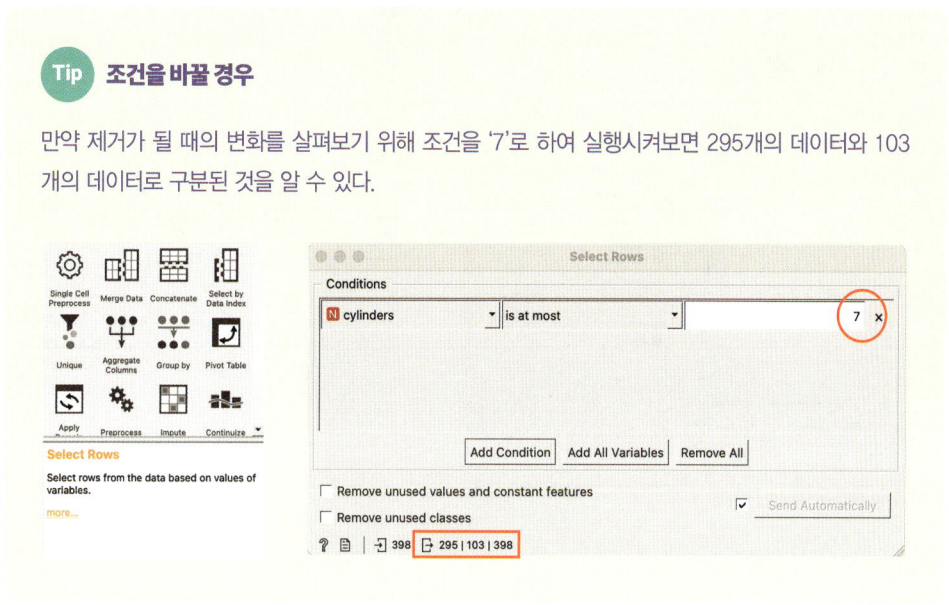

탐색적 데이터 분석 4단계: 상관계수 검토하기

상관계수란 두 변수의 선형종속성을 나타내는 계수로 −1과 1 사이의 값을 가진다. 상관관계가 없을수록 값은 0에 가까우며, −1은 음의 상관관계, +1은 양의 상관관계를 나타낸다. 상관계수를 검토해야 하는 이유는 독립변수의 상관관계가 높을 때 모두 사용하면 회귀 모델의 결과가 왜곡되기 때문이다. 이를 다중공선성(Multicollinearity)이라고 한다. 상관계수의 절댓값이 0.9 이상인 변수들은 제외하는 것이 좋다. 꼭 0.9 이상의 변수들만 제외해야 하는 것은 아니고 데이터의 분포에 따라서 0.8 이상, 혹은 0.7 이상인 속성들을 제외하기도 한다.

숫자형 속성들을 선택하여 [Correlations] 위젯에 연결하여 결과를 살펴보자. 속성들 중에서 범주형 속성만 ignored로 보내 제외시킨다. 이렇게 하면 전체 데이터의 개수는 변하지 않고 origin 속성의 값만 제외시킬 수 있다.

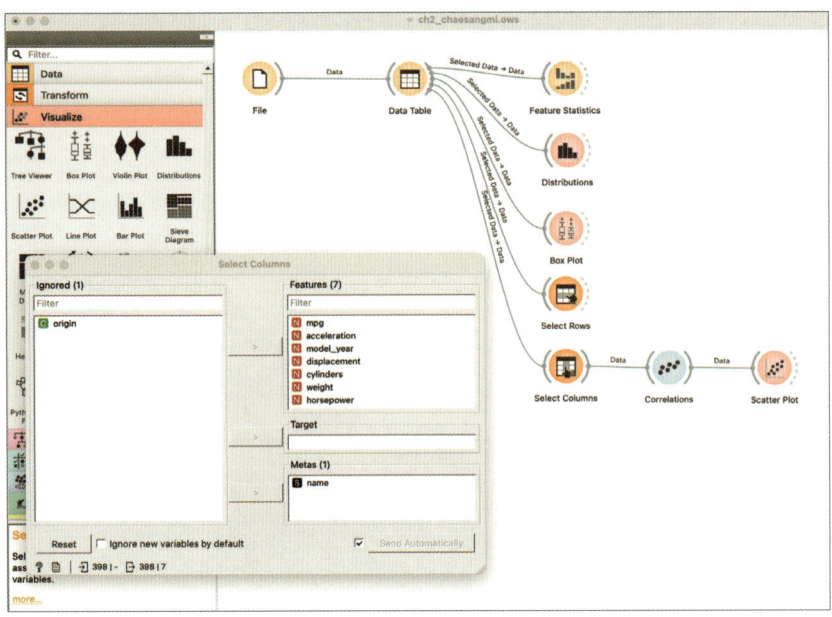

▶ 범주형 속성은 제외한 모습

[Correlations] 위젯을 더블클릭하여 결과를 확인해보면 cylinders와 displacement는 0.951로 두 속성은 상관관계가 높다. 또 displacement와 weight 속성 역시 높은 상관관계를 보여준다. 이를 통해 displacement 속성은 삭제해도 무방하다는 것을 알 수 있다.

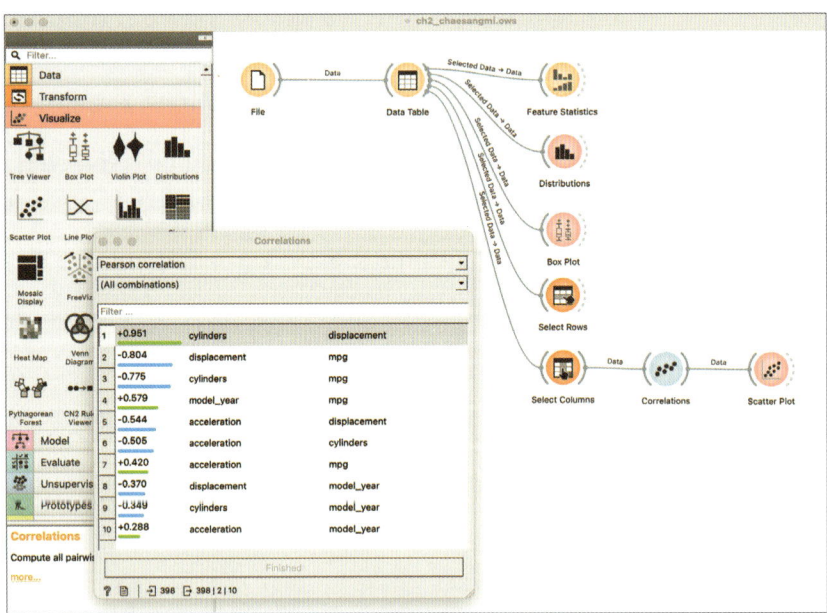

▶ [Correlations] 위젯의 실행 화면

탐색 결과 4: displacement 속성은 예측 모델에 사용하지 않는다.

4. 예측 모델 만들기

이번에는 예측 모델을 만들고 성능을 평가해보려고 한다. 탐색적 데이터 분석 과정을 통해 핵심 속성을 선택하여 만든 모델과 그 과정을 생략하고 전체 속성으로 모델을 학습했을 때의 성능을 비교해볼 것이다. 추가로 평가 결과를 확인해보면서 필요 없는 속성이 더 있는지 확인하는 것까지 진행해보자. 그림과 같이 위젯을 연결해보자.

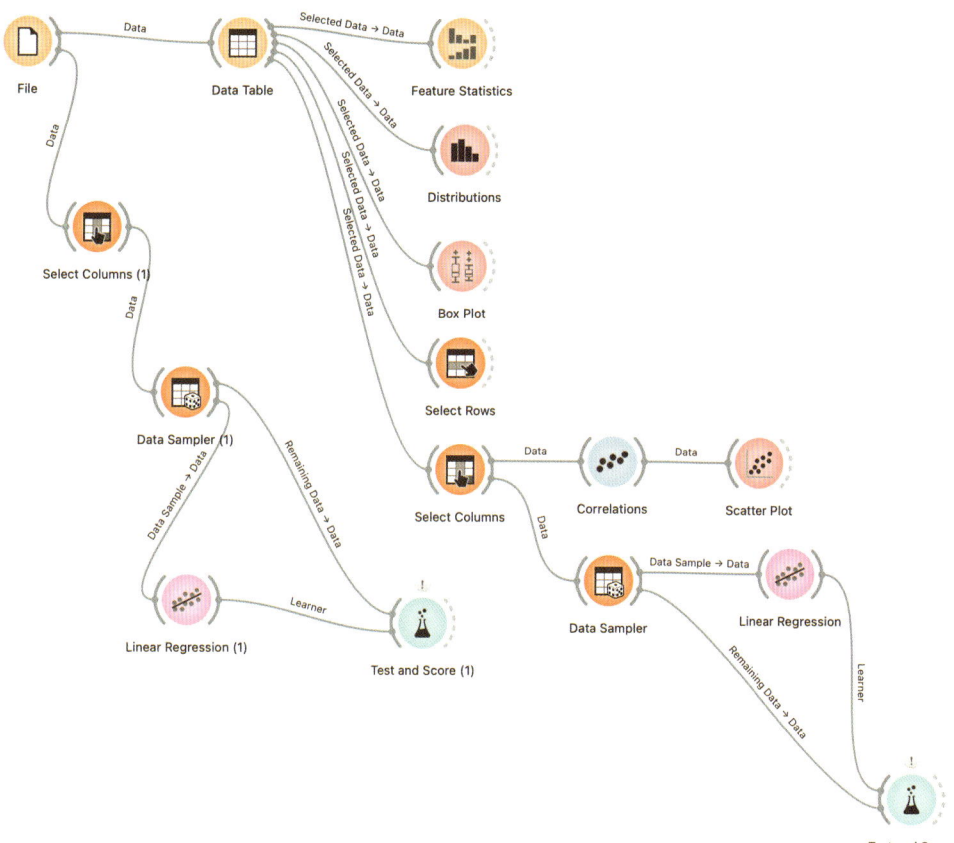

▶ 전체 위젯 배치 모습

새롭게 연결한 위젯을 하나씩 살펴보자. 예측 모델을 만들기 위해서 데이터를 훈련 데이터와 테스트 데이터로 나눠주어야 한다. [Data Sampler] 위젯을 사용하면 데이터를 나눌 수 있다. 훈련 데이터와 테스트 데이터는 보통 7:3으로 나눈다. 이 비율은 절대적이지 않으며, 데이터의 특성에 따라 8:2로 나누기도 한다.

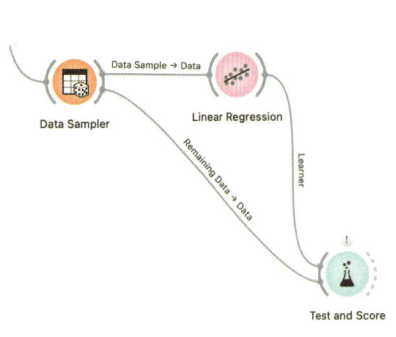 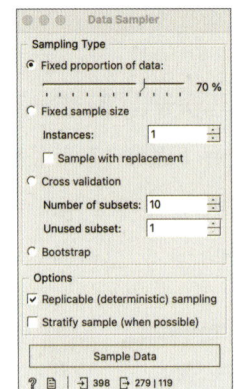

▶ [Data Sampler] 위젯 설정 모습

'Data Sample → Data'로 넘어오도록 간선을 더블클릭하여 설정한다. [Linear Regression] 위젯을 더블클릭하면 설정값을 바꿀 수 있다. 우리는 기본 설정 그대로 모델을 학습한다. [Test and Score] 위젯을 더블클릭하여 결과를 확인해보자. Stratified의 'v' 체크를 없애면 [Test and Score] 위젯 위에 있던 '!'가 사라진다. 계층화는 회귀에 대해서는 적용하지 않는다.

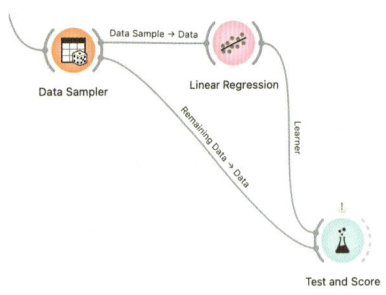 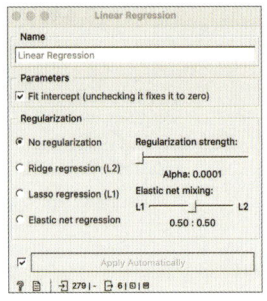

▶ [Linear Regression] 위젯 설정 모습

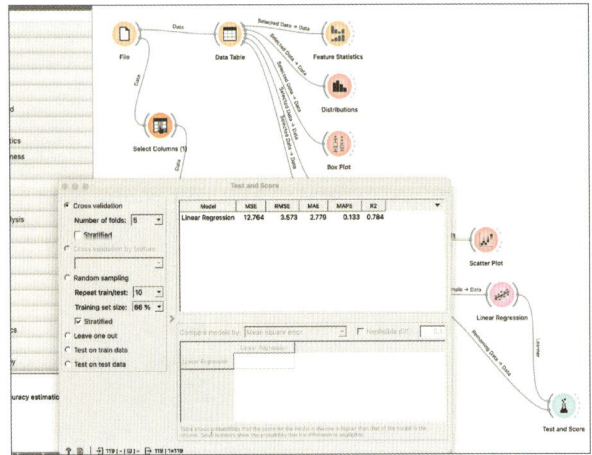

▶ [Test and Score] 위젯 실행 모습

> **Tip** **Test and Score**

훈련 데이터와 테스트 데이터로 학습시킨 모델의 성능을 확인하기 위해 사용한다. cross-validation은 훈련 데이터에 과적합되는 것을 막으면서 모델의 성능을 확인하기 위한 방법이다. 데이터를 5개의 그룹으로 나누고 4개 그룹을 학습용, 1개 그룹을 평가용 데이터셋으로 사용하며, 이 과정을 5회 반복한다. 총 5개의 성능 지표를 얻은 후 평균 내어 화면에 알려준다.

Test and Score

Stratified(계층화)는 분류 모델의 편향을 방지하기 위한 설정으로 회귀 모델에 대해서는 적용하지 않는다. 회귀 모델에서 알려주는 수치들의 의미는 아래와 같다.

- **MAE(Mean Absolue Error)**: 실제 값과 예측값의 차이를 절댓값으로 변환해 평균한 것

$$MAE = \frac{1}{N}\sum_{i=1}^{N}|y_i - \hat{y}|$$

- **MSE(Mean Squared Error)**: 실제 값과 예측값의 차이를 제곱해 평균한 것

$$MSE = \frac{1}{N}\sum_{i=1}^{N}(y_i - \hat{y})^2$$

- **RMSE(Root Mean Squared Error)**: MSE 값은 오류의 제곱을 구하므로 실제 오류 평균보다 더 커지는 특성이 있어 MSE에 루트를 씌운 RMSE 값을 쓰는 것이다.

$$RMSE = \sqrt{MSE} = \sqrt{\frac{1}{N}\sum_{i=1}^{N}(y_i - \hat{y})^2}$$

- **R^2(R Square)**: R^2는 분산 기반으로 예측 성능을 평가하는 것. 1에 가까울수록 독립변수들이 종속변수를 잘 설명한다는 의미. 즉 독립변수들이 종속변수의 변동을 얼마나 잘 설명하는지를 나타낸다.

$$R^2 = \frac{예측값\ Variance}{실제\ 값\ Variance}$$

[Test and Score] 위젯이 알려주는 MAE, MSE, RMSE, MAPE, R^2의 값을 확인할 수 있다. 우리는 모델의 성능을 파악하기 위한 기준으로 R^2 값을 기준으로 성능을 비교해나가려고 한다.

5. 성능 향상시키기

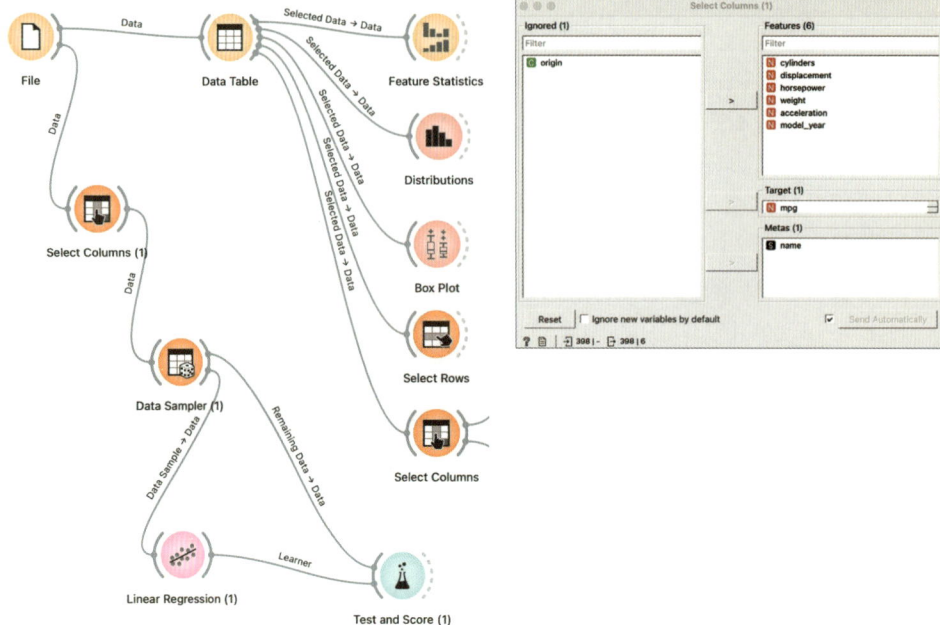

▶ 모든 속성 그대로 선형 회귀 모델 만들기

탐색적 데이터 분석 과정을 거치지 않고 모든 속성을 그대로 이용하여 선형 회귀 모델을 만들어보자. [Select Columns (1)]에서 모든 속성을 사용하도록 설정하면 된다. [Test and Score (1)]의 평가값 중에서 R2 값으로 비교를 해보면 0.781보다 0.784가 1에 더 가까우므로 탐색적 데이터 분석 과정을 거친 이전 모델이 성능이 약간 더 좋은 것을 알 수 있다. 0.003만큼 차이가 나는데, 큰 차이라고 할 수는 없다. 데이터의 양이 적기 때문이며, 만약 데이터셋의 크기가 더 크다면 값은 더 많이 차이 나게 될 것이다.

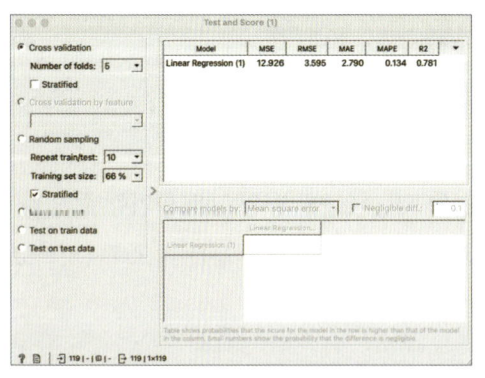

▶ 탐색적 데이터 분석을 거치지 않은 경우

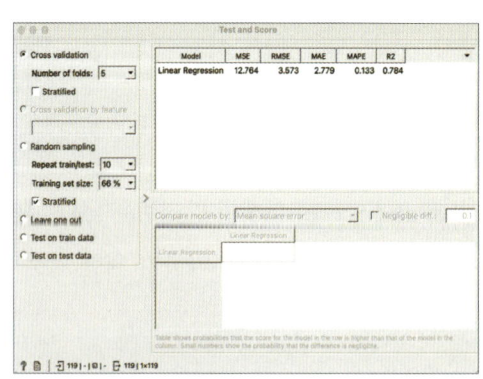

▶ 탐색적 데이터 분석을 거친 경우

우리는 [Correlations] 위젯에서 0.9를 기준으로 핵심 속성을 골랐었다. 하지만 0.9의 수치는 절대적인 기준값이 아니다. 고른 속성 중에 더 제거할 속성이 있는지 실험적으로 찾아보도록 하자.

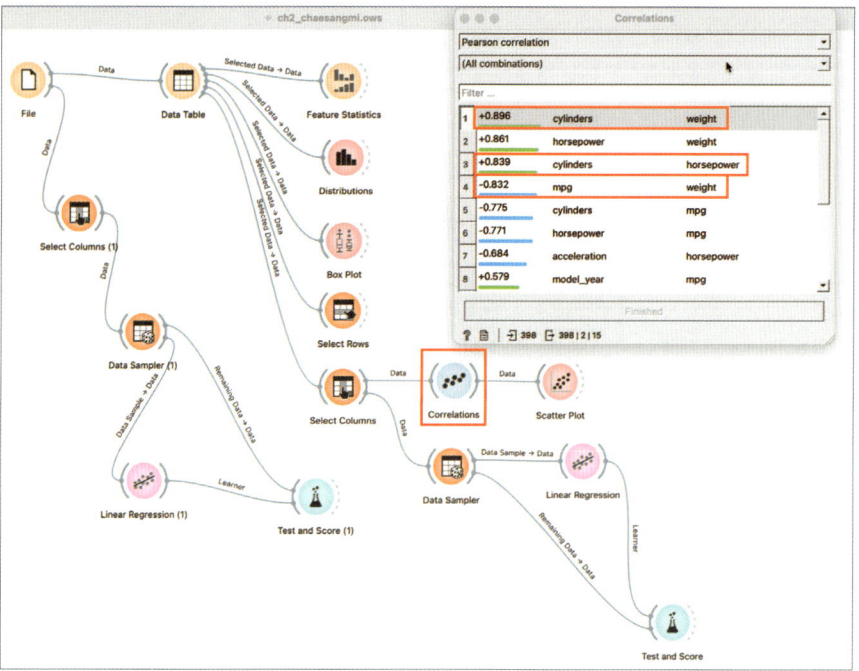

▶ [Correlations] 위젯에서 상관계수 살펴보기

상관계수가 0.896으로 cylinders 속성과 weight 속성의 관계가 높은 것을 알 수 있다. 이 두 속성 중 weight는 우리가 예측하고자 하는 mpg와의 상관관계도 −0.832로 높게 나오고 있다. 그러므로 cylinders 속성을 제외시키는 것이 합리적인 결정이다. 그 후 [Test and Score] 위젯에서 R2 값을 보면 0.786으로, 0.784보다 성능이 더 향상된 것을 알 수 있다.

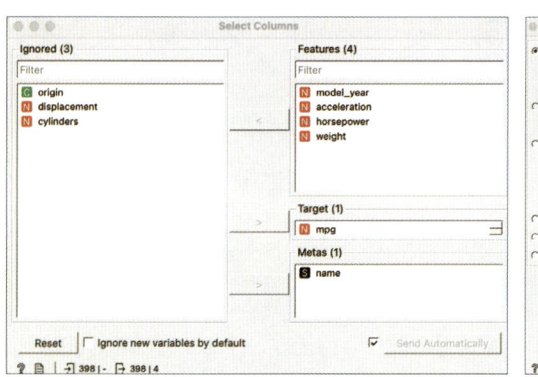

▶ cylinders 제외

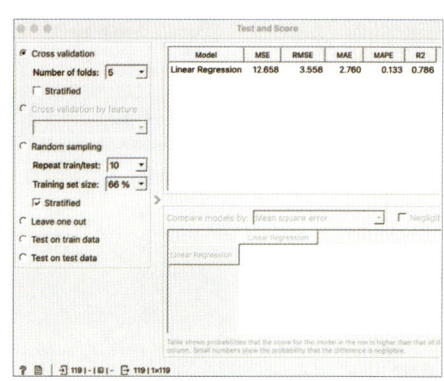

▶ [Test and Score] 위젯 결과

같은 방법으로 추가로 horsepower와 acceleration 속성을 제외시키고 다시 성능을 비교해보자. R2 값이 0.798로, 더 올라간 것을 알 수 있다. 모델을 완성한 후 평가함수값을 살펴보면서 모델의 성능을 개선시켜나가는 것을 '모델을 튜닝한다'라고 한다.

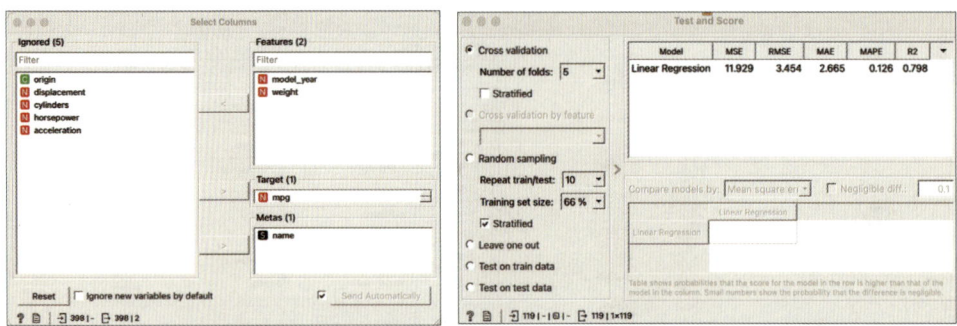

▶ horsepower와 acceleration 제외 ▶ [Test and Score] 위젯 결과

6. 예측하기

mpg를 예측하는 선형 회귀 모델을 개발하기 위해 자동차 데이터의 속성 중 최종적으로 model_years와 weight가 핵심 속성임을 알게 되었다.

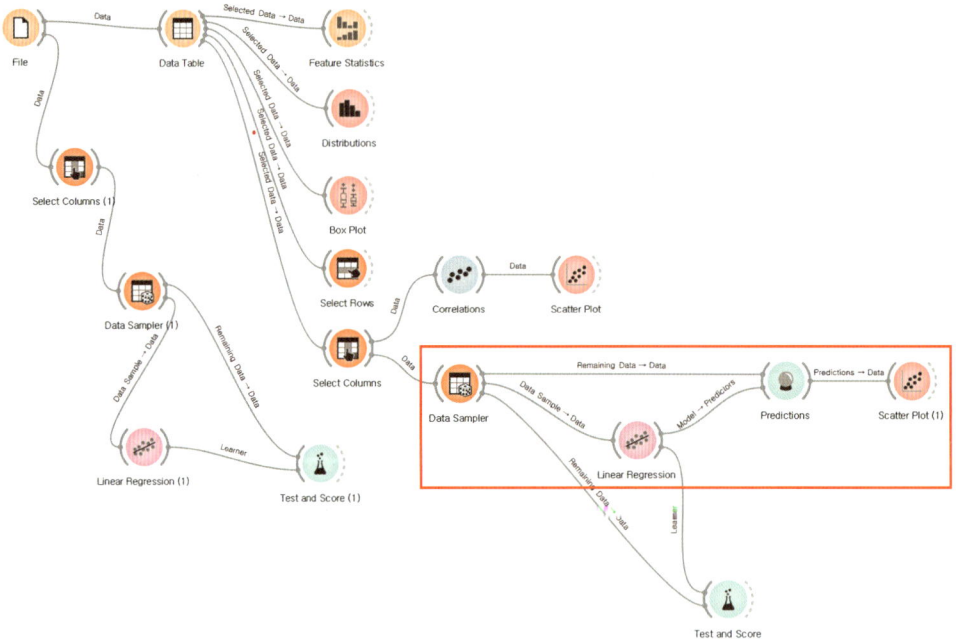

▶ [Predictions] 위젯 추가

실제로 모델이 어떤 값을 예측하는지 확인하기 위해 위의 그림과 같이 위젯을 추가해보자. [Predictions] 위젯에 [Remaining Data] 위젯과 [Linear Regression] 위젯을 연결해주면 테스트 데이터를 이용하여 모델이 예측한 값을 알 수 있다.

아래 그림에서 mpg의 진한 회색으로 된 열이 정답 값이며, 제일 왼쪽의 Linear Regression 열이 모델이 예측한 값이다. 그리고 error 열이 정답과 예측값의 오차율을 나타내는 값이다. [Scatter Plot (1)]로 실제 mpg와 예측한 값을 시각화해서 보자.

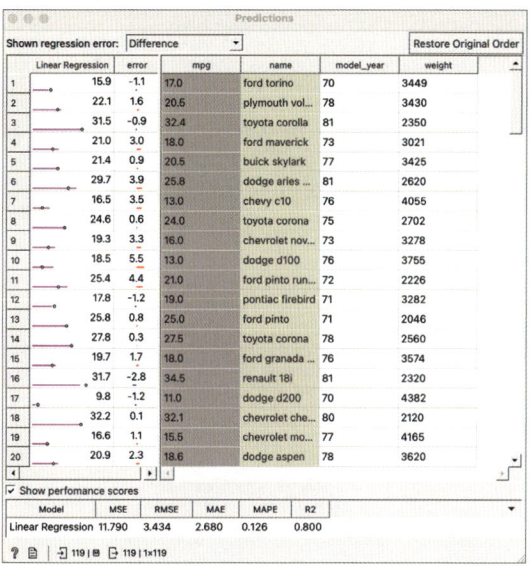

▶ [Predictions] 위젯 실행 모습

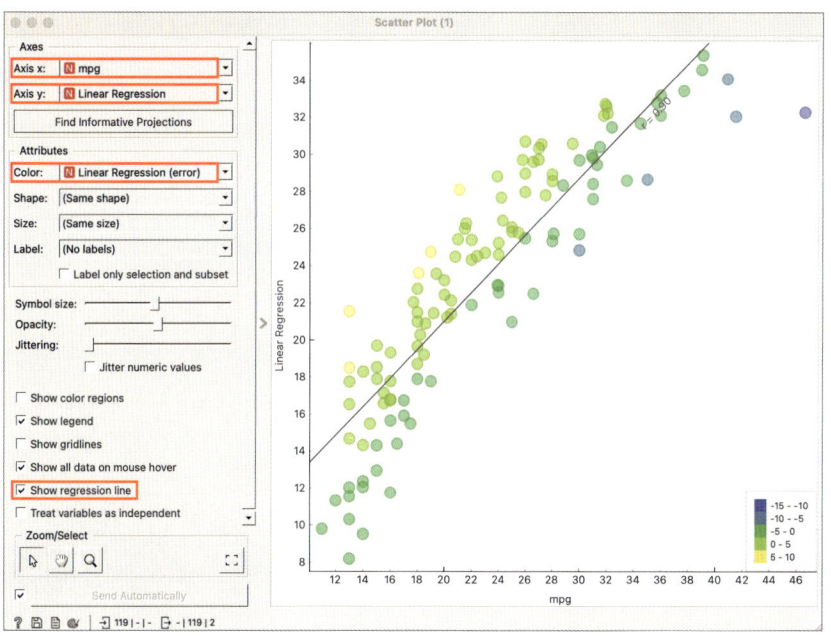

▶ [Predictions] 위젯에 연결된 [Scattor Plot (1)] 위젯 모습

x축과 y축의 값을 각각 'mpg'와 'Linear Regression'으로 설정하고 color를 'error'로 보이도록 하자. 아래 'Show regression line'을 설정하면 직선이 그려진다. 연두색 점과 초록색 점이 에러율이 작은 값을 나타내고, 노란색 점과 파란색 점, 보라색 점이 에러율이 높은 값을 나타낸다. 위의 시각화에서 대체로 연두색 점과 초록색 점으로 나타난 것으로 보아 예측한 값의 실제 mpg 값이 차이가 적은 것을 알 수 있다.

7. 정리하기

다양한 상황에서 빅데이터를 이용해 예측 모델을 구축하고 인공지능으로부터 정확한 결과를 얻으려면 주어진 데이터의 숨겨진 패턴을 파악하는 것이 중요하다. 하지만 절대적인 기준과 반드시 거쳐야 하는 단계가 있는 것은 아니다. 이처럼 여러 시행착오를 거치고 다양한 통계값을 분석하는 과정이 필요하다.

이번 실습을 통해 일반적으로 데이터 분석을 할 때 분석가들이 살펴보는 과정을 알아보았다. 이 과정이 모든 패턴을 찾아내는 방법이 될 수는 없겠지만 우선적으로 파악할 수 있는 패턴을 알아내는 데는 무리가 없을 것이다.

언제쯤 첫눈이 내릴까?

회귀

📋 준비하기

학생회 활동으로 코닛이는 첫눈 내리는 날을 기념하여 학생들이 모두 즐길 수 있는 행사를 진행하려고 한다. 하지만 첫눈이 내리는 날을 미리 아는 것은 쉽지 않아 준비하는 데 문제가 발생했다. 그래서 즐거운 행사를 위해 과거의 날씨 데이터를 인공지능에 학습시켜 첫눈이 내리는 날을 예측하려고 한다. 첫눈 내리는 날을 예측하기 위해서는 어떤 과정이 필요할까?

1. 알고 가기

회귀(Regression)는 관찰된 변수 사이의 모형을 구한 뒤 적합도를 측정하는 분석 방법이다. 지도 학습(Supervised Learning)의 한 형태로, 시간에 따라 변화하는 데이터나 인과관계 모델링의 통계적 예측에 이용된다. 회귀는 종속변수와 독립변수 사이의 관계에 따라 구분하며, 하나의 독립변수일 경우 단순회귀분석, 여러 독립변수일 경우 다중회귀분석이라 한다.

회귀는 선형 회귀, 로지스틱 회귀, 리지 회귀 등의 방법이 있으며, 그중에서 오늘은 선형 회귀 중 단순 선형 회귀를 실습하자.

선형 회귀

선형 회귀는 가장 널리 사용되는 회귀 알고리즘으로, 단순 선형 회귀는 하나의 종속변수와 하나의 독립변수 사이의 관계 분석에 사용되고, 다중 선형 회귀는 하나의 종속변수와 여러 개의 독립변수 사이의 관계 분석에 사용된다.

종속변수와 독립변수 사이의 관계를 나타낼 수 있는 추세선을 구하고 이를 이용해 새로운 값이 입력되었을 때 값을 예측할 수 있다. 추세선을 나타내는 알고리즘에 따라 성능과 예측 결과가 달라질 수 있으며, 최소제곱법, 최대가능도법 등의 방법이 있다.

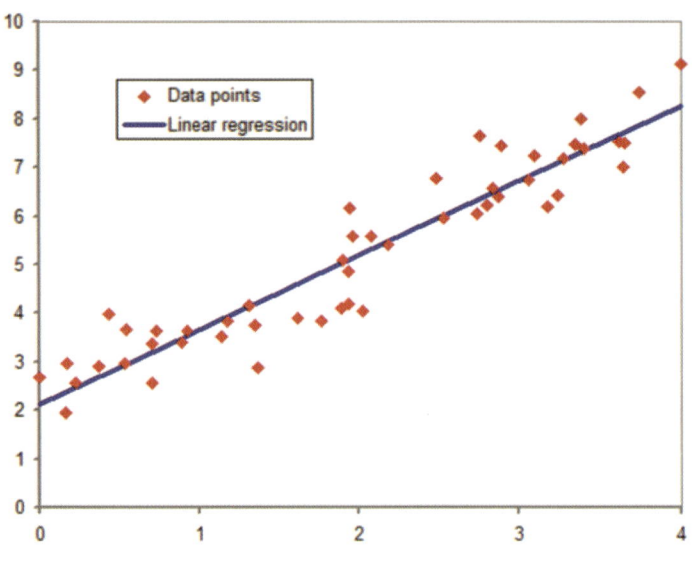

▶ 선형 회귀 예시

그럼, 본격적으로 날씨 데이터를 이용해서 회귀를 실습해보자.

2. 데이터 불러오기

기상청에서는 많은 날씨 정보 데이터를 제공한다. 날씨 정보 데이터는 기상청의 '기상자료개방포털'에서 다운로드할 수 있다. 제공되는 자료는 '데이터', '기후통계분석' 등이다. 우리는 '기후통계분석'에서 '기온분석' 데이터를 이용해, 가을 평균기온으로 첫눈이 내리는 날을 예측해보자.

▶ 기상자료개방포털 사이트

기상자료개방포털에서 새로운 데이터를 사용해도 무방하지만 제공된 데이터로 실습을 한 후 새로운 데이터에 도전해보길 추천한다. 새로운 데이터는 '기후통계분석-통계분석-기온분석'으로 다운로드할 수 있다.

실습 데이터를 다운로드한 후 파일을 열어 내용을 확인하자. 검색 조건에서 자료구분을 '계절', 자료형태를 '기본', 기간을 '1960~2023 가을', 지역/지점을 '서울'로 선택해 csv 형태로 다운로드하면 1960년부터 2023년까지 서울에서의 가을 평균기온, 평균최저기온, 평균최고기온을 확인할 수 있다.

▶ '통계분석 기온분석' 회면

▶ 기온 데이터

실제로 첫눈이 내린 날을 확인하기 위해 계절 관측 데이터를 이용한다. '데이터-기상관측-지상-계절관측'으로 다운로드할 수 있다. 검색 조건은, 기간은 '1960~2022', 지점은 '서울', '눈'을 선택해 csv 형태로 다운로드한다.

▶ '계절관측' 검색 화면

데이터를 확인하면 '년도', '시작', '시작(평비)', '끝', '끝(평비)'을 살펴볼 수 있고, 이 중에서 '시작'이 실제 첫눈을 관측한 날이다. '시작' 데이터를 이용해서 2023년의 첫눈 내리는 날을 예측할 수 있다.

	B	C	D	E	F
1	년도	눈	눈	눈	눈
2		시작	시작(평비)	끝	끝(평비)
3	1960	1960.11.26	6일	1961.3.27	9일
4	1961	1961.11.10	-10일	1962.4.3	16일
5	1962	1962.11.20	0일	1963.4.9	22일
6	1963	1963.11.10	-10일	1964.3.26	8일
7	1964	1964.11.13	-7일	1965.3.16	-2일
8	1965	1965.11.27	7일	1966.3.24	6일
9	1966	1966.10.28	-23일	1967.3.22	4일
10	1967	1967.11.30	10일	1968.3.7	-11일
11	1968	1968.11.9	-11일	1969.4.4	17일
12	1969	1969.11.10	-10일	1970.3.24	6일

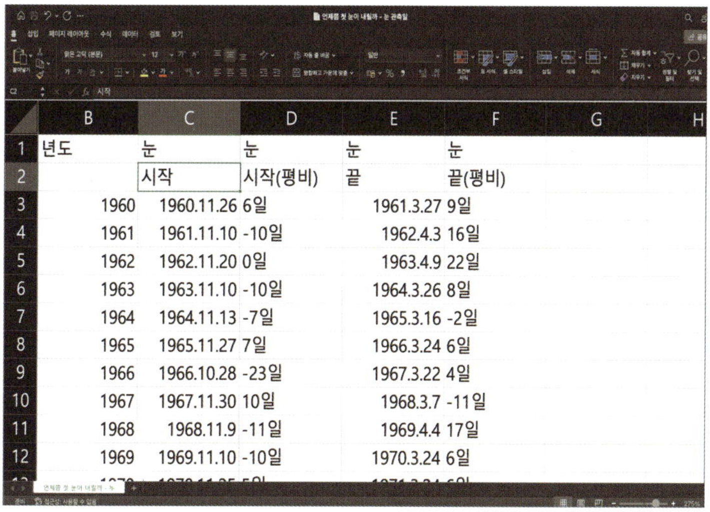

▶ '계절관측' 검색 데이터

3. 데이터 전처리하기

다운로드한 가을 평균기온 데이터와 첫눈 관측 데이터를 바로 사용하면 좋겠지만, 몇 가지 전처리 과정이 필요하다.

제일 중요한 것은 날짜 데이터를 숫자 데이터로 변형해주는 것이며, 이 과정에서는 오렌지3를 사용하는 것보다는 엑셀, 한셀, 구글 시트와 같은 도구를 사용하는 것이 편리하다. 그리하여 엑셀을 예시로 전처리 과정을 설명한다. 이 과정을 생략하고 제공되는 실습 파일을 사용해도 가능하기 때문에 가볍게 눈으로 보기만 해도 된다.

	A	B	C	D	E	F
1	년도	시작	평균기온(℃)	평균최저기온	평균최고기온	날짜계산값
2	21916	22246	14.3	9.7	19.4	330
3	22282	22595	15.3	10.9	20.2	313
4	22647	22970	13.4	8.8	18	323
5	23012	23325	13.5	8.8	18.8	313
6	23377	23694	13.5	9.3	18.3	317
7	23743	24073	14.2	9.4	19.6	330
8	24108	24408	13.3	9	18.3	300
9	24473	24806	13.9	9.4	19.3	333
10	24838	25151	13.8	9.4	19.2	313
11	25204	25517	13.2	9.1	18	313
12	25569	25897	13.9	9.7	18.9	328
13	25934	26270	14.1	9.9	19.1	336
14	26299	26623	12.7	8.5	17.5	324
15	26665	26978	12.7	8.7	17.5	313
16	27030	27344	12.9	8.5	18.1	314
17	27395	27743	15.7	11.8	20.5	348
18	27760	28081	12.4	8.1	17.4	321
19	28126	28457	15.3	11	20.4	331

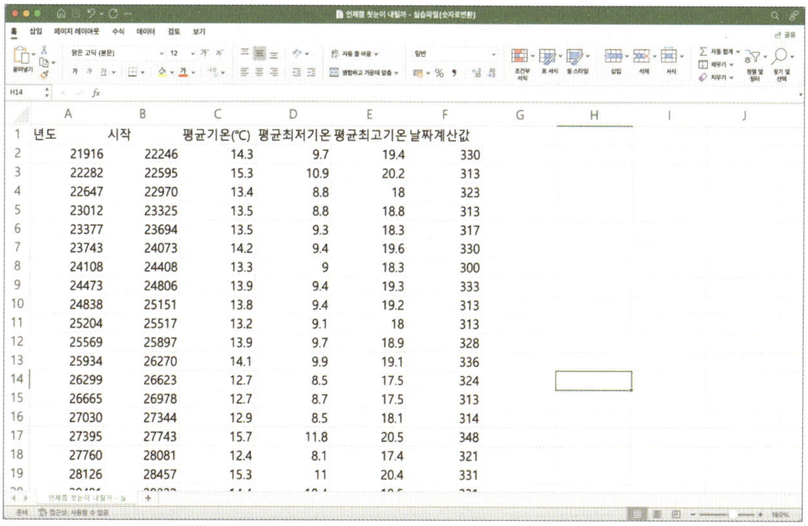

▶ 데이터 전처리 결과물

먼저, 앞의 그림에서 최종 형태를 확인하면 '년도', '시작' 데이터가 날짜가 아닌 숫자값으로 변형되어 있다. 그리고 '날짜계산값'이라는 항목이 생겼다. 여기서 '날짜계산값'은 생성된 데이터로 1월 1일부터 첫눈이 내린 날까지의 차이이며, 1월 1일 이후 며칠 뒤에 첫눈이 관측되었는지를 수치값으로 변환한 것이다. 예를 들어 '330'이라는 값은 1960년 1월 1일 부터 330일 후인 1960년 11월 26일에 첫눈이 관측되었음을 뜻한다.

$$\text{날짜계산값} = \text{시작} - \text{년도 1월 1일}$$

실습 파일을 만들기 위해서 눈 관측일 파일에서 '년도', '시작' 열의 자료를 복사해서 가지고 오고, 가을 평균기온 파일에서 평균기온, 평균최저기온, 평균최고기온 자료를 복사해서 가지고 와 하나로 합친다.

▶ 데이터 전처리 전 데이터

'년도'에서 '1960'을 '1960-01-01'로 변경하고 '1961'을 '1961-01-01'로 변경하여, 두 셀을 선택한 후 오른쪽 아래 점을 더블클릭하면 아래의 셀에 모두 같은 형식으로 적용이 된다. 이렇게 변경된 '년도'와 '시작' 열을 선택한 후 상단 메뉴에서 표시 형식을 일반(혹은 간단한 날짜)에서 숫자로 변경하면 날짜들이 숫자값으로 바뀌는 걸 확인할 수 있다.

▶ '년도' 형식 변경 전 데이터

▶ '년도' 형식 변경 후

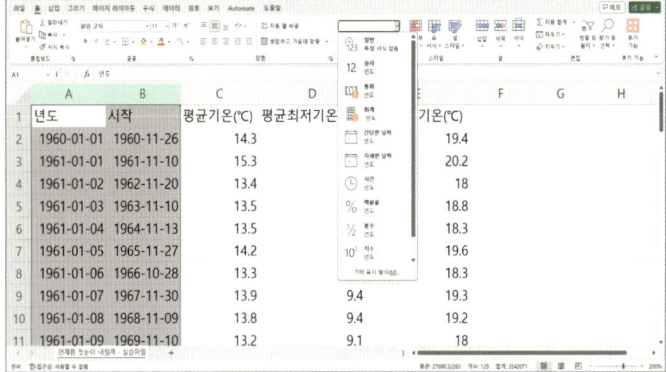

▶ '년도' 형식을 숫자값으로 변경 전

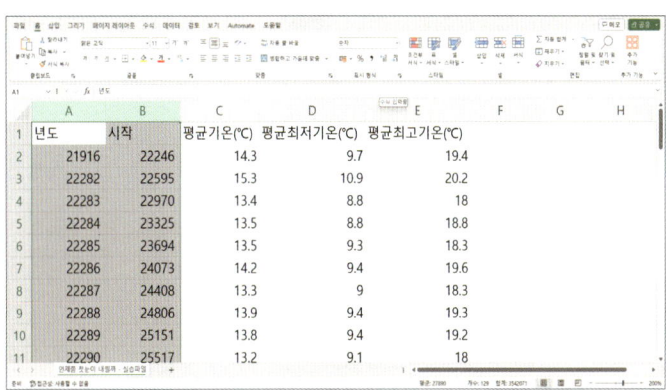

▶ '년도' 형식을 숫자값으로 변경 후

※ 년도와 시작 부분의 숫자값은 1900-01-01을 1로 계산하여 해당 날짜까지의 차이다.

마지막으로 '날짜계산값' 열을 만들면 된다.

'날짜계산값'이라 입력하고 그 아래의 셀에 '=B2-A2'를 입력하여 '시작'과 '년도'의 차이를 구하고 셀 오른쪽 아래 점을 클릭하여 아래의 셀들에 적용한다.

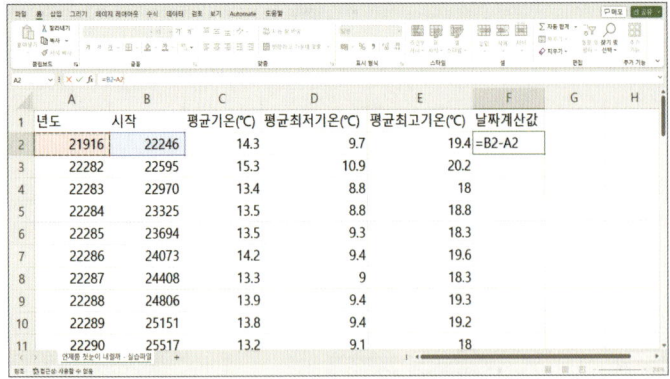

▶ '날짜계산값' 작성

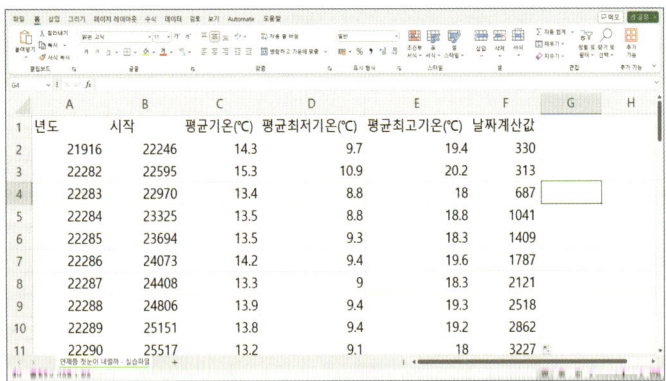

▶ '날짜계산값' 작성 결과

▶ '날짜계산값' 전체 적용 후

그러면 85쪽에 제시한 이미지 '데이터 전처리 결과물'처럼 숫자값들이 계산되어 있는 것을 확인할 수 있다.

실습을 시작하기에 앞서 선형 회귀를 사용하는 전 과정을 확인하고 실습을 시작한다.

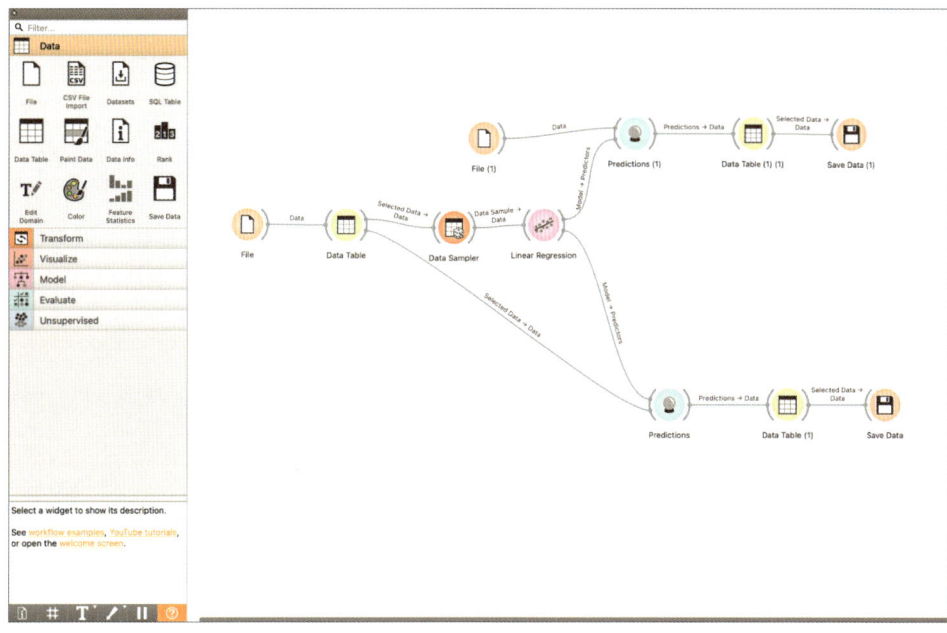

▶ 실습 최종 결과

4. 첫눈 내리는 날 예측하기

우리는 이렇게 준비된 실습 파일 데이터 중 '날짜계산값'과 '평균기온'을 가지고 첫눈 내리는 날을 예측할 수 있다.

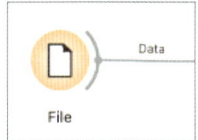

▶ 파일 불러오기

[File] 위젯을 이용해 csv 파일을 불러온다. Info를 살펴보면 1960년부터 2023년까지의 데이터가 있고 '년도', '시작', '평균기온', '평균최저기온', '평균최고기온', '날짜계산값' 이렇게 6개의 속성이 있다. 결측치는 2024년의 '시작'과 '날짜계산값'이 비어 있기 때문에 표시되었다. Columns에서 Type이 모두 'numeric'으로 되어 있는지 확인한다.

'년도', '시작', '평균최저기온', '평균최고기온'의 Role이 'meta'로 되어 있지 않으면 변경하고, 학습에 사용될 평균기온은 'feature', 예측하고 싶은 날짜계산값을 'target'으로 한다.

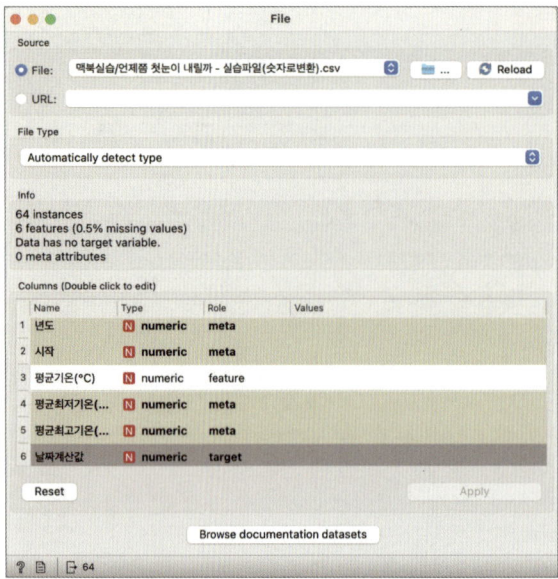

▶ 불러온 파일의 Type, Role 선택

불러온 파일에 [Data Table] 위젯을 연결하면 불러온 파일을 확인할 수 있다.

▶ [File] – [Data Table] 위젯 연결

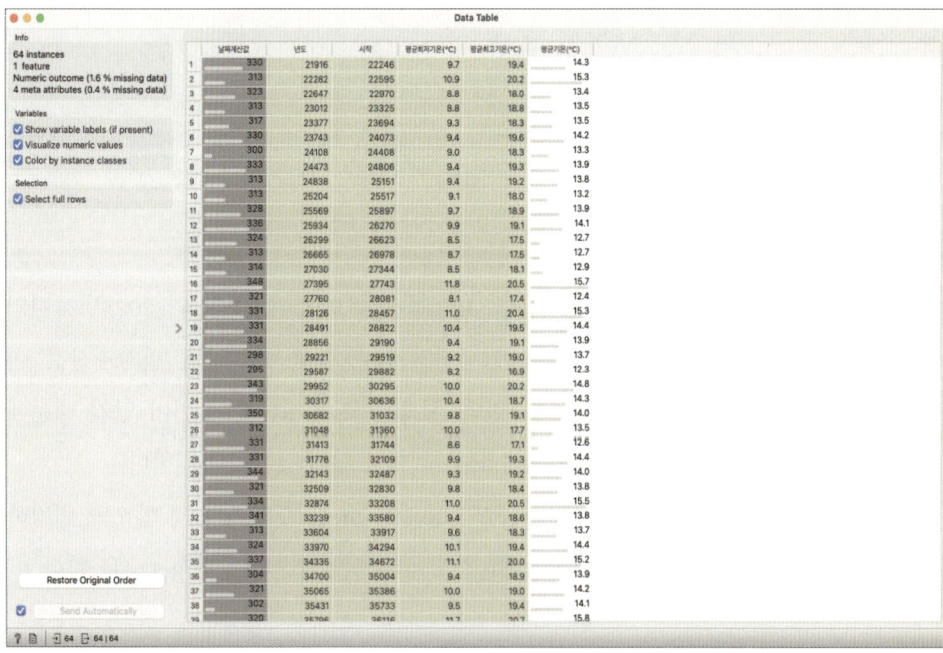

▶ [Data Table] 위젯 화면

표에서 결측치가 있는 가장 아래의 행을 제외한 나머지 행을 선택한다.

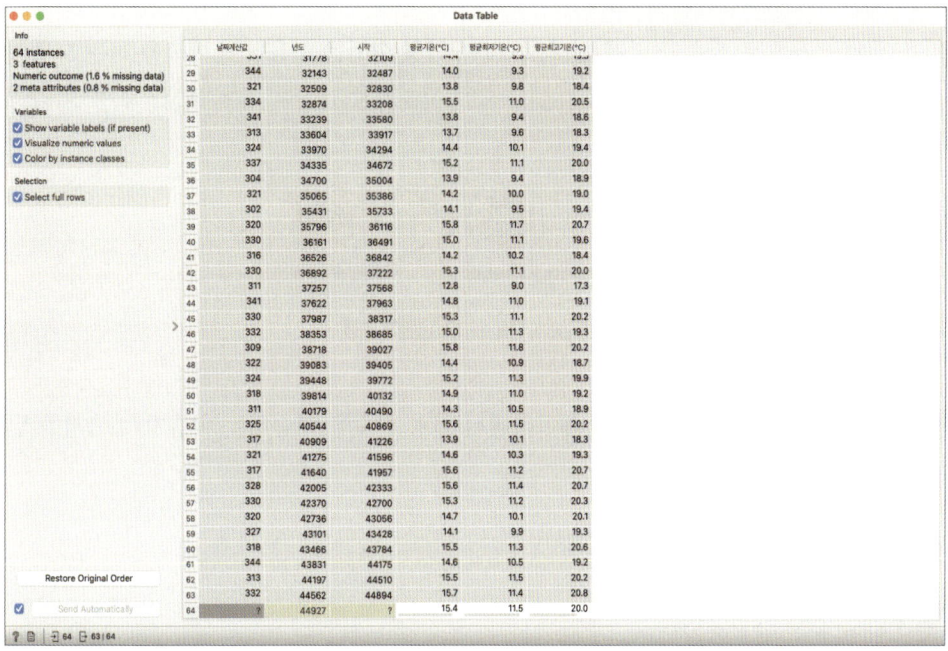

▶ [Data Table] 위젯 화면

선형 회귀 학습에 사용할 데이터와 테스트에 사용할 데이터를 분리하기 위해 [Data Sampler] 위젯을 사용한다. 학습 데이터와 테스트 데이터의 비율을 7:3으로 설정하고 'Sample Data'를 클릭하면 무작위로 학습 데이터와 테스트 데이터가 분리된다.

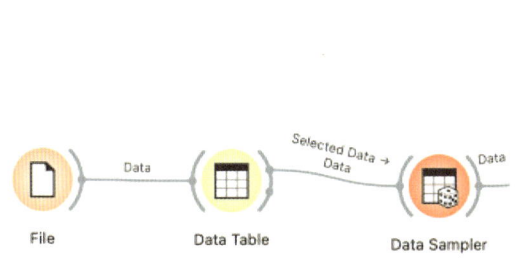

▶ [File] – [Data Table] – [Data Sampler] 위젯 연결

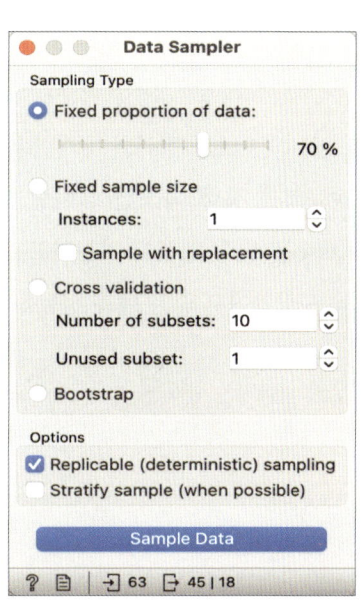

▶ [Data Sampler] 위젯 화면

선형 회귀를 이용한 예측

학습 데이터를 [Linear Regression] 위젯을 이용하여 모델을 학습시킬 차례다. 이제 연결을 하면 자동으로 학습을 하게 된다. 그러면 선형 회귀를 사용하여 예측을 하는 모델이 생성된다.

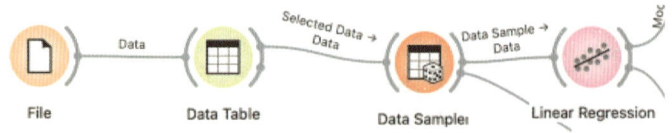

▶ [File] – [Data Table] – [Data Sampler] – [Linear Regression] 위젯 연결

[Linear Regression] 위젯은 입력 데이터에서 선형 함수를 학습하는 학습자/예측자를 만들게 된다.

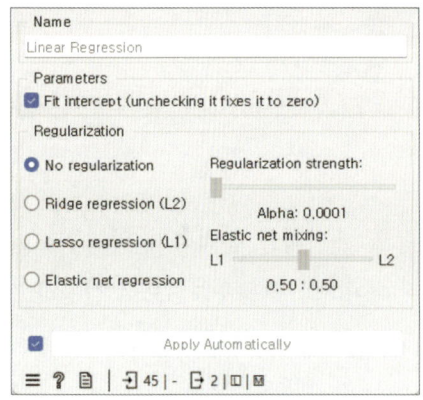

▶ [Linear Regression] 위젯 화면

Lasso 및 Ridge 정규화 매개변수를 지정할 수 있다.

정규화를 통해 과적합이 아닌 일반적으로 사용할 수 있는 모델로 다듬어줄 수 있다. Lasso는 변수 선택이 가능하고, Ridge는 변수 선택은 불가능하지만 변수 간 상관관계가 높은 상황에서 좋은 예측 성능을 보인다.

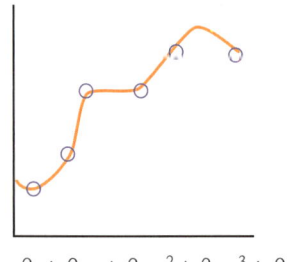

$\beta_0 + \beta_1 x + \beta_2 x^2 + \beta_3 x^3 + \beta_4 x^4$

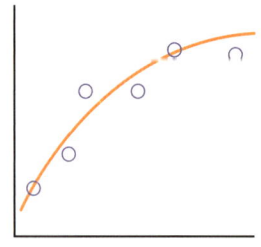

$\beta_0 + \beta_1 x + \beta_2 x^2$

이 모델을 사용하여 예측하기 위해서 [Predictions] 위젯을 연결해, 만들어진 모델을 평가한다. [Linear Regression] 위젯에서 모델을 입력하고, [Data Sampler] 위젯에서 테스트 데이터를 입력한다. 이때 'Data Sampler'와 'Predictions'의 연결선을 클릭하면 [Data Sampler] 위젯에서 출력되는 값을 선택할 수 있는데, 여기서 'Remaining Data'와 'Data'를 연결한다. 그러면 모델 학습에 사용되지 않은 테스트 데이터를 사용할 수 있게 된다.

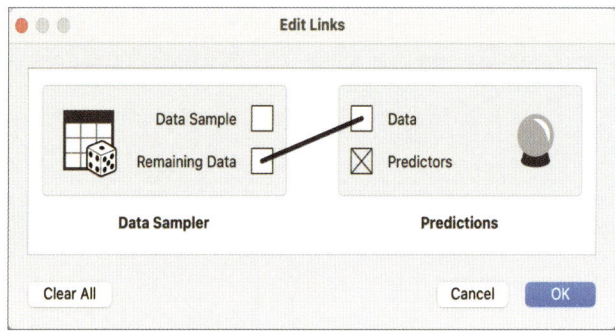

▶ [Data Sampler] 연결선 선택

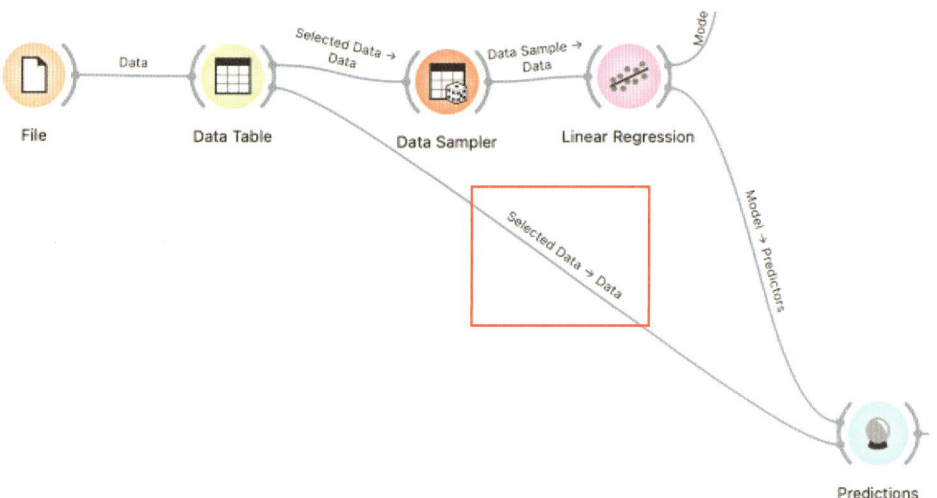

▶ [Predictions] 위젯 연결

이제 [Predictions] 위젯을 살펴보면 예측된 값을 [Linear Regression] 위젯에서 확인할 수 있고, 예측된 값과 실제 값의 차이를 확인할 수 있다. [Predictions] 위젯과 새로운 [Data Table] 위젯을 연결하여 결과값을 표로 변환할 수 있다.

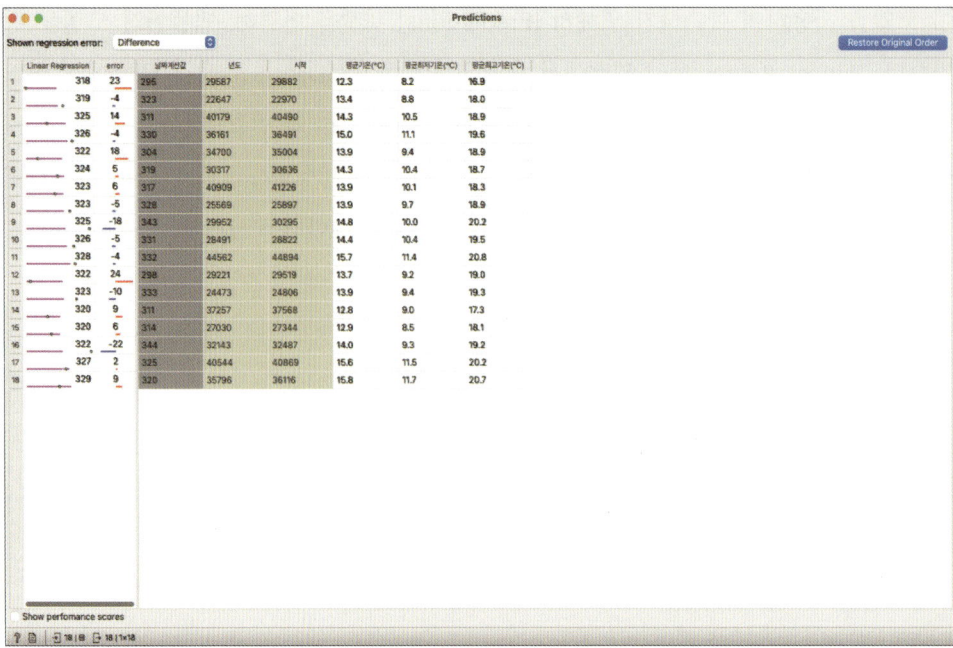

▶ [Predictions] 위젯 화면

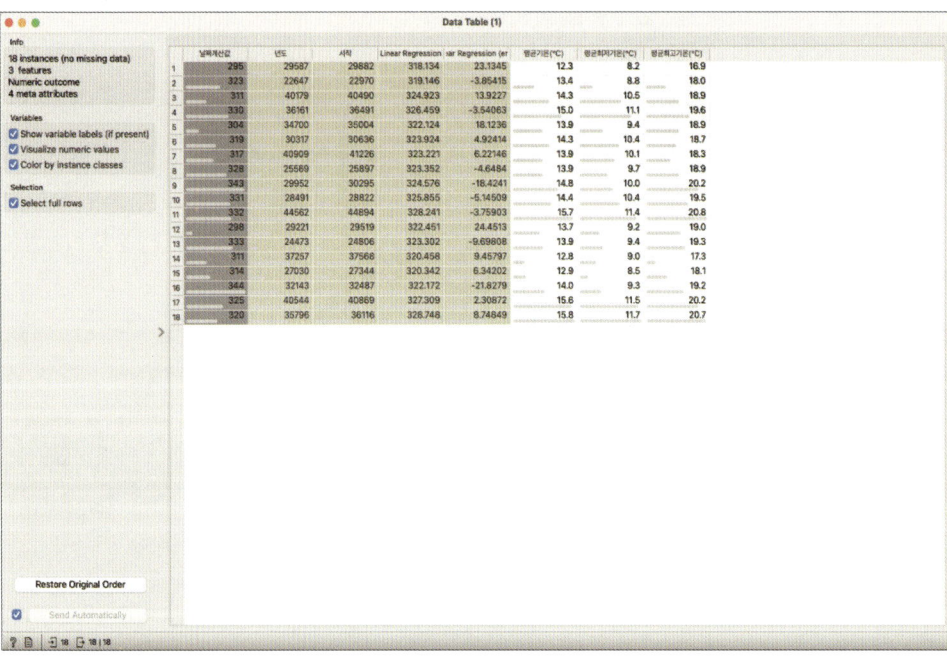

▶ [Linear Regression] 위젯에 연결된 [Data Table] 위젯 화면

[Save Data] 위젯을 연결해 파일로 저장할 수 있다. 파일 경로를 설정할 때 형식을 csv로 저장한다.

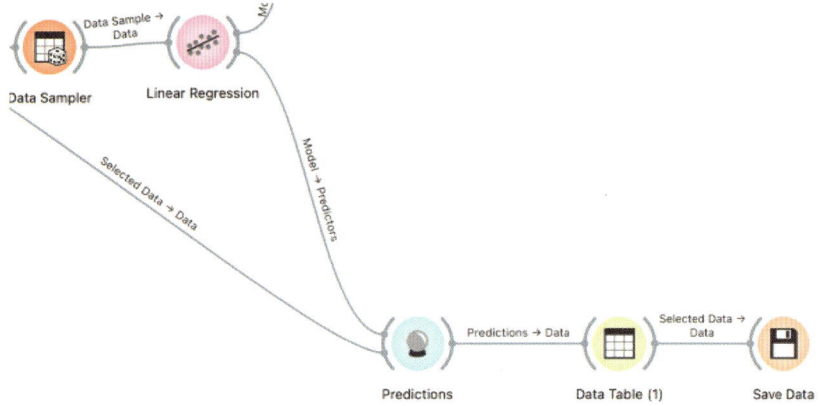

▶ [Save Data] 연결

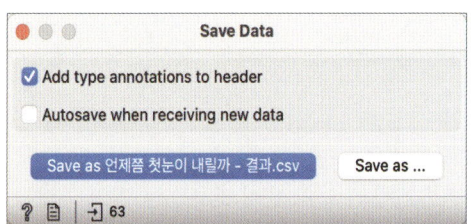

▶ [Save Data] 위젯 화면

▶ 저장된 csv 파일 화면

저장된 csv 파일을 다시 한셀, 엑셀, 구글 시트 등을 사용해 예측값을 날짜로 변경해야 첫 눈이 내린 날을 확인할 수 있다.

저장한 결과 파일을 엑셀에서 실행시킬 경우 '날짜계산값', '년도', '시작', 'Linear Regression', 'Linear Regression (error)', '평균기온(℃)', '평균최저기온(℃)', '평균최고기온(℃)' 을 볼 수 있다. 여기서 'Linear Regression'이 예측된 날짜값이며, '날짜계산값'과 차이가

'Linear Regression (error)'에 오차값으로 표시되는 것을 볼 수 있다. '년도' 값과 '날짜계산값'을 더한 후 형식을 간단한 날짜로 변경하면 예측된 날짜를 볼 수 있다.

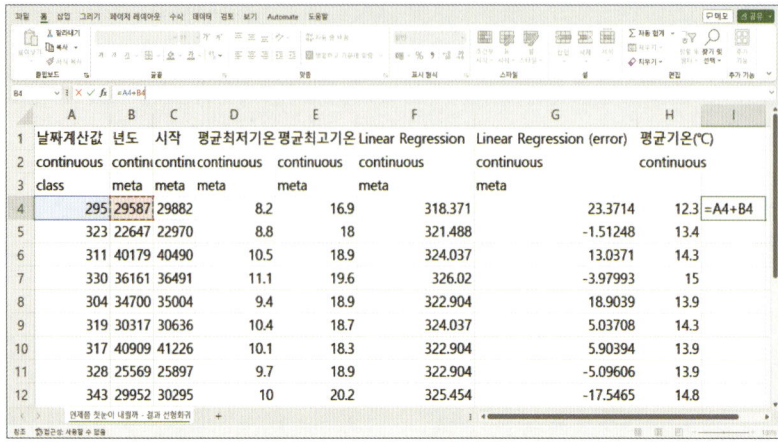

▶ '년도' 값과 '날짜계산값' 더하기

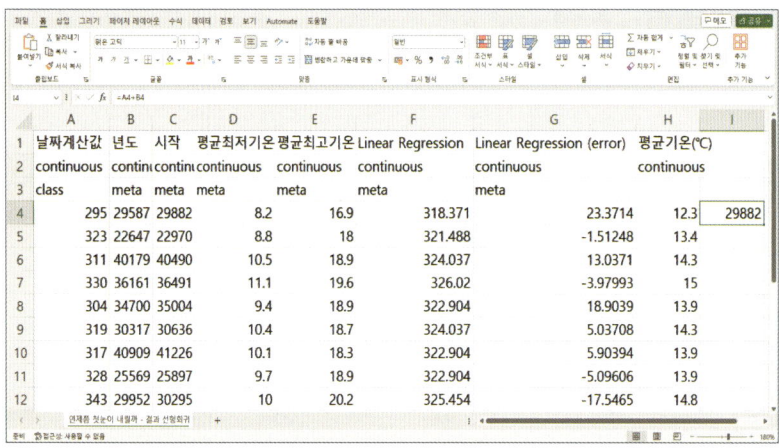

▶ '년도' 값과 '날짜계산값'을 더한 값 확인

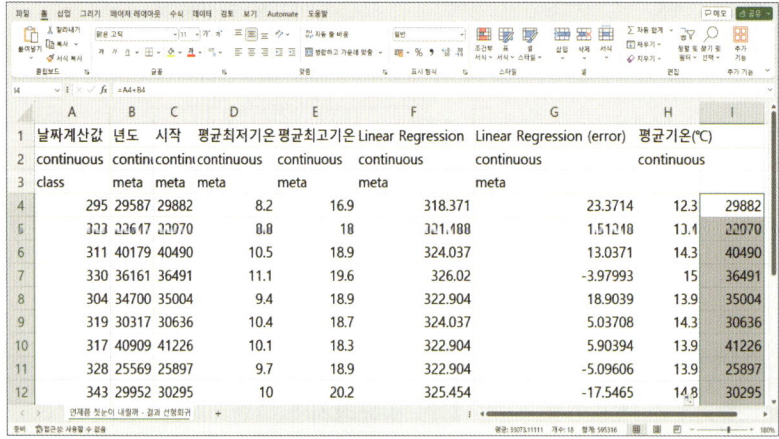

▶ '년도' 값과 '날짜계산값' 더하기를 여러 셀에 적용

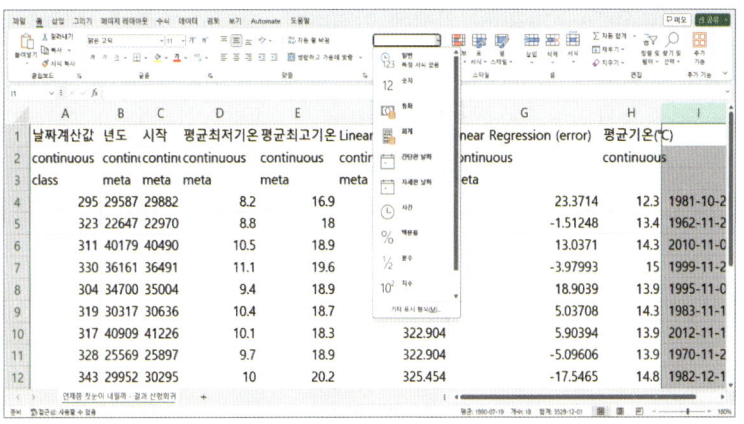

▶ 간단한 날짜로 표현

오차값이 존재하지만 생성한 모델로 2023년의 눈 내리는 날을 예측할 수 있다. 새로운 [File] 위젯을 불러오고 평균기온만 'feature'로 선택하고 나머지 값은 'meta' 또는 'skip'으로 한다. 이렇게 평균기온 값만 입력해서 첫눈 내리는 날을 예측할 수 있다. [File (1)] 위젯과 새로운 [Data Table] 위젯을 연결한다.

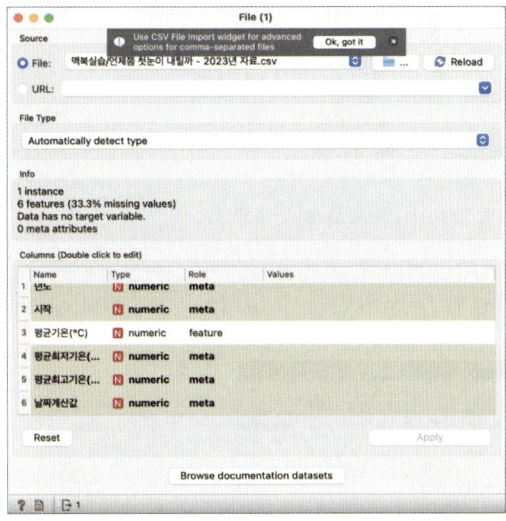

▶ 2023년 자료 [File (1)] 위젯 화면

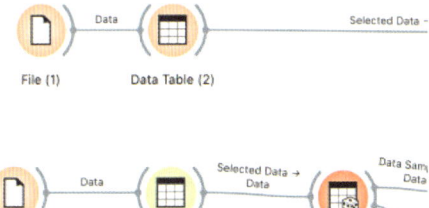

▶ 2023년 자료 [File] – [Data Table] 위젯 연결

[Data Table (2)] 위젯을 새로운 [Prediction] 위젯에 연결한다. 그리고 기존에 생성했던 [Linear Regression] 위젯에서 방금 생성한 [Prediction] 위젯에 연결한다. 이렇게 하면 기존에 생성했던 모델로 계속해서 예측을 할 수 있다.

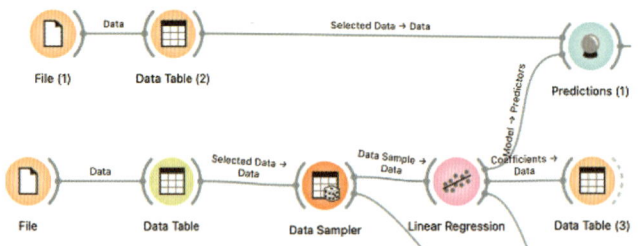

▶ 2023년 자료 [File] – [Data Table] – [Prediction] 위젯 연결

이후 과정은 결과를 확인하기 위한 [Data Table] 위젯과 [Save Date] 위젯을 연결하여 결과 파일로 저장할 수 있다. 예측된, 2023년에 첫눈이 내릴 날을 알 수 있다.

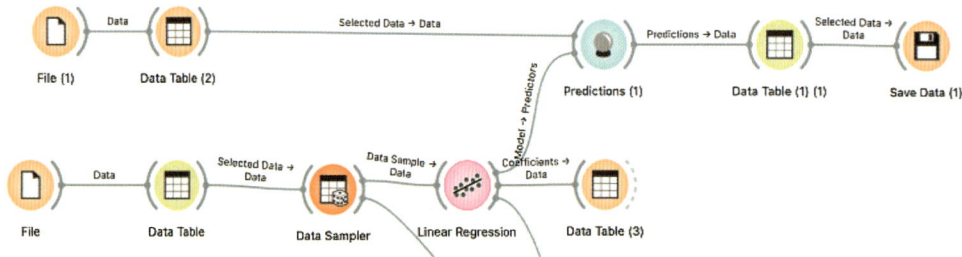

▶ 2023년 자료 [File] – [Data Table] – [Prediction] – [Data Table] – [Save Data] 위젯 연결

날짜 형식으로 보면 2023년 11월 24일로 예측한 것을 확인할 수 있다.

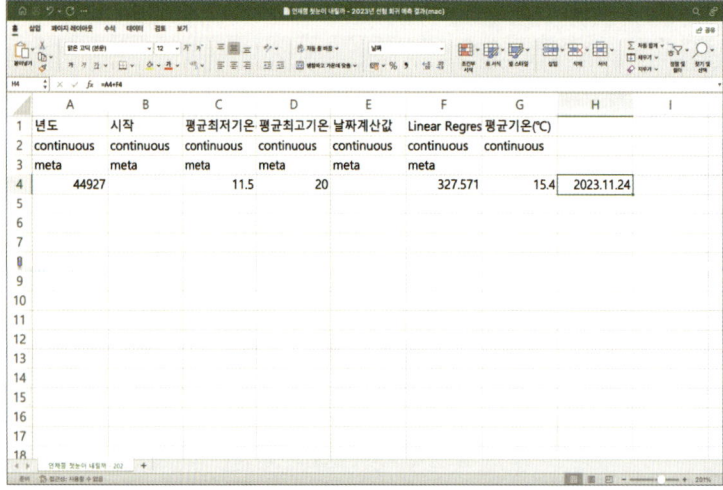

▶ 2023년 첫눈이 내릴 날 예측 화면

다중 선형 회귀를 이용한 예측

아쉽게도 우리가 생성한 모델이 예측의 오차가 있다. 그래서 다중 선형 회귀를 이용해서 정확도를 높여보겠다.

다중 선형 회귀는 기존의 만들었던 과정을 그대로 사용할 수 있다. 추가하는 것은 [Linear Regression] 위젯에서 학습에 사용되는 속성값을 평균기온과 함께 평균최저기온과 평균최고기온을 함께 사용할 것이다.

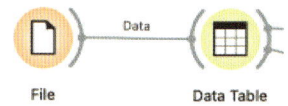

▶ [File] – [Data Table] 위젯 연결

실습 파일을 불러오던 [File] 위젯을 더블클릭해서 평균최저기온, 평균최고기온의 Role을 'feature'로 변경한다. 이렇게 하면 예측에 사용되는 속성은 평균기온, 평균최저기온, 평균최고기온이 된다. 그리고 'Apply' 버튼을 클릭하면 적용된다.

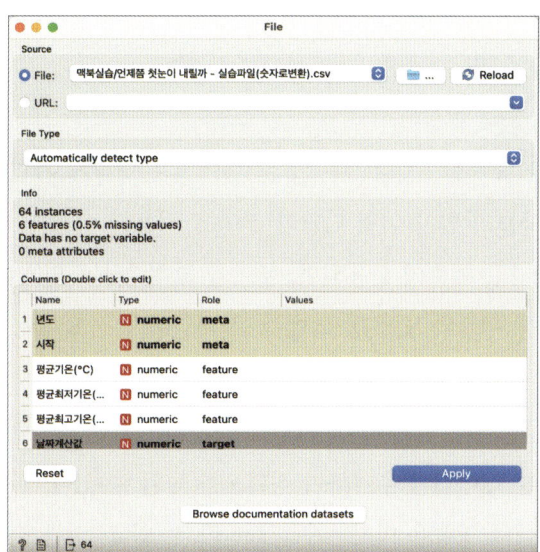

▶ [File] 위젯 화면

이후 과정은 자동으로 학습이 시작되고 새로운 다중 선형 회귀 모델이 생성된다. 이렇게 예측에 사용되는 속성의 개수를 변경하여 아주 쉽게 다중 선형 회귀를 적용할 수 있다.

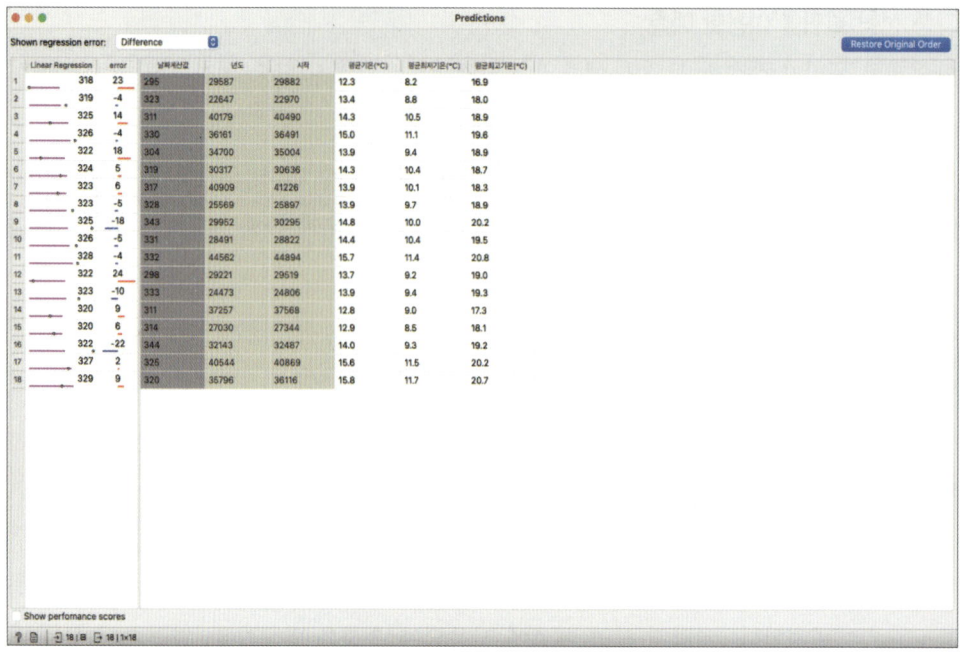

▶ [Predictions] 위젯 화면

5. 정리하기

선형 회귀를 통해서 첫눈이 내리는 날을 예측할 수 있으며, 오렌지3에서는 이렇게 가볍고 쉽게 선형 회귀를 사용할 수 있다. 사용 방법이 쉬워 다양한 분야에 적용할 수 있다. 집값 예측, 주가 예측과 같은 다양한 숫자값 예측에 활용되며, 분야를 넓혀 행복도와 연봉의 관계, 흡연율과 사망률의 관계, 노동 수요와 노동 공급 예측 등 다양한 분석에 활용되어 적용 범위는 무궁무진하다.

아쉽게도 평균기온, 평균최저기온, 평균최고기온 속성을 적용해도 오차가 큰 것을 확인할 수 있다. 첫눈이 내리는 날에 대해서 다른 데이터를 추가하여 정확도를 높일 수 있다. 이럴 때 어떤 속성이 첫눈이 내리는 날에 대해 영향을 미치는가를 확인할 수 있고, 이를 수치로 표현한 것을 상관계수라고 한다.

상관계수 확인

이렇게 여러 변수를 사용하는 다중 선형 회귀로 예측을 할 수 있다. 회귀 분석에 사용되는 속성의 상관계수를 확인하는 방법은 [Linear Regression] 위젯에 [Data Table] 위젯을 연결하는 것으로, 긍정적이거나 부정적인 상관관계를 속성별로 확인할 수 있다.

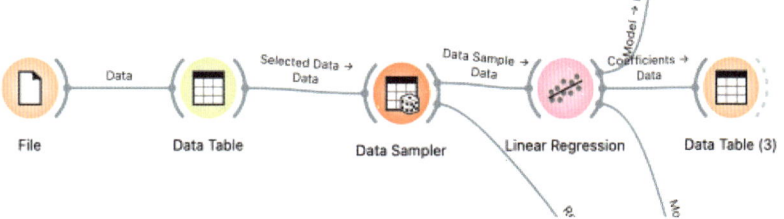

▶ [Linear Regression] – [Data Table] 위젯 연결

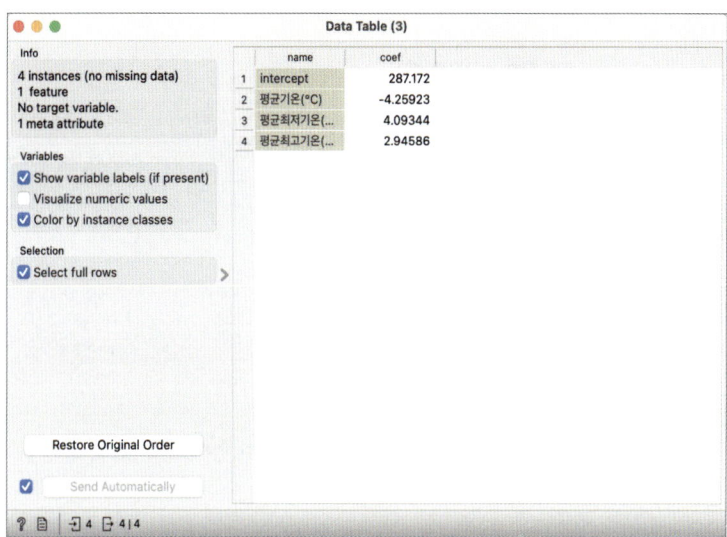

▶ [Data Table] 위젯 화면

조건에 따른 주택의 가격을 예측해볼까?

지도 학습, 알고리즘 비교

> **준비하기**
>
> 교내 재테크 동아리 부원인 우팝콘은 친구들과 함께 동아리 발표회를 준비하고 있다. 토의 결과, 올해 동아리 발표의 주제는 '인공지능을 활용한 재테크'이다.
> 평소 부동산에 관심이 많은 팝콘이는 인공지능 데이터 분석 기술을 활용하여 '조건에 따른 주택의 가격 예측'을 프로젝트 주제로 정했다.
> 프로젝트에서 주택 가격을 예측하기 위해 필요한 주택의 조건에는 어떠한 것이 있을까? 또 어떠한 인공지능 알고리즘을 적용할 때 가장 주택 가격을 잘 맞힐 수 있을까?

1. 알고 가기

주택 가격을 예측하기 위해 이번 챕터에서 사용되는 알고리즘은 4개다. 트리(Tree), 랜덤 포레스트(Random Forest), 에이다부스트(AdaBoost), 그래디언트 부스팅(Gradient Boosting)이다.

트리(Tree)

기준에 근거하여 데이터가 맞는지 틀리는지에 따라 여러 개의 가지를 뻗쳐가며 대상을 좁혀가는 알고리즘이다.

▶ 트리(tree): 특정 기준(질문)에 따라 데이터를 구분하는 모델이다.

랜덤 포레스트(Random Forest)

여러 개의 의사결정트리(Decision Tree)를 조합하여 더 강력한 분류 모델을 구축하는 방법이다.

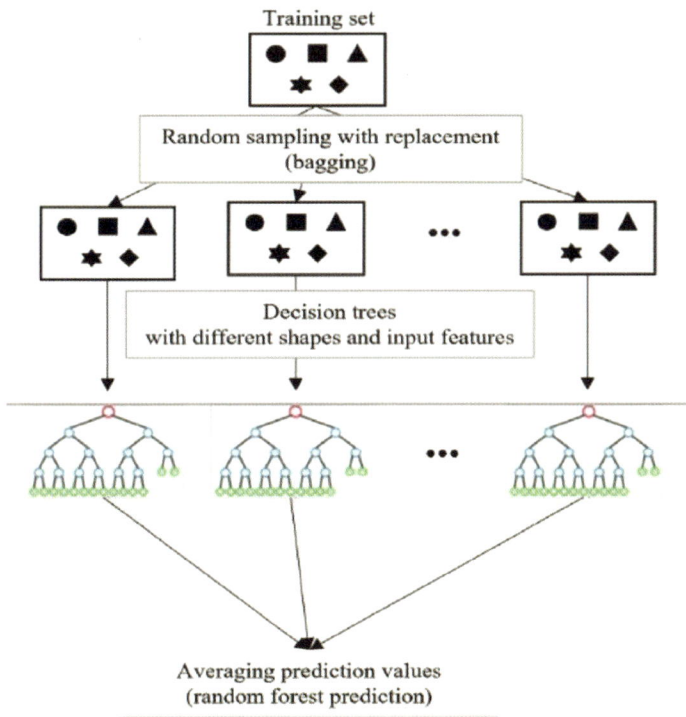

▶ 랜덤 포레스트(Random Forest): 데이터를 무작위로 추출해 다양한 서브 트리를 생성하고 이들을 병렬적으로 학습한 결과를 다수결이나 평균으로 결정한다.

	트리(Tree) or 의사결정트리(Decision Tree)	랜덤 포레스트(Random Forest)
공통점	트리 기반의 알고리즘을 사용함.	
차이점	수집한 데이터들이 명확하게 구분되었을 때 사용됨. 데이터의 수집량이 적고, 빠른 데이터 해석이 필요할 때 사용됨.	수집한 데이터에 많은 특성(feature)이 포함되어 있을 때 사용됨. 데이터의 수집량이 많고, 복잡한 데이터를 해석할 때 사용됨.

에이다부스트(AdaBoost)

초기 모형의 데이터들을 약한 분류기(Weak Classifier)로 분류한다. 분류하는 과정에서 강한 분류기(Strong Classifier)를 만들고, 이러한 강한 분류기로 데이터를 나눈 알고리즘이다.

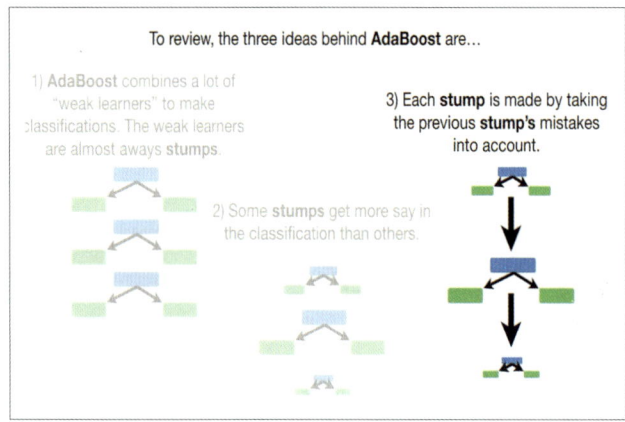

▶ 에이다부스트(AdaBoost): 가중치를 부여한 약한 분류기(Weak Classifier)를 모아서 최종적인 강한 분류기(Strong Classifier)를 생성하는 기법

강한 분류기(Strong Classifier)	약한 분류기(weak Classifier)
약한 분류기에 비해 비교적 정확한 분류기로, 최종적으로 설계해야 하는 분류기.	강한 분류기에 비해 비교적 부정확한 분류기로, 학습 과정에서 약한 분류기를 모아서 최종적으로 강한 분류기를 만듦.

예를 들어, 강아지와 고양이를 분류하는 에이다부스트(AdaBoost) 알고리즘을 만든다고 가정하자. 학습 초기 단계에서 약한 학습기에 의해 잘못 분류된 이미지 데이터(강아지를 고양이로, 고양이를 강아지로 잘못 분류한 데이터)를 더 큰 가중치를 부여한 학습기로 대체한다. 이후, 약한 분류기에서 잘못 분류된 이미지 데이터를 집중적으로 제외시킨다. 에이다부스트 알고리즘은 약한 분류기에서 강한 분류기로 바꾸는 과정을 반복해서 강아지와 고양이를 잘 분류할 수 있는 최종 분류기를 만든다.

그래디언트 부스팅(Gradient Boosting)

그래디언트(Gradient)와 부스팅(Boosting)을 합친 말로, 그래디언트(미분값)의 잔차를 줄여나가는 알고리즘이다. 여기서 잔차(residual)란 실제 값에서 예측값을 뺀 값을 의미한다. 부스팅(Boosting)은 약한 학습기를 결합하여 성능이 높아진 강한 학습기를 만드는 알고리즘이다.

$$\text{잔차(residual)} = \text{실제 값} - \text{예측값}$$

즉 이전 학습기의 잔차를 다음 학습기가 학습하는 방식으로 학습기를 계속 추가해가면서 잔차를 줄여나가는 방식이다.

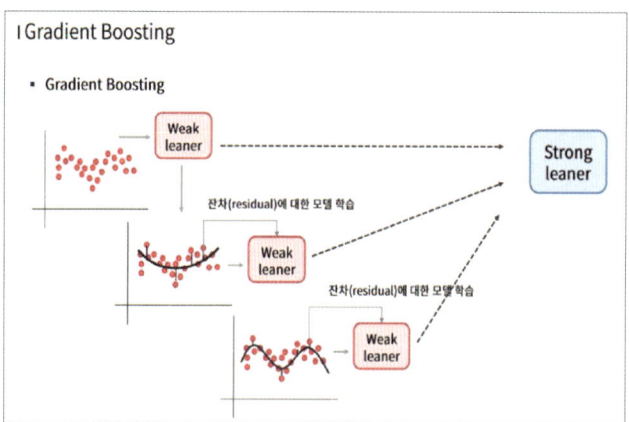

▶ 그래디언트 부스팅(Gradient Boosting): 최종적으로는 학습 데이터에 대해 실제 값과 예측값이 차이가 나는 에러(error)를 작게 하는 것이 목표이므로 부정적인 그래디언트(미분값)를 최소화하면서 학습한다.

	장점	단점
트리 (Tree)	데이터의 수집량이 적고, 빠른 데이터 해석이 필요할 때 사용됨.	수집한 데이터에 많은 특징(feature)이 있을 경우 학습에 오래 걸림.
랜덤 포레스트 (Random Forest)	과적합이 일어나지 않고 이상치에 강함. 트리에 비해 복잡한 데이터를 해석할 때 용이함.	수많은 트리 사용으로 인해 학습 시간이 오래 걸림.
에이다부스트 (AdaBoost)	랜덤포레스트 알고리즘에 비해 학습 속도가 더 빠르고 결과가 정확함.	이상치(데이터 세트에서 다른 관찰값들과 크게 다른 값을 가진 결과)에 민감[1]
그래디언트 부스팅 (Gradient Boosting)	오답에 대한 높은 가중치를 부여하고 정답에 낮은 가중치를 부여함으로써 결과가 정확함.	가중치 업데이트의 반복 수행으로 인해 학습 시간이 상대적으로 오래 걸림.

---

1) 오분류된 데이터에 반복적으로 가중치를 부여하므로 이상 데이터를 과적합할 가능성이 높다.

2. 데이터 준비하기

캐글 사이트에서 'Boston Housing'을 검색하고 'Competitions' 버튼을 클릭하면 보스턴 도시의 주택 관련 데이터를 다운로드 받을 수 있다.

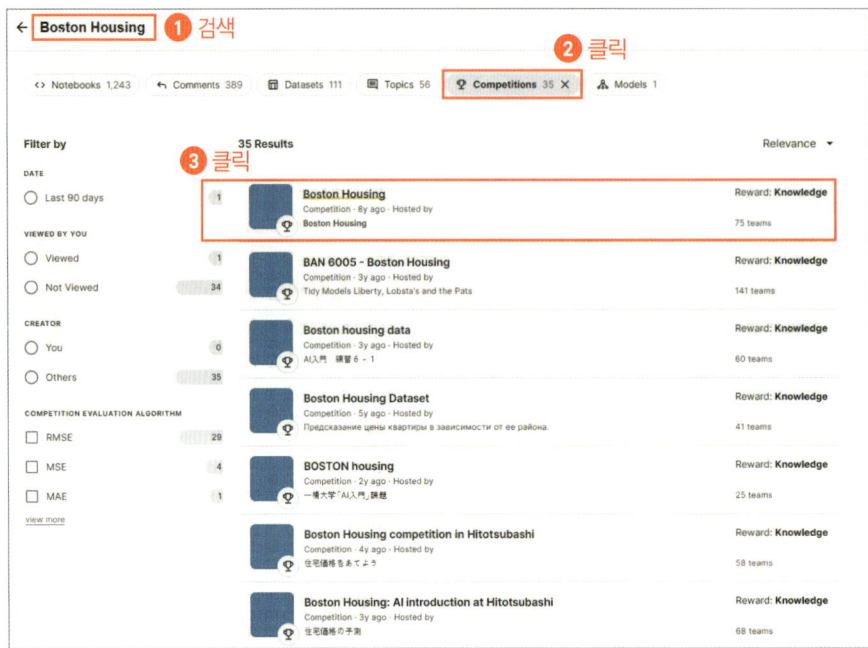

▶ 캐글 사이트에서 'Boston Housing'을 검색한 후 'Competitions'를 클릭한 결과

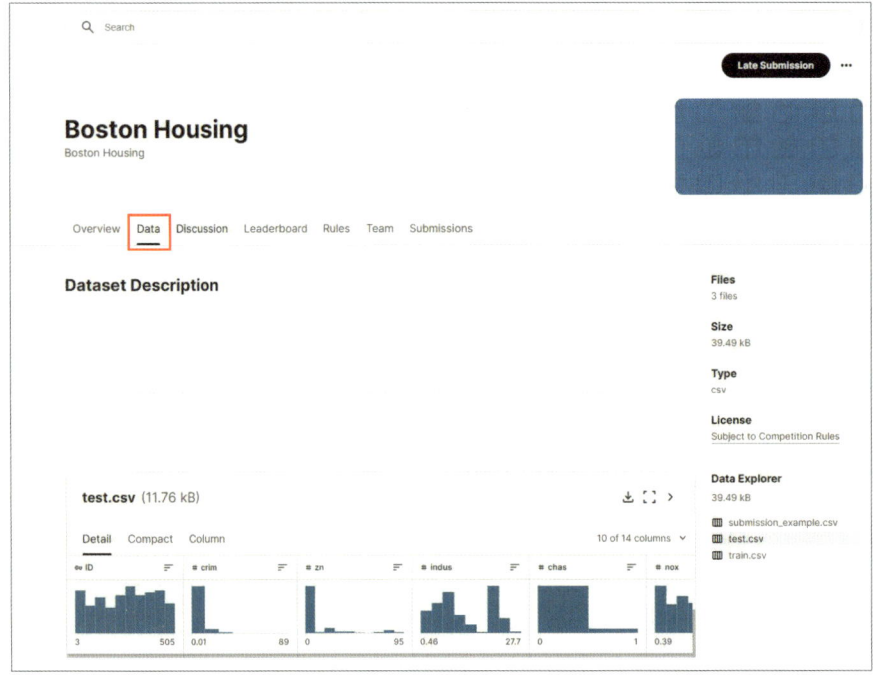

▶ 'Boston Housing'에서 데이터 파일을 다운로드하기 위해 상단 메뉴에서 'Data'를 클릭

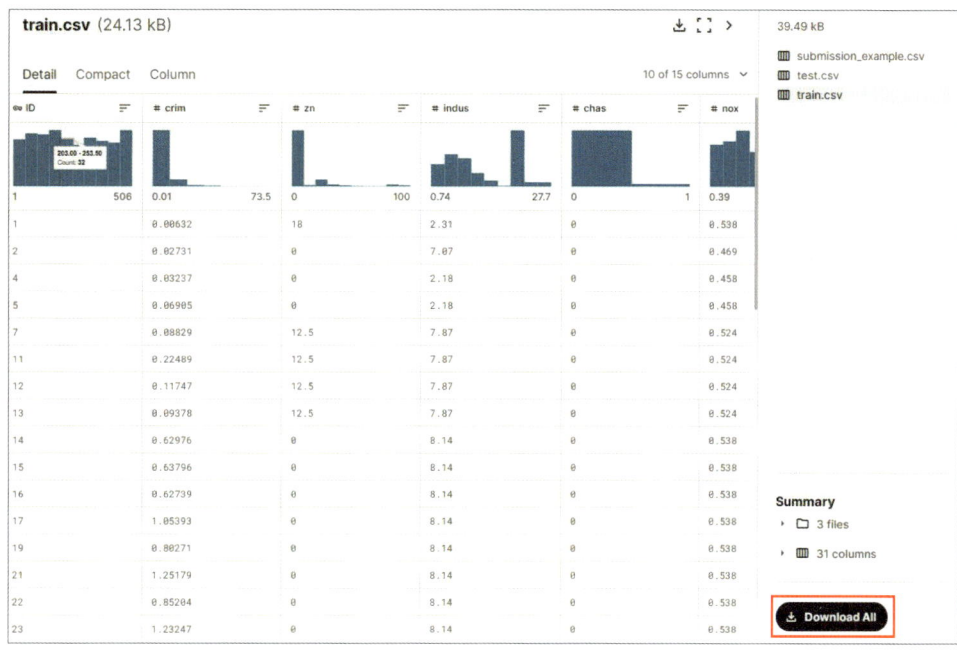

▶ 스크롤 바를 내린 후 'Summary' 밑에 위치한 'Download All'을 클릭

▶ 'boston-housing.zip' 파일의 압축을 푼다. 우리가 사용할 데이터는 학습에 필요한 train.csv 파일과 집값 예측을 위해 필요한 test.csv 파일이다.

'boston-housing' 파일을 다운로드 받으면 기계학습에 필요한 train.csv 파일과 주택 가격을 제외한 모든 주택 관련 속성이 있는 test.csv 파일을 확인할 수 있다. train.csv 파일을 통해 학습한 후에 test.csv 파일에서 주택 가격을 예측해볼 것이다.

'boston-housing' 데이터의 속성(attributes)은 다음과 같다.

속성(attributes)	뜻
crim	도시별 1인당 범죄율
zn	25,000ft[2]를 초과하는 부지에 대해 구역화된 주거용 토지의 비율
indus	Charles River(찰스강) 인접 여부
nox	질소 산화물 농도(1000만분의 1)
rm	가구당 평균 방 수

---

2) 평방피트(ft): 가로 약 30.18cm, 세로 약 30.18cm의 넓이를 나타내는 단위. 제곱피트라고도 한다.

age	1940년 이전에 건축된 자가 거주 주택의 비율
dis	보스턴 고용 센터 5곳까지의 거리의 가중평균
rad	방사형 고속도로에 대한 접근성 지수
tax	10,000달러당 재산세율
ptratio	자치시(town)별 학생/교사 비율
black	마을별 흑인 비율
lstat	하위계층의 비율
medv	본인 소유의 주택 가격(중위값) (단위: $1,000)

주택의 조건을 나타내는 데이터의 속성과 주택 가격이 어떠한 연관이 있는지를 그래프를 통해 관찰할 것이다. 더 나아가 주택 관련 데이터 분석 결과, 주택의 여러 조건을 넣었을 때의 주택 가격을 예측해볼 것이다.

3. 데이터 불러오기와 전처리하기

오렌지3에서 'boston-housing' 데이터를 불러오고 전처리하는 과정은 다음과 같이 진행된다.

먼저, [File] 위젯을 사용하여 train.csv라고 하는 csv 파일을 불러온다.

오렌지3 프로그램을 켜자마자 나오는 창에서 [New] 아이콘을 클릭한다.

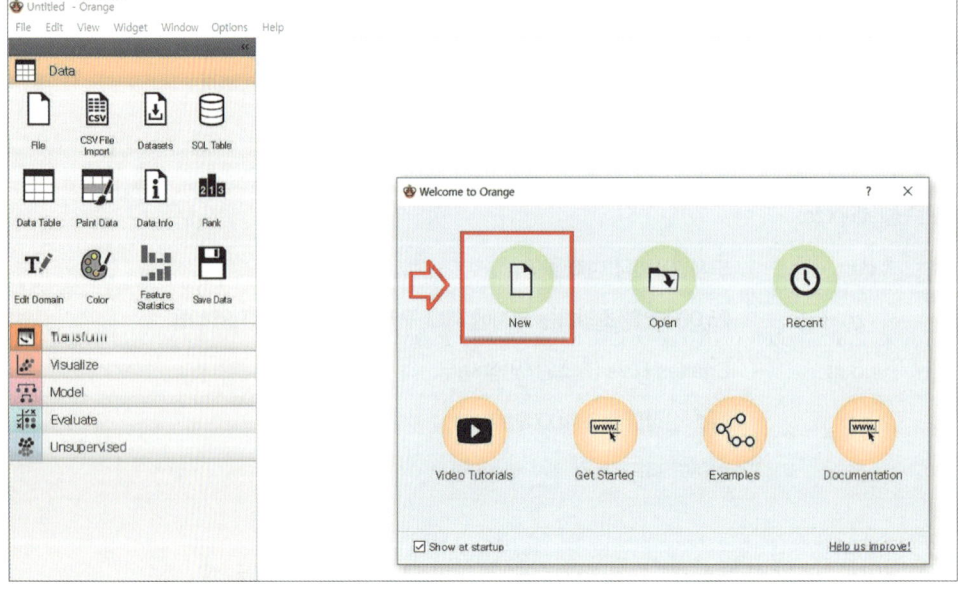

[File] 아이콘을 클릭한다.

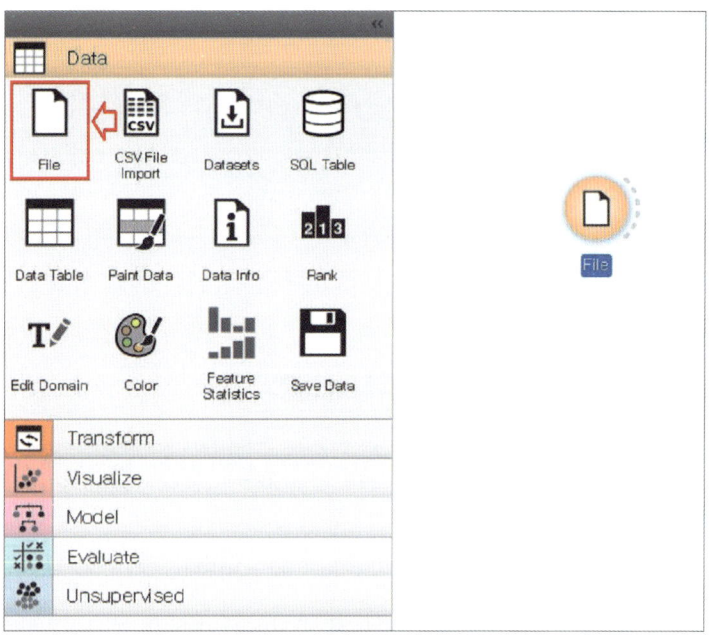

[File] 위젯을 더블클릭한 후에 원하는 'boston-housing' 데이터를 업로드하기 위해 '▯…'을 클릭한다.

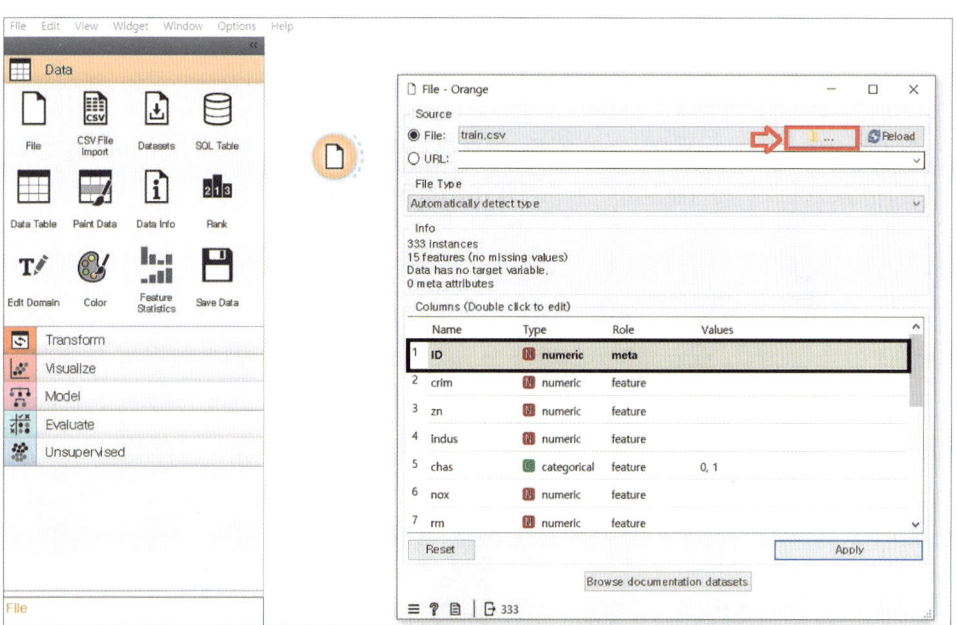

데이터 분석 및 예측을 하기 위해 학습 파일(train.csv)을 업로드한다. 다양한 속성들 (attributes) 중 예측하려는 주택 가격(medv)만 종속변수(target)로 바꾼다.

109

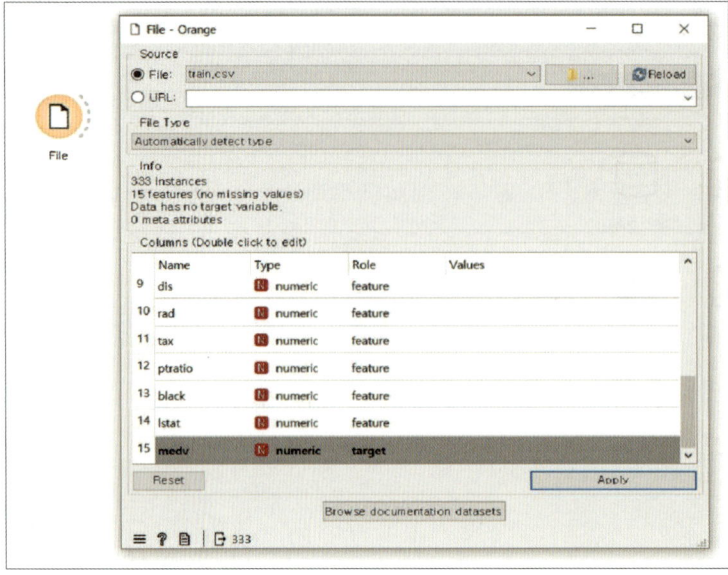

2.crim 속성부터 14.lstat 속성까지는 독립변수(feature)이고, 예측하려는 medv(주택 가격) 속성은 종속변수(target)이다. 1.ID 속성은 데이터 분석 과정에서 영향을 끼치지 않으므로 'meta' 역할로 수정이 필요하다.

[Scatter Plot] 위젯을 이용한 시각화

업로드한 train.csv 파일을 [Data Table] 위젯과 연결한다. 데이터를 시각화하기 위해 [Scatter Plot] 위젯을 연결한다.

산점도(Scatter Plot)를 통해 속성 간의 연관성을 파악할 수 있다. 'Find informative Predictions' 버튼을 클릭해서 속성 간에 어떠한 연관성이 있는지 찾아보자.

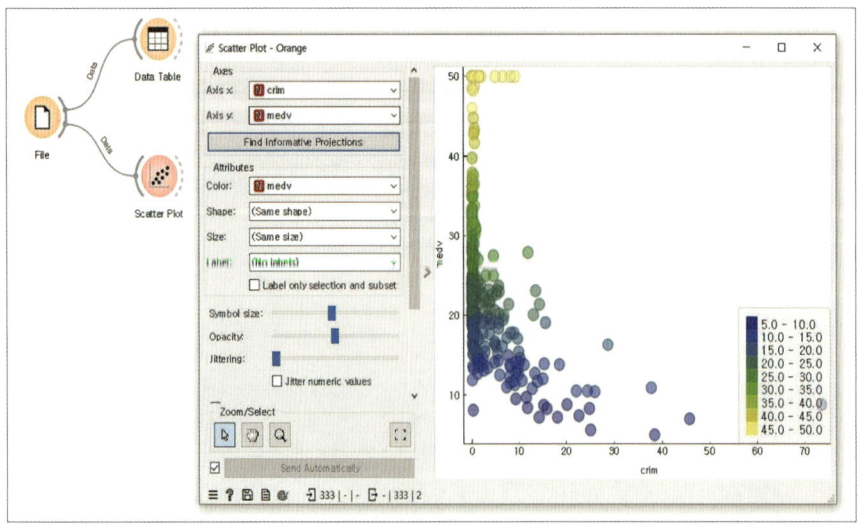

4. 더 나은 인공지능 알고리즘 선택하기

인공지능 알고리즘 비교하기

주택 가격을 예측하기 위해서 어느 인공지능 알고리즘의 성능이 좋은지 비교할 것이다. 제일 좋은 성능의 알고리즘이 주택의 조건을 넣었을 때 가장 알맞게 주택 가격을 예측할 수 있다.

[File] 위젯과 [Test and Score] 위젯을 연결한다. [File] 위젯과 다양한 인공지능 모델을 연결하고 인공지능 모델을 [Test and Score] 위젯에 연결한다.

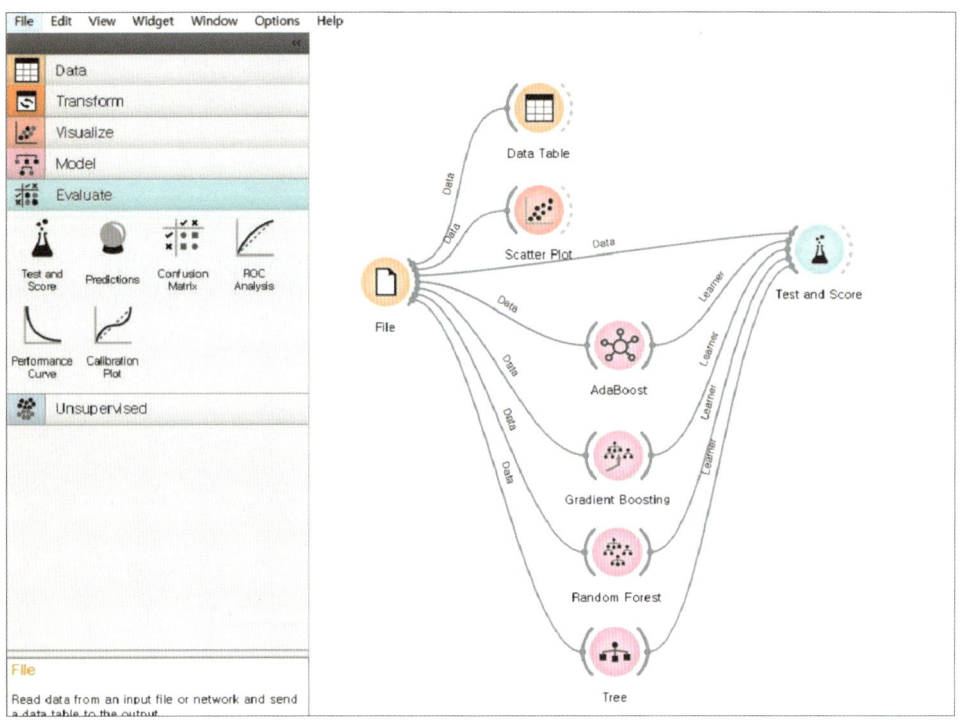

인공지능 알고리즘별 성능을 분석하기 위해 [Test and Score] 위젯을, 주택 가격 속성들을 포함한 데이터 test.csv 파일을 업로드한 [File] 위젯과 연결한다. 추가적으로 Model 탭에 있는 에이다부스트(Adaboost), 그래디언트 부스팅(Gradient Boosting), 랜덤 포레스트(Random Forest), 트리(Tree) 알고리즘을 각각 [File] 위젯과 [Test and Score] 위젯에 연결한다.

예측하려는 데이터 업로드하기

[File] 위젯에 주택 가격을 예측할 test.csv 파일을 업로드한다.

[File (1)] 위젯을 추가하여 주택 가격(medv) 속성이 없는 test.csv 파일을 업로드한다.

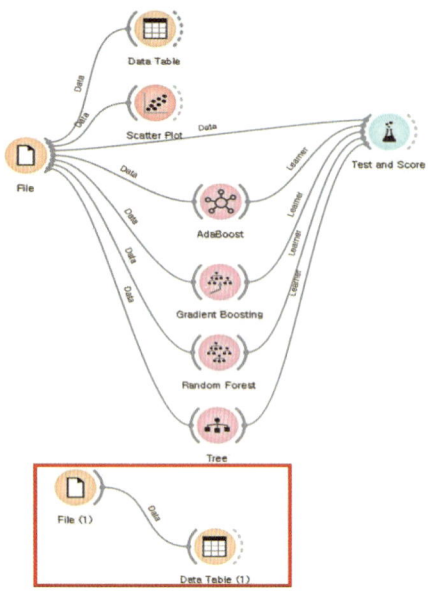

test.csv 파일을 업로드한 [File] 위젯을 [Predictions] 위젯에 연결하고, 다양한 모델을 [Predictions] 위젯에 연결한다.

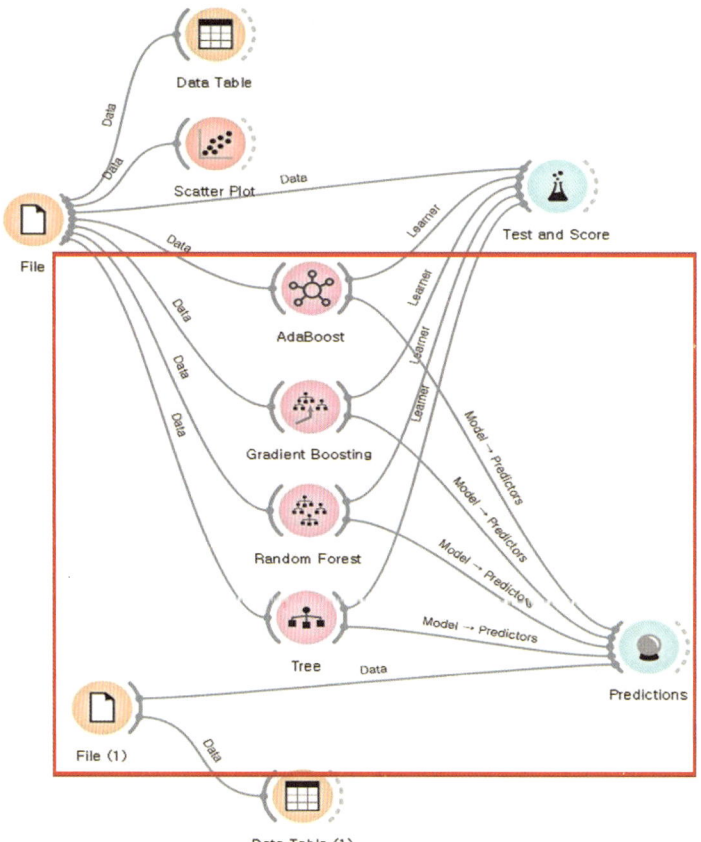

[Predictions] 위젯에 예측이 필요한 [File (1)] 위젯과 인공지능 모델을 연결하면 예측한 결과값을 보여준다. [Test and Score] 위젯에서 비교한 알고리즘 성능을 참고하여 인공지능 모델별 다른 예측값을 확인해보자.

5. 정리하기

train.csv 파일을 업로드한 [File] 위젯과 연결한 [Scatter Plot] 위젯을 더블클릭하면 속성 간의 상관관계를 나타내는 산점도(점그래프)가 나온다. 'Find informative Projections' 버튼을 클릭하면 두 속성 간의 상관관계가 높은 순서대로 표시한 결과가 나온다.

아래는 lstat(하위계층의 비율)과 rm(가구당 평균 방 수)의 상관관계를 나타내는 산점도이다. lstat이 높을수록 rm이 낮은 것을 확인할 수 있다.

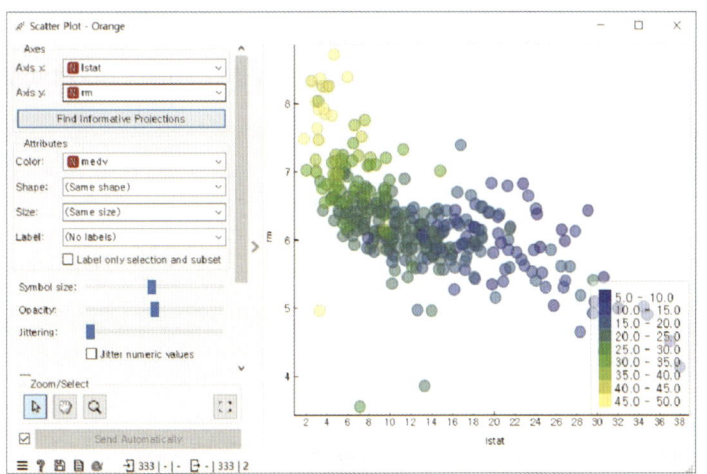

유색인종(black)과 주택 가격(medv) 속성에는 연관성이 없는 것을 확인할 수 있다.

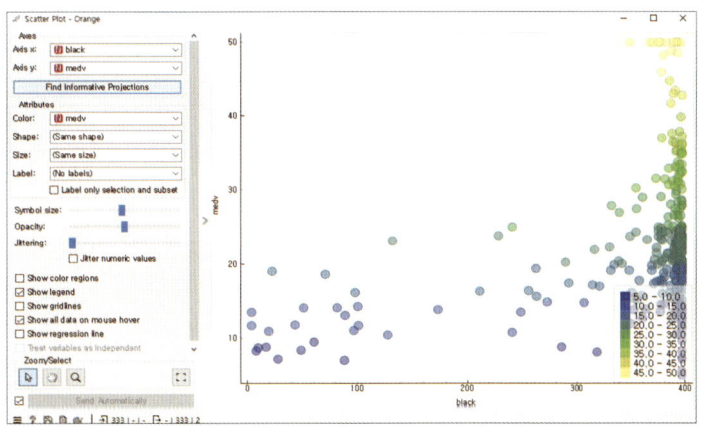

오렌지3에서 위젯들을 다 연결한 후에 [Test and Score] 위젯을 클릭하면 아래와 같이 인공지능 성능을 분석한 표가 나온다.

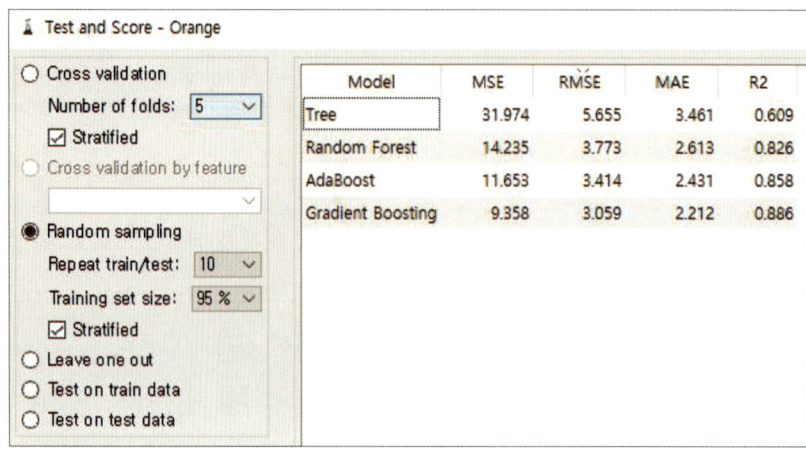

지표에서 MSE, RMSE, MAE가 작을수록 좋고, R2는 클수록 좋다. 위의 그래프에서 보스턴하우징(Boston Housing) 데이터를 사용할 때 그래디언트 부스팅(Gradient Boosting) 알고리즘이 지표상 제일 좋은 모델이다.

> **Tip 왜 MSE, RMSE, MAE가 작을수록 성능이 좋을까?**
>
> 선형회귀함수를 예로 들었을 때, 실제 측정한 데이터를 검정색 점으로 표시하고 예측값을 빨간색 직선으로 표시한 그래프는 다음과 같다.
>
>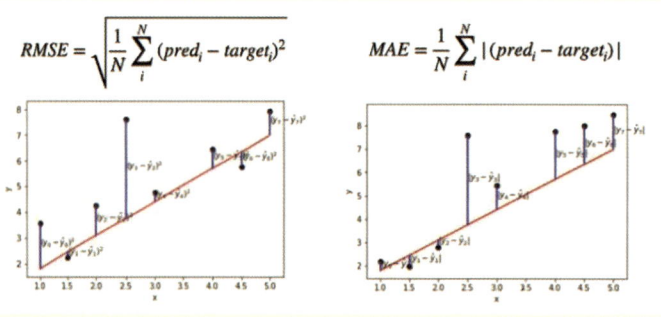
>
> $$RMSE = \sqrt{\frac{1}{N}\sum_{i}^{N}(pred_i - target_i)^2} \qquad MAE = \frac{1}{N}\sum_{i}^{N}|(pred_i - target_i)|$$
>
> - **RMSE**: 모델의 예측값(빨간색 직선)과 실제 값(검정색 점) 차이의 면적을 나타내는 값
> - **MAE**: 모델의 예측값(빨간색 직선)과 실제 값(검정색 점) 차이의 절댓값의 평균을 나타내는 것
>
> 두 측정값 모두 실제 값과 예측값의 차이를 나타내므로 그 차이의 값이 작아야 정확한 값을 예측한 것이다.

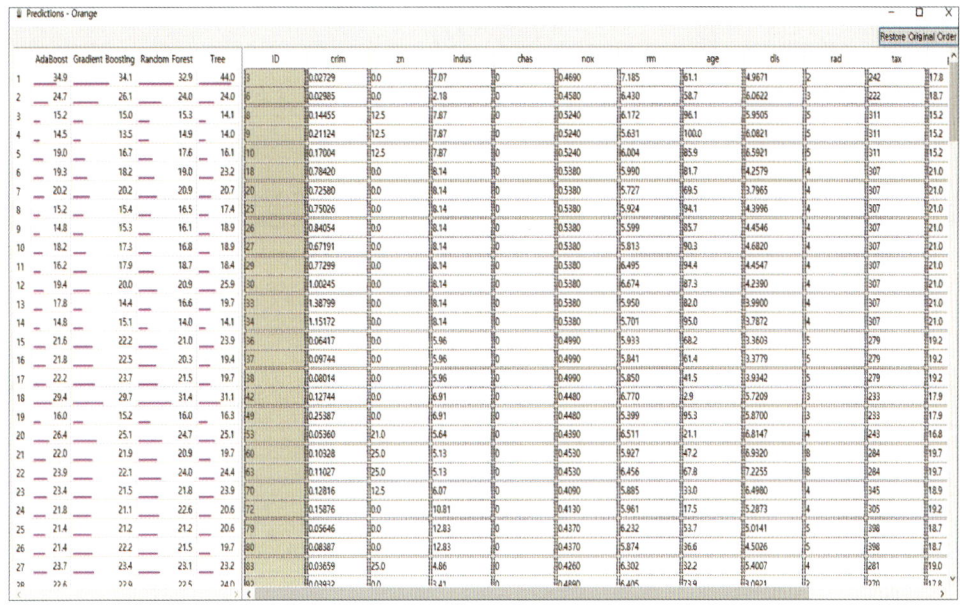

[Predictions] 위젯을 클릭하면 위와 같이 주택 가격(medv)을 예측한 그래프가 나온다. 비슷하게 높은 성능을 보이는 에이다부스트(Adaboost), 그래디언트 부스팅(Gradient Boosting), 랜덤 포레스트(Random Forest) 알고리즘은 트리(Tree) 알고리즘과 달리 비슷하게 예측한 주택 가격(medv)을 보여준다. 또한 독립변수인 2.crim부터 14.lstat까지의 종속변수(target)인 주택 가격(medv)을 예측한다는 것을 알 수 있다.

축구 선수들을 능력별로 군집화해볼까?

비지도 학습, K-평균 군집화와 계층적 군집화

📋 준비하기

축구를 좋아하는 윤성이는 최근 흥미로운 소식을 접했다. 응원하는 축구팀에 새로운 미드필더가 영입될 예정이라는 소식이다. 이 선수가 어느 위치에 투입될지 궁금해진 윤성이는 정보 시간에 배운 인공지능 데이터 분석 기술을 활용하여 기존 선수 중 어느 선수와 가장 능력이 비슷한지 알아보기로 했다. 축구 선수의 능력을 평가할 수 있는 데이터는 무엇이 있을까? 또한 인공지능 알고리즘을 적용할 때, 새로 영입될 선수와 가장 유사한 능력을 가진 선수는 누구일까?

1. 군집화 알고 가기

군집화(Clustering)는 정답이 없는 데이터로 학습을 하는 비지도 학습(Unsupervised Learning)의 한 형태로, 특성이 유사한 데이터를 같은 그룹으로 묶는 작업을 의미한다. 각 군집의 특성을 해석해봄으로써 군집화를 통해 데이터를 더욱 깊이 이해하거나 의사 결정을 지원할 수 있다. 군집화는 그 알고리즘에 따라 K-평균 군집화(K-means Clustering), 계층적 군집화(Hierarchical Clustering), DBSCAN 등 여러 가지 방법이 있다. 그중 이번 장에서는 K-평균 군집화와 계층적 군집화를 알아보려고 한다.

K-평균 군집화(K-means Clustering)

가장 널리 사용되는 군집화 알고리즘 중 하나로 K개의 군집을 형성한다. 이때 K-평균에서 K는 여러 데이터를 묶는 그룹(군집, 클러스터)의 개수를 의미한다. K-평균 군집화는 중심점(centroid)이 변하지 않을 때까지 아래 ①~⑤ 과정을 반복한다. 어떤 과정을 거치는지 그림을 통해 살펴보자.

① 군집의 개수(K) 설정
② 초기 중심점 설정
③ 데이터를 군집에 할당하기(중심점으로부터 모든 데이터의 거리를 계산하여 데이터에서 가장 가까운 중심점을 지정)
④ 중심점 재설정하기
⑤ 데이터를 군집에 재할당하기

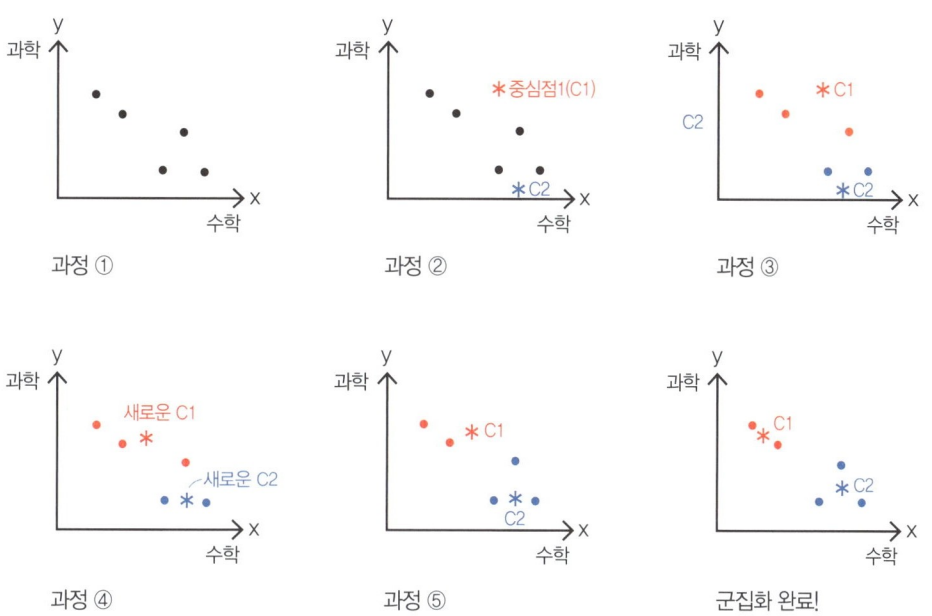

▶ K=2일 때 군집화 과정

다섯 명의 학생에 대한 수학과 과학 점수 데이터가 있다고 가정해보자. 다섯 학생의 점수를 x축은 수학 점수, y축은 과학 점수로 2차원의 평면에 산점도로 나타낼 수 있다.
K-평균 군집화를 진행하려면 먼저 군집의 개수, 즉 K를 정해야 한다. K는 2라고 가정을 해보자. 그럼 과정 ②처럼 임의의 중심점 C1, C2가 평면에 놓인다. 이 중심점을 기준으로 해서 모든 점과의 거리를 살펴보고 거리가 더 가까운 중심점에 데이터를 할당한다. 따라서 과정 ③처럼 C1에 가까운 점 세 개와 C2에 가까운 점 두 개가 같은 군집이 된다. 이후에는 중심점을 재설정한다. 과정 ④에서 같은 군집이 된 점들의 중점을 찾아 C1과 C2의

117

위치를 재설정한다. 그럼 새로운 중심점들과 데이터들의 거리를 다시 계산하여 데이터를 군집에 재할당한다. 과정 ⑤를 보면 중간에 걸쳐 있는 데이터가 처음에는 C1과 가까웠지만 다시 중심점과의 거리를 계산해보니 C2와 가까워 파란색이 된 것을 볼 수 있다. 그 뒤 다시 중심점을 재설정하고 데이터를 군집에 재할당하는 과정 ④와 과정 ⑤를 반복한다. 중심점이 더 이상 많이 움직이지 않아 군집에 변화가 없다면 군집화가 끝이 난다!

결국 위의 예시에서는 과학 점수가 더 높은 C1 군집과 수학 점수가 더 높은 C2 군집, 두 군집으로 나뉜 것을 알 수 있다.

계층적 군집화(Hierarchical Clustering)

계층적 군집화는 만약 데이터가 N개 있다면 N개의 데이터 각각을 별개의 그룹으로 취급하여 점점 그룹 개수를 줄여나가는 방식의 군집화이다. 이때 가장 유사도가 높거나 거리가 가까운 군집 두 개를 선택하여 하나로 합치면서 군집 개수를 줄여나간다.

앞에서 봤던 수학 점수와 과학 점수를 다시 활용해보자.

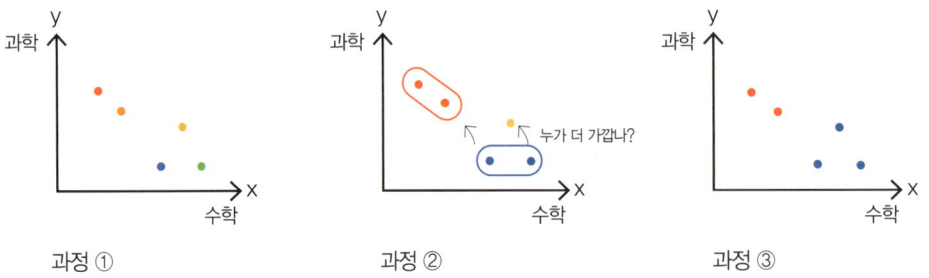

▶ 데이터가 5개 있을 때 계층적 군집화의 과정

처음(과정 ①)엔 다섯 개의 데이터 각각이 하나의 독자적인 군집이 된다. 그 뒤 과정 ②에서, 다섯 개의 점에서 모든 점과의 거리를 하나하나 계산하여 가까운 점과 하나의 군집을 이룬다. 그림에서 볼 수 있는 것처럼 과정 ②에서 세 개의 군집이 된다. 이때 파란 군집은 빨간 군집, 노란 군집 중 누구와 더 가까운지 계산하여 더 가까운 군집을 자신의 군집으로 흡수시킨다.

군집 간의 거리를 계산할 때는 군집의 중심점과 다른 군집의 중심점 사이의 거리를 비교하는 와드 연결법(Ward's Method), 한 군집 내의 데이터들과 다른 군집 내의 데이터들 사이 거리 중 가장 가까운 거리를 비교하는 단일(최단) 연결법(Single Linkage), 완전(최장) 연결법(Complete Linkage), 평균 연결법(Average Linkage) 등 여러 방법이 있다.

군집화의 결과는 다음 그림과 같은 트리 형태의 덴드로그램(Dendrogram)으로 표현되어, 군집 간의 거리를 변화해가며 두 개의 군집으로 군집화된 결과를 살펴볼 수도 있고, 세 개의 그룹으로 군집화된 결과를 살펴볼 수도 있다. 따라서 K-평균 군집화와 다르게 처음부터 군집의 개수를 정해주지 않아도 된다는 특징이 있다.

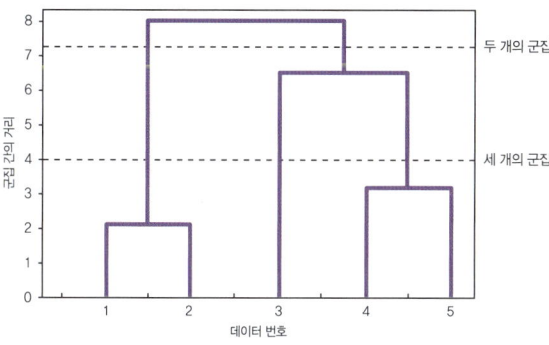

▶ 군집화 결과를 덴드로그램으로 표현

그럼, 이제 본격적으로 축구 선수 데이터를 이용해서 군집화를 실습해보자.

2. 데이터 준비하기

캐글 사이트에 가면 'FIFA player dataset'이라는 축구 선수 관련 데이터를 내려받을 수 있다. 'FIFA player dataset'은 EA사에서 만든 비디오 스포츠 게임 내에서 제공하는 데이터이다. 선수 성명, 국적, 소속 클럽, 생년월일, 키, 몸무게와 같은 기본 정보와 공격, 스킬, 방어, 정신력, GK 스킬 등 수치화된 전력 데이터로 이루어져 있다.

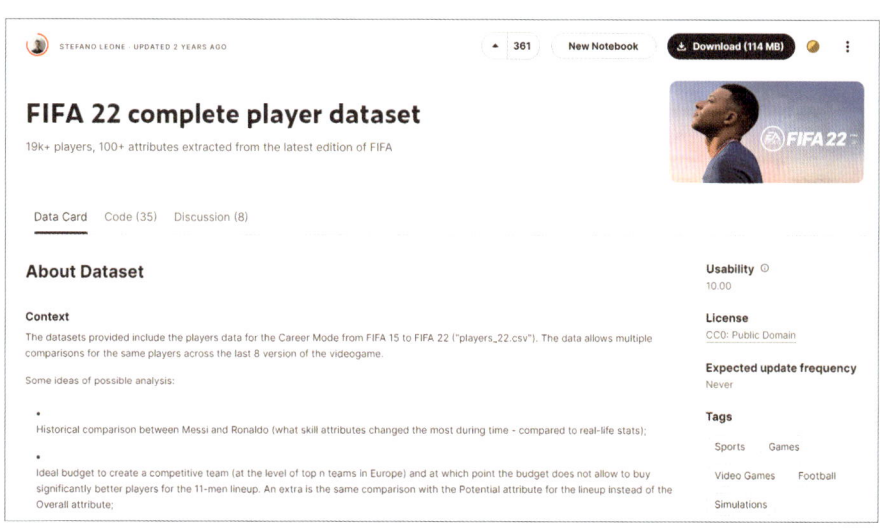

▶ 캐글 사이트에서 'FIFA player dataset' 검색 화면

책에서 제공하는 FIFA.csv 파일을 열어보자. 캐글 사이트의 데이터는 양이 많아 적당량의 데이터를 이용하여 실습을 진행하려고 한다. 선수의 이름과 함께 포지션(positions), 전체적 능력치(overall), 속도(pace), 슈팅 능력(shooting) 등이 수치화된 값으로 기록되어 있다. 또한 중간에 비어 있는 데이터가 보이는데, 결측치가 있는 행의 포지션을 살펴보면 모두 골키퍼(GK)인 것을 알 수 있다.

자, 그럼 오렌지3를 이용해서 능력치가 비슷한 선수끼리 묶어보는 군집화 실습을 진행하겠다. 선수들의 포지션은 공격수(FW), 미드필더(MF), 수비수(DF), 골키퍼(GK)로 나뉘어 있으므로 네 개의 군집으로 나누어지지 않을까 하는 예상을 해볼 수 있다. 실제로 예상대로 군집화가 되는지, 어떤 선수들이 비슷한 능력을 갖추고 있는지 살펴보자.

	A	B	C	D	E	F	G	H	I	J	K	L	M	N	O	P
1	name	positions	overall	potential	value_eur	height_cm	weight_kg	erred_foot	pace	shooting	passing	dribbling	defending	physic	g_crossing	j_finishing
2	L. Messi	FW	93	93	78000000	170	72	Left	85	92	91	95	34	65	85	95
3	vandowski	FW	92	92	119500000	185	81	Right	78	92	79	86	44	82	71	95
4	b Ronaldo	FW	91	91	45000000	187	83	Right	87	94	80	88	34	75	87	95
5	Neymar Jr	MF	91	91	129000000	175	68	Right	91	83	86	94	37	63	85	83
6	De Bruyne	MF	91	91	125500000	181	70	Right	76	86	93	88	64	78	94	82
7	J. Oblak	GK	91	93	112000000	188	87	Right							13	11
8	C. Mbappe	FW	91	95	194000000	182	73	Right	97	88	80	92	36	77	78	93
9	M. Neuer	GK	90	90	13500000	193	93	Right							15	13
10	ter Stegen	GK	90	92	99000000	187	85	Right							18	14
11	H. Kane	FW	90	90	129500000	188	89	Right	70	91	83	83	47	83	80	94
12	N. Kante	MF	90	90	100000000	168	70	Right	78	66	75	82	87	83	68	65
13	Benzema	FW	89	89	66000000	185	81	Right	76	86	81	87	39	77	75	90
14	T. Courtois	GK	89	91	85500000	199	96	Left							14	14
15	H. Son	FW	89	89	104000000	183	78	Right	88	87	82	86	43	69	83	88
16	Casemiro	MF	89	89	88000000	185	84	Right	65	73	76	73	86	90	58	64
17	V. van Dijk	DF	89	89	86000000	193	92	Right	78	60	71	72	91	84	53	52
18	S. Mane	MF	89	89	101000000	175	69	Right	91	83	80	89	44	77	78	86
19	M. Salah	MF	89	89	101000000	175	71	Left	90	87	81	90	45	75	79	91
20	Ederson	GK	89	91	94000000	188	86	Left							20	14
21	J. Kimmich	MF	89	90	108000000	177	75	Right	70	73	86	84	83	79	91	68
22	Alisson	GK	89	90	82000000	191	91	Right							17	13

▶ 실습을 위한 FIFA 선수 데이터셋

3. 데이터 불러오기와 전처리하기

[File] 위젯을 이용해 csv 파일을 불러온다. 다음의 실행 화면에서, 중간에 있는 Info 부분을 보면 총 96명의 선수 데이터가 있고, meta 데이터인 이름을 제외하면 74개의 속성을 갖는 것을 볼 수 있다. 앞서 살펴본 골키퍼의 결측치 때문에 1.3%의 데이터가 비어 있다는 것도 확인할 수 있다. 아래 Columns 부분을 살펴보면 대부분의 데이터 유형(Type)이 'numeric(수치형)'인 것을 볼 수 있고, 'Categorical(카테고리형)' 데이터는 positions(포지션)과 preferred_foot(선호하는 발) 두 속성뿐인 것을 볼 수 있다. 여기서 positions의 역할(Role)이 'feature'로 되어 있다면 마우스 클릭을 이용해 'target'으로 바꿔준다.

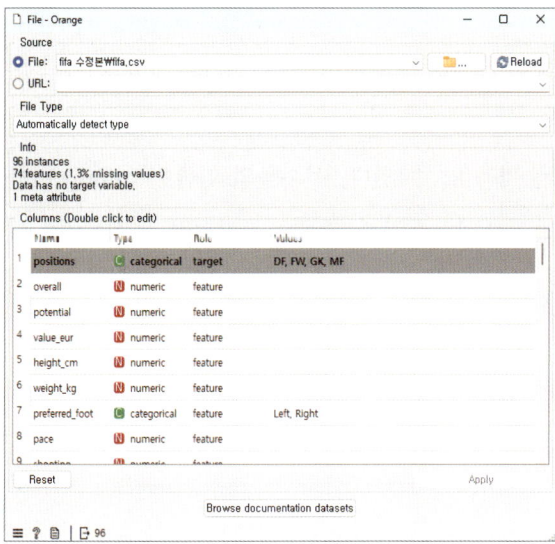

▶ [File] 위젯 실행 화면

불러온 파일에 [Data Table] 위젯을 연결해보자. 표 형식의 데이터를 볼 수 있고, 눈에 띄는 것은 결측치가 '?'로 표시되었다는 점이다.

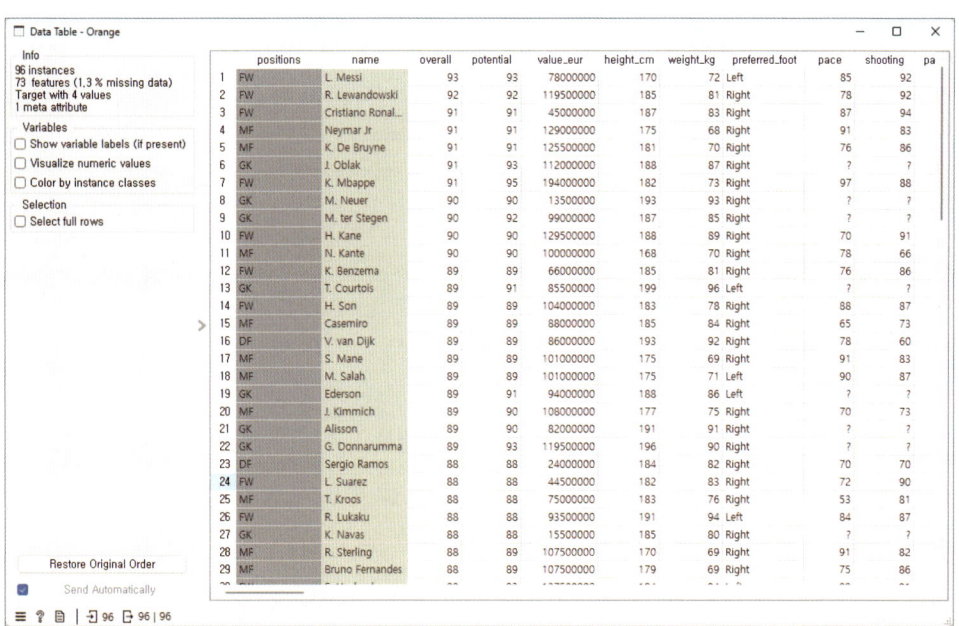

▶ [Data Table] 위젯 실행 화면

군집화를 하기 전 [Feature Statistics] 위젯을 통해 포지션별 특징을 살펴보려고 한다. [Data Table] 위젯에 [Feature Statistics] 위젯을 연결해보자.

왼쪽 아래에 있는 Color 항목을 'positions'으로 설정해주면 포지션별로 색상이 구분된다. height_cm를 살펴보면 키가 큰 선수들의 색상이 초록색인 걸 보아 골키퍼(GK)라는 걸 알 수 있고, shooting 능력치가 대체로 높은 빨간색 그룹은 공격수(FW), defending 능력이 높은 파란색 그룹은 수비수(DF)라는 것을 알 수 있다. 선수들의 임금인 value_eur를 살펴보면 평균 임금은 약 6,954만 유로이고, 네 포지션 중에는 골키퍼가 상대적으로 낮은 임금을 받는 것을 볼 수 있다. 또한 상대적으로 아주 높은 임금을 받는 포지션은 공격수(FW)라는 것도 알 수 있다.

▶ [Feature Statistics] 위젯 실행 화면

자, 그림 [File] 위젯에 [Impute] 위젯을 연결해서 결측치 처리를 하려고 한다. 전체 설정을 통해 어느 속성이든 결측치가 있다면 같은 처리를 하도록 설정할 수도 있고, 다음의 속성을 하나씩 클릭해서 속성별로 결측치 처리를 다르게 설정할 수도 있다.

처음에 데이터를 살펴볼 때 골키퍼의 pace, shooting, passing, dribbling, defending, physic 등 여섯 속성이 비어 있었으므로 비어 있는 값을 다른 선수들의 평균치로 대체해보자. 전체 설정 변경을 통해 결측치를 평균치로 대체하려면 Default Method에서 'Average/Most frequent'를 선택하면 된다. [Impute] 위젯에 [Data Table] 위젯을 연결하면 '?'로 표시되어 있던 골키퍼의 결측치가 평균값으로 대체된 것을 볼 수 있다.

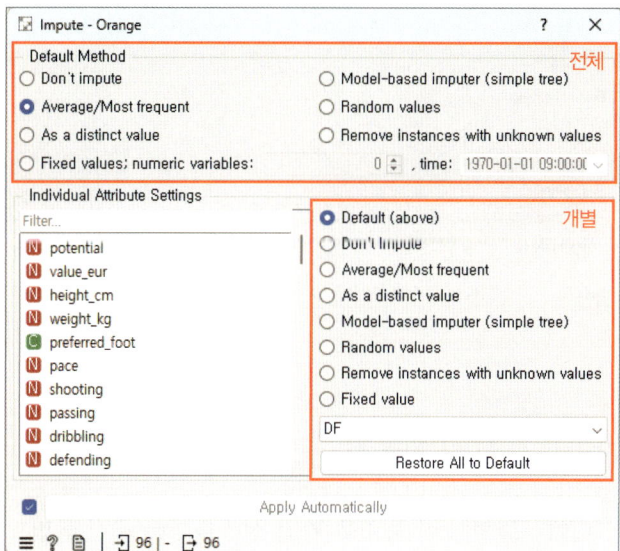

▶ 결측치 처리를 위해 전체 세팅 부분의 Average/Most frequent 클릭

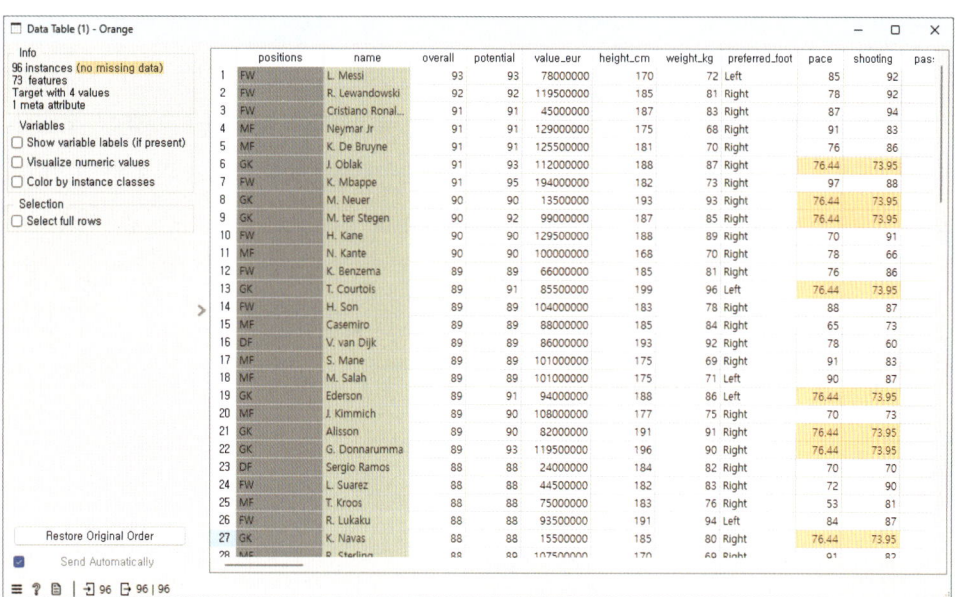

▶ 결측치 처리 후 평균값으로 채워진 모습

그럼, 이제 csv 데이터를 열어 결측치를 처리하는 것을 마무리하고 본격적으로 군집화를 진행하자.

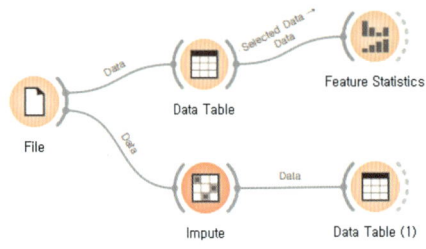

▶ 데이터를 살펴보고 결측치를 처리한 전체 화면

4. 응용하기: 유클리디안 거리를 이용한 계층적 군집화

우리 목표는 선수들의 능력 관련 데이터로 비슷한 능력을 가진 선수들끼리 군집을 만드는 것이다. 그런데 앞서 살펴본 데이터에는 키, 몸무게, 선호하는 발 등 능력과 관계없는 데이터가 있다. 따라서 이 속성들을 제외하고 군집화를 진행해보려고 한다.

[Impute] 위젯에 [Select Columns] 위젯을 연결해보자. Target에는 'positions'이, Metas에는 데이터 분석과 관련이 없는 데이터인 'name'이 있고, 대부분의 데이터는 Features에 있다. 이 중에 세부적인 능력과 관련 없는 6개의 속성을 Ignored(무시하기)로 보낸다. 잘 제외되었는지 확인하기 위해 [Select Columns] 위젯에 [Data Table] 위젯을 연결해서 보면 키, 몸무게 등의 데이터가 사라진 것을 볼 수 있다.

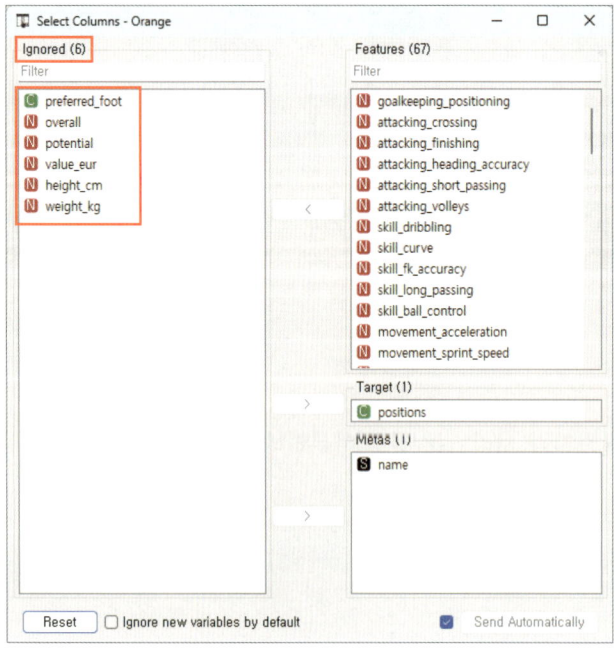

▶ [Select Columns] 위젯 실행 화면

124

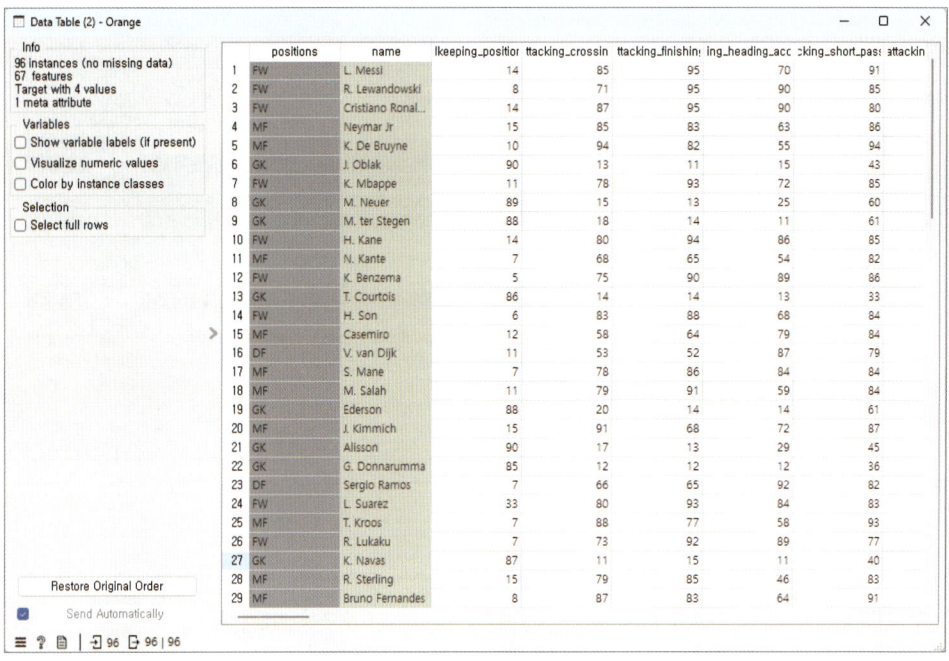

▶ 키와 몸무게 등의 데이터가 빠진 모습

[Select Columns] 위젯에 [Distances] 위젯을 연결하고, [Distances] 위젯에는 [Distance Matrix] 위젯을 연결하자. 선수별로 각 속성의 차를 이용해 유클리디안 거리를 구해보려고 하는데, 이때 정규화(normalize)는 속성마다 범위값이 다르기 때문에 이를 보정하기 위해 사용한다. 현재 데이터에서 shooting은 28에서 94의 범위를 갖는 반면, dribbling에서는 59에서 95의 범위를 갖는다. 따라서 어떤 두 선수의 shooting과 dribbling 능력이 각각 10 차이가 난다면 이것은 슈팅에서는 작은 차이일 수 있으나 드리블에서는 큰 차이가 될 수 있다. 따라서 값의 차이를 줄여서 모든 속성이 군집화에 동일한 영향을 주도록 각 데이터를 0부터 1 사이의 데이터로 바꾸는 것을 정규화라고 한다. 현재 FIFA 데이터는 대체로 두 자릿수의 값을 가지고 있으나, 만약 자릿수가 크게 차이 나는 데이터를 가지고 군집화를 진행한다면 정규화를 하고 안 하고의 차이가 매우 크게 나타난다.

다음 그림처럼 [Distance] 위젯과 [Distance Matrix] 위젯 창을 동시에 띄워 살펴보자. 정규화 없이 일반 유클리디안 거리를 사용한 경우에는 두 자릿수의 거리부터 300이 넘는 거리까지 큰 차이를 보이는 반면, 정규화된 유클리디안 거리를 사용했을 때는 거리 차이가 10 내외인 것을 볼 수 있다. 예를 들어, 다음 그림에서 L.Messi와 J.Oblak의 거리를 살펴보면 정규화된 유클리디안 거리를 사용한 경우는 14.582인 반면, 정규화 없이 일반 유클리디안 거리를 사용한 경우는 412.675이다.

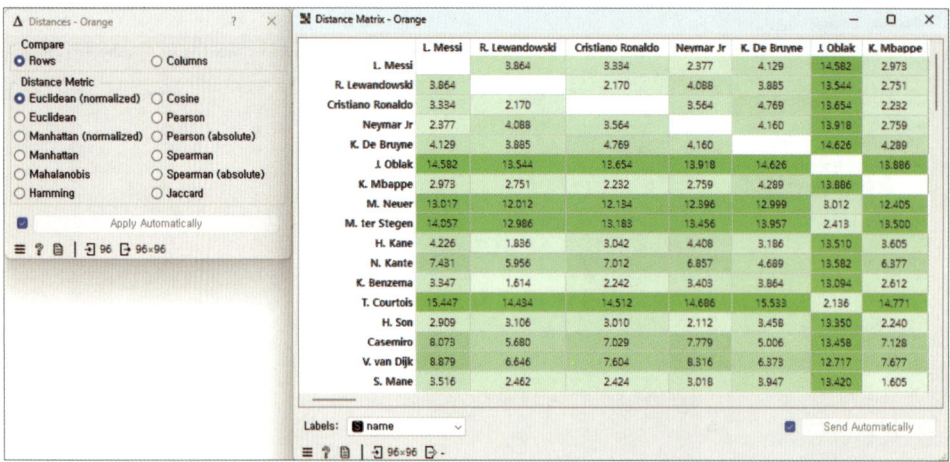
▶ 정규화된 유클리디안 거리를 사용한 경우

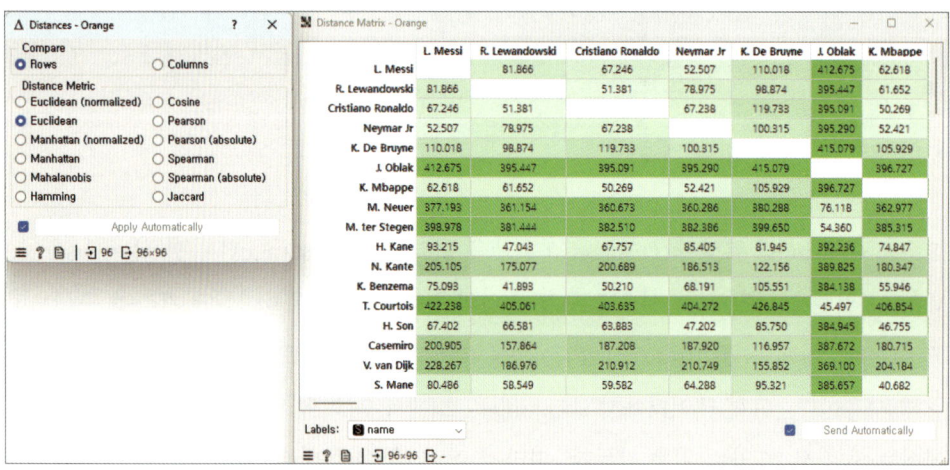
▶ 정규화 없이 일반 유클리디안 거리를 사용한 경우

이제 [Distance] 위젯에 [Hierarchical Clustering] 위젯을 연결해서 어떻게 군집화가 되었는지 살펴보자.

덴드로그램으로 시각화된 결과가 나오는데, 제일 오른쪽에 선수들의 이름이 나열되어 있고 Selection에서 'Height ratio(군집 간의 거리)'를 선택해 점선의 높이를 조정해주면 능력치 값에 해당하는 높이에 따른 군집화 결과를 확인할 수 있다. 각 포지션을 색상으로 표현하기 위해 Color by에서 'positions'를 선택해보자. 높이가 약 30이 넘으면 초록색인 골키퍼 그룹과 그 외 포지션 그룹(공격수, 수비수, 미드필더)이 확연히 구분되는 것을 볼 수 있다.

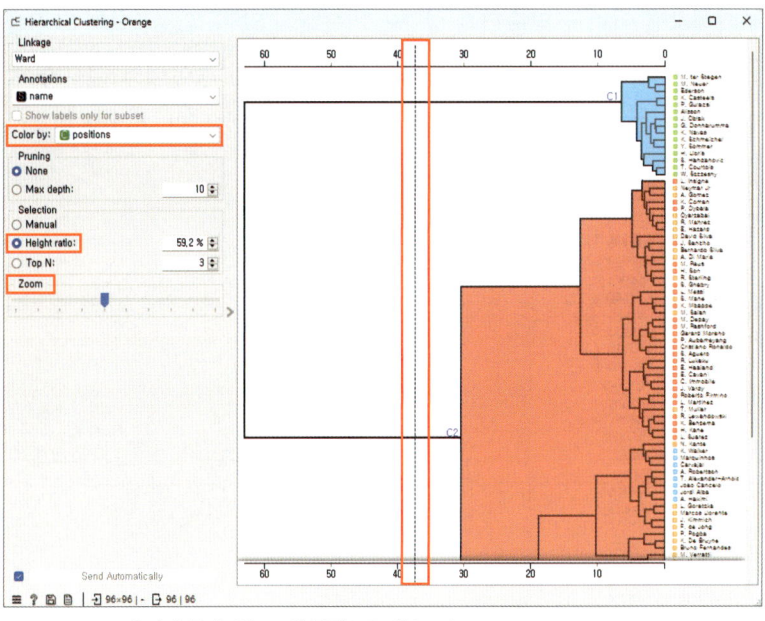

▶ Height ratio에 따라 골키퍼와 그 외 군집으로 나뉜 모습

그럼 높이를 20으로 설정해보자. 아래 그림을 보면 세 군집으로 나뉘는 것을 볼 수 있는데, 골키퍼를 제외하면 빨간색인 공격수가 포함된 군집과 파란색인 수비수가 포함된 군집으로 나누어졌다. 미드필더의 경우 공격형 미드필더와 수비형 미드필더가 있기 때문에 공격적인 성향을 보인 미드필더는 C2 군집에 포함된 것을 볼 수 있다. 확대해서 구체적인 선수들의 이름을 살펴볼 수도 있다.

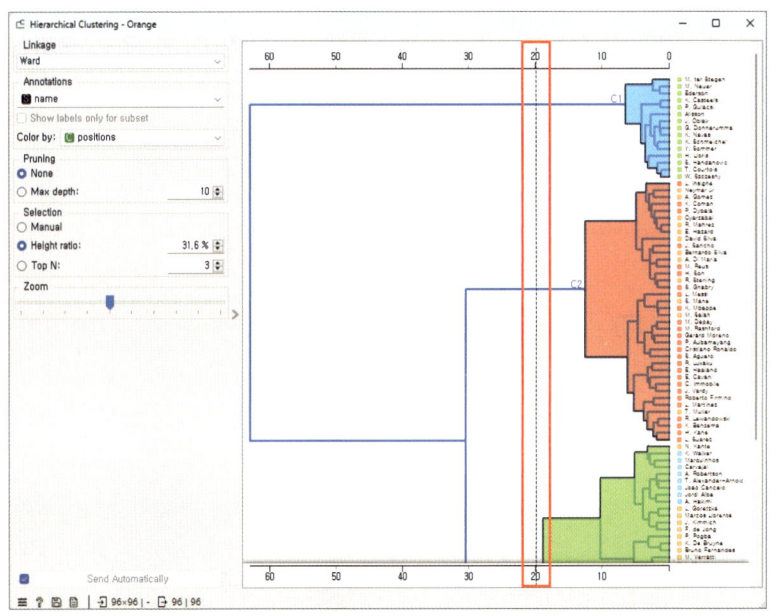

▶ Height ratio에 따라 세 군집으로 나뉜 모습

조금 더 군집을 세분화해보면 어떤 공격수끼리 성향이 비슷한지 알 수 있다. 아래 그림을 보면 메시·음바페·호날두 선수가 한 군집으로 묶이고, 홀란드·케인·수아레즈 선수가 한 군집으로 묶인 것이 보인다. 그리고 손흥민 선수는 네이마르 선수와 능력 성향이 비슷하다고 볼 수 있다.

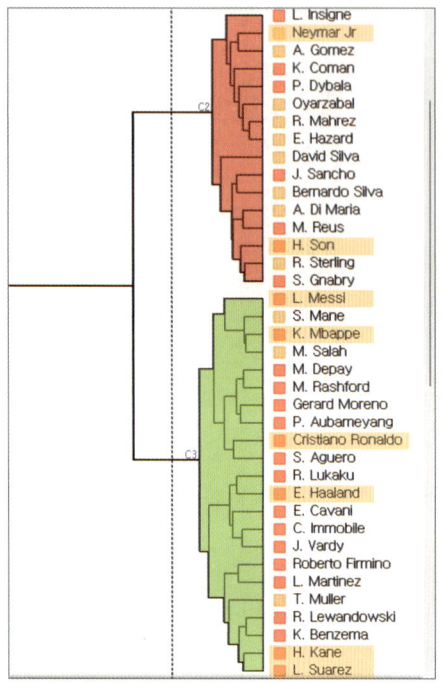

▶ 공격수 군집 살펴보기

이것으로 유클리디안 거리를 바탕으로 한 계층적 군집화를 마무리하고, K-평균 군집화를 실습해보자.

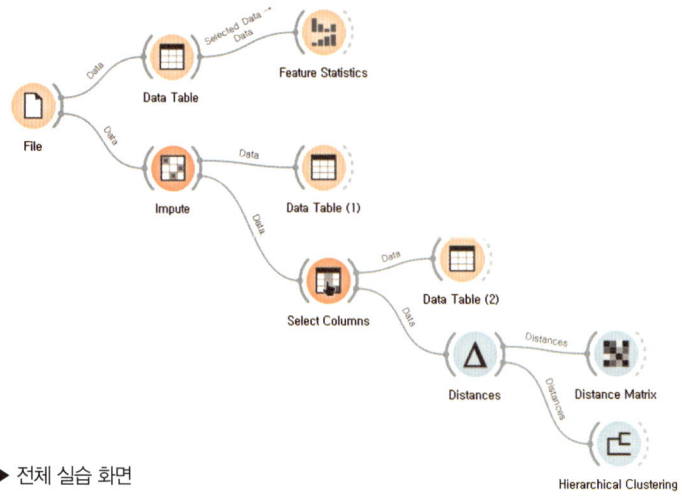

▶ 전체 실습 화면

5. 응용하기: K-평균 군집화

앞서 속성을 선택했던 [Select Columns] 위젯에 [k-Means] 위젯을 연결해보자. 군집의 개수를 원하는 고정값(Fixed)으로 설정할 수도 있고, 범위만 정해주고 실루엣 스코어(Silhouette Scores)를 바탕으로 군집화를 진행할 수도 있다.

우선 세 개의 군집으로 진행을 하려고 한다. [k-Means] 위젯에 [Data Table] 위젯을 연결해보면 앞에서 실습했던 계층적 군집화와 마찬가지로 공격수가 전부 포함된 C1, 골키퍼만으로 이루어진 C2, 수비수가 전부 포함된 C3로 나누어진 것을 볼 수 있다. 미드필더는 수비형 미드필더로 공격형 미드필더가 나뉘어 C1과 C3에 포함되어 있다.

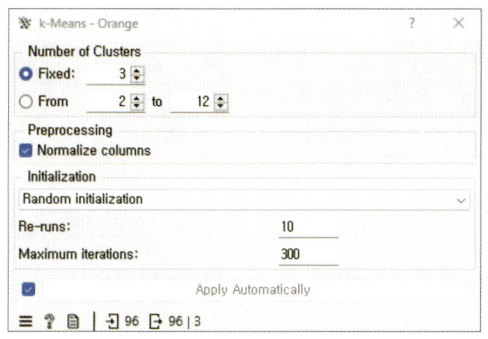
▶ 군집 개수 고정값 설정

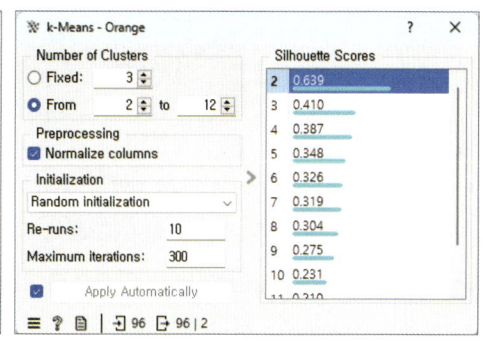
▶ 군집 개수 범위 설정

Tip Silhouette Scores

군집화의 품질을 평가하는 지표 중 하나로, 값은 -1부터 1까지의 범위를 가진다. 높은 Silhouette Scores(실루엣 스코어)는 군집 내의 데이터 포인트들이 서로 가깝고, 다른 군집과는 멀리 떨어져 있다는 것을 의미한다. 즉 높은 실루엣 스코어는 군집화가 잘되었다고 판단할 수 있는 기준이 된다.
(참고: 오렌지3에서 데이터가 5,000개 이상이면 실루엣 스코어가 계산되지 않는다.)

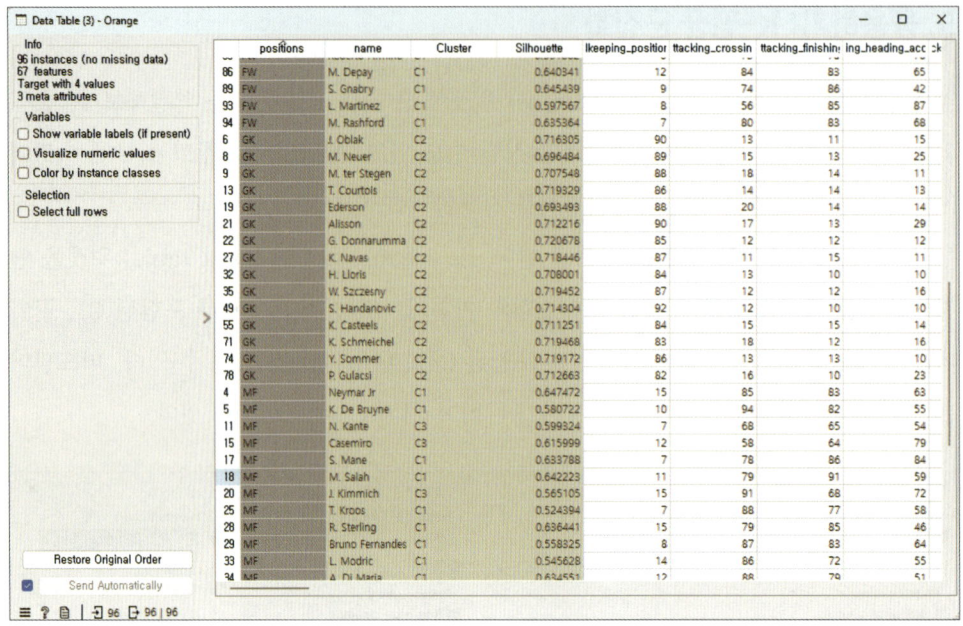

▶ 군집화를 한 뒤 [Data Table] 위젯 실행 화면

군집화의 결과는 [Data Table] 위젯으로 확인할 수 있지만 [Scatter Plot] 위젯으로 시각화된 결과를 볼 수도 있다.

[k-Means] 위젯에 [Scatter Plot] 위젯을 연결해보자. x축과 y축의 속성을 선택하고 Color로 'positions'을 선택하면 산점도를 시각화하여 보여준다. x축을 드리블 능력(dribbling), y축을 슈팅 능력(shooting)으로 설정했을 때 아래 그림처럼 수비수는 좌측 하단에, 공격수는 우측 상단에 분포한 것을 볼 수 있다. 또한 골키퍼가 한 점처럼 보이는 것은 결측치였던 골키퍼의 드리블, 슈팅 값을 평균값으로 대체했기 때문이다.

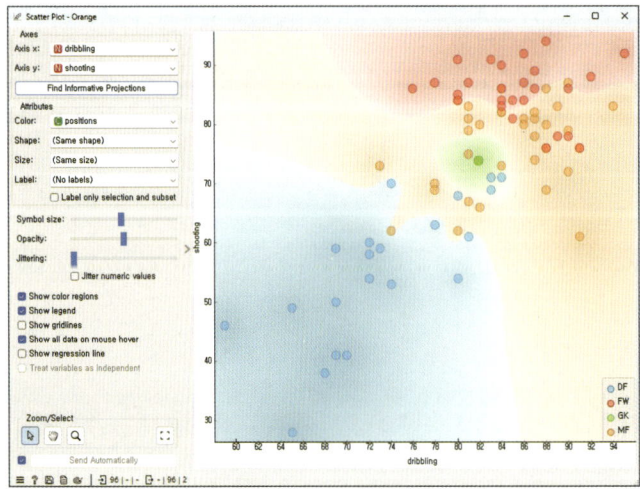

▶ 군집화 결과를 산점도로 시각화

[Scatter Plot] 위젯은 속성값을 무엇으로 하느냐에 따라 결과가 달라지기 때문에 항상 깔끔한 모양의 결과가 나오는 것은 아니다. 드리블과 슈팅처럼 산점도에서 군집이 잘 나누어지기도 하지만, 축을 드리블과 체력(physic)으로 하면 깔끔하게 영역이 나뉘지 않는다. 축으로 다양한 속성을 설정해보고 그 결과를 살펴보기를 바란다.

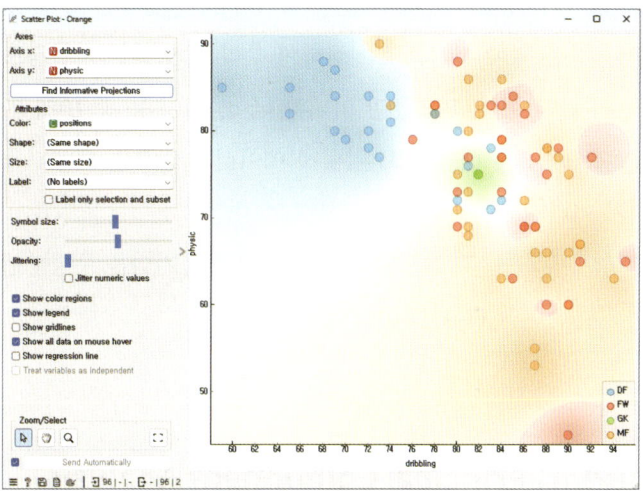

▶ 드리블(dribbling)과 체력(physic)으로 산점도를 표현

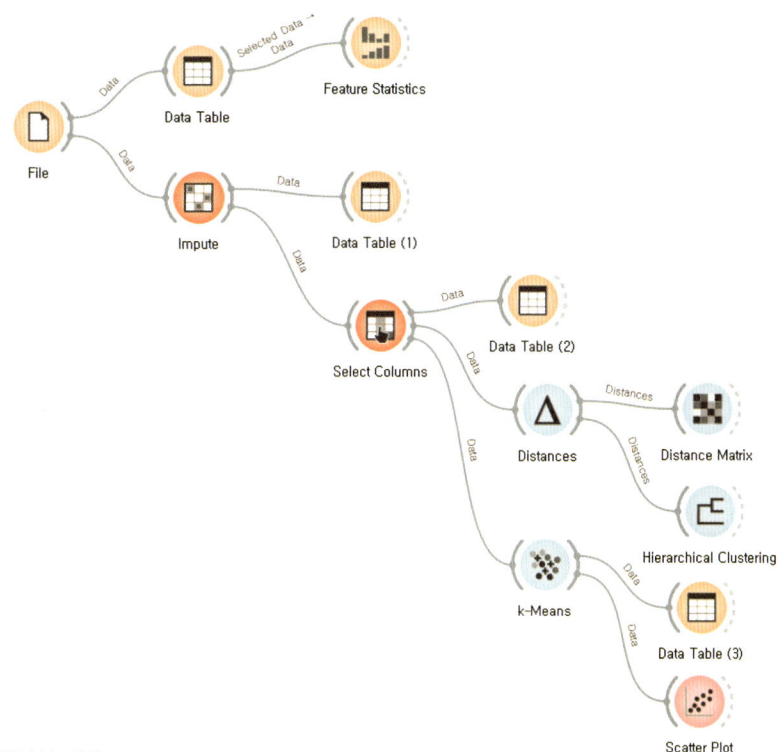

▶ 전체 실습 화면

131

이렇게 해서 K-평균 군집화까지 살펴보았다. 어떤 주제에 대해 데이터가 많으면 많을수록 더 유용한 정보를 얻을 수 있을 것 같지만 꼭 좋은 것만은 아니다.

데이터 분석에는 차원의 저주(Curse of Dimensionality)라는 것이 있는데, 고차원 공간에서 데이터를 분석할 때 발생하는 여러 어려움을 말한다. 여기서 차원은 데이터에서 속성의 개수로 보아도 좋다. 예를 들어 우리 반 학생들의 수학 성적과 과학 성적을 알고 있다고 가정하면 x축은 수학 성적, y축은 과학 성적으로 설정하여 우리 반 학생들의 산점도를 그리고 분포를 살펴볼 수 있다. 만약 수학, 과학뿐만 아니라 국어, 영어 등 총 10개 과목의 성적을 알고 있다면 이것은 10차원에 해당되고, 이렇게 데이터가 많으면 데이터를 분석하는 알고리즘을 적용하기가 어려워진다.

이렇게 속성이 많을 때 고차원의 데이터를 저차원으로 바꾸어 분석하는 기법을 주성분분석(PCA)이라고 한다. 다음에서 주성분분석(PCA)을 함께 실습해보자.

6. 응용하기: 주성분분석(PCA; Principal Component Analysis)

앞서 실습했던 것에 이어 [Select Columns] 위젯에서 [PCA] 위젯을 연결한다. Components는 주성분의 개수를 의미하는데 여기서는 '2'로 설정한다. 단순하게 생각하면 60개가 넘는 속성을 단 2개로 줄이는 것이라고 보면 된다.

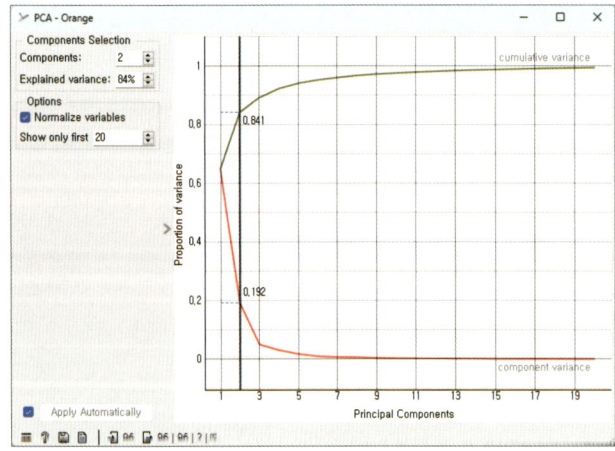

▶ [PCA] 위젯 실행 화면

[PCA] 위젯에 [Scatter Plot] 위젯을 연결해 그 결과를 확인해보자. x축으로 PCA의 결과로 나온 'PC1(1번 속성)'을, y축으로 'PC2'를 선택하고 Color에 'positions'을 설정하면 네 개의 군집으로 자연스럽게 나뉜 것을 알 수 있다. 앞에서 계층적 군집화와 K-평균 군집

화의 결과와 마찬가지로 골키퍼와 공격수, 수비수의 경계는 뚜렷하지만, 노란색인 미드필더는 공격과 수비의 영역 전반에 걸쳐 있다.

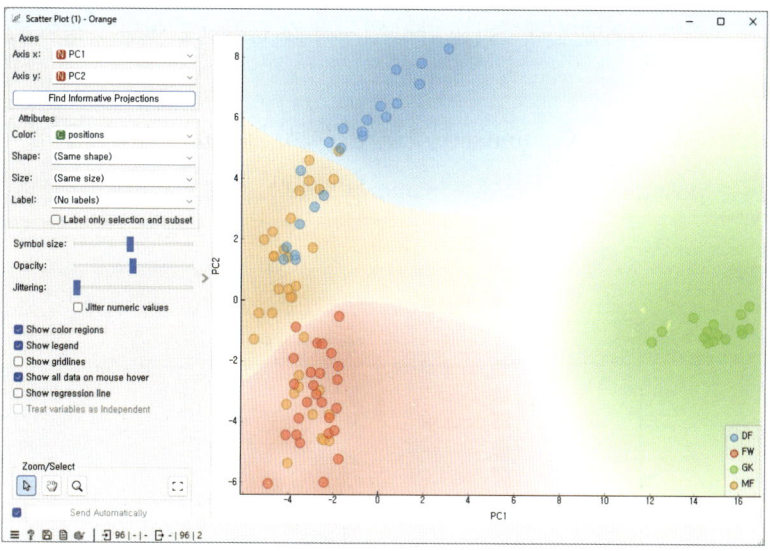

▶ 차원 축소 뒤 [Scatter Plot] 위젯 실행 화면

> **Tip** **PCA**
>
> PCA는 데이터 속성이 많을 때 다차원의 데이터를 저차원으로 단순화시키는 작업을 말한다. 간단히 설명하면, 아래 그림처럼 2차원의 데이터가 있을 때 이 데이터들의 특성을 가장 잘 살릴 수 있는 직선을 찾은 뒤 각각의 데이터에서 수선의 발을 내려 1차원의 데이터로 바꾸는 것이다. 데이터들의 특성을 유지하면서 차원을 낮추는 방법을 더 자세하게 알기 위해서는 수학적인 지식이 많이 필요하다. 따라서 이 책에서는 PCA를 '다차원의 데이터를 저차원으로 바꾸는 것'이라고만 알고 있어도 충분하다.

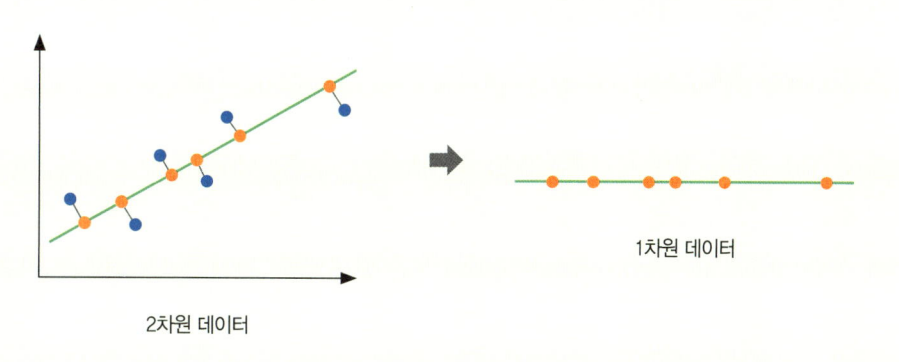

7. 정리하기

앞에서 선수들의 능력을 바탕으로 군집화하기 위해 제외했던 속성들이 있다. 키, 몸무게, 임금 등이다. 군집화 결과와 제외했던 데이터를 다시 합쳐서 각 군집별로 어떤 특성이 있는지 알아보려고 한다.

전처리한 [Impute] 위젯에 [Select Columns] 위젯을 연결해서 제외했던 속성들을 선택한다. 이때 Target에는 'positions'을, Meta에는 'name'을 넣는다.

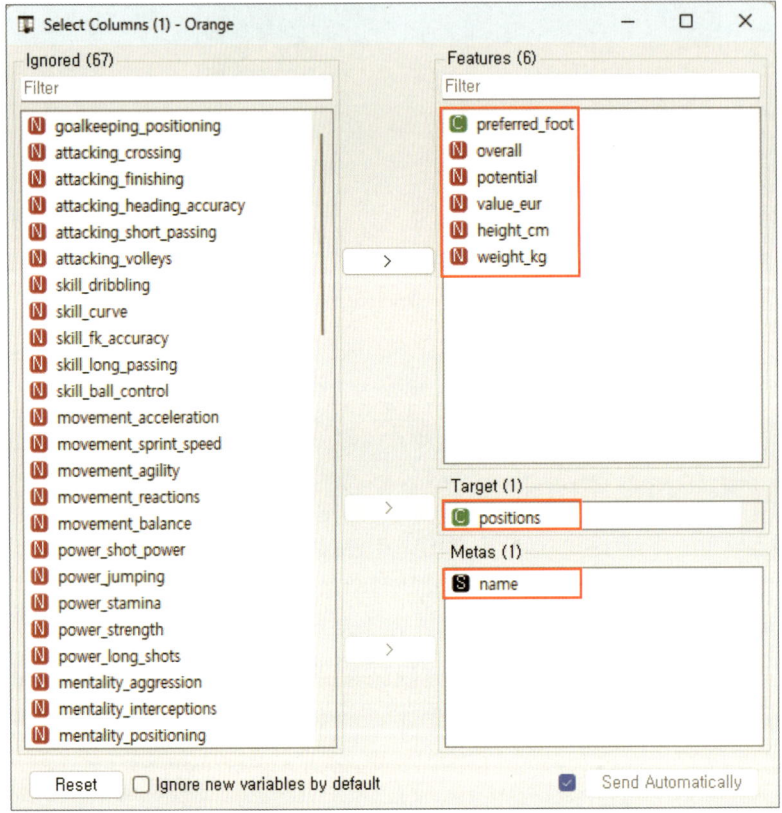

▶ [Select Columns] 위젯 실행 화면

어떤 군집화 결과와 합쳐도 관계없지만, [k-Means] 위젯과 연결된 [Data Table (3)] 위젯과 방금 속성을 골랐던 [Select Columns (1)] 위젯을 [Merge Data] 위젯에 같이 연결한다. 'Find matching pairs of rows(연결이 되는 같은 행을 찾기)'를 선택해주면 이때 같은 행으로 연결할 수 있는 속성은 'name'이 된다. 현재 실습에 사용하는 데이터에는 동명이인이 없으므로, 이름을 기준으로 같은 행으로 데이터가 합쳐질 수 있다.

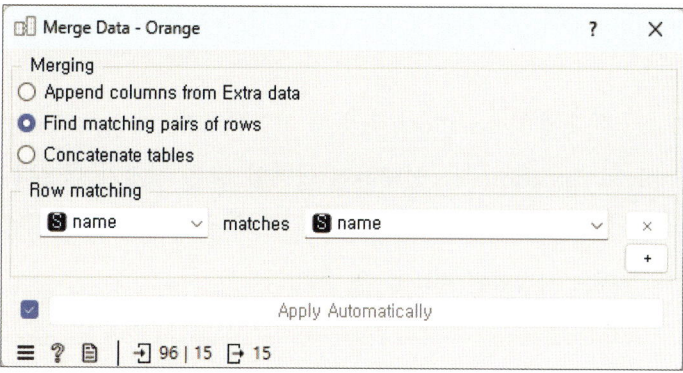

▶ [Merge Data] 위젯 실행 화면

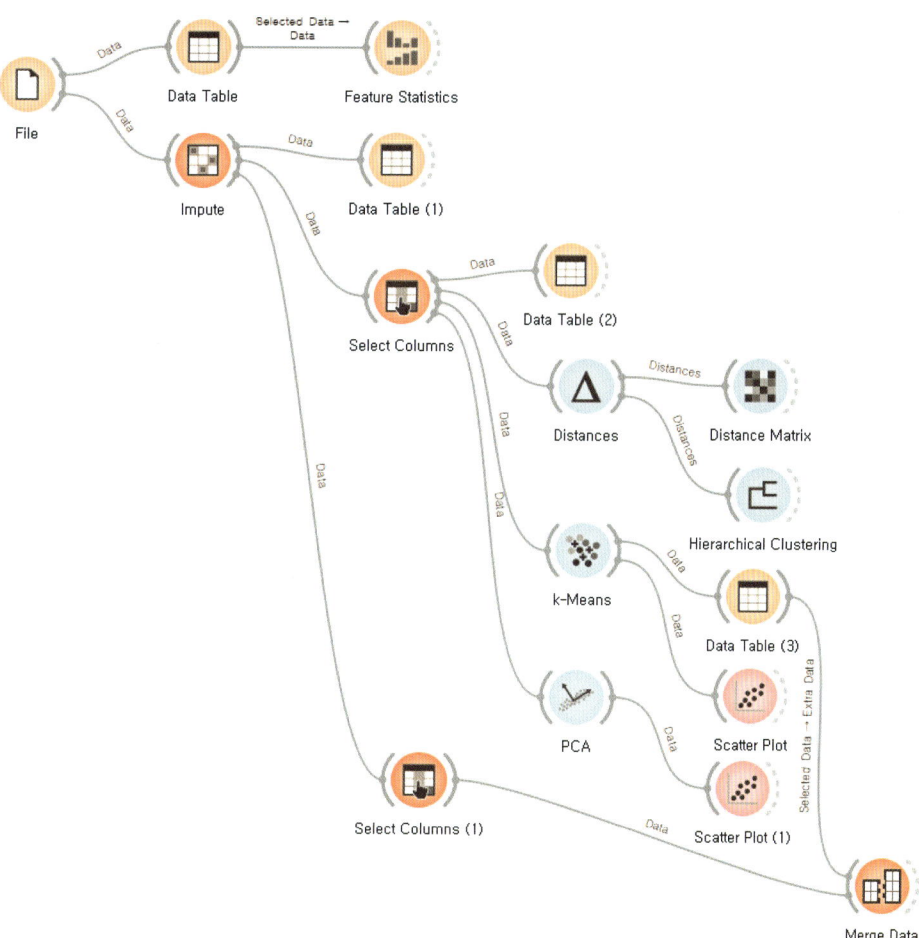

▶ 전체 실습 화면

[Merge Data] 위젯에 [Data Table] 위젯을 연결해 의도대로 잘 연결이 되었는지 확인해 보기를 바란다.

시각화를 위해 [Merge Data] 위젯에 [Box Plot] 위젯을 연결해보자. Subgroups는 'cluster'를 선택하고 Variable로 'positions'을 선택하면 아래와 같은 결과가 나온다. 'positions'은 카테고리 변수이기 때문에 박스플롯의 형태로 나오지는 않지만, 각 군집별로 'positions'의 비율이 막대 형태로 시각화된 결과를 볼 수 있다.

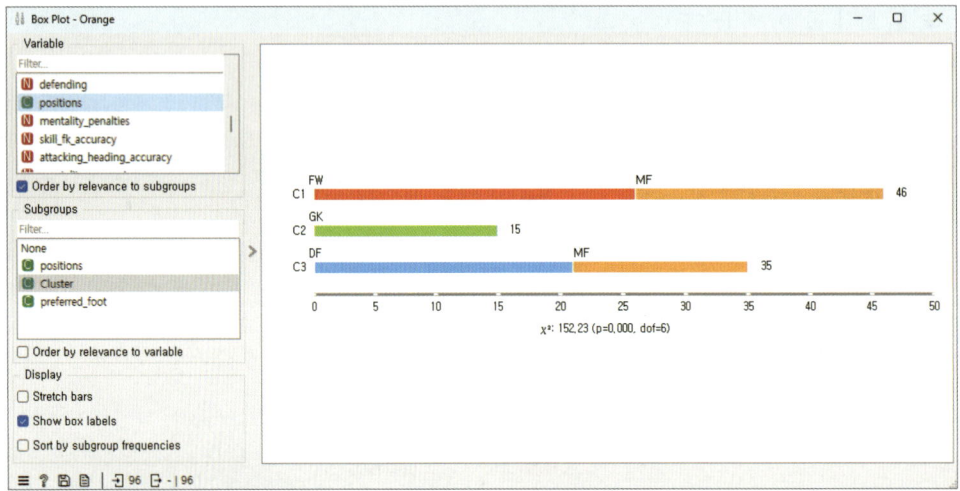

▶ 각 군집별 포지션(positions) 비율

마찬가지로 Variable로 'preferred_foot(선호하는 발)'을 선택하면 군집별로 오른발을 선호하는지, 왼발을 선호하는지를 알아볼 수 있는데, 대부분의 선수는 오른발을 선호하며 군집별로 선호하는 발에 유의미한 차이는 없는 것을 알 수 있다.

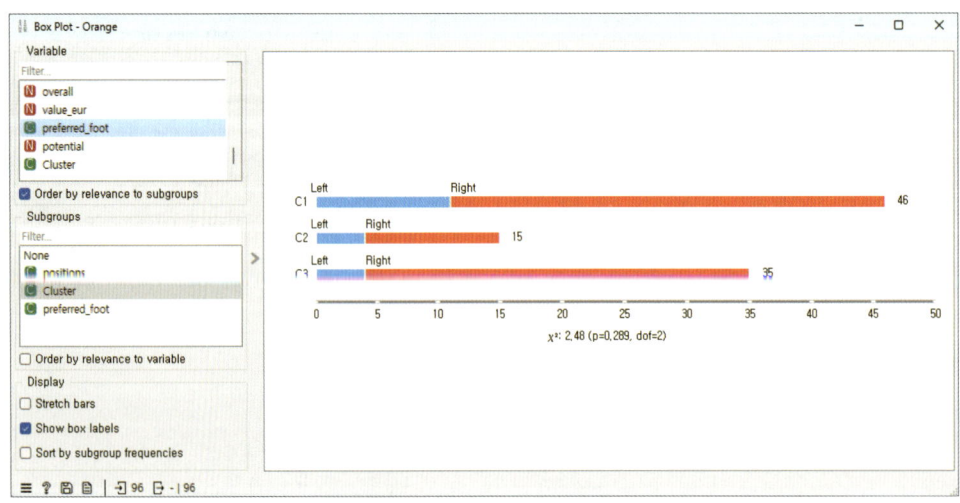

▶ 각 군집별 선호하는 발(preferred_foot)의 비율

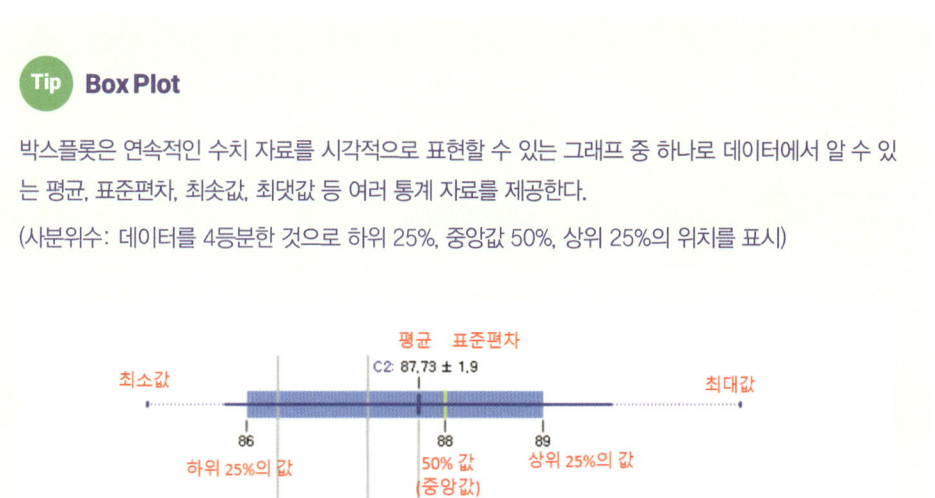

다음은 전체적 능력치(overall)를 살펴보자. 능력치가 85 이상인 선수들로만 군집화를 진행했기 때문인지 세 군집 모두 평균이 86~87로 거의 비슷하다. 다만 공격수가 포함된 C1 군집의 경우 다른 그룹에 비해 가장 높은 최댓값을 보인다.

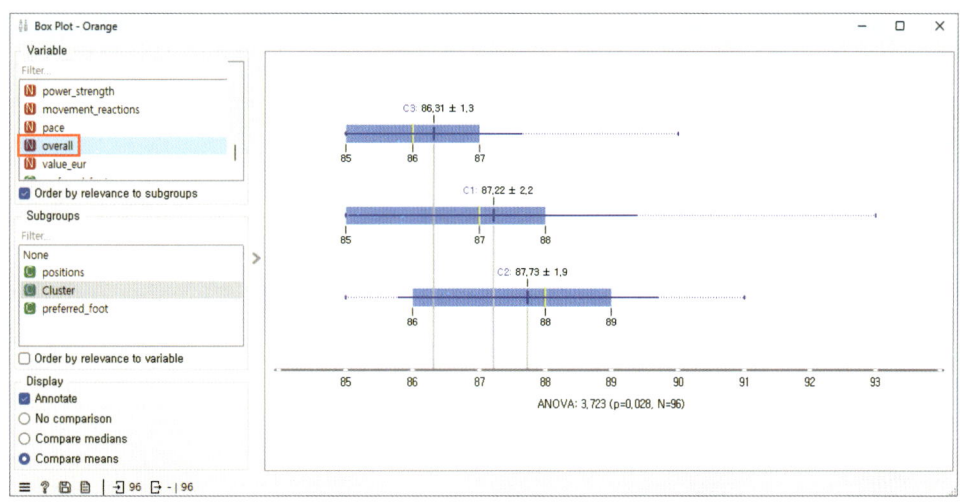

▶ 각 군집별 전체적 능력치(overall)의 박스플롯

각 군집별 임금(value_eur) 또한 빼놓을 수 없다. 평균은 공격수가 포함된 C1이 가장 높고, 골키퍼로 이루어진 C2가 가장 낮은 것을 알 수 있다. 또한 C1과 C2 군집은 50%에 해당하는 중앙값이 평균보다 훨씬 낮은 모습을 보이고, 공격수가 포함된 C1 그룹은 최솟값부터 최댓값까지 임금 범위가 굉장히 긴 것을 알 수 있다

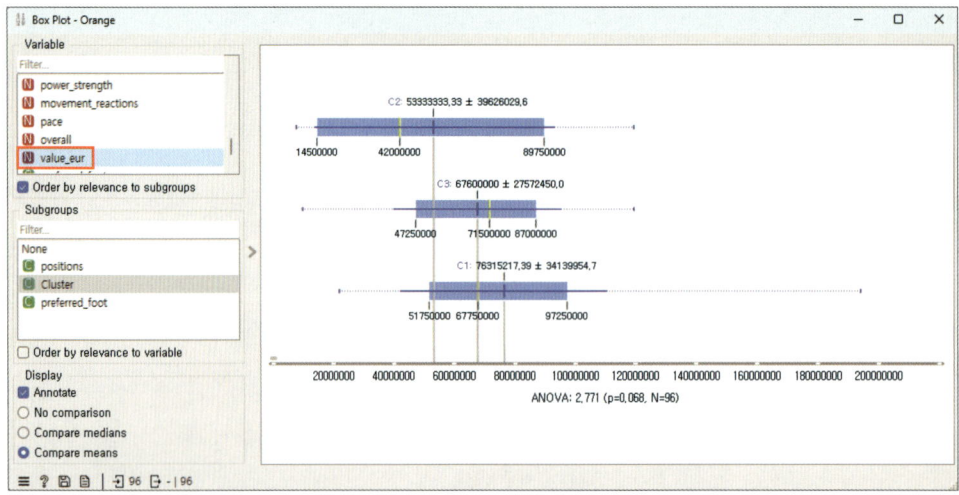

▶ 각 군집별 임금(value_eur)의 박스플롯

마지막으로, 능력과 관련된 박스플롯도 하나 살펴보려고 한다. 축구에서 발리(volley)는 축구공이 땅에 닿기 전 공중에서 공을 차는 기술을 말한다. 공격수가 포함된 그룹 C1은 'attacking_volleys'에서 가장 높은 능력을 보이고, 수비수가 포함된 그룹 C3는 최솟값이 20 미만이고 최댓값이 70 이상으로 선수별로 가장 높은 편차를 보인다. 또한 골키퍼 그룹 C2는 능력의 편차는 작지만 가장 낮은 능력치를 가지고 있다.

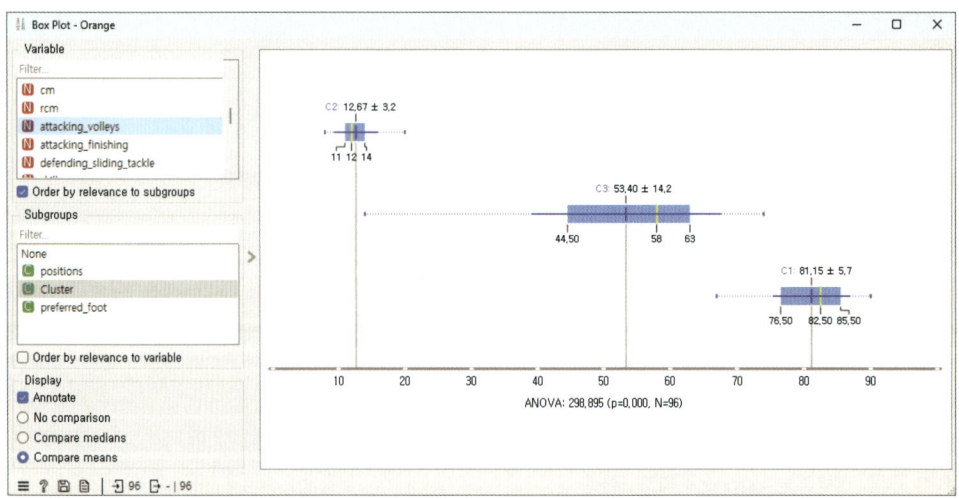

▶ 각 군집별 발리(volley) 공격의 박스플롯

군집화 모델 전체를 살펴보면 아래 그림과 같다.

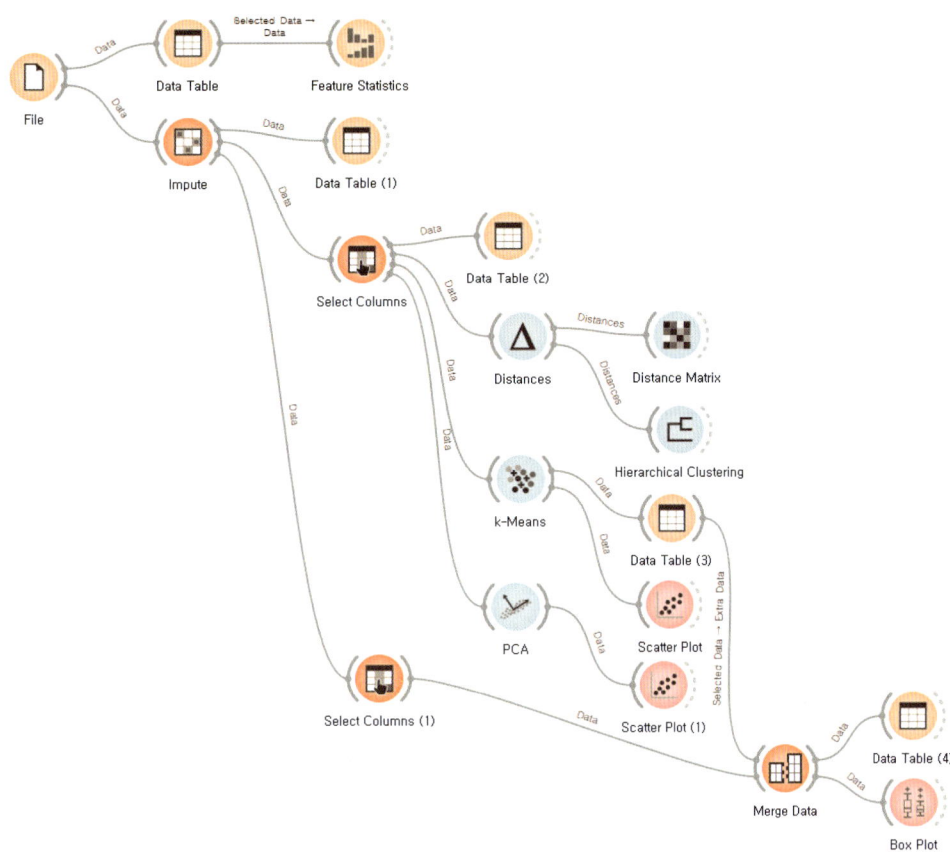

▶ 전체 실습 화면

군집화는 유사한 특성을 갖는 요소들끼리 그룹으로 묶는 비지도 학습이다. 이번 장에서 실습했던 것처럼 비슷한 축구 실력을 가진 선수들끼리 그룹으로 묶을 수도 있고, MBTI 성격 유형 검사처럼 실제 우리 학교 학생들의 성향이나 취향 등을 조사하여 비슷한 학생들끼리 그룹을 만드는 데 사용할 수도 있다. 데이터 분석을 공부하는 여러분의 아이디어를 마음껏 발휘하여 군집화를 활용해보기를 바란다.

《개구리 왕자》 동화책 내용은 긍정적일까, 부정적일까?

텍스트 마이닝

📋 준비하기

중학교 1학년인 이초코는 첫 번째 생일을 맞이하는 사촌 동생의 생일 선물을 준비하려고 한다. 생일 선물로는 한글 공부를 하는 동생이 다양한 표현을 익힐 수 있는 동화책을 생각하고 있다. 동화책은 주로 긍정적인 메시지를 담고 있지만 특히 긍정적인 표현이 많은 책을 선물하고 싶은데, 어떤 책이 좋은지 스스로 판단하는 데 어려움을 겪고 있다. 사촌 동생은 개구리를 좋아해서 《개구리 왕자》 동화책을 선물할까 하는데, 그 내용엔 긍정적인 표현이 많이 포함되어 있는지 궁금하다. 오렌지3는 어떻게 텍스트 데이터를 분석하고 시각화하여 긍정적인 동화책인지 아닌지 알아낼 수 있을까?

1. 텍스트 마이닝 알고 가기

이번 단원에서는 이전 단원에서 활용했던 표 데이터를 활용하지 않고 텍스트 데이터를 활용해볼 것이다. 텍스트 데이터는 어떻게 다룰까?

먼저, 정형 데이터와 비정형 데이터에 대해 알아보자.

정형 데이터는 쉽게 말해 '잘 정리된 데이터'이다. 이 데이터는 표처럼 행과 열로 구성되어 있다. 우리 주변에서는 성적표에서의 이름, 과목, 점수, 혹은 아래 왼쪽의 표처럼 게임 점수판의 번호, 이름, 게임 점수 등으로 찾아볼 수 있다. 이런 데이터는 규칙에 따라 정리되어 있어 컴퓨터가 쉽게 이해하고 처리할 수 있다. 그럼 비정형 데이터는 무엇이 다를까?

비정형 데이터는 정형 데이터와는 반대로 '정리되지 않은 데이터'이다. 이 데이터는 일정한 구조나 형식이 없어 표처럼 행과 열로 정리할 수 없다. 우리 주변에서는 아래 오른쪽의 메모장처럼 텍스트, SNS(소셜 네트워크 서비스) 게시물, 이모티콘, 사진, 동영상 등으로 찾아볼 수 있다. 이런 데이터는 정형 데이터와 달리 정리되어 있지 않아 분석하려면 먼저 컴퓨터가 이해할 수 있도록 처리해야 한다.

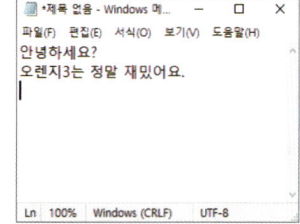

▶ 정형 데이터   ▶ 비정형 데이터

위 그림과 같이 정형 데이터는 구조화되어 있으며 표처럼 일정한 형식에 맞추어 표현된 데이터를 말한다. 반면에, 비정형 데이터는 메모장의 텍스트나 이미지, 오디오, 비디오 등과 같이 구조화되어 있지 않은 형식으로 데이터가 저장되어 있는 것을 말한다. 예를 들면 SNS의 피드 데이터, 웹사이트에서 흔히 볼 수 있는 사진 등이 있다.

> **Tip 정형 데이터와 비정형 데이터**
> 고등학교 '인공지능 기초' 과목의 핵심 개념 내용 중 하나이다.

또한 정형 데이터와 비정형 데이터는 데이터를 처리하는 것이 다르다.
정형 데이터는 각각의 행과 열에 대해 동일한 유형의 데이터가 있기 때문에, 앞의 단원에서 실습했던 것처럼 통계적 분석이나 기계학습 알고리즘 등을 쉽게 적용할 수 있다. 하지만 비정형 데이터는 구조가 없거나 일정한 패턴을 찾기 어려워 처리가 복잡하다. 비정형 데이터 중 텍스트 데이터를 분석하는 텍스트 마이닝은 유용한 정보를 추출하고 의미를 발견하는 과정을 의미한다. 텍스트 데이터를 처리하기 위해 다음과 같은 작업들이 필요하다.
첫째, 텍스트 전처리이다. 텍스트 데이터를 분석하기 전에 필요한 전처리 과정으로 토큰화, 불용어 제거, 형태소 분석 등이 포함된다. 유의미한 데이터 분석을 위해서 반드시 필요한 과정이다. 텍스트 전처리 작업들을 하나씩 알아보자.

① **토큰화**: 주어진 텍스트를 작은 단위로 분할하는 과정이다. 주로 단어 단위로 나누게 되는데, 이때 단어를 구분하기 위해 띄어쓰기나 문장부호(쉼표, 마침표 등)를 사용한다. 이렇게 분할된 각 단어를 '토큰'이라고 부른다.

> **예1** "나는 오늘 집에서 컴퓨터를 해." → 나는 / 오늘 / 집에서 / 컴퓨터를 / 해 / .
>
> **예2** "This is a computer." → This / is / a / computer / .

② **불용어 제거**: 텍스트에서 자주 등장하지만 문맥적으로 큰 의미가 없는 단어들을 제거하는 과정이다.

> **예1** "This is a computer." → [This, is, a, computer, .] → [This, computer]
>   ○ × ×   ○   ×

③ **형태소 분석**: 주어진 텍스트를 형태소의 집합으로 분해하는 과정이다. 이를 통해 단어의 의미나 문법적인 구조를 파악할 수 있다. 한국어의 경우 주로 명사, 동사, 형용사 등의 형태소로 분석된다.

> **예** "나는 학교에 간다." → 나는(대명사+조사) / 학교에(명사+조사) / 간다.(동사+문장부호)

> **Tip 형태소**
>
> 형태소는 더 이상 나눌 수 없는 의미를 가진 가장 작은 언어 단위이다. 예를 들면, '학교에'라는 단어는 '학교'(명사)와 '에'(조사)로 나눌 수 있다.

둘째, 전처리 이후에는 텍스트 마이닝의 목적에 따라 특징을 추출하거나, 지도 학습 기반의 분류, 비지도 학습 기반의 군집화, 감성 분석 등을 할 수 있다.

특히 감성 분석은 텍스트에 내포된 감정이나 의견을 분석하는 것으로, 텍스트가 나타내는 감정의 성향이 긍정적인지 부정적인지를 판단하거나 감정의 강도를 측정한다. 단어가 어떤 감정을 나타내고 있는지 파악하고 문맥 분석, 감정 사전 등을 활용하여 감성 분석을 한다.

예1 이 드라마는 정말로 감동적이었다.
    → 여기서 '감동적'이라는 단어가 긍정적인 감정과 연관되어 있어 긍정적으로 판단한다.

예2 이 게임은 지루하다.
    → 여기서 '지루하다'라는 단어를 통해 부정적인 감정의 문장으로 판단한다.

2. 데이터 준비하기

구글 사이트에서 'grimm-tales-selected'라고 검색하면 아래 GitHub라는 사이트를 볼 수 있다.

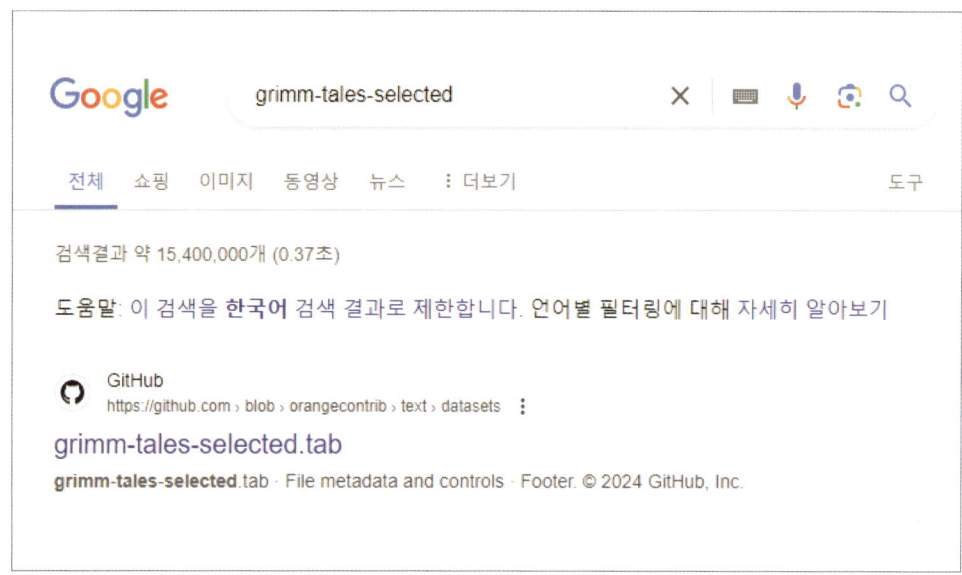

▶ 구글 검색 결과

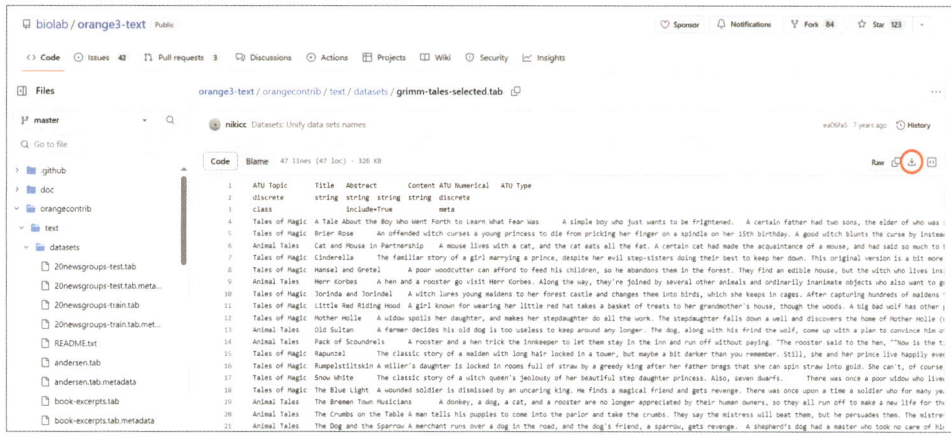

▶ GitHub의 텍스트 데이터
(다운로드 링크: https://github.com/biolab/orange3-text/blob/master/orangecontrib/text/datasets/grimm-tales-selected.tab)

GitHub 사이트를 클릭하면 위와 같은 화면이 나온다. 빨간색으로 표시되어 있는 다운로드 버튼(⬇)을 눌러서 데이터를 다운받으면 'grimm-tales-selected.tab' 파일이 다운로드된다.

> **Tip GitHub**
>
> GitHub(깃허브)는 프로그래밍 소스 코드나 데이터들을 저장, 관리, 공유할 수 있는 웹 기반의 버전 관리 플랫폼이다. 개발자들이 프로젝트 관리와 협업을 위해 소스 코드를 저장소에 업로드하거나 데이터를 공개할 때 자주 사용된다.

데이터는 '류블랴나대학교 컴퓨터정보과학부'에서 공개한 데이터를 사용하려고 한다. 이 데이터는 영어로 된 동화책 데이터이며, '.tab 파일'은 탭으로 구분된 데이터 파일이라는 의미이다.

▶ '.tab 파일'을 최초로 클릭했을 때

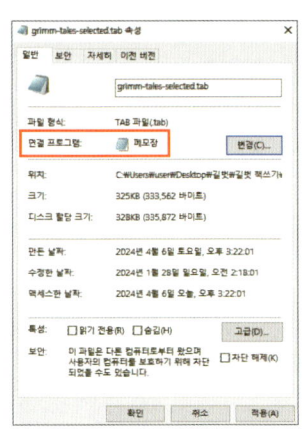

▶ 파일 속성 확인

오렌지3로 실습하기 전에 다운로드된 파일을 미리 열어보고 싶다면 파일을 더블클릭해 보자. 위의 왼쪽 그림과 같이 '메모장'을 선택함으로써 .tab 파일을 열 때 윈도에서 기본으로 제공하는 메모장으로 열겠다고 연결 프로그램을 설정하자. 그리고 나서 파일의 마우스 오른쪽 버튼을 클릭한 후 '속성'을 누르면 위의 오른쪽 그림과 같이 연결 프로그램에 '메모장'이 표시된다. 그리고 아이콘이 메모장으로 변한 'grimm-tales-selected.tab' 파일을 더블클릭하면 옆의 그림과 같이 어떤 텍스트 데이터인지 확인할 수 있다.

▶ 파일을 메모장으로 실행

3. 데이터 업로드하기

이제 오렌지3를 실행하여 실습해보자. 먼저 상단 메뉴 바의 Options에서 'Add-ons...'를 클릭하여 아래 그림처럼 'Text'에 체크가 되어 있는지 확인한다. 체크가 되어 있으면 설치가 되어 있는 것이다. 설치되어 있지 않으면 설치 후 실습을 진행한다. 설치가 완료되었다면, 왼쪽 위젯 모음 중에서 하늘색 위젯인 Text Mining 탭을 찾아 클릭한다.

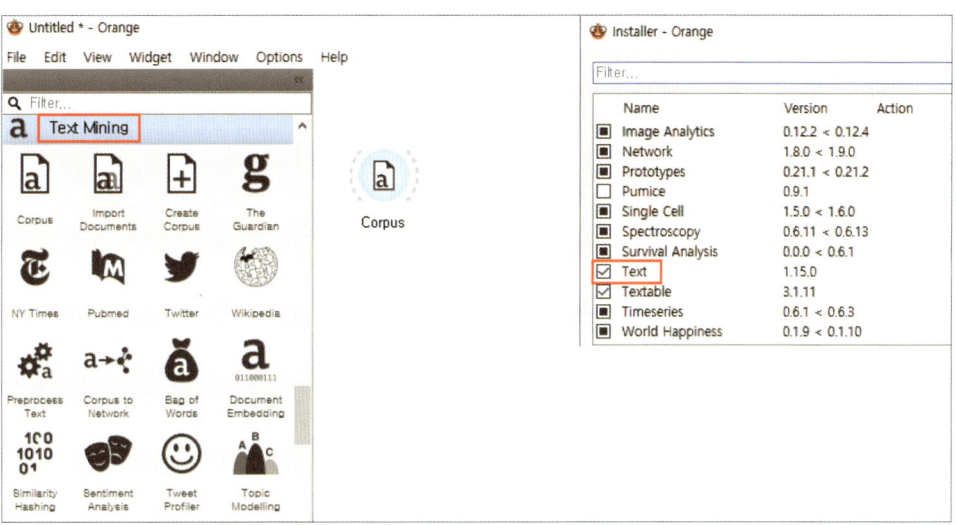

▶ [Text] 위젯 설치하기

실행 화면에서 [Corpus] 위젯을 더블클릭한다.

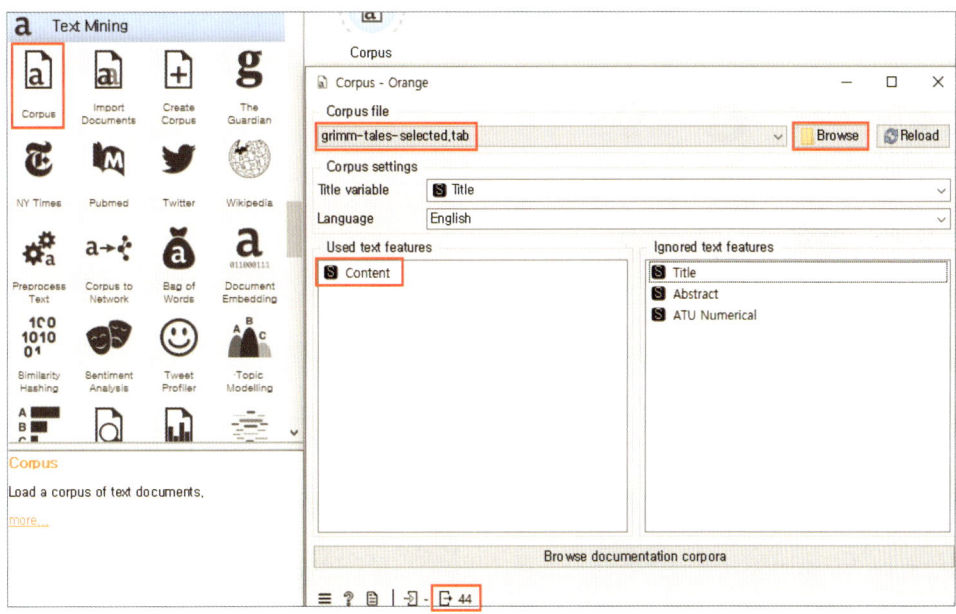

▶ [Corpus] 위젯을 더블클릭하여 실행한 화면

145

Corpus file의 오른쪽에 있는 'Browse' 버튼을 클릭하고, 아까 다운로드한 파일을 클릭하여 업로드한다.

[Corpus] 위젯에는 엑셀 파일(.xlsx), 쉼표로 구분된 파일(.csv), 탭으로 구분된 파일(.tab)을 읽을 수 있다. Title Variable은 뷰어에서 문서 제목으로 표시되는 변수이며, Used text features는 텍스트 분석에 사용되는 항목, Ignored text features는 텍스트 분석에 사용되지 않는 항목을 의미한다.

이번 실습에서는 'Content(내용)'만을 텍스트 분석에 사용하겠다. 화면 아래에 있는 숫자 '44'는 이 데이터에 총 44개의 동화책 이야기가 있음을 의미한다. 확인이 끝났으면 닫기 버튼을 누른다.

4. 데이터 시각화하기

[Corpus] 위젯에 업로드한 텍스트 데이터인 말뭉치를 시각화하기 위해서 [Corpus Viewer]를 클릭하여 위젯을 화면에 띄우고 마우스로 드래그하여 연결한다.

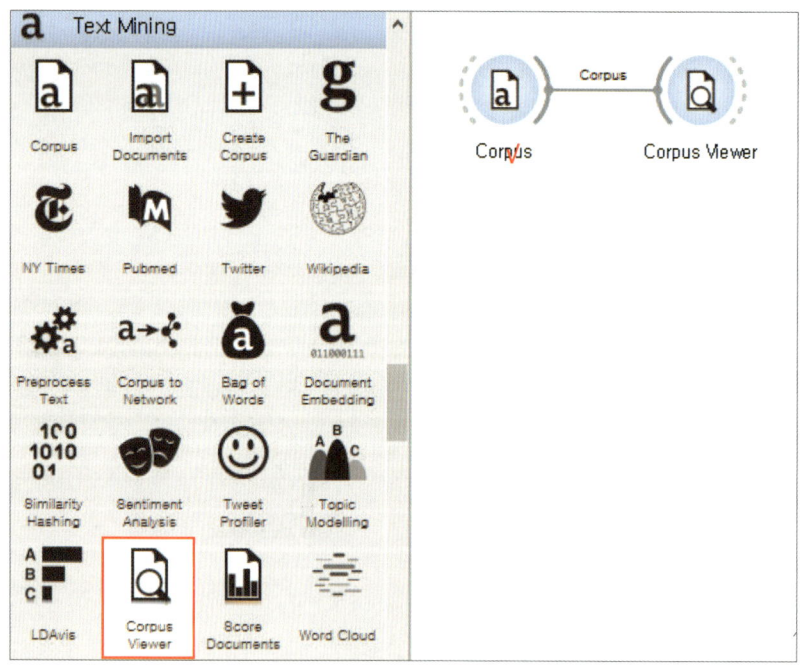

▶ [Corpus Viewer] 위젯 연결

[Corpus Viewer]를 더블클릭하면 다음과 같은 창이 나타난다. 앞에서 확인한 44개의 동화책 데이터 중에 24번 데이터인 'The Frog Prince(개구리 왕자)' 동화를 살펴보자.

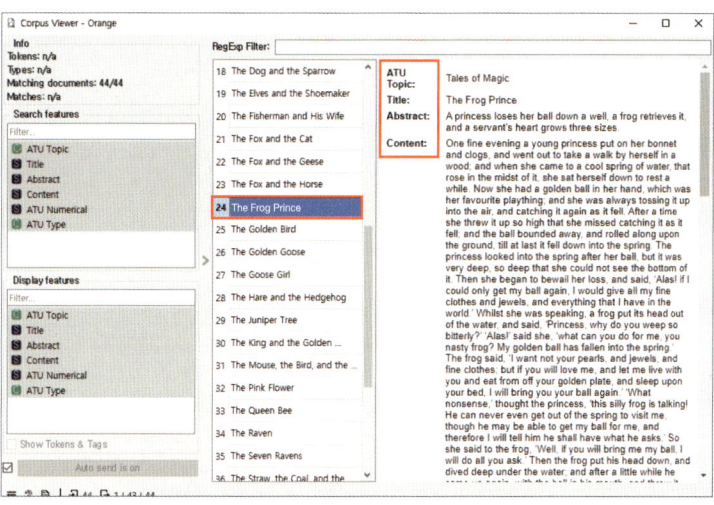

▶ [Corpus Viewer] 위젯을 더블클릭하여 실행

오른쪽에는 주제(Topic), 제목(Title), 개요(Abstract), 줄거리(Content)로 구성되어 있는 것을 볼 수 있다. 주제(Topic)는 마법적인 요소가 포함되어 있는 줄거리인 'Tales of Magic'과 동물 관련 요소가 포함되어 있는 줄거리인 'Animal Tales'로 나뉘는데 'The Frog Prince'는 'Tales of Magic'으로 되어 있는 것을 확인할 수 있다.

또한 위의 그림에서 줄거리(Content)가 길게 나와 있는 것을 확인할 수 있는데, 어떤 내용으로 되어 있는지를 추측하기 위해 데이터를 시각화해보자.

'The Frog Prince' 동화의 텍스트 데이터를 시각화하기 위해 Text Mining 탭의 아래쪽에 있는 [Word Cloud] 위젯을 찾아 클릭하고 [Corpus] 위젯과 연결해보자.

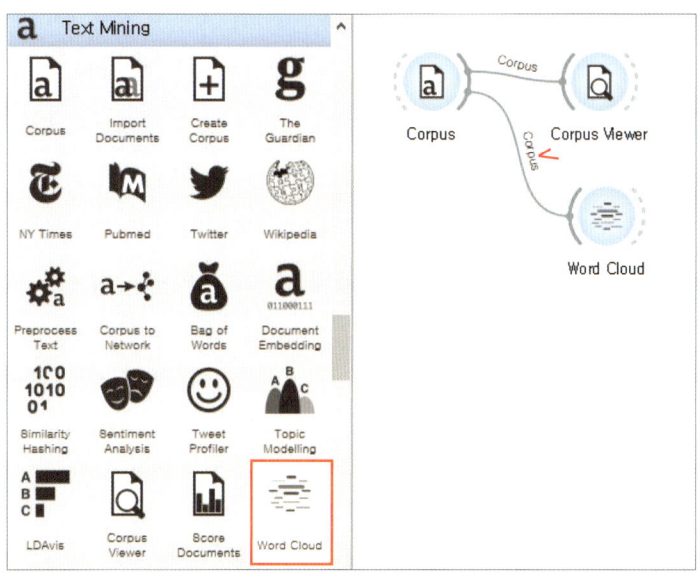

▶ [Word Cloud] 위젯 연결

> **Tip** **Word Cloud**
>
> Word Cloud(워드 클라우드)는 가장 많이 알려진 텍스트 분석 방법으로, 단어의 빈도수를 바탕으로 단어를 시각화하는 기법이다.

▶ [Word Cloud] 위젯을 더블클릭하여 실행

[Word Cloud]를 더블 클릭하면 위와 같은 창을 볼 수 있다. [Word Cloud] 창을 살펴보자면, 'Words tilt'를 오른쪽으로 움직이면 단어 기울기를 조정할 수 있다. 'Weight'는 빈도수, 'Word'는 단어이다. 오른쪽에는 [Corpus] 위젯에 업로드된 텍스트 데이터의 빈도수에 따라 단어의 크기가 정해지고 이 단어들이 구름 형태로 보여지는 것을 확인할 수 있다. 또한 아래의 디스켓 모양을 클릭하면 이를 이미지로 저장할 수 있다. 다양한 단어들이 시각화되어 확인할 수 있지만 그중에 the, and, 마침표의 빈도수가 많아 중앙에서 크게 보이는 것을 알 수 있다.

5. 데이터 전처리하기

실제 영어 문장에는 the, to, and와 같은 관사나 접속사가 많다. 위의 워드 클라우드에서도 이러한 단어들의 빈도수가 많아 워드 클라우드 내에 크게 표현되어 있다. 하지만 동화책의 내용을 아는 데 있어 이것들은 핵심 키워드가 아니다. 따라서 좀 더 유의미한 결과를 얻기 위해 전처리를 해야 한다. 의미 없는 관사나 비교적 중요하지 않은 단어들을 불용어 처리해보자.

[Preprocess Text] 위젯을 가져와서 [Corpus] 위젯에 연결해보자.

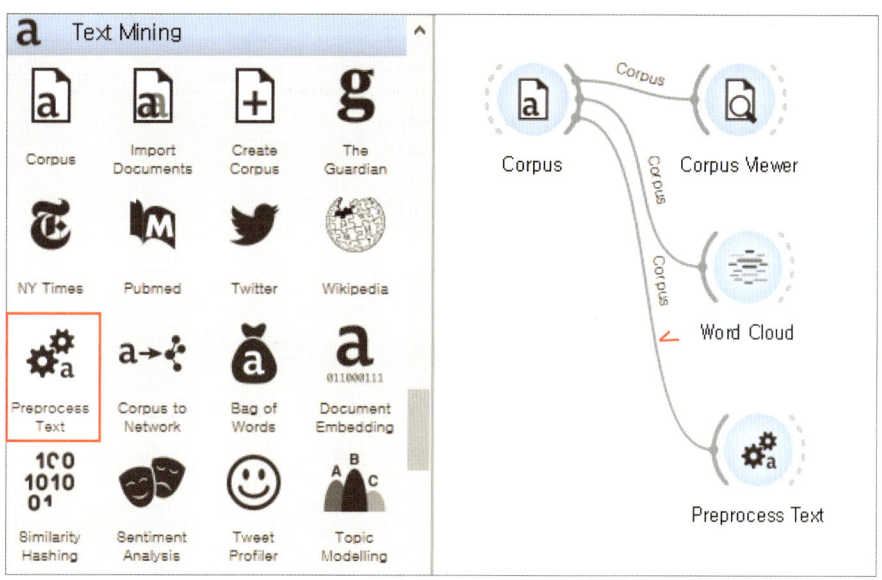

▶ [Preprocess Text] 위젯 연결

> **Tip** **Preprocess Text**
>
> Preprocess Text(텍스트 전처리)는 텍스트를 처리하기 전에 텍스트를 다듬는 작업이다. 전처리를 하지 않으면 텍스트 데이터를 분석하는 데 유의미한 결과를 확인하기 어렵다.

[Preprocess Text]를 더블클릭하면 다음과 같은 화면이 나온다.

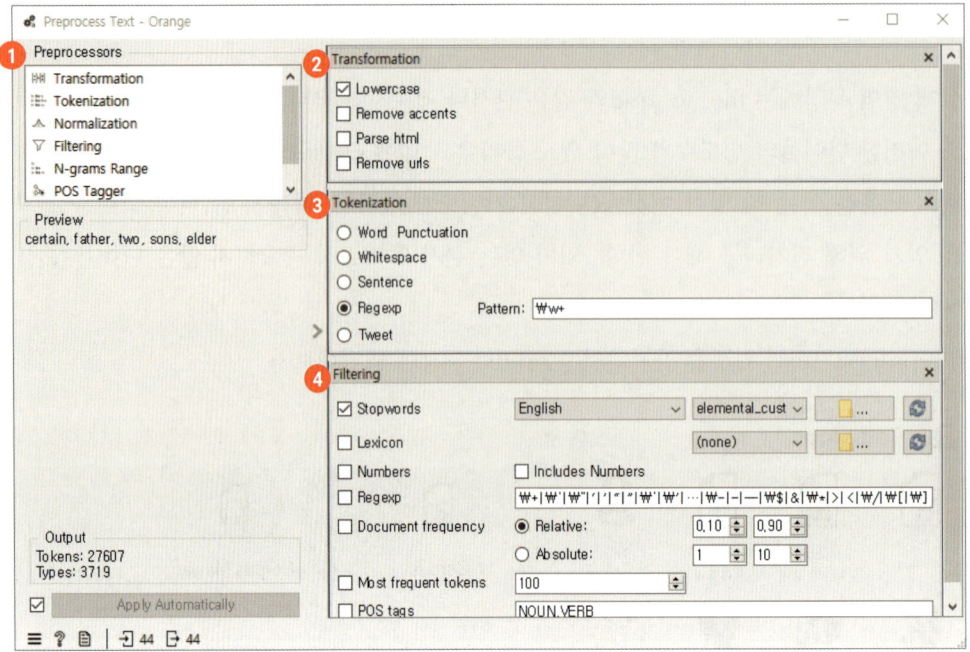

▶ [Preprocess Text] 위젯을 더블클릭하여 실행

❶ Preprocessors: 전처리기. 사용 가능한 전처리기를 나타낸다.

❷ Transformation: 변환. 입력 데이터를 변환한다. 'Lowercase(소문자)'는 모든 텍스트를 소문자로 바꾼다. 기본적으로 소문자 변환을 적용한다. 'Remove accents(악센트 제거)'는 텍스트의 모든 발음 구별 부호나 악센트를 제거한다. 'Parse html(html 분석)'은 html 태그를 감지하고 텍스트만 구문 분석한다. 'Remove urls(urls 제거)'은 텍스트에서 URL을 제거한다.

❸ Tokenization: 토큰화. 텍스트를 더 작은 구성요소(단어, 문장, 바이그램)로 나누는 방법이다. 'Word Punctuation(단어 및 구두점)'은 텍스트를 단어별로 나누고 구두점 기호를 유지한다. 'Whitespace(공백)'는 공백만으로 텍스트를 분할하며, 'Sentence(문장)'는 전체 문장만 유지하면서 텍스트를 마침표로 분할한다. 'Regexp(정규식)'은 제공된 정규식으로 텍스트를 분할하며, 기본적으로 단어로만 구분된다. 'Tweet(트윗)'은 해시태그, 이모티콘 및 기타 특수기호를 유지하는 미리 훈련된 트위터 모델로 텍스트를 분할한다.

❹ Filtering: 필터링. 선택한 단어가 제거되거나 유지된다. 'Stopwords(불용어)'는 텍스트에서 불용어를 제거한다. 필터링할 언어를 선택할 수 있으며, 기본값은 영어이다. 'Lexicon(사전)'은 파일에 제공된 단어만 보관한다. 어휘로 사용할 한 줄에 한 단어씩 포함된 txt 파일을 로드한다. 'Regexp(정규식)'은 정규식과 일치하는 단어를 제거한다.

기본값은 구두점을 제거하도록 설정되어 있다.

'Document frequency(문서 빈도)'는 지정된 문서 수/백분율 이상에 나타나는 토큰을 유지한다. 'Relative(상대 빈도)'와 'Absolute(절대 빈도)'는 필터링 기준을 설정하는 방식이다. 'Relative'는 단어가 나타나는 문서의 비율을 기준으로 필터링한다. 즉 특정 단어가 전체 문서의 몇 퍼센트에 나타나는지를 기준으로 설정한다. 예를 들어 0.2로 설정하면 해당 단어가 전체 문서의 20% 이상에서 나타나는 경우에만 유지되고 그보다 적게 나타나는 단어는 제거되는 것이다. 0.10과 0.90으로 설정하면 10% 이상, 90% 이하에만 유지하라는 의미이다. 'Absolute'는 단어가 나타나는 문서의 절대 개수를 기준으로 필터링한다. 즉 특정 단어가 몇 개의 문서에 나타나는지를 기준으로 설정한다. 예를 들어 5로 설정하면 해당 단어가 최소 5개 이상의 문서에서 나타나는 경우에만 유지되고 그보다 적게 나타나는 단어는 제거되는 것이다. 1과 10으로 설정하면 1개 이상, 10개 이하에만 유지하라는 의미이다.

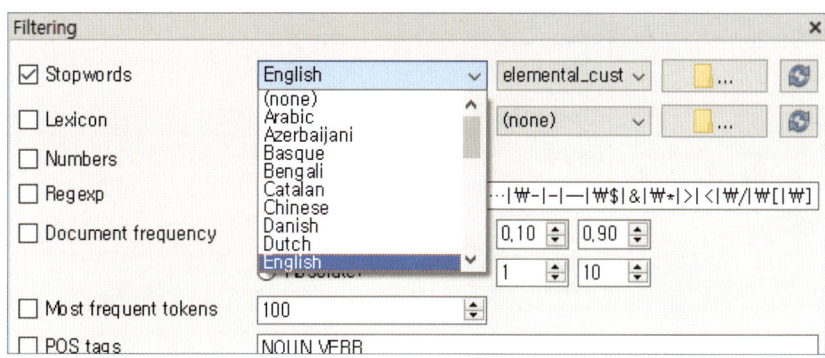

▶ [Preprocess Text] 위젯의 Filtering

'Most frequent tokens(가장 자주 사용되는 토큰)'은 지정된 개수의 가장 자주 사용되는 토큰만 유지하며, 기본값은 100이다.

'POS tags(품사 태그)'는 단어의 문법적 역할을 나타내는 태그이다. 품사 태그로는 Noun(명사), Verb(동사), Adjective(형용사), Adverb(부사), Pronoun(대명사), Preposition(전치사), Conjunction(접속사)이 있다. POS tags에서 Noun(명사)을 설정하면 텍스트 데이터에서 명사만 남기고 나머지 품사의 단어들은 제거된다. 특정 주제에 대해 핵심적인 개념만 분석하고자 할 때 이와 같이 사용한다.

불용어를 포함하여 필터링하기 위해 메모장 프로그램을 실행한다. said나 one 등 자주 나타나지만 의미가 없는 단어, 빈도가 많으면서 제외시킬 단어를 선정하여 이를 불용어 처리하기 위해 옆의 그림과 같이 작성한다. 여기서 필터링할 단어를 추가할수록 유의미한 데이터 분석을 할 수 있다. 파일명은 자유롭게 설정하고 저장한다. 여기서는 'custom_stopword_list'라고 작성하겠다.

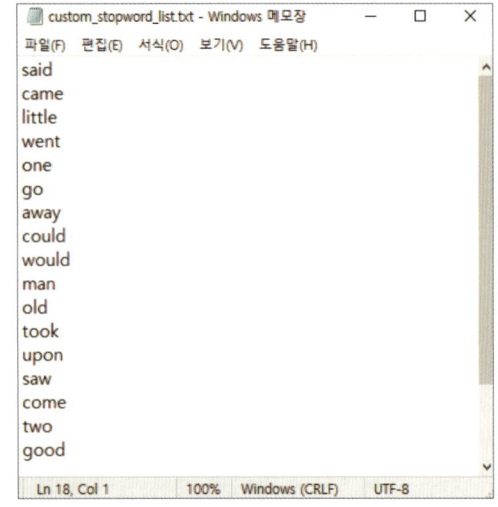

▶ 불용어 처리를 위한 txt 파일

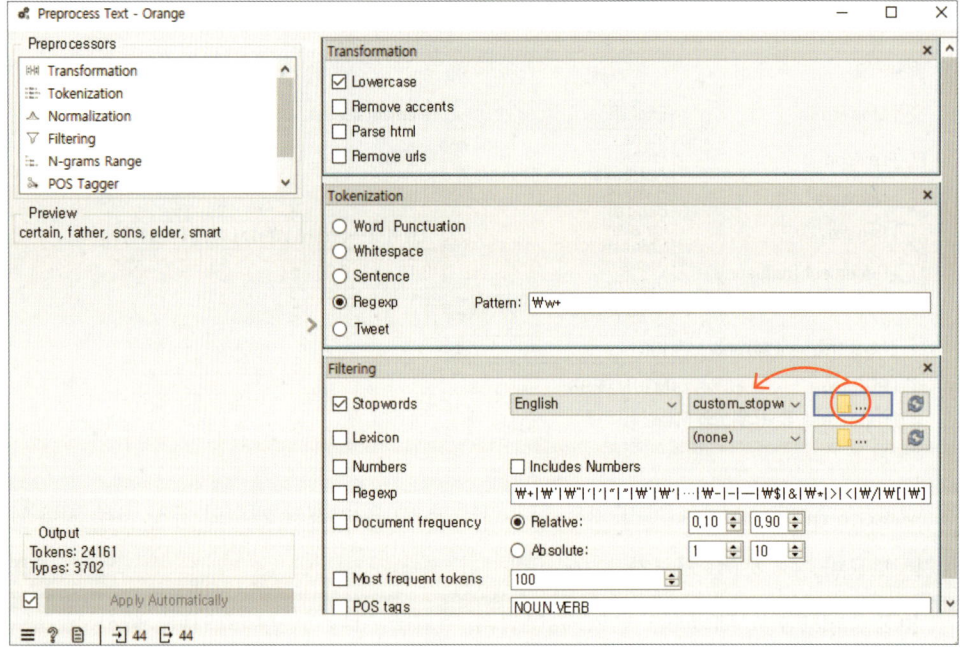

▶ 불용어 처리 txt 파일 업로드

[Preprocess Text] 위젯을 더블클릭하고 위 화면과 같이 'Stopwords' 오른쪽의 칸을 클릭하여 'English'로 선택하고 '📁…' 버튼을 클릭하여 작성한 'custom_stopword_list. txt' 파일을 업로드해보자. 텍스트 데이터 전처리가 잘되어 있는지 확인하기 위해 [Word Cloud] 위젯을 클릭하여 하나 더 꺼내보자. 그리고 새롭게 생성된 [Word Cloud (1)] 위젯과 [Preprocess Text] 위젯을 연결한다.

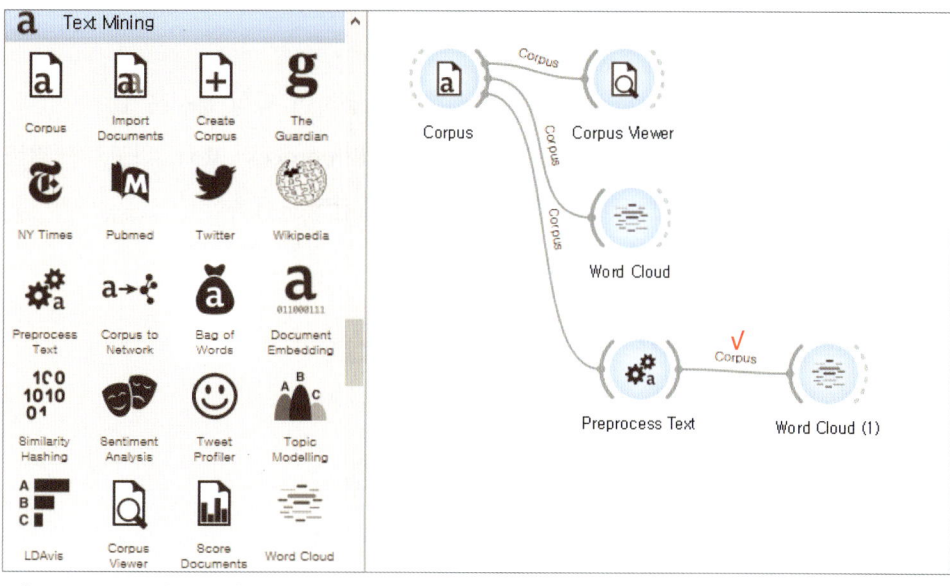

▶ [Preprocess Text] 위젯에 [Word Cloud] 위젯 연결

[Preprocess Text] 위젯에 연결된 [Word Cloud (1)] 위젯을 더블클릭하여 확인해보면 txt 파일에서 불용어 처리된 단어와 불필요한 관사나 마침표 등도 없어진 것을 확인할 수 있다. 이전과 달리 전처리된 워드 클라우드는 king, father 등 '개구리 왕자' 이야기와 관련되어 있는 단어들을 한눈에 볼 수 있다.

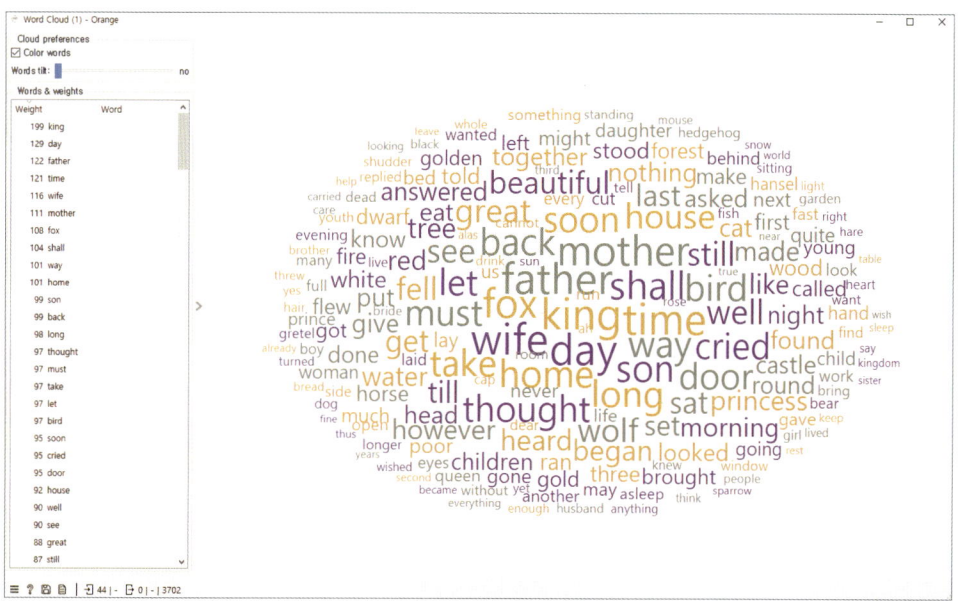

▶ [Preprocess Text] 위젯에 연결된 [Word Cloud] 위젯 실행

6. 텍스트 데이터 감성 분석하기

Text Mining 탭에서 [Sentiment Analysis] 위젯을 활용하여 감성 분석을 할 수 있다. [Sentiment Analysis] 위젯을 클릭하여 화면에 띄우고 [Preprocess Text] 위젯과 연결하자. [Sentiment Analysis]는 말뭉치(Corpus)를 분석하여 감정을 예측할 수 있는 위젯이다.

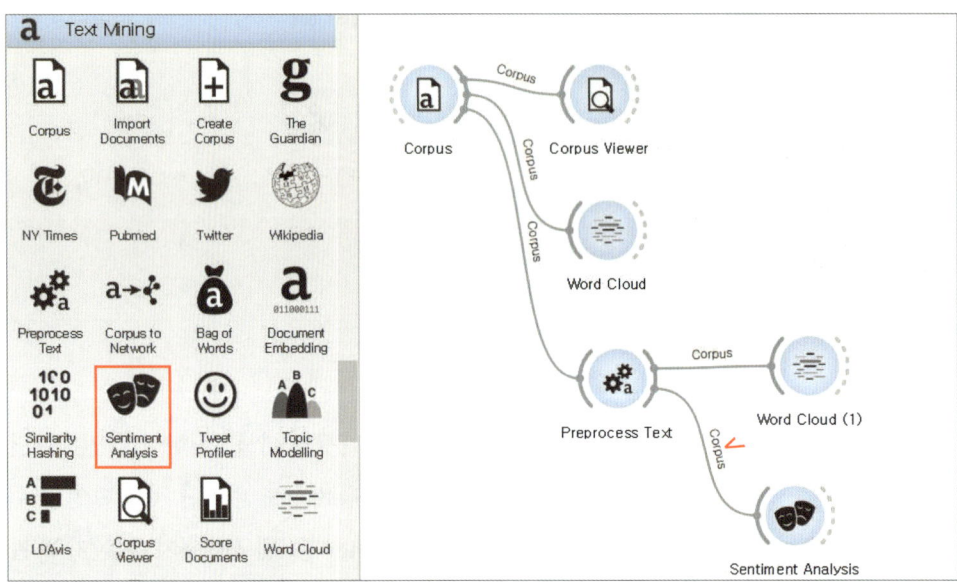

▶ [Sentiment Analysis] 위젯 연결

먼저 [Sentiment Analysis] 위젯을 더블클릭하면 감성 분석 알고리즘이 다양하게 나온다. 이 중 대규모 텍스트 데이터의 문맥 고려를 위해 'Vader'를 선택하겠다.

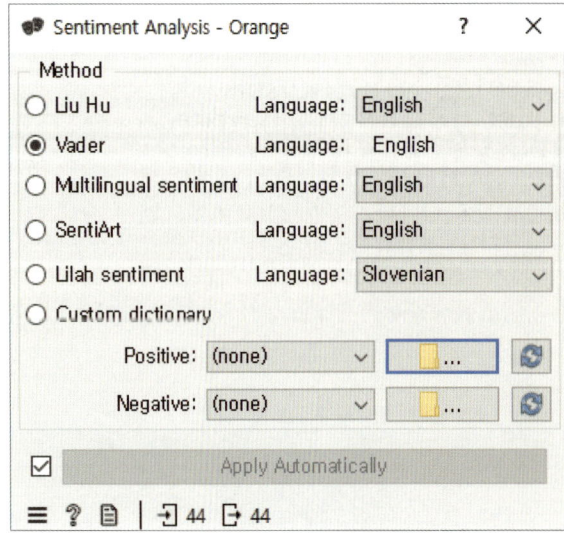

▶ [Sentiment Analysis] 위젯을 더블클릭하여 실행

> **Tip** 감성 분석 알고리즘

- **Liu Hu**: 단어 기반의 감성 분석 알고리즘이다. 긍정적인 단어와 부정적인 단어의 빈도를 세어서 해당 문서의 감정을 결정한다. 이 알고리즘은 단어 간의 관계나 문맥을 고려하지 않고, 단순히 단어의 출현 빈도만을 기반으로 판단한다.

- **Vader(Valence Aware Dictionary and sEntiment Reasoner)**: 많은 양의 텍스트 데이터를 기반으로 학습된 감정 사전을 사용하는 감성 분석 도구이다. 이 알고리즘은 텍스트의 각 단어에 대한 점수를 계산하고 이를 조합하여 문장 또는 문서의 전체적인 감정을 평가한다. 문맥을 고려하여 감정을 분석하는 데 효과적이다.

- **Multilingual sentiment**: 다국어 감성 분석은 다양한 언어로 작성된 텍스트의 감정을 분석하는 데 사용된다. 이 알고리즘은 다양한 언어에 대해 감정 사전을 구축하고, 해당 언어의 특성을 고려하여 감정을 평가한다.

- **SentiArt**: 이미지에 대한 감성 분석을 수행하는 알고리즘이다. 이 알고리즘은 이미지의 색감, 구성, 텍스처 등을 분석하여 해당 이미지의 감정을 결정한다.

- **Lilah sentiment**: 딥러닝 기술을 기반으로 한 감성 분석 알고리즘이다. 이 알고리즘은 문맥을 고려하여 텍스트의 감정을 분석하며, 단어의 의미와 문장의 구조를 파악하여 감정을 판단한다.

Data 탭의 [Data Table] 위젯을 클릭하여 [Sentiment Analysis] 위젯과 연결하자.

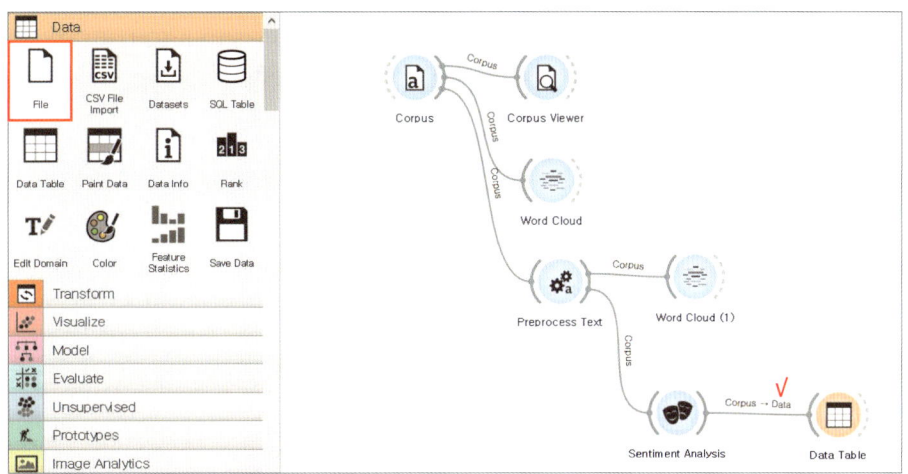

▶ [Sentiment Analysis] 위젯에 [Data Table] 위젯 연결

Vader 알고리즘에 의해 긍정값(positive), 부정값(negative), 중립값(neutral)과, 긍정값·부정값·중립값을 합한 후에 -1과 1 사이의 범위로 표준화한 compound 값이 나타난다. 긍정값과 부정값, 중립값을 합하면 1이며, compound 값은 1에 가까울수록 해당 텍스트는 긍정적이고, 반대로 -1에 가까울수록 부정적이다.

▶ [Sentiment Analysis] 위젯에 연결된 [Data Table] 위젯 실행

전체적으로 중립값이 높으나 12번 행의 'Rapunzel(라푼젤)'은 긍정값 0.106, 부정값 0.113으로 부정값이 더 높아 compound 값 -0.9096으로 부정적으로 판단하였고, 14번 행의 'Snow White(백설공주)'는 긍정값이 0.108, 부정값이 0.092라 compound 값 0.996으로 긍정적으로 판단하였다. 24번 행의 'The Frog Prince(개구리 왕자)'는 긍정적으로 판단되어 이초코가 사촌 동생에게 이 동화책을 선물해도 된다고 판단할 수 있다. 이와 같이 텍스트 데이터를 감성 분석할 수 있다.

7. 정리하기

동화책 데이터를 활용하여 텍스트 데이터를 시각화하고 감성 분석을 해보았다. 특히 'The Frog Prince(개구리 왕자)'의 내용들을 살펴보며 어떤 단어들이 많이 나오는지, 내용을 파악하기 위해 전처리는 어떻게 하는지 살펴보았다. 전처리를 하기 전에는 the, to, the와 같은 관사 등이 워드 클라우드에 크게 보였지만, 전처리를 한 후에는 king, father 등 동화와 관련 있는 데이터들을 볼 수 있었다. 또 44개의 동화책 데이터를 감성 분석하여 내용이 긍정적인지 부정적인지 확인할 수 있다. 이처럼 오렌지3에서는 표와 같은 정형 데이터뿐만 아니라 텍스트와 같은 비정형 데이터도 분석할 수 있다.

전국의 초·중·고등학교는 어떻게 분포되어 있을까?

지리 정보 시각화

📋 준비하기

김정보는 최근 인터넷 뉴스를 통해, 폐교가 증가하면서 자녀 교육을 위해 직장에서 멀리 떨어진 곳으로 이사를 해야 하는 형상이나, 면 소재지에 학교가 없어 아이들이 군청 소재지 학교의 기숙사에서 생활하는 모습을 접하게 되었다. 특히 교육 문제로 인해 많은 사람이 수도권으로 몰리면서 지역 불균형과 지방 소멸 가속화를 초래하고 있다고 한다. 이에 김정보는 전국 초·중·고등학교의 분포 현황을 파악하기 위해 이를 정보 프로젝트 주제로 선정하여 발표하고자 한다.

프로젝트를 위해 전국의 초·중·고등학교 분포 현황을 어떻게 시각화해야 할까? 특히 초등학교, 중학교, 고등학교 중 분포가 고르지 못한 교육기관은 무엇인지를 어떻게 확인할 수 있을까?

1. 지리 정보 시각화 알고 가기

지리공간 데이터 또는 지리 데이터는 지구 표면의 위치와 관련된 정보를 포함하는 데이터를 말한다. 이러한 공간 정보를 다양한 시각적 기법을 활용하여 표현하고 분석하는 것을 지리공간 시각화라고 한다. 특히 정보기술의 발달로 지리 정보를 수집, 분석, 가공하여 지형과 관련된 모든 분야의 의사결정에 반영할 수 있는 시스템인 지리 정보 시스템(GIS)에서 지리공간 시각화는 중요한 측면으로 자리 잡아가고 있다.

지리공간 시각화 기술은 일반적으로 네 가지 기본 범주로 분류된다.

① **등치 지도(Choropleth Maps)**: 국가별로 기존에 설정한 행정구역을 경계로 지리공간 데이터를 표현하는 방식을 말한다. 영역별 데이터를 표현하는 가장 보편적인 방식으로, 지역별로 색상 그러데이션을 사용하여 데이터의 차이를 표현한다.

② **카토그램(Cartogram)**: 특정한 값에 따라 모양을 변형하여 만든 지리공간 시각화 방식이다. 행정구역과 지리적 위치에 따라 제작하는 등치 지도와 달리 강우량, 인구 분포 등 정량적인 데이터를 기준으로 영역이나 거리를 조정하여 공간을 왜곡하는 방식으로 데이터를 표현한다.

③ **도트(Dot) 밀도 지도**: 지도 위 점의 밀도를 활용하여 특정 속성의 빈도 또는 개수를 표현하는 시각화 방식을 말한다. 각 점은 특정 사례, 인스턴스 수를 나타내며 특정 지역의 밀도 차이에 따라 데이터의 차이를 표현한다.

④ 이 밖에 원의 크기, 색깔을 반영하여 시각화하는 버블 플롯맵, 그래픽 처리 및 렌더링 기능을 활용하여 지리공간 데이터를 좀 더 사실적으로 시각화하는 3D 및 애니메이션 지도 등 다양한 지리공간 시각화 방식이 있다.

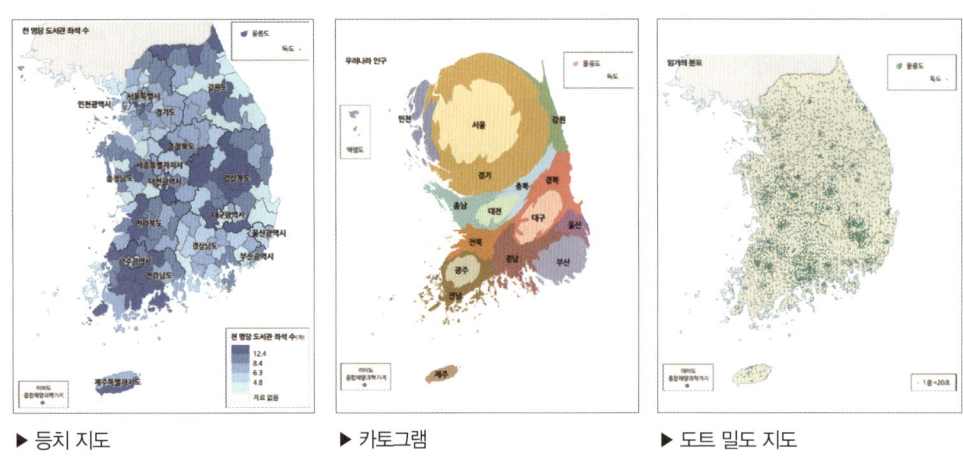

▶ 등치 지도   ▶ 카토그램   ▶ 도트 밀도 지도

[그림 출처: 청소년을 위한 대한민국 국가 지도집 2022(http://nationalatlas.ngii.go.kr)]

2. Geo 카테고리 이해하기

실습을 하기 위해 필요한 위젯을 설치하자. 오렌지3 화면의 상단에서 [Options] → [Add-ons…]를 클릭한다. 'Geo'를 선택하고 'OK' 버튼을 눌러 설치가 완료되면 다음과 같은 위젯이 추가된다.

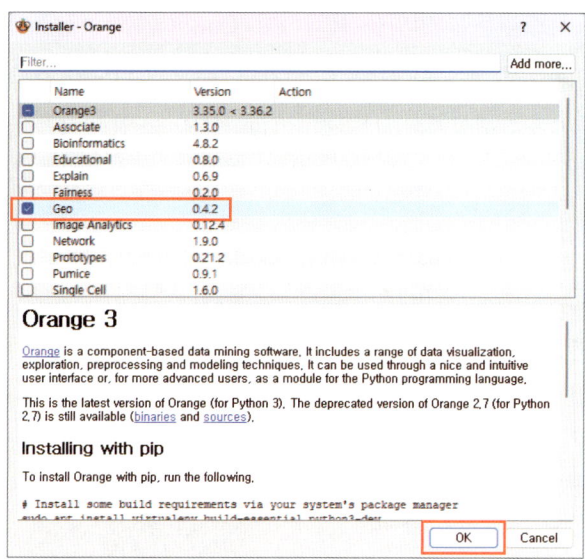
▶ Geo 카테고리 설치 화면

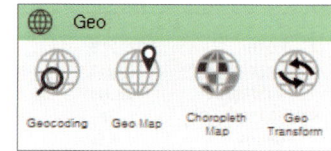
▶ Geo 카테고리 내 위젯의 종류

이번 챕터에서 활용하는 Geo 카테고리는 [Geocoding], [Geo Map], [Choropleth Map], [Geo Transform] 등 4개의 위젯으로 구성된, 비교적 단순한 기능 위주로 지원하고 있다. 이를 활용하여 지리 정보를 본격적으로 시각화하기 전에 각 위젯이 어떤 역할을 하는지 간단하게 알아보자.

csv 파일을 직접 만들어서 불러오기

Geo 카테고리의 위젯을 실습하기 위해서는 국가, 수도 이름, 수도별 위도와 경도 쌍이 담긴 데이터가 필요하다. 캐글이나 공공데이터포털 등에서 관련 데이터를 찾을 수도 있지만, 필요한 속성이나 데이터가 많지 않으므로 직접 구글 시트를 이용하여 csv 파일을 만들어보자.

먼저, 구글 시트 사이트(https://docs.google.com/spreadsheets/)에 접속한다. 이때 시트 문서를 만들기 위해서는 반드시 구글 사이트에 로그인이 되어 있어야 한다. 로그인을 완료했다면 '빈 스프레드시트'를 클릭하여 빈 양식의 시트 파일을 생성한다.

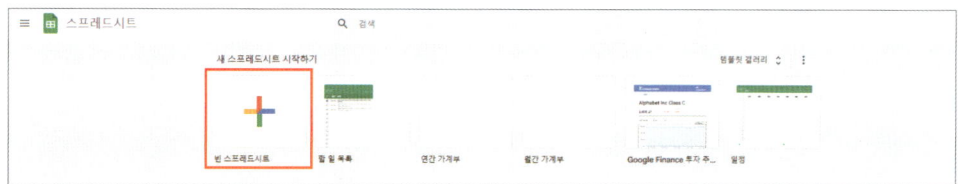
▶ 구글 시트(Google Sheets) 사이트 첫 화면

그리고 상단의 '제목 없는 스프레드시트'라는 파일명을 클릭하여 'Country'로 수정하고 A1 셀부터 아래와 같이 작성한다. 이때, 첫 행은 속성명으로 국가명, 수도의 위도와 경도를 의미하고 대한민국, 아르헨티나, 오스트레일리아, 브라질, 가나, 일본, 스위스 총 7개의 인스턴스를 갖는다.

▶ 작성할 구글 시트 파일의 형태　　　　　　　▶ 완성된 'Country' 구글 시트 파일

구글 시트 파일이 완성됐다면 이제 다운로드를 해보자. 상단의 메뉴에서 '파일'을 클릭한 후 '다운로드-쉼표로 구분된 값(.csv)'을 선택한다. 저장한 파일은 브라우저 설정에 따라 별도로 다운로드 경로를 지정할 수 있거나, 혹은 다운로드 폴더 안에 자동 저장이 된다. 이때 파일명은 헷갈리지 않도록 'Country'로 설정한다. 그러면 생성한 파일을 오렌지로 불러와 Geo 카테고리의 위젯을 실습해보자.

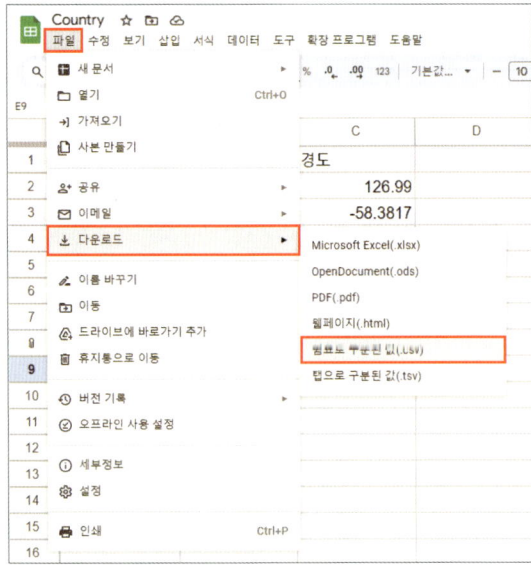

▶ csv 파일로 다운로드 받는 방법

오렌지3를 실행한 후 새 프로젝트를 생성하고 Data 카테고리에서 [File] 위젯을 빈 캔버스 위로 가져온다. [File] 위젯을 더블클릭한 후 탐색기 버튼을 클릭하여 다운로드 폴더 혹은 별도로 지정한 폴더를 열어 Country.csv 파일을 불러온다.

이때 국가명의 Type과 Role이 각각 'text'와 'meta'로 설정되어 있는 것을 확인할 수 있다. 이를 각각 'categorical'과 'feature'로 변경한 후 'Apply' 버튼을 클릭한다.

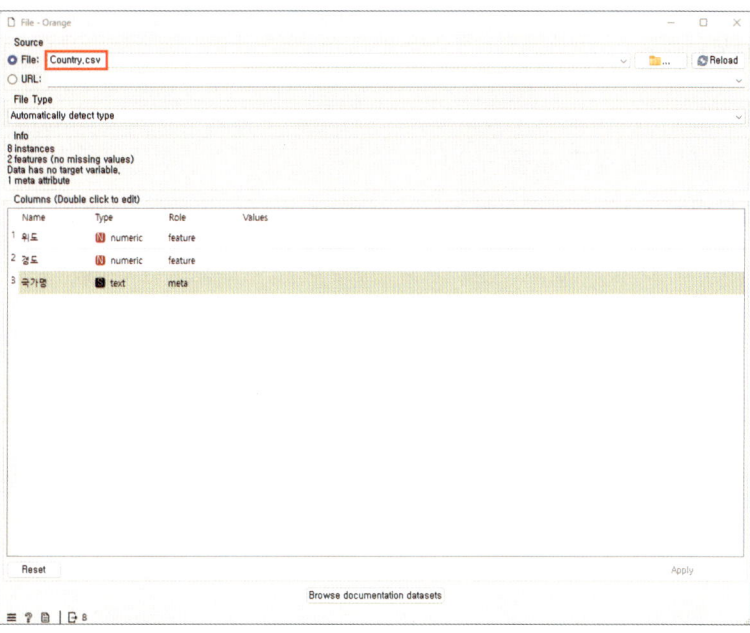

▶ [File] 위젯 팝업창

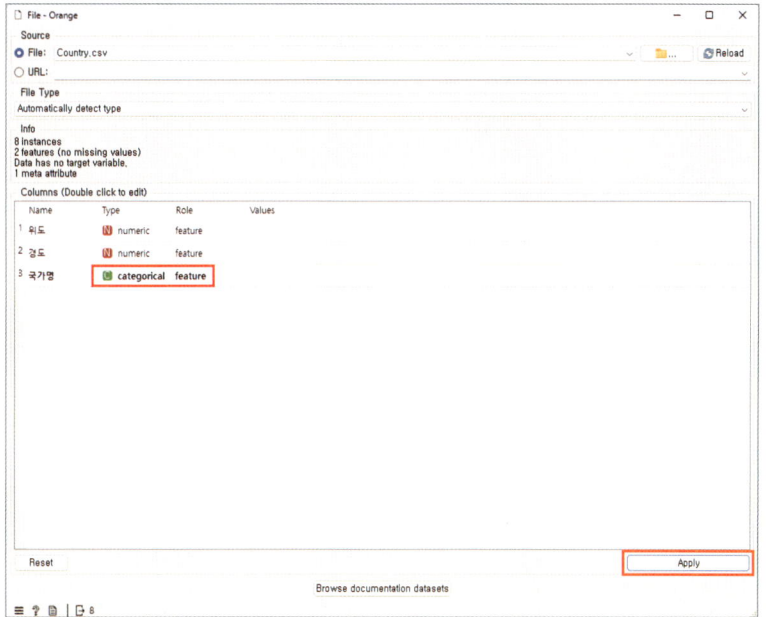

▶ 국가명의 데이터 타입(Type)과 역할(Role) 변경

Geocoding(지오코딩)

[Geocoding] 위젯은 지역 이름을 지리적 좌표인 위도와 경도로 변환하거나 위도 및 경도 쌍을 다시 지역명으로 역지오코딩할 때 활용한다.

먼저, 지역 식별자명과 그 유형(국가명, 도시명, 수도 등)을 선택하면 인코딩 과정을 거쳐 경도와 위도, 좌표 값을 반환하는 과정을 실습해보자. 단, 해당 기능의 경우 한글을 지원하지 않아 영어로 작성해야 함을 유의해야 하며, 인식하지 못한 값은 개별적으로 값을 수정하는 기능 역시 제공하고 있다.

① 지역명을 이용하여 위도와 경도 값을 구하는 실습인 만큼 위에서 만든 csv 파일의 위도와 경도 속성을 잠시 제외해야 한다. 그러기 위해서는 Transform 카테고리에서 [Select Columns] 위젯을 가져와 [File] 위젯에 연결한다. 그리고 [Select Columns] 위젯을 더블클릭하여 아래와 같이 '위도'와 '경도' 속성을 Ignored 탭으로 이동시킨다.

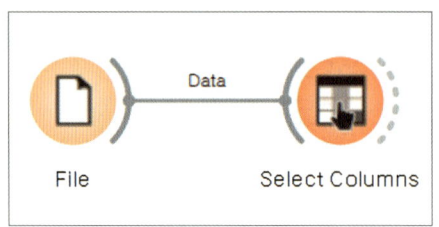

▶ [Select Columns] 위젯 연결하기

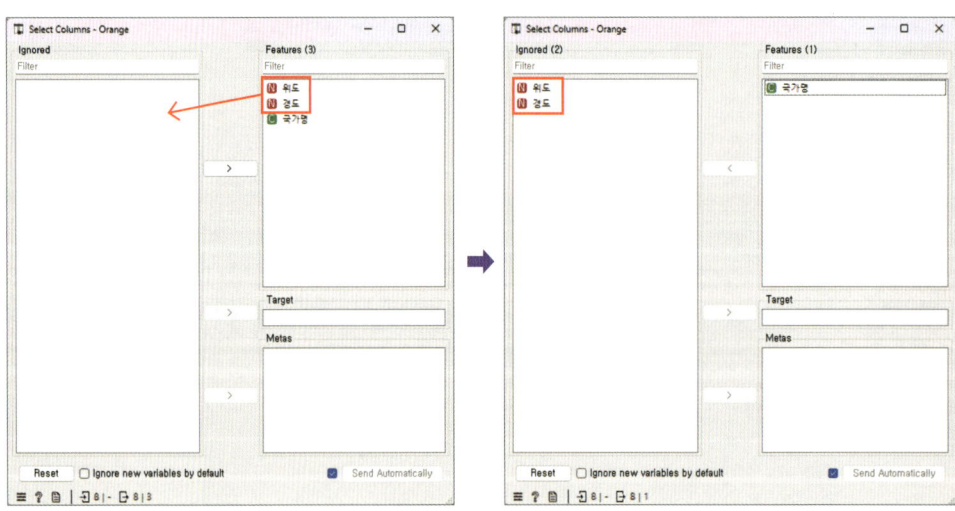

▶ 위도외 경도 속성 제외시키기

② 이제 Geo 카테고리에서 [Geocoding] 위젯을 가져와 [Select Columns] 위젯 오른쪽에 연결한다.

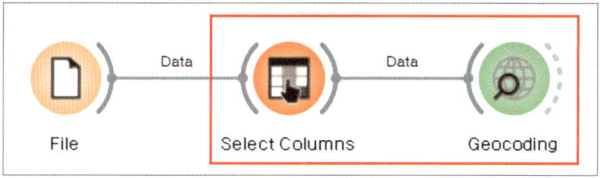

▶ [Geocoding] 위젯 연결하기

지역명을 다시 경도와 위도 값으로 변경하기 위해 [Geocoding] 위젯을 더블클릭하여 다음과 같이 'Encode region names into geographical coordinates' 옵션을 선택한다. 이때 'KOREA'를 제외한 'ARGENTINA', 'BRAZIL' 등 국가명이 제대로 인식되지 않아 매칭되는 값을 찾을 수 없다(Unmatched Identifiers)는 국가가 발생한다. 'Custom Replacement'에서 지정할 수 있는 국가명으로 변경한다.

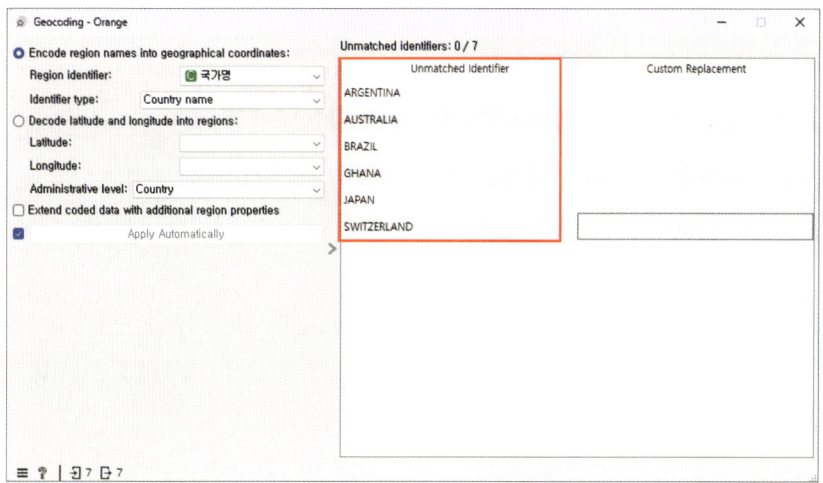

▶ 국가명이 제대로 입력되지 않는 경우

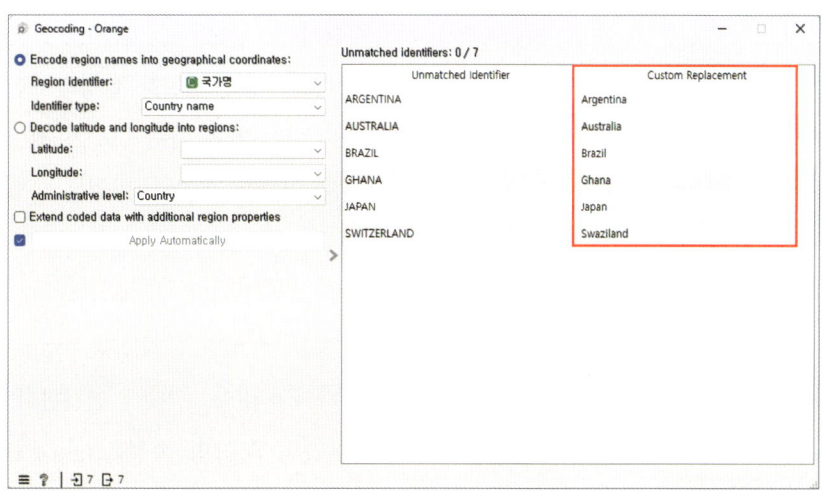

▶ 국가명을 수동으로 변경한 후

③ 출력을 위해 [Data Table] 위젯을 연결하면 다음과 같이 위도와 경도 값으로 변환되어 새로운 속성이 생성된 것을 확인할 수 있다.

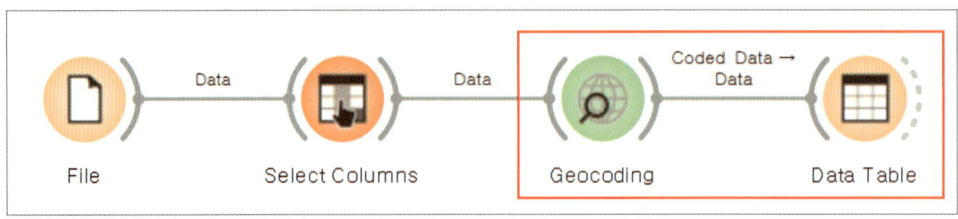

▶ 결과 확인을 위해 연결한 [Data Table] 위젯

▶ 국가명에 따라 구해진 위도와 경도 값

[Geocoding] 위젯의 두 번째 기능은 위와 반대로 위도와 경도 값에 해당하는 속성을 토대로 국가, 도시, 소도시 등 레벨에 맞춰 지역명으로 변환하는 기능이다. 예를 들어 국가 단위로 설정한다면 'South Korea'를, 1-레벨에 해당하는 state 단위를 설정한다면 'Gyeonggi(경기도)', 'Busan(부산광역시)' 등의 지역명으로 변환한다. 아쉽게도 2-레벨의 경우 미국 카운티 단위만 지원하므로 우리나라 기준으로 변환할 수 있는 범위는 시도까지만 가능하다.

① 이번에는 반대로 '국가명' 속성을 제외시키고 '위도'와 '경도' 속성만 남겨보자. Transform 카테고리에서 [Select Columns] 위젯을 추가로 가져와 [File] 위젯에 연결한다. 그리고 [Select Columns] 위젯을 더블클릭하여 다음과 같이 '국가명' 속성을 Ignored 탭으로 이동시킨다.

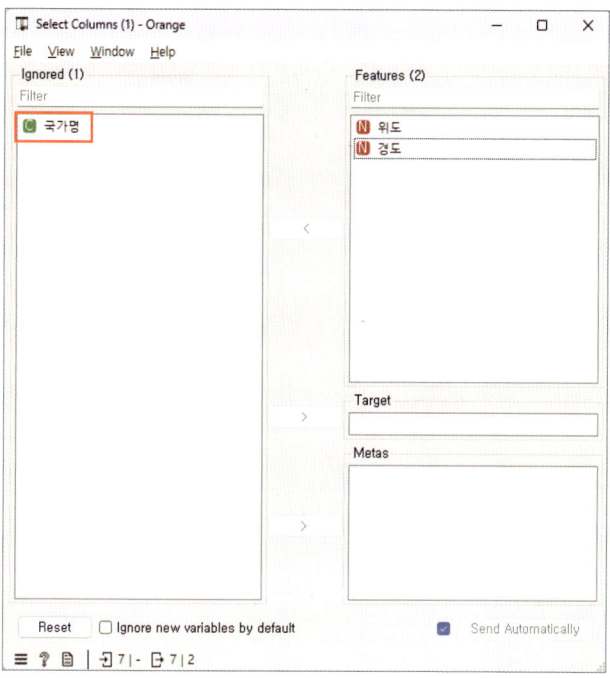

▶ 국가명 속성을 Ignored 탭으로 옮긴 모습

② 이제 Geo 카테고리에서 [Geocoding] 위젯을 가져와 [Select Columns (1)] 위젯 오른쪽에 연결한다. [Geocoding (1)] 위젯을 더블클릭하여 'Decode latitude and longitude into regions' 옵션을 선택한다.

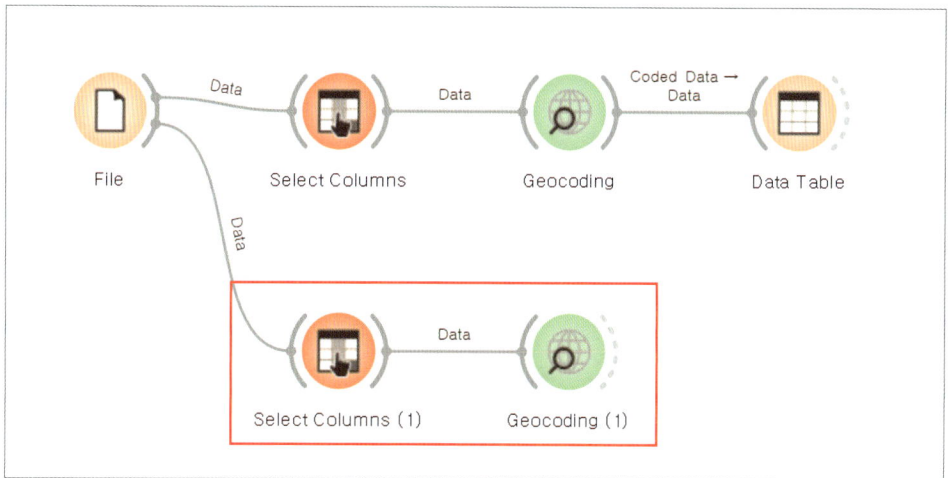

▶ [Geocoding] 위젯 연결하기

③ 마찬가지로 출력을 위해 [Data Table] 위젯을 연결하면 다음과 같이 위도와 경도 값을 토대로 국가명이 변환되어 새로운 속성이 생성된 것을 확인할 수 있다.

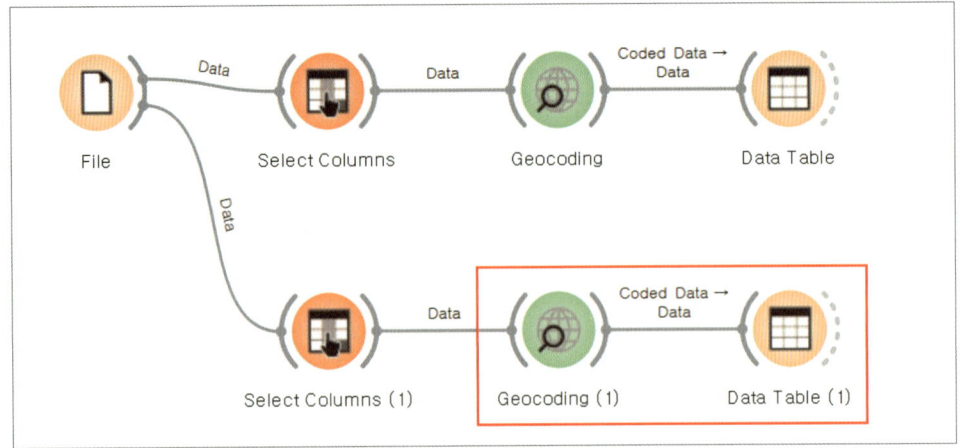

▶ 결과 확인을 위해 연결한 [Data Table] 위젯

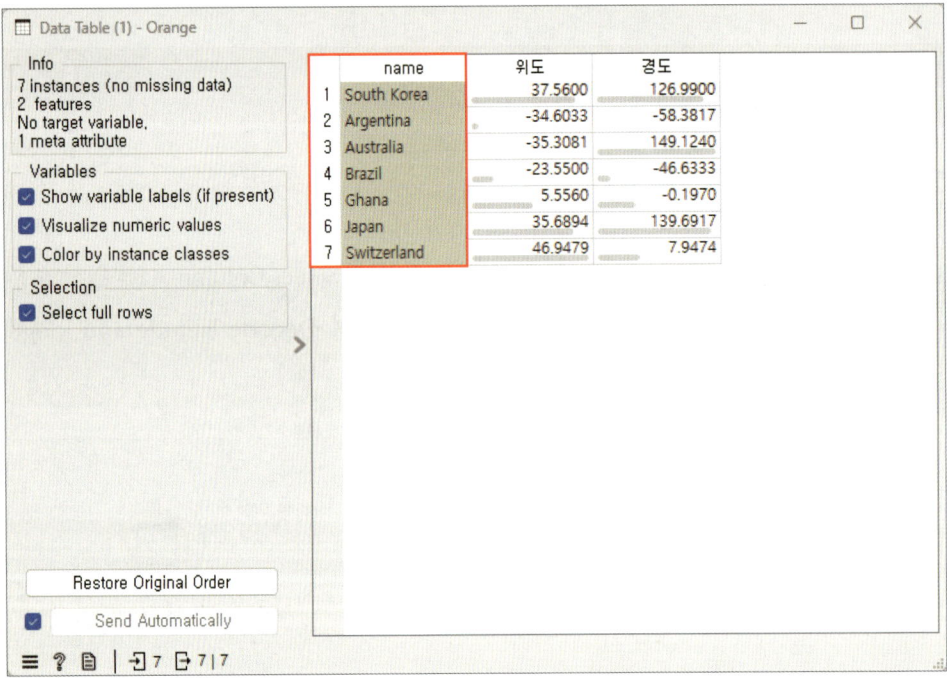

▶ 위도와 경도에 따라 구해진 국가명

> **Tip** 지역명 외 추가 속성을 함께 가져오고 싶다면?
>
> 이때 [Geocoding] 위젯에서 'Extend coded with additional region properties' 옵션을 체크할 경우 국가명, 위도, 경도 외에 지역에 대한 추가 속성을 자동으로 확장할 수 있으며 다음과 같이 속해 있는 대륙이나 국가 경제 상황 등의 속성이 추가 생성됨을 확인할 수 있다.

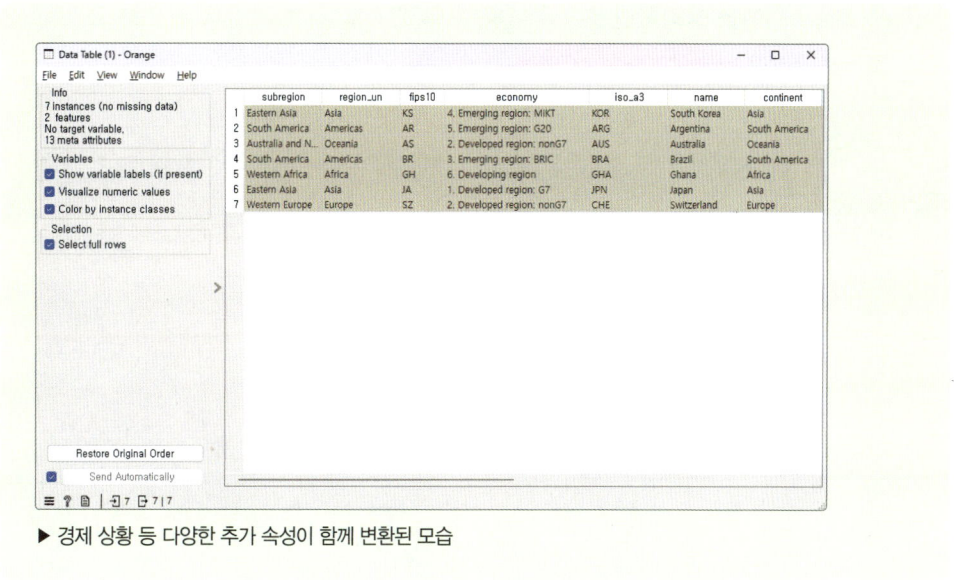

▶ 경제 상황 등 다양한 추가 속성이 함께 변환된 모습

Geo Map(지오 맵)

[Geo Map] 위젯은 위도와 경도 속성값을 사용하여 지도 위에 위치를 표시할 수 있는 위젯으로, 이때 표시되는 지도의 유형은 흑백 지도, 지형도, 위성도 등 다양한 선택을 제공한다. 포인트를 구별하기 위해서 색, 모양, 크기 및 라벨을 지정할 수 있다.

① 이번에는 캔버스 위 [File] 위젯에 Geo 카테고리의 [Geo Map] 위젯을 직접 연결한다.

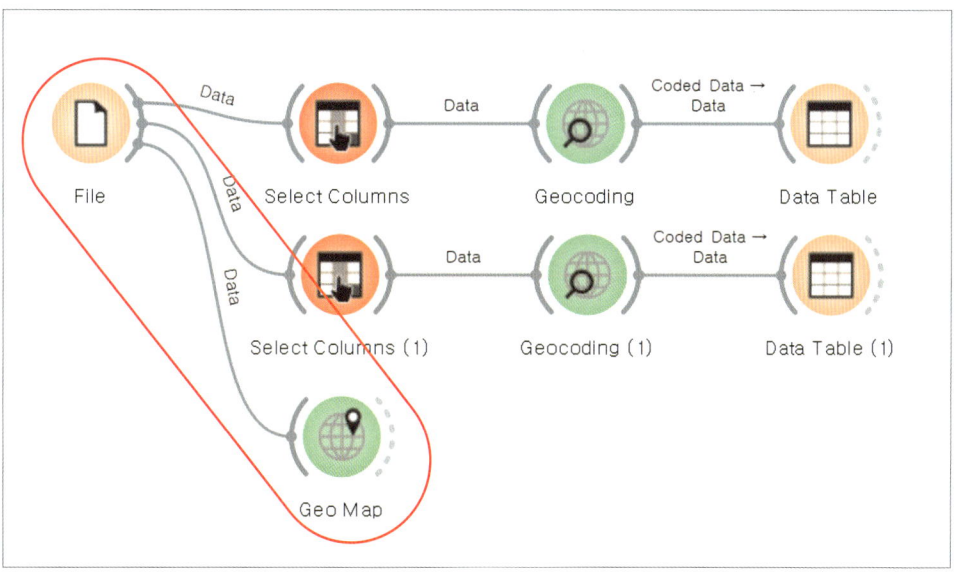

▶ [Goo Map] 위젯 연결하기

② [Geo Map] 위젯을 클릭하면 7개 국가의 수도가 지도 위에 빨간색 점으로 표시된 것을 확인할 수 있다.

▶ 위도와 경도 값에 따라 지도 위에 시각화한 모습

③ [Geocoding] 위젯을 사용하여 [Geo Map] 위젯의 Attributes 옵션을 지정해보자. 위에서 연결한 [File] 위젯과 [Geo Map] 위젯 사이에 [Geocoding] 위젯을 추가한다.

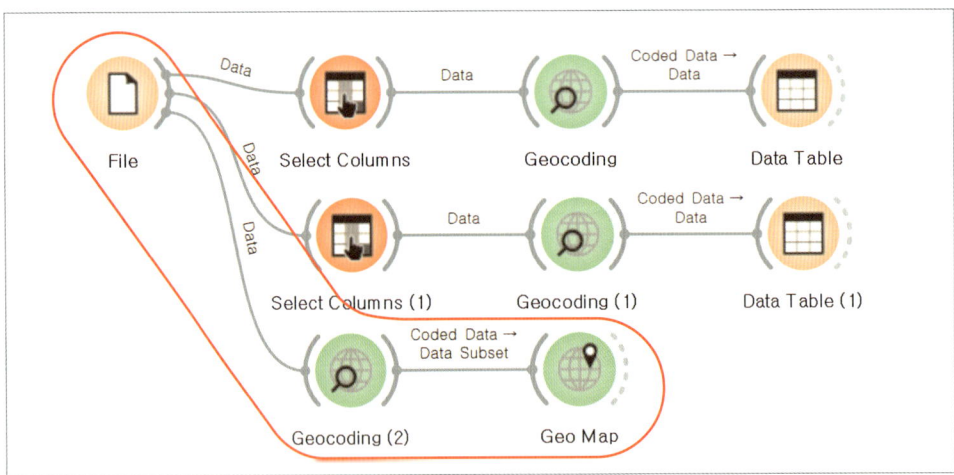

▶ [Geocoding] 위젯을 추가한 모습

이때 [Geocoding (2)] 위젯을 더블클릭하여 인식하지 못한 국가명을 수동으로 입력하고, 'Extend coded with additional region properties' 옵션을 체크하여 경제 상황(economy) 등 다양한 추가 속성을 변환한다.

168

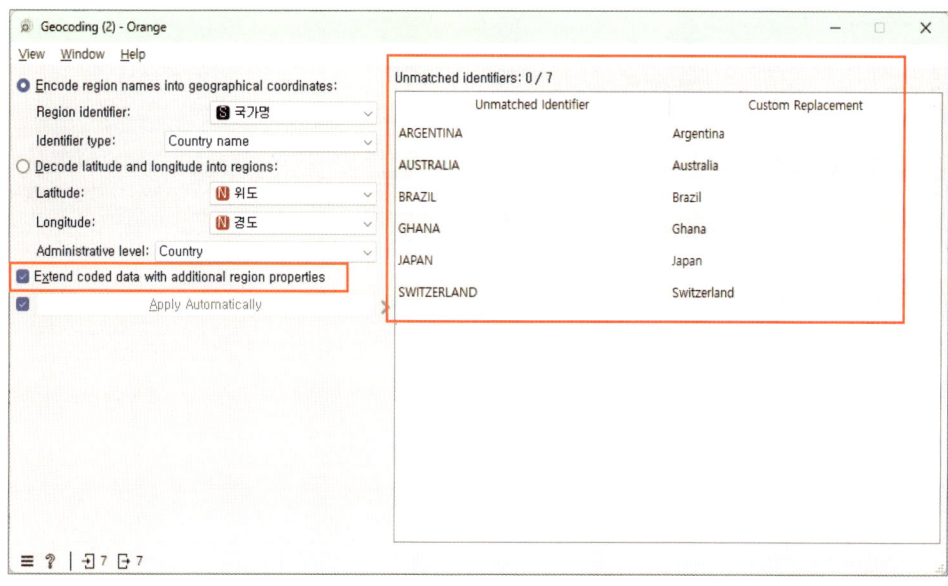

▶ 국가명 입력과 추가 속성을 변환하는 과정

④ [Geocoding (2)] 위젯과 [Geo Map] 위젯 사이에 Data 카테고리의 [Edit Domain] 위젯을 추가한다. [Geo Map] 위젯에서는 표현할 데이터에 범주형 속성이 있을 경우 Attributes 옵션에서 지정할 수 있기 때문에, [Edit Domain] 위젯을 활용하여 대륙(continent), 경제 상황 등 추가 변환된 일부 속성을 범주형 속성으로 변경하기 위함이다.

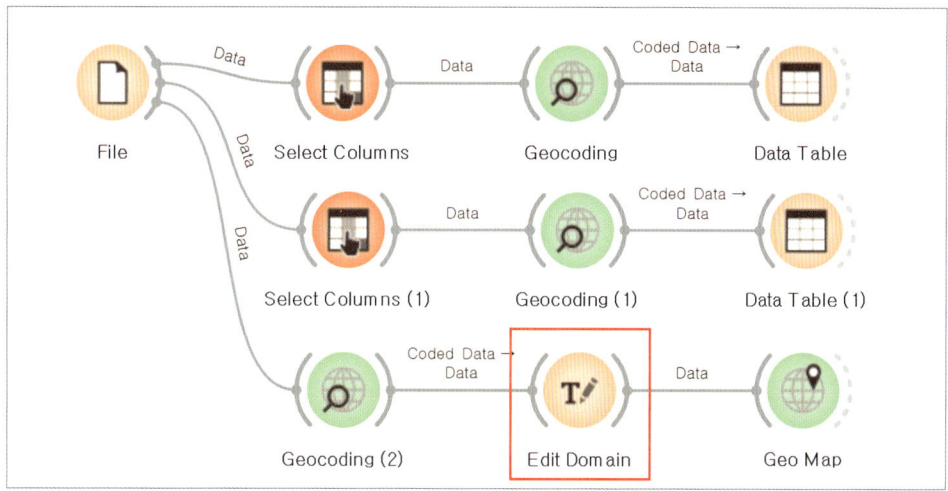

▶ [Edit Domain] 위젯을 추가한 모습

⑤ [Edit Domain] 위젯을 더블클릭하여 나타난 팝업창에서 변경하고자 하는 'continent' 속성을 선택한 후 오른쪽 Edit 탭에서 Type을 'Categorical'로 변경한다. 'economy' 속성 역시 같은 방법으로 설정해준다. 모든 설정이 끝났다면 'Apply' 버튼을 클릭한다.

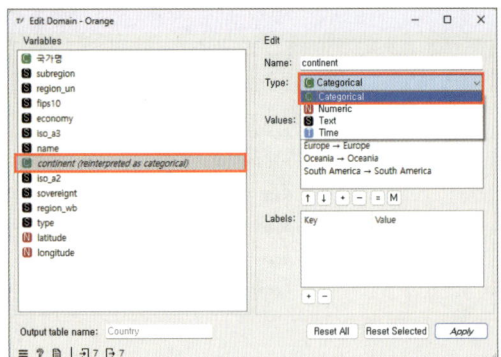
▶ [Edit Domain] 위젯 팝업창

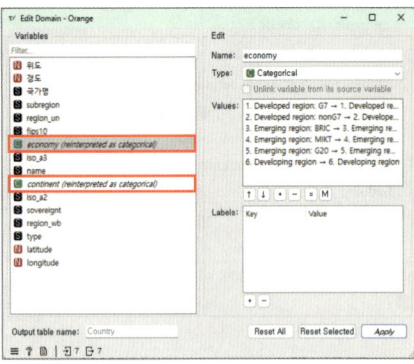
▶ 설정이 완료된 모습

⑥ 모든 위젯이 연결된 모습은 다음과 같다.

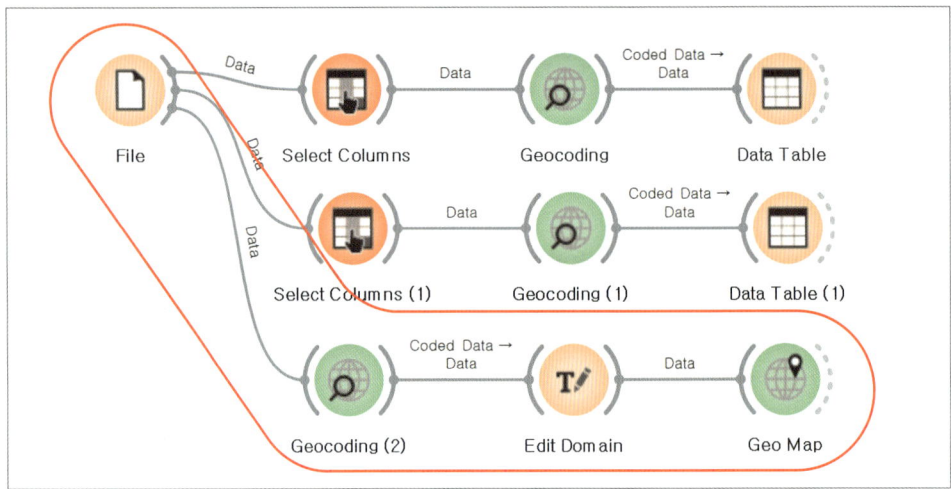
▶ [Geo Map] 위젯 연결 과정

설정이 완료되었다면 [Geo Map] 위젯을 더블클릭하여 나타난 팝업창에서 'Attributes' 옵션에서 설정할 수 있는 속성이 보여지게 된다.

Color 탭은 'continent', Shape 탭은 'economy'를 선택하면 다음과 같이 같은 대륙인 대한민국과 일본은 빨간색임을 알 수 있고, G7이 아닌 선진국으로 분류된 스위스와 오스트레일리아는 원으로 표시됨을 확인할 수 있다. 이때 색과 모양은 오렌지의 버전에 따라 다를 수 있다.

Attributes 속성 ▶

170

▶ [Geo Map] 위젯 결과

Choropleth Map(코로플레스 맵)

[Choropleth Map] 위젯은 통계 변수의 측정값에 비례하여 해당 영역의 색을 달리하여 표현함으로써 수치형 데이터의 크기를 시각화하는 지도 시각화의 대표적인 유형이다. 뒤에서 초·중·고등학교 위치 정보 데이터로 실습할 때 자세하게 설명할 것이다.

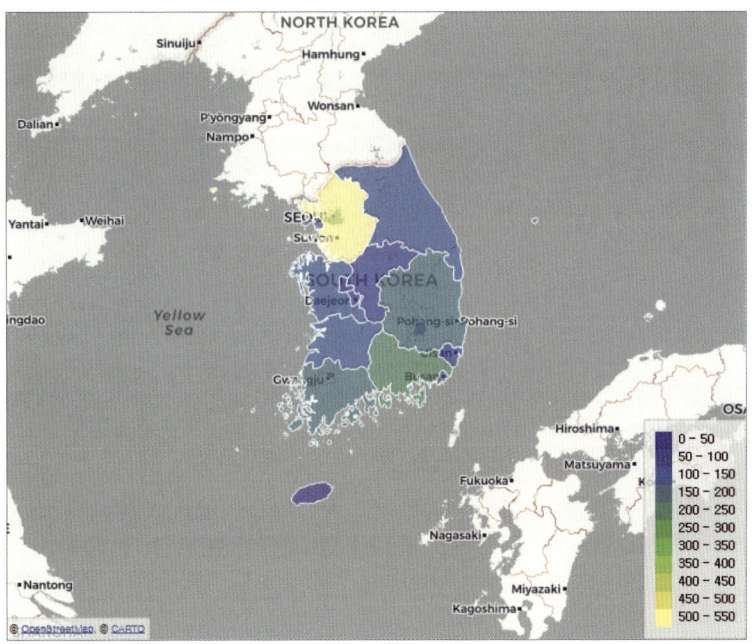

▶ 코로플레스 맵 예시

Geo Transform(지오 트랜스폼)
기존에 사용하는 지리 정보 표기 방식에서 다른 방식으로 변경하고자 할 때 활용하는 위젯으로, 지정한 지리 시스템에 맞춰 위도 및 경도 데이터를 변환한다. 보통 활용할 데이터의 지리 정보가 제대로 시각화되지 않을 경우 원 데이터가 사용하는 지리 시스템에 맞춰 변환하고자 할 때 사용한다.

▶ [Geo Transform] 위젯 팝업창

3. 10년 동안 전보다 더 많은 사람이 수도권에 몰리게 됐을까?

행정구역별 주민등록인구 데이터 다운로드
행정구역별 주민등록인구에 대한 데이터는 국가통계포털(KOSIS)에서 '행정구역(읍·면·동)별/5세별 주민등록인구' 데이터로 다운로드 받을 수 있다.

▶ KOSIS의 행정구역별 주민등록인구 데이터(https://url.kr/h2r9gp)

원본 데이터는 2012년부터 2024년까지의 방대한 자료를 담고 있어 10년 전과 현재 시점을 비교하기 위해 서울, 경기를 비롯한 17개 행정구역별 0세부터 100세 이상까지 5세 단위의 인구수 데이터를 2014년, 2024년 각각 다운로드하고자 한다. 먼저 2024년 데이터를 조회하기 위해서는 상단 메뉴의 '시점'을 클릭한 후 가장 최근 달인 '2024.03'을 선택하고 '적용' 버튼을 클릭한다.

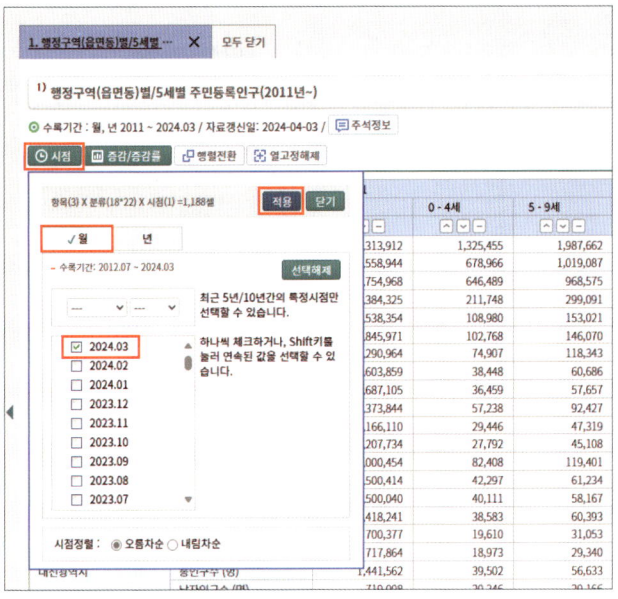

▶ 특정 연월일을 선택하여 조회하기

또 오렌지에서 간단한 데이터 전처리를 위해 '행렬전환' 메뉴를 활용하여 가급적 행의 제목이 2개 이상이 되지 않도록 속성을 이동시킨다.

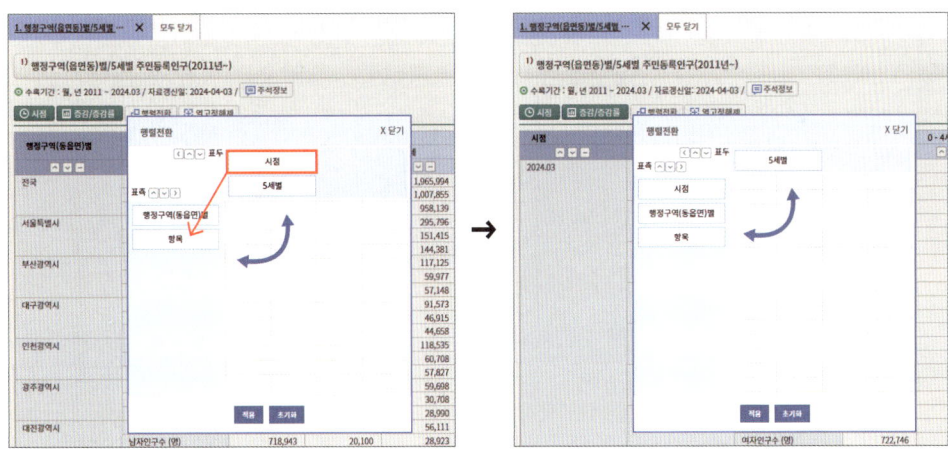

▶ '시점' 속성을 세로축으로 이동하기

목적에 따라 성별을 구분하여 시각화하는 방법도 있지만 이번 주제에서는 성별을 구분짓지 않을 것이므로 '조회설정' 메뉴를 클릭하여 항목 속성에서 총인구수(명)만 남을 수 있도록 조절한다.

173

▶ 특정 인스턴스를 제외할 경우

모든 설정이 완료되었다면 '다운로드' 버튼을 클릭하고 'csv' 파일을 선택하여 다운로드한다. 이때 크롬 브라우저를 이용했다면 대부분 다운로드 폴더에 저장된다. 만약 다른 경로를 지정한다면 반드시 해당 경로를 외워두기 바란다. 같은 방법으로 2014년 3월의 데이터를 함께 저장하자.

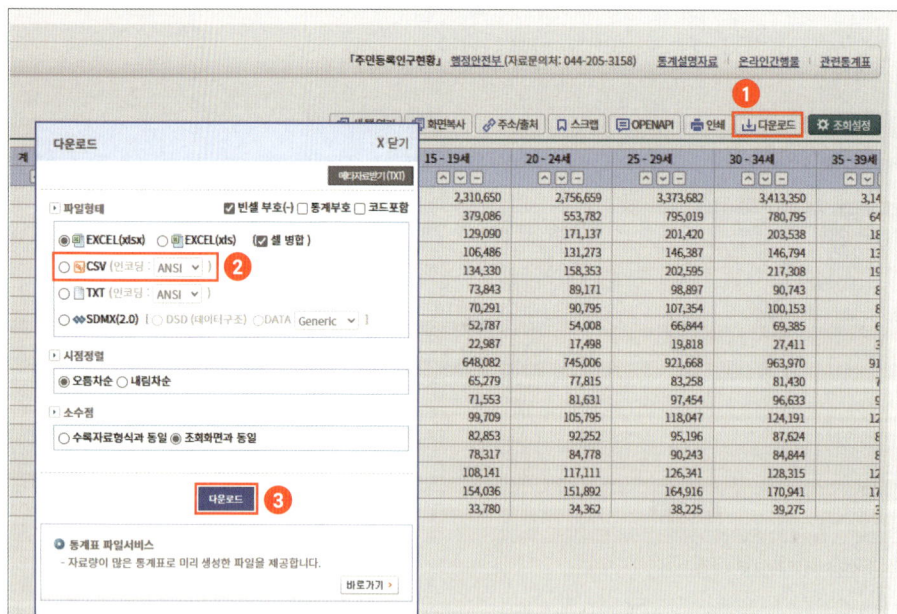

▶ csv 파일로 저장하는 방법

데이터 불러오기 및 전처리하기

① 빈 캔버스 위에 Data 카테고리의 [File] 위젯을 사용하여 2024년 행정구역별 주민등록인구 데이터를 불러온다. 지금부터 여러 데이터셋을 활용할 예정이기 때문에 '위젯 이름 바꾸기'를 사용하여 위젯의 이름을 '2024 주민등록인구'로 변경한다.

불러온 데이터를 [Data Table] 위젯으로 확인하면 다음과 같다. 속성 중 '시점'과 '항목'은 동일한 값으로 채워져 있어 큰 의미가 없기 때문에 이번 실습에서 제외한다.

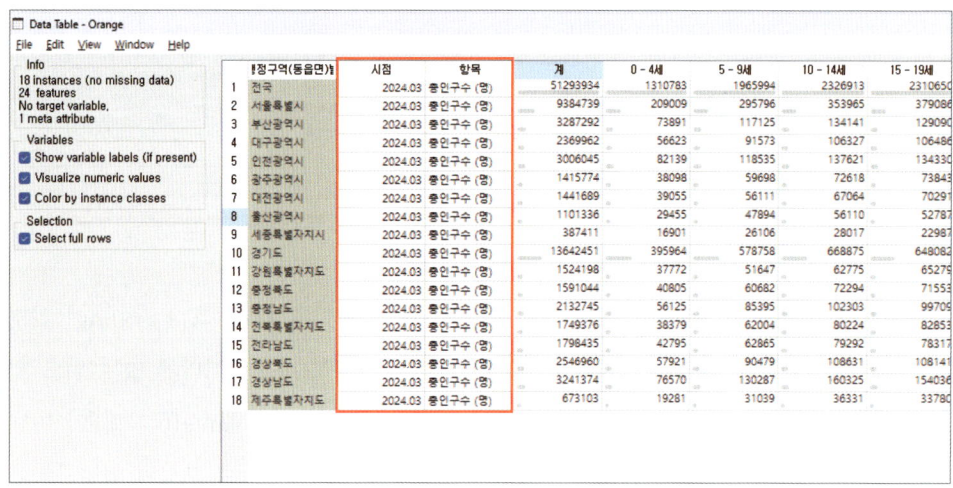

▶ 2024 주민등록인구 데이터

② Transform 카테고리에서 [Select Columns] 위젯을 가져와 [2024 주민등록인구] 위젯의 오른쪽에 연결한다. '시점'과 '항목' 속성을 Ignored 탭으로 이동시킨다.

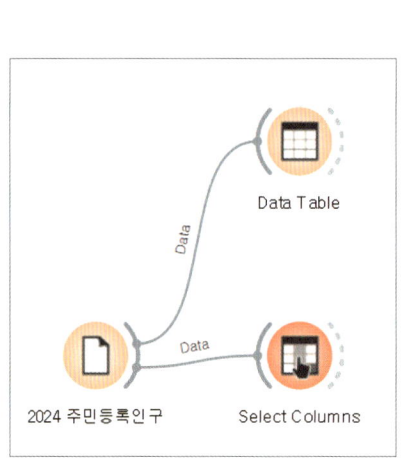

▶ [Select Columns] 위젯 연결하기

▶ [Select Columns] 위젯 팝업창

③ 이때 행정구역 속성에서 '전국'이라는 데이터는 위치 정보로 표현할 수 없으므로 [Select Rows] 위젯을 사용하여 제외시키도록 하자. Transform 카테고리에서 [Select Rows] 위젯을 가져와 [Select Columns] 위젯의 오른쪽에 연결한다.

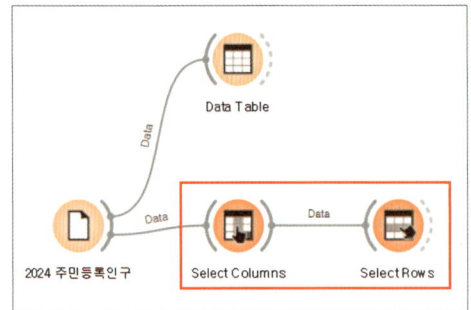 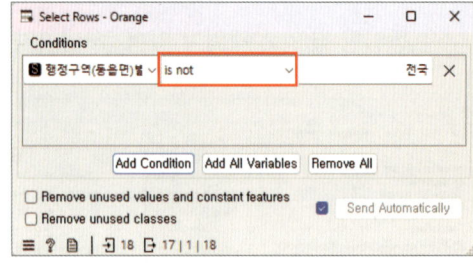

▶ [Selec Rows] 위젯 연결하기　　　　　▶ [Select Rows] 위젯 설정값

④ 이제 각 지역별 인구수를 코로플레스 맵으로 표현하기 위해서는 [Geocoding] 위젯을 [Select Rows] 위젯에 연결하여 행정구역별 주민등록인구 데이터에 없는 위도 및 경도 설정값을 구해야 한다. 이때 Identifier type은 'Country name(국가명)'이 아닌 'Region name(지명)'으로 설정해야 한다. 이때 오렌지3는 한글로 작성된 행정구역을 이해할 수 없으므로 영문명으로 검색하여 지원하는 형식에 맞춰 작성한다.

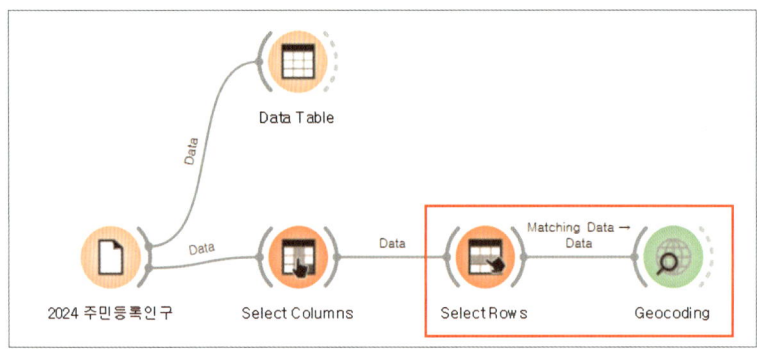

▶ [Geocoding] 위젯 연결하기

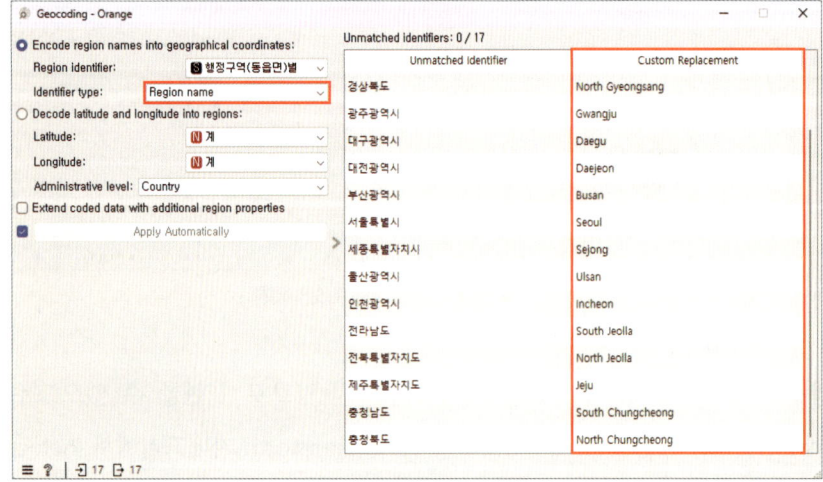

▶ [Geocoding] 설정값

⑤ [Data Table] 위젯을 활용하여 위도와 경도 데이터가 올바르게 생성되었는지 확인한다.

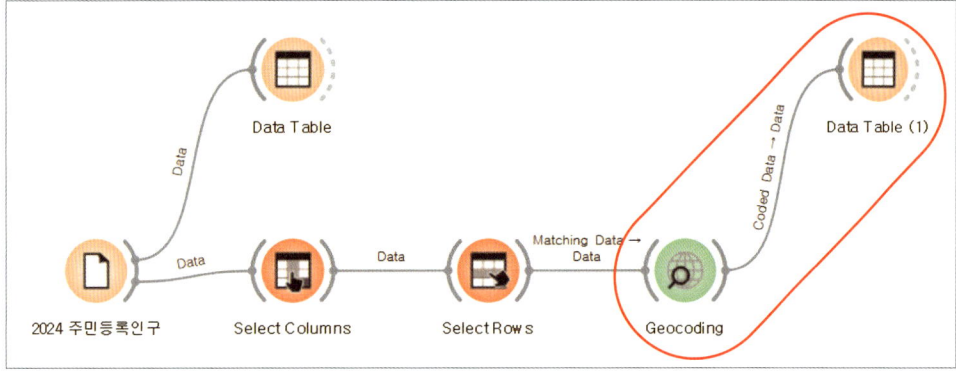

▶ [Data Table] 위젯 연결하기

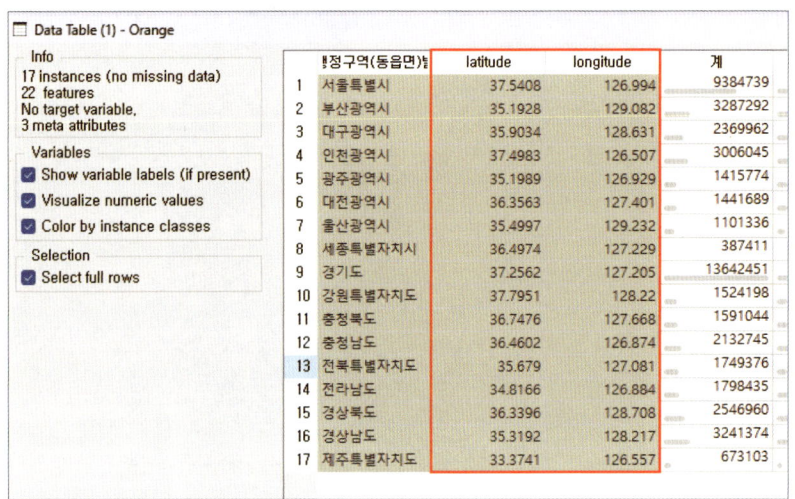

▶ 위도와 경도 값이 생성된 모습

데이터 시각화하기

마지막으로 [Choropleth Map] 위젯을 [Geocoding] 위젯 오른쪽에 연결하여 시각화한다.

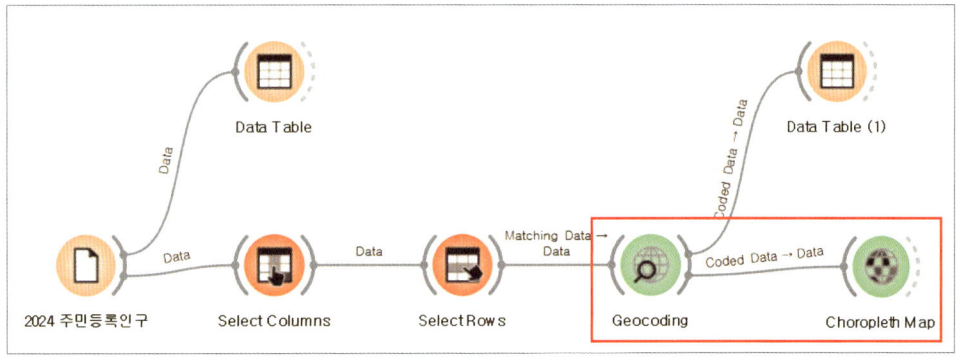

▶ [Choropleth Map] 위젯 연결하기

[Choropleth Map] 위젯을 더블클릭하여 나타난 팝업창에서 Controls 옵션을 조절하여 국가 단위부터 하위 단위로 영역을 세분화할 수 있으며, 통계의 기준이 될 속성 및 발생 횟수를 지정할 수 있다.

선택된 속성이 수치형 데이터라면 평균, 중앙값, 최댓값, 최솟값 및 표준편차를 옵션으로 지원하며, 범주형 데이터라면 인스턴스의 개수 및 모드(최빈값)를 옵션으로 지원한다. 그 밖에도 구간의 너비를 조정하거나 명암의 불투명도, 범례 표시를 지정할 수 있다.

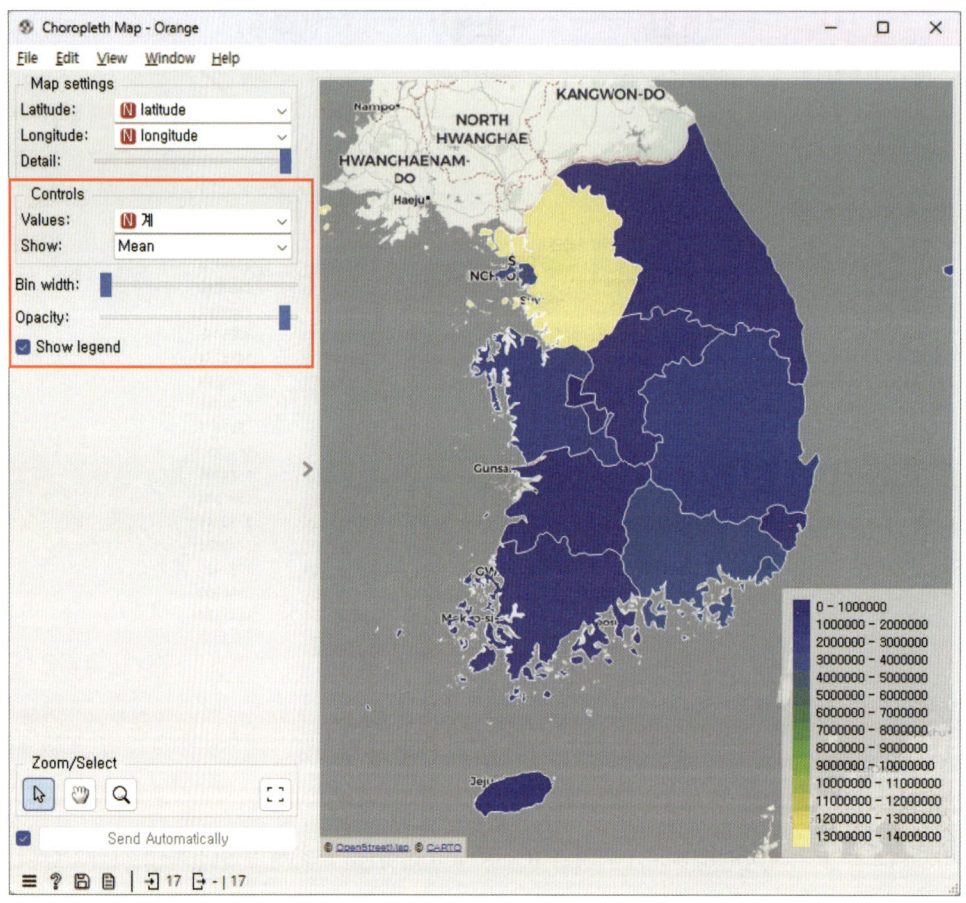

▶ [Choropleth Map] 위젯 팝업창

Controls 옵션의 Values 값을 변경하며 전국의 인구 변화를 확인해보자. 이때 각 속성은 지역별 나이에 따른 인구수 1개의 값만을 갖고 있기 때문에 Show 옵션을 'Mean'으로 설정했지만, 속성마다 행정구역별로 값이 하나만 있으므로 'Sum' 또는 'Median'을 사용해도 차이가 없다.

10년 사이의 전국 인구 변화를 비교하기 위해서는 다운로드 받은 2014년 데이터도 동일한 방법으로 위젯을 연결하면 된다. 그 전체 화면은 다음과 같다.

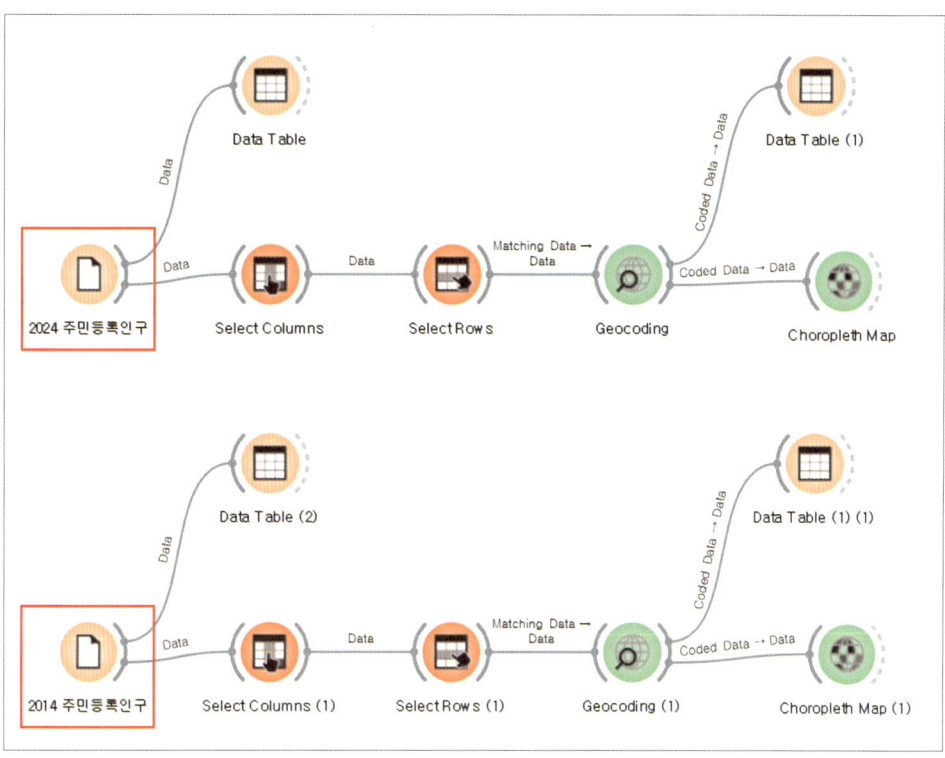

▶ 2014년과 2024년 행정구역별 주민등록인구 시각화 전체 코드

이를 토대로 2014년과 2024년의 5세에서 19세까지의 인구 변화를 정리하면 다음과 같다. 전체 인구수의 차이가 커서 완벽하게 비교할 순 없지만 Bin 옵션을 조절하여 인구수에 따른 색 표현을 비슷하게 맞춘 결과 상대적으로 2014년보다 2024년에 수도권과 그 외 지역의 대비가 더 강하다는 것을 확인할 수 있다.

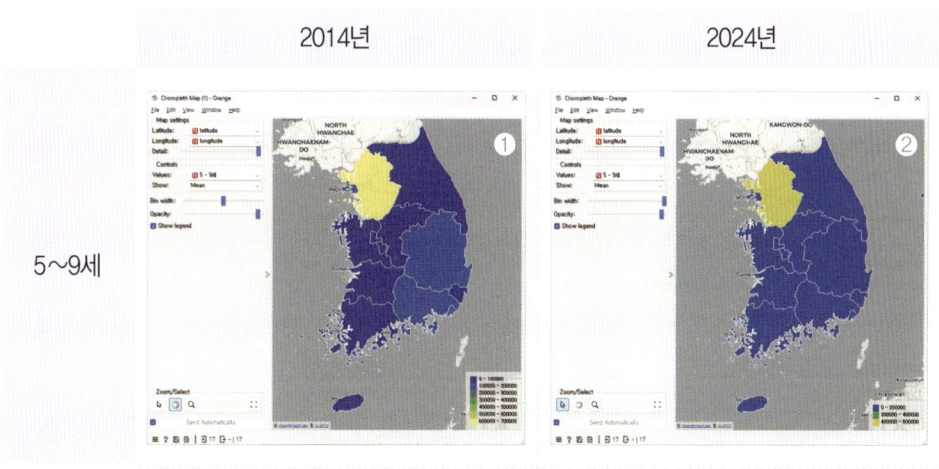

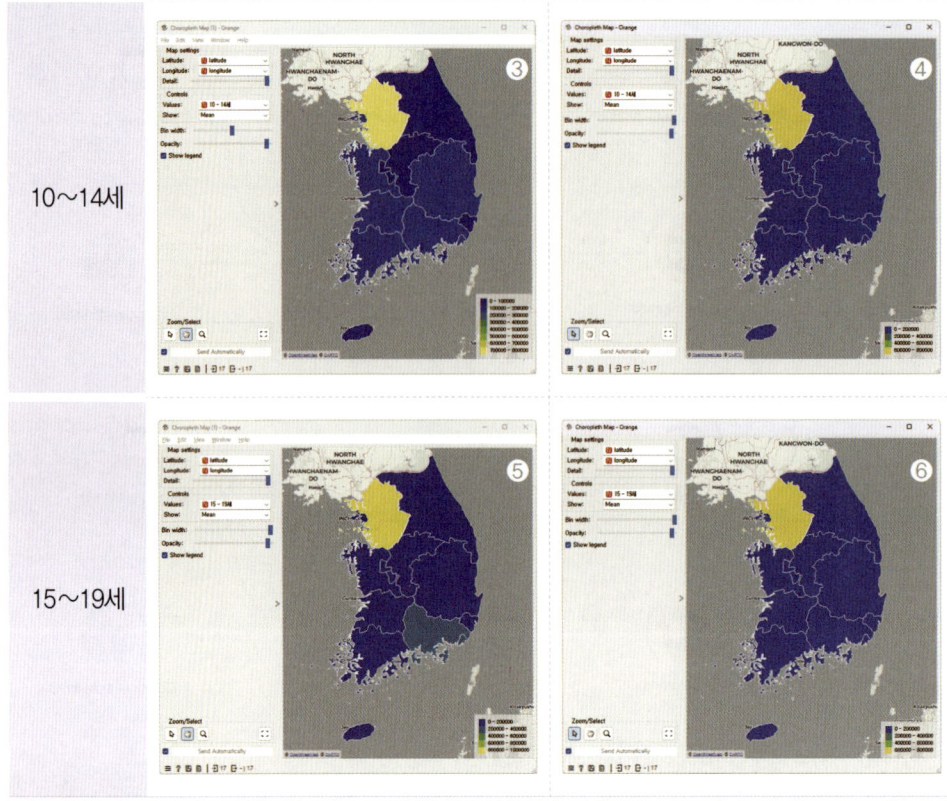

4. 그렇다면 학교급별 지역 편차도 존재할까?

전국 초·중등학교 위치 정보 데이터 다운로드

공공데이터포털에서 '전국 초·중등학교 위치 표준 데이터'를 다운로드 받을 수 있다. 해당 데이터는 청주대학교에서 제공하는 교육부 소관의 데이터로 학교ID, 학교명, 학교급 구분, 설립 일자, 설립 형태 등을 비롯하여 해당 학교의 도로명 주소와 위도, 경도 값이 포함되어 있다.

▶ 전국 초·중등학교 위치 표준 데이터
(https://www.data.go.kr/data/15021148/standard.do)

하단 데이터 목록에서 '청주대학교_지방교육재정연구원_초중등학교위치'를 클릭한 후 나타나는 팝업창의 다운로드 항목에서 'CSV' 버튼을 클릭하여 다운로드 받는다.

▶ CSV 파일 다운로드 받기 1

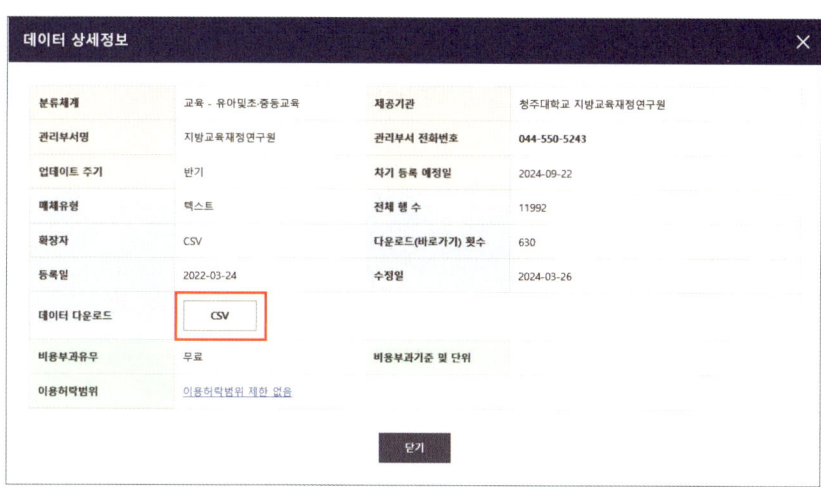

▶ CSV 파일 다운로드 받기 2

데이터 불러오기 및 전처리하기

① 빈 캔버스 위에 Data 카테고리의 [File] 위젯을 사용하여 전국 초·중등학교 위치 표준 데이터를 불러온다. 불러온 데이터를 [Data Table] 위젯으로 확인하면 다음과 같다.

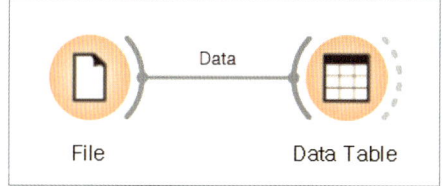

▶ 데이터 불러오기

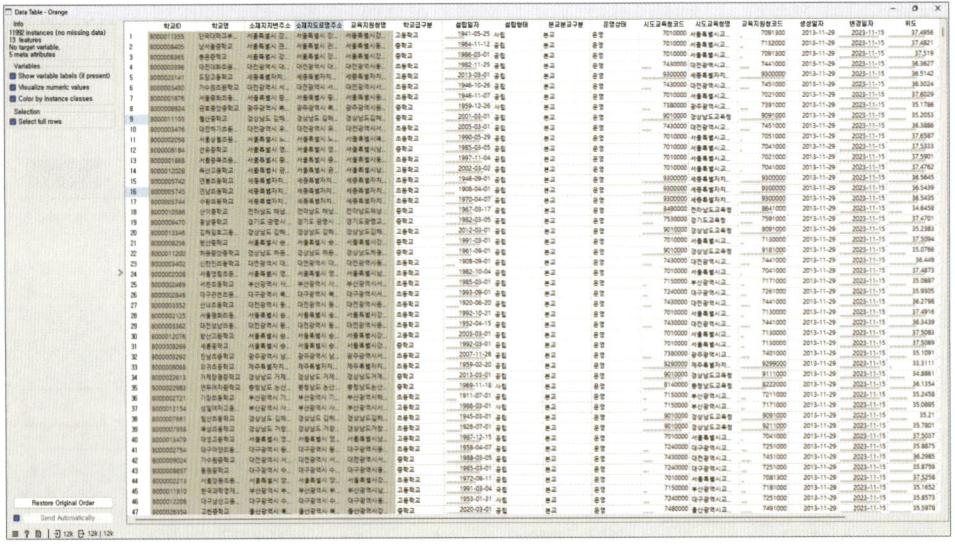

▶ 전국 초·중등학교 위치 표준 데이터

우리가 이번 실습에 필요한 것은 학교명, 학교급 구분, 위도, 경도 4개의 속성이므로 이 외의 나머지 속성을 제외할 수 있도록 [Select Columns] 위젯을 활용한다. [Select Columns] 위젯의 설정값을 다음과 같이 설정하여 불필요한 속성이 보이지 않도록 전처리한다.

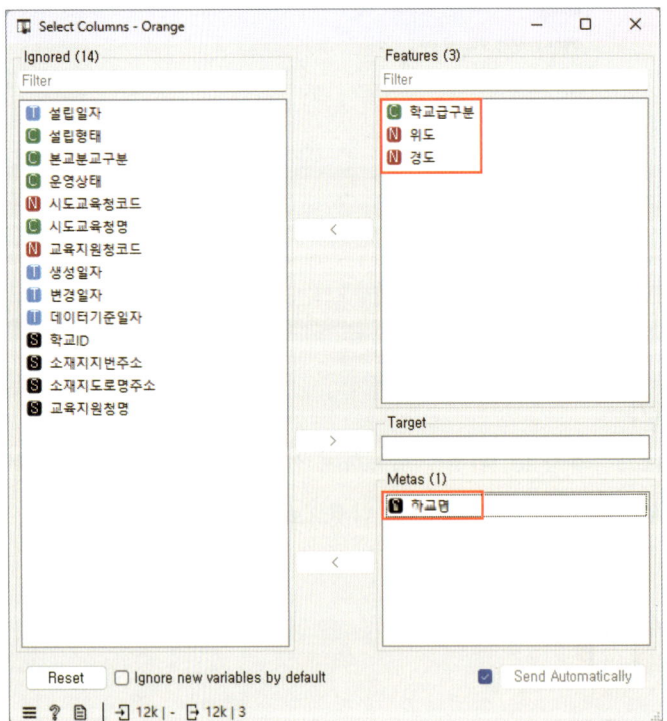

▶ [Select Columns] 위젯 팝업창

182

데이터 시각화하기

전국 초·중·고등학교 위치 정보를 지도 위에 표현하기

① [Select Columns] 위젯 오른쪽에 [Geo Map] 위젯을 연결한다.

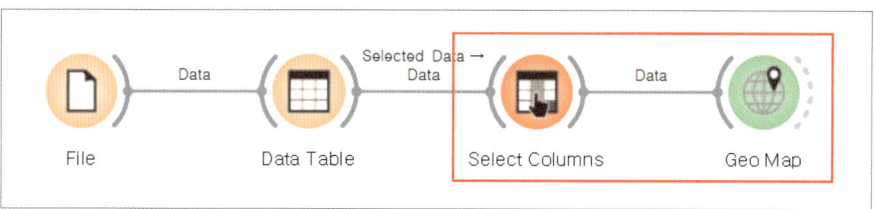

▶ [Geo Map] 위젯 연결하기

② [Geo Map] 위젯을 더블클릭하여 나타나는 팝업창에서 Attributes 옵션의 Color와 Shape를 모두 '학교급구분'으로 지정하면 다음과 같이 전국의 초등학교, 중학교, 고등학교의 위치가 구분되어 시각화됨을 확인할 수 있다.

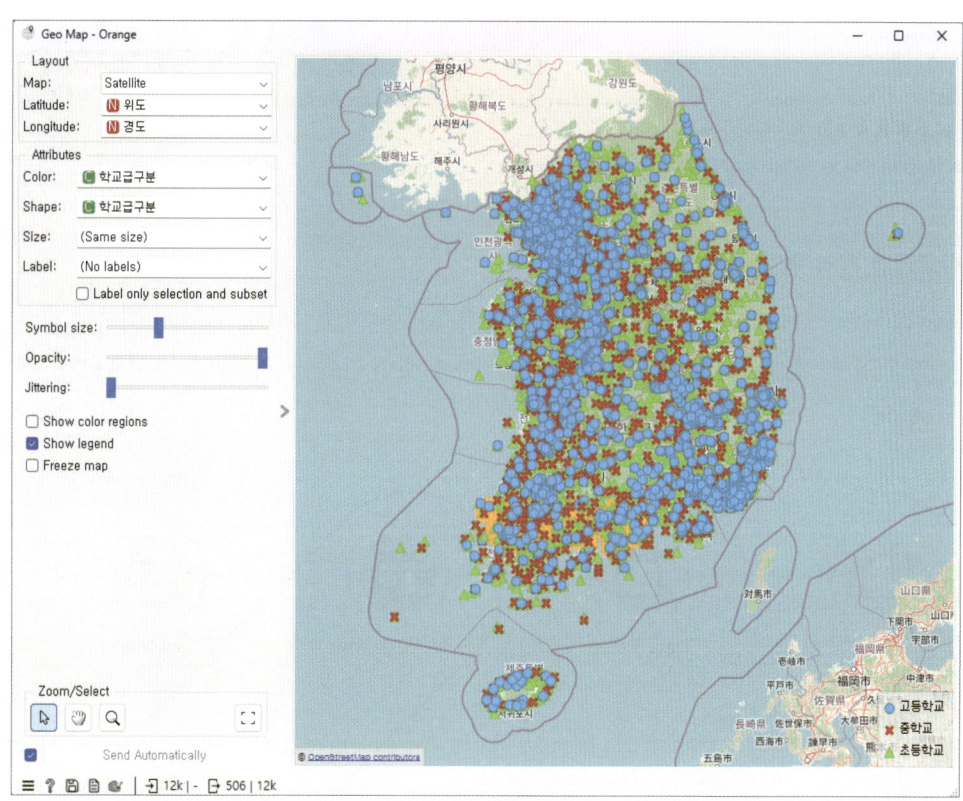

▶ [Geo Map] 위젯 팝업창

지도를 확대하여 고양시를 보면 초록색 삼각형은 초등학교, 빨간색 엑스는 중학교, 파란색 점은 고등학교를 표시하고 있음을 알 수 있다.

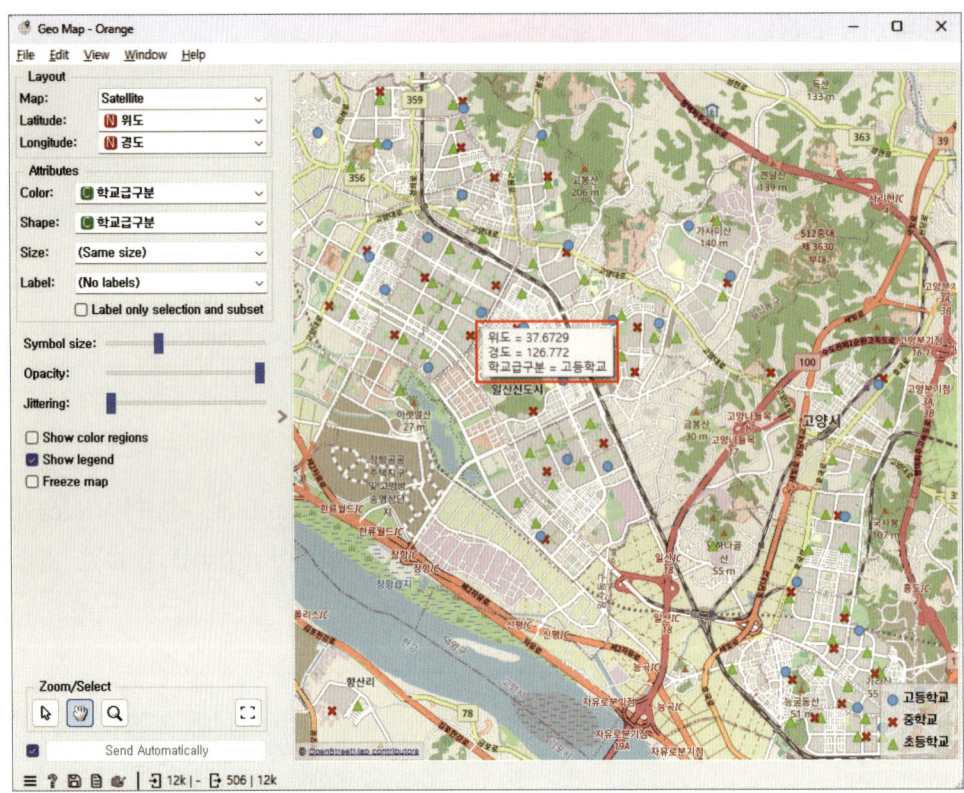

▶ Color와 Shape 옵션을 '학교급구분'으로 설정하였을 때

학교급별 지역 편차 시각화하기

① 이번에는 학교급별 지역 편차가 있는지를 확인하기 위해 [Select Rows] 위젯을 활용할 것이다. 전처리를 끝낸 [Select Columns] 위젯 오른쪽에 [Select Rows] 위젯을 연결한다.

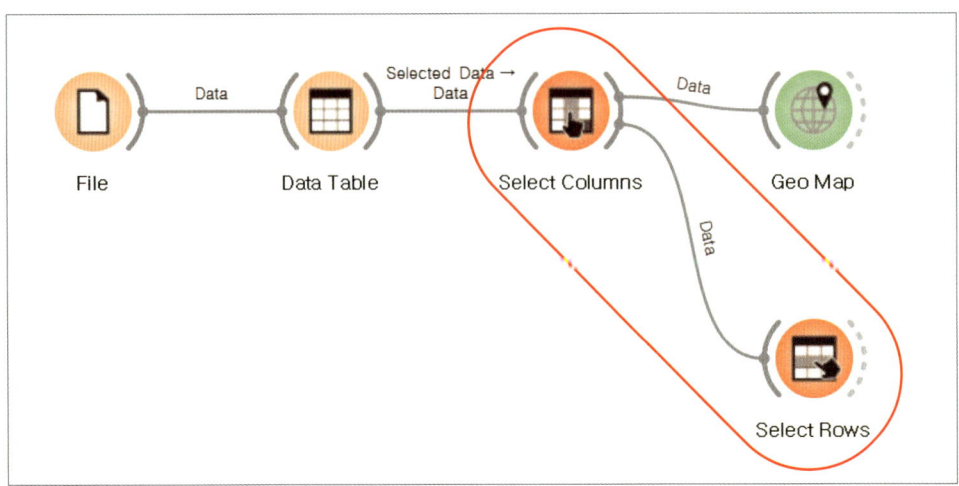

▶ [Select Rows] 위젯 연결하기

② 먼저 초등학교의 전국 분포를 확인하기 위해 [Select Rows] 위젯을 더블클릭하여 나타난 팝업창에서 Conditions 탭을 다음과 같이 설정한다.

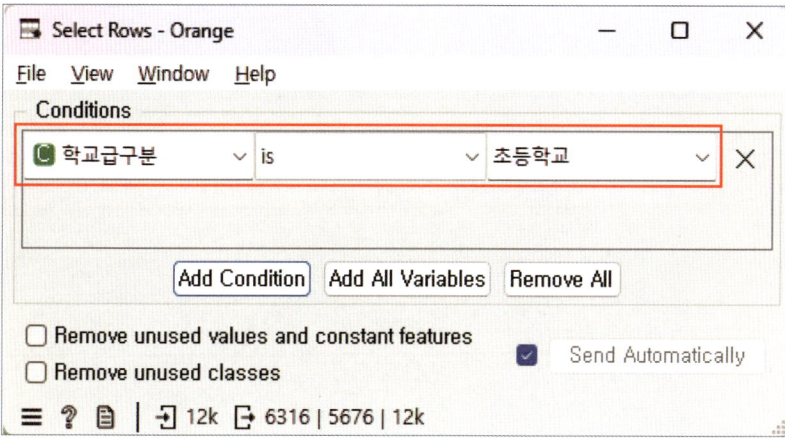

▶ [Select Rows] 위젯 팝업창

③ [Select Rows] 위젯 오른쪽에 [Geo Map] 위젯을 추가로 연결한다. [Geo Map (1)] 위젯을 더블클릭하여 나타난 팝업창에서 Attributes 탭의 Color 옵션을 '학교급구분'으로 지정하면 더욱 보기좋게 그래프를 표현할 수 있다. 모든 위젯이 연결된 전체 코드는 다음과 같다.

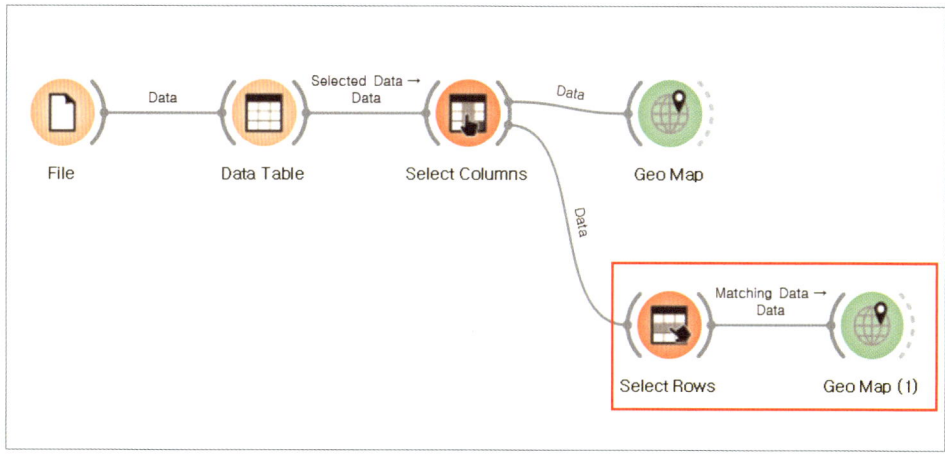

▶ [Geo Map] 위젯 연결하기

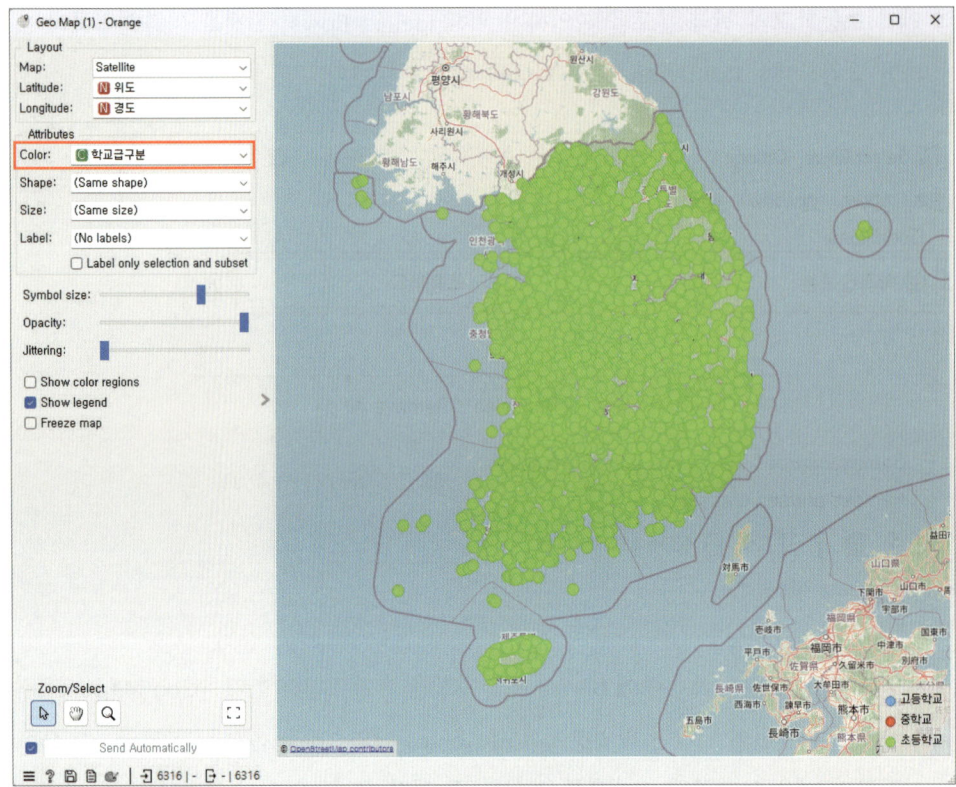

▶ [Geo Map] 위젯 팝업창

[Select Rows] 위젯의 Conditions 탭을 각각 '초등학교', '중학교', '고등학교'로 설정을 변경하면 아래와 같이 [Geo Map] 위젯의 그래프가 변경된다. 상대적으로 초등학교는 전국에 고르게 분포되어 있지만, 학교급이 올라갈수록 그 분포가 수도권에 밀집된 것을 확인할 수 있다.

▶ 초등학교   ▶ 중학교   ▶ 고등학교

5. 정리하기

초·중·고등학교의 위치 정보를 시각화해본 결과 초등학교의 경우 비교적 전국적으로 골고루 분포되어 있는 것을 확인할 수 있었으나, 중학교에서 고등학교로 올라갈수록 서울과 경기를 비롯한 수도권 지역에 집중적으로 분포되어 있는 것을 확인할 수 있었다. 이를 응용하여 최신 자료가 아닌 10년 전 학교 위치 정보 데이터와 비교한다면 전국적으로 변화한 학교의 분포를 비교할 수 있을 것이다.

이처럼 지리 정보를 바탕으로 시각화하여 활용한다면 상업 시설의 분포, 문화재의 분포 등 다양한 분야에서 활용이 가능할 것이다.

CHAPTER 3

: 교과융합 :

오렌지3로
교과과목 응용하기

미세먼지 데이터를 분석하여 푸른 하늘을 예측해보자

군집(K-means)

> **준비하기**
>
> 중학교 2학년인 우팝콘은 과학 수행평가를 보기 위해서 공부를 하고 있다. 과학 수행평가는 미세먼지가 우리 몸에 미치는 영향을 서술하고, 미세먼지 관련 데이터 분석 및 미세먼지에 대한 대처 방안을 보고서로 작성하는 것이다.
> 평소 과학을 좋아하는 팝콘이지만 미세먼지 관련 데이터를 찾고 미세먼지 데이터를 분석하는 것에 어려움을 느끼고 있다. 팝콘이는 더 나은 보고서를 작성하기 위해 정보 시간에 배운 오렌지3를 활용해서 미세먼지 데이터를 분석하려고 한다.
> 어떻게 오렌지3에서 미세먼지 데이터를 시각화하고 그 결과를 분석할 수 있을까?

1. 인공지능 알고 가기

이번 단원에서 미세먼지 데이터를 분석하기 위해서는 전처리 과정에 대한 이해가 필요하다. 전처리 과정이란 원본 데이터에서 분석에 필요한 데이터만 남기는 과정을 말한다. 효과적인 데이터 분석을 위해서는 전처리 과정을 거쳐야 한다. 이후 데이터들을 비슷한 것끼리 묶는 군집화를 통해 어느 시기에 미세먼지가 빈번히 발생하는지를 파악할 수 있다. 군집화를 하기 위해 이번 단원에서는 K-평균(K-means) 알고리즘을 사용할 것이다.

데이터 전처리

데이터를 알기 쉽게 표현하기 위해서는 데이터 모델링이 필요하다. 데이터 모델링이란 데이터 간의 관계를 시각적으로 표현한 결과물이다. 데이터 간의 관계를 시각적으로 표현한다면 데이터가 가진 의미를 더 쉽게 나타낼 수 있다.

데이터 모델링을 하기 위해서는 일정한 단계가 필요하다.

① 데이터 수집　② 데이터 탐색　③ 데이터 전처리　④ 데이터 모델링
(출처: 코딩유치원.tistory)

① 데이터 수집: 자신이 분석하려는 주제의 원본 데이터를 찾는다.
② 데이터 탐색: 데이터가 자신이 선택한 주제와 맞는지를 확인한다.
③ 데이터 전처리: 원본 데이터에서 자신이 찾으려는 주제와 연관된 데이터를 제외한 나머지 데이터를 제외시킨다.
④ 데이터 모델링: 필요한 데이터만 남으면 시각화를 통해 그래프를 만든다. 데이터를 시각화하면 자료를 분석하기에 용이해진다.

데이터 수집에서 데이터 모델링까지의 과정을 요리에 비유한다면 데이터 전처리는 재료를 손질하는 과정이다. 요리를 완성하기 위해 음식 재료에서 필요 없는 부분을 다듬듯이, 데이터 전처리도 모델링에 필요한 데이터와 필요하지 않은 데이터를 구분하고 필요 없는 데이터는 버린다.

K-평균(K-means) 알고리즘

데이터를 보기 쉽게 시각화하는 모델링에는 다양한 방식이 있는데, 비슷한 데이터끼리 묶어서 의미를 도출하는 방식인 K-평균(K-means) 알고리즘도 이 방식에 해당한다.

K-평균 알고리즘은 데이터를 K개의 군집으로 묶는 알고리즘이다. K-평균 알고리즘에서 군집은 비슷한 특성을 지닌 데이터들을 모아놓은 그룹을 뜻한다. 즉 K-평균 알고리즘이란 비슷한 데이터끼리 K개의 그룹으로 데이터를 묶어서 구분하는 알고리즘이다.

예를 들어, 개와 고양이, 아기 사진을 여러 장 두고 K-평균 알고리즘을 적용하여 데이터를 분석하면 비슷한 모양에 따라 강아지 그룹, 고양이 그룹, 아기 그룹으로 사진을 나눌 것이다.

(출처: tyami's study blog)

K-평균 알고리즘은 정답(레이블label) 없이 데이터를 분석하는 비지도 학습의 일종이다. 따라서 데이터를 분석할 때 답을 정해두지 않아도 사용자가 원하는 군집화의 개수만큼 그룹을 묶어준다. 또한 데이터의 특징에 따라 군집화가 이루어지므로 시각화하기 좋고 시각화된 결과를 토대로 결과를 해석하기 쉽다.

2. 데이터 준비하기

'서울 열린데이터 광장' 사이트에 접속하고 '서울시 일별 평균 대기오염도 정보'를 검색하면 연도별로 서울 권역별, 구별 미세먼지 현황을 기록해놓은 자료를 볼 수 있다.

▶ '서울 열린데이터 광장' 사이트에서 '서울시 일별 평균 대기오염도 정보'를 검색하는 과정

'파일내려받기' 목록에서 확인하고 싶은 연도의 오염도 파일을 다운로드 받으면 된다. 예를 들어, 노원구의 2018년부터 2022년까지의 미세먼지 데이터를 분석할 때는 '서울 열린데이터 광장' 사이트에서 '일별평균대기오염도_2018.csv'부터 '일별평균대기오염도_2022.csv'까지 엑셀 파일을 다운로드 받으면 된다.

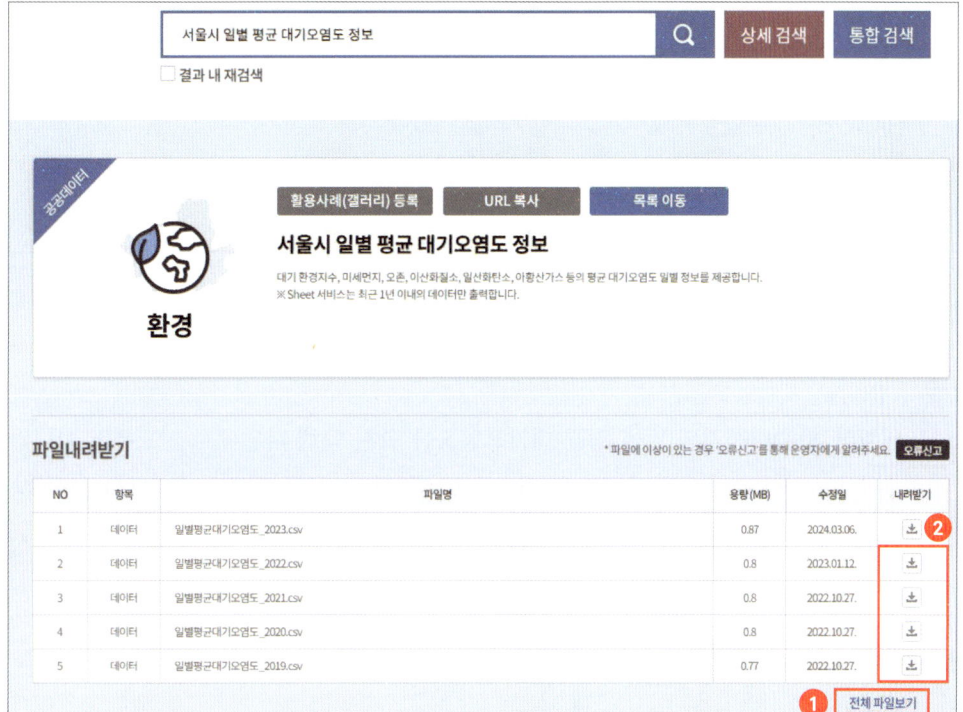

▶ '서울 열린데이터 광장' 사이트에서 '서울시 일별 평균 대기오염도 정보'를 다운로드 받기

3. 데이터 불러오기와 전처리하기

엑셀 파일에서 전처리

다운로드 받은 파일에서 노원구 5개년 기상 데이터를 추출하겠다.

우선 '일별평균대기오염도_2022.csv' 파일을 열어 '데이터-필터'를 차례로 클릭한 후 '측정소명'에서 '노원구'로 필터를 설정한다. 나머지 '일별평균대기오염도_2018.csv', '일별평균대기오염도_2019.csv', '일별평균대기오염도_2020.csv', '일별평균대기오염도_2021.csv' 파일도 똑같이 필터를 적용하고 2018년부터 2022년까지의 엑셀 파일을 하나의 엑셀 파일로 만든다.

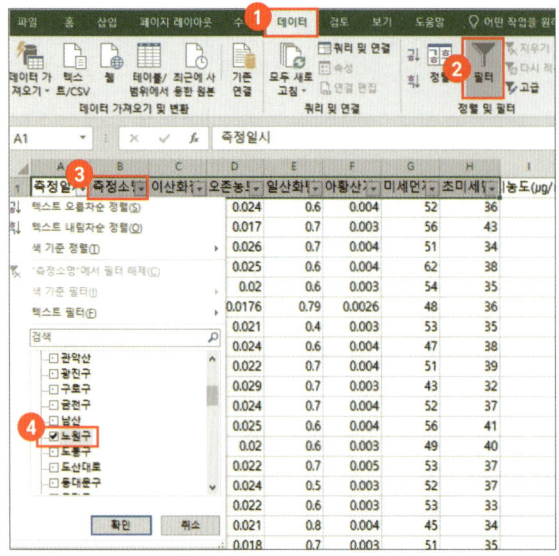

▶ 엑셀 파일에서 필요한 내용을 필터로 추출하는 과정(전처리 과정)

2018년부터 2022년까지의 일별 평균 대기오염도를 합친 엑셀 파일에서 연도뿐만 아니라 월별 미세먼지 정도를 파악하기 위해 측정 일시를 '연도-월일'로 나눈다. 즉 미세먼지를 측정한 연도와 월일을 분리시키는 것이다. 측정 일시가 적혀 있는 A열을 클릭한 이후 상단 메뉴에서 '데이터'를 클릭하고 나서 '텍스트 나누기'를 클릭한다.

▶ 측정 일시를 '연도-월일'로 나누기 위해 '데이터-텍스트 나누기' 클릭

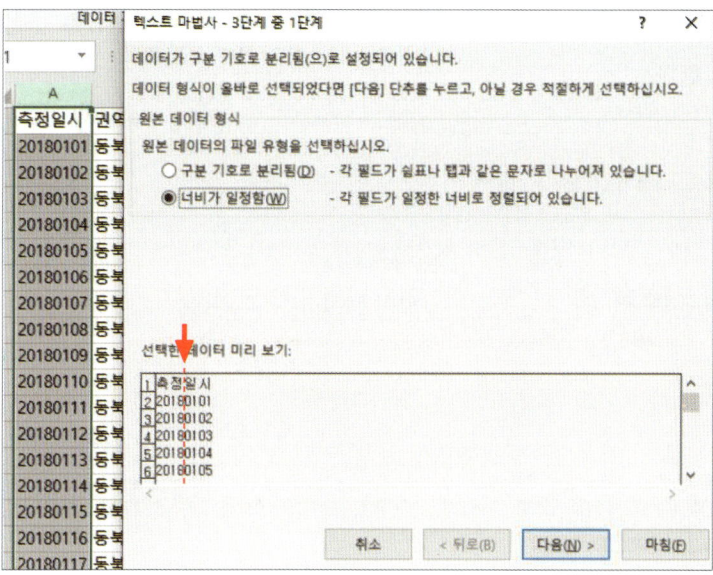

▶ 연도와 월일을 나누는 선 클릭

2018년부터 2022년까지 일별 평균 대기오염도를 합친 엑셀 파일에서 측정 일시가 '연도-월일'로 나뉜 것을 확인할 수 있다. 이는 시기별 미세먼지 정도를 연도별, 날짜별로 정확히 파악하기 위해 셀을 나눈 것이다.

	A	B	C	D	E	F	G	H	I
1	연도	월일	측정소명	이산화질	오존농도	일산화탄	아황산가	미세먼지	초미세먼지농도
2	2018	101	노원구	0.034	0.011	0.8	0.007	42	21
3	2018	102	노원구	0.032	0.015	0.8	0.006	40	22
4	2018	103	노원구	0.018	0.022	0.5	0.006	36	19
5	2018	104	노원구	0.032	0.013	0.6	0.006	48	26
6	2018	105	노원구	0.044	0.008	0.9	0.007	63	40
7	2018	106	노원구	0.041	0.01	0.8	0.007	49	31
8	2018	107	노원구	0.048	0.005	1	0.007	57	39
9	2018	108	노원구	0.046	0.009	0.9	0.007	61	43
10	2018	109	노원구	0.015	0.029	0.4	0.006	39	18
11	2018	110	노원구	0.015	0.024	0.4	0.005	34	13
12	2018	111	노원구	0.014	0.023	0.4	0.006	34	22
13	2018	112	노원구	0.028	0.017	0.5	0.006	26	15
14	2018	113	노원구	0.051	0.003	0.9	0.007	55	38
15	2018	114	노원구	0.048	0.008	1	0.007	76	57
16	2018	115	노원구	0.052	0.013	0.9	0.008	66	42
17	2018	116	노원구	0.07	0.004	1.3	0.009	114	81
18	2018	117	노원구	0.054	0.009	1	0.004	106	79
19	2018	118	노원구	0.037	0.019	0.8	0.007	83	53
20	2018	119	노원구	0.032	0.022	0.7	0.007	57	27
21	2018	120	노원구	0.047	0.016	1	0.008	90	54
22	2018	121	노원구	0.034	0.018	0.7	0.007	57	31
23	2018	122	노원구	0.043	0.009	0.8	0.006	46	26
24	2018	123	노원구	0.011	0.032	0.3	0.005	25	11
25	2018	124	노원구	0.013	0.029	0.4	0.005	29	10
26	2018	125	노원구	0.013	0.029	0.4	0.005	25	12
27	2018	126	노원구	0.016	0.026	0.5	0.006	34	20
28	2018	127	노원구	0.039	0.011	0.8	0.006	53	
29	2018	128	노원구	0.024	0.024	0.6	0.006	37	
30	2018	129	노원구	0.017	0.028	0.4	0.006	45	16
31	2018	130	노원구	0.047	0.007	0.8	0.007	46	25

▶ 측정 일시를 연도-월일로 나눈 결과

'다른 이름으로 저장'을 통해 전처리한 엑셀 파일을 엑셀 파일(.xlsx)이 아닌 쉼표로 구분된 값 파일(.csv)로 저장한다.

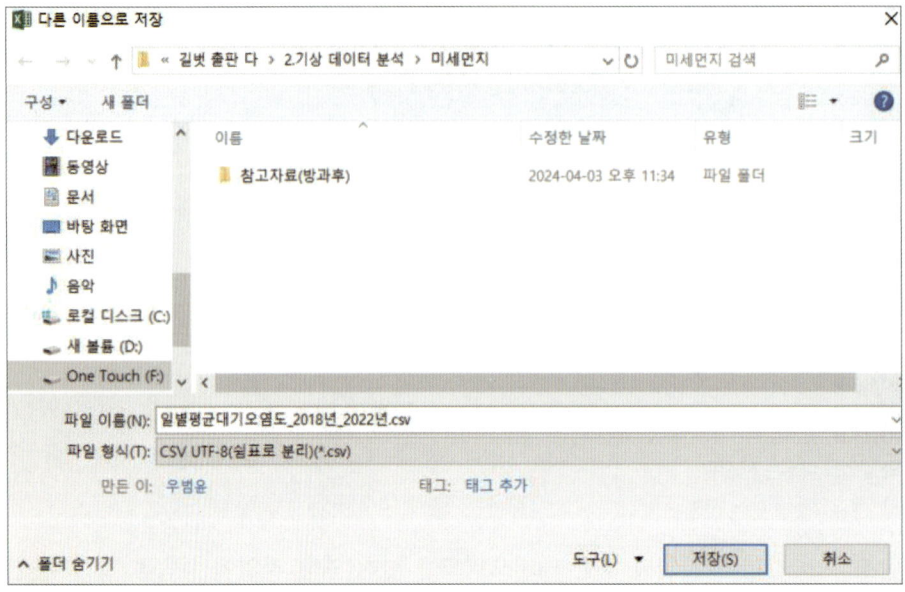

▶ 측정 일시를 연도-월일로 나눈 셀을 가진 파일 저장

오렌지3의 [File] 위젯에 2018년부터 2022년까지의 일별 평균 대기오염도를 합친 엑셀 파일을 업로드한다.

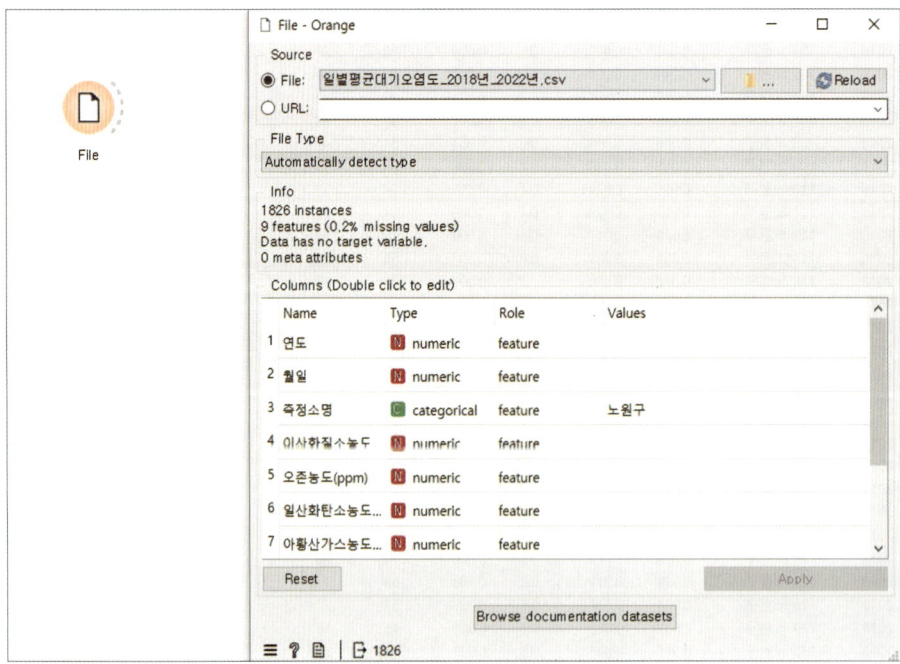

▶ 측정 일시를 연도-월일로 나눈 셀을 가진 파일을 [File] 위젯을 클릭하여 업로드

원본 데이터 파일에 대한 표를 확인한 결과, 미세먼지 농도 또는 초미세먼지 농도 이외의 여러 데이터 속성이 나와 있는 것을 알 수 있다. 전처리 과정을 통해 핵심 내용만 남길 필요가 있다.

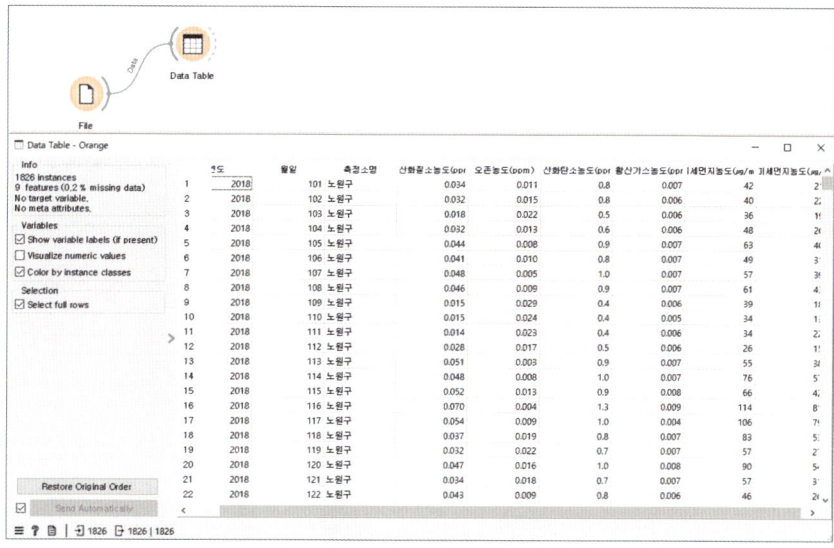

▶ [File] 위젯에 [Data Table] 위젯을 연결한 모습

Transform 탭에서 [Select Columns] 위젯을 통해 필요한 속성만 추출할 수 있다. 시기가 포함된 '연도'와 '월일', 찾으려는 데이터인 '미세먼지 농도', '초미세먼지 농도'를 제외한 나머지 속성들은 Ignored 부분으로 옮긴다.

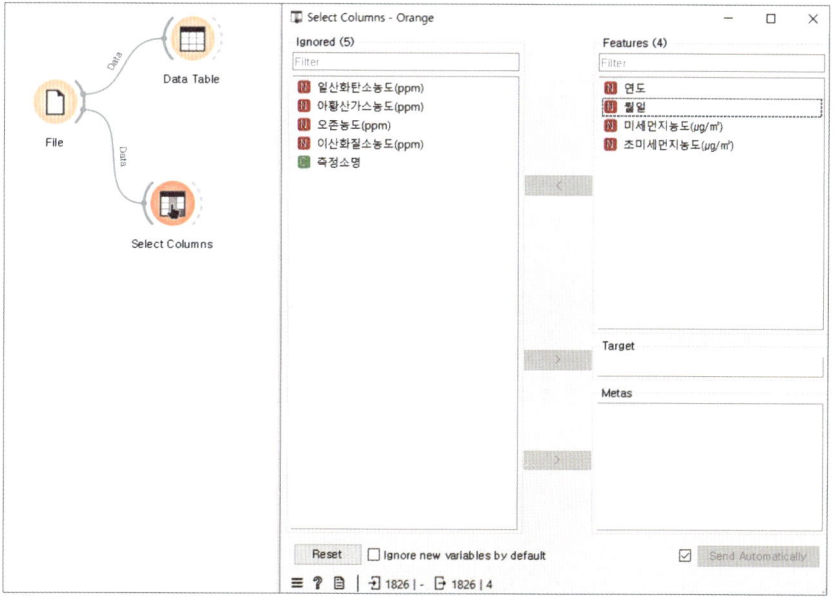

▶ 필요한 데이터를 제외한 속성을 Ignored 부분으로 옮긴 모습

[Select Columns] 위젯에 [Data Table] 위젯을 연결하여 전처리된 데이터를 확인한다. 전처리 과정을 거친 결과 데이터에서 '연도', '월일', '미세먼지 농도', '초미세먼지 농도'만 나와 있는 것을 확인할 수 있다.

정확한 데이터 분석을 위해 결측치를 제거해야 한다.

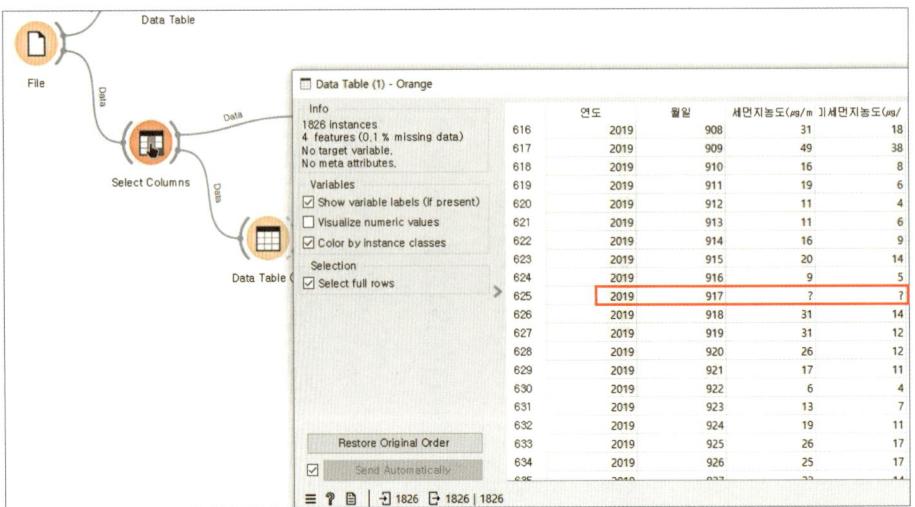

▶ [Select Columns] 위젯에 [Data Table] 위젯을 연결한 모습. 2019년도 917(9월 17일)에 결측치가 있다.

Transform 탭에서 [Impute] 위젯을 불러와 [Select Columns] 위젯에 연결한다. [Impute] 위젯 클릭 후 'Remove instances with unknown values'를 체크하여 결측치 내용을 제거하도록 한다.

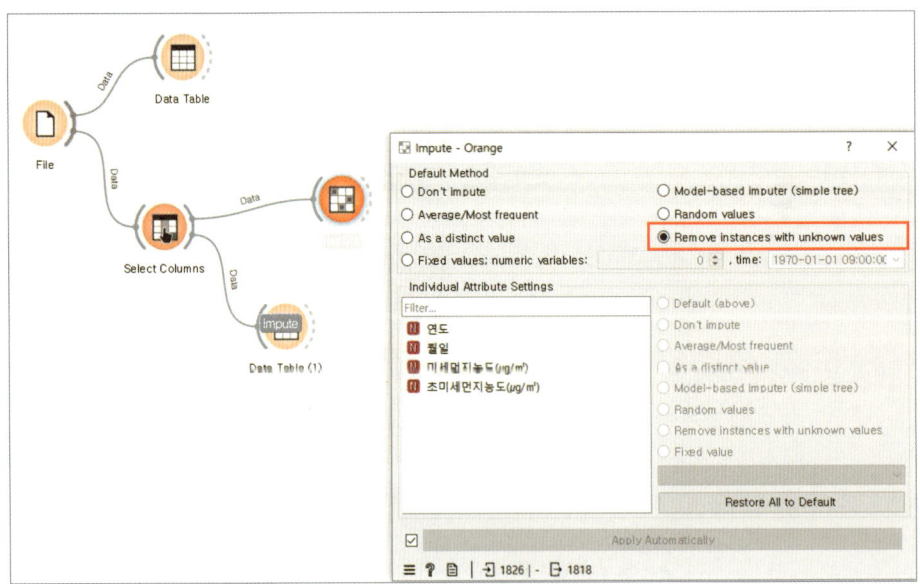

▶ 결측치 데이터를 제거하는 모습

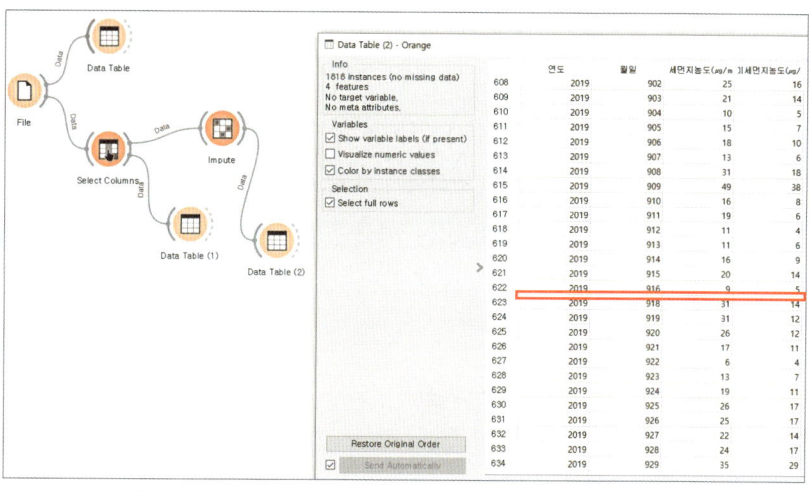

▶ 2019년도 917(9월 17일)에 있었던 결측치가 [Impute] 위젯을 거치고 사라진 모습

4. K-평균 알고리즘을 통한 분류

K-평균 알고리즘 적용하기

Unsupervised 탭에서 [k-Means] 위젯을 불러와 [Impute] 위젯과 연결한다. 이후 [k-Means] 위젯을 더블클릭하고, 'Fixed'로 되어 있는 기본 설정을 'From'으로 바꾸어 군집화의 품질을 평가하는 지표인 Silhouette Scores(실루엣 스코어)를 살펴보자.

Silhouette Scores는 군집화의 품질을 평가하는 지표를 나타낸다. 미세먼지 데이터를 K-평균 알고리즘으로 분석한 결과, Silhouette Scores가 가장 높은 것은 숫자 2이다. 즉 Silhouette Scores 2에서 8 중 숫자 2가 제일 명확하게 군집화할 수 있다. 2개의 군집화를 통해 데이터를 모델링하자.

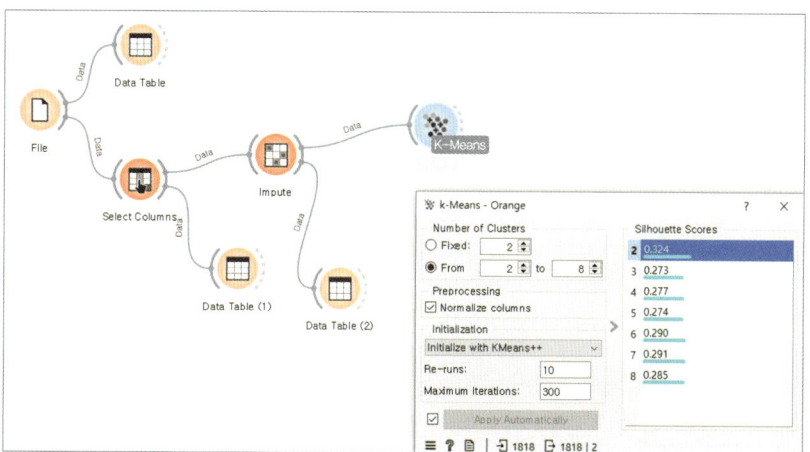

▶ [k-Means] 위젯을 [Impute] 위젯과 연결한 모습. Silhouette Scores가 가장 높은 것이 2개의 군집화다.

군집화의 결과를 시각적으로 살펴보기 위해 Visualize 탭에서 [Scatter Plot] 위젯을 불러와 [k-Means] 위젯과 연결한다.

Scatter Plot(산점도)에서 x축(Asix x)에 '월일', y축(Asix y)에 '미세먼지 농도'를 설정하고 Attributes(속성)에서 Color(색상)에 'Cluster(군집화)', Shape(모양)에 'Cluster(군집화)'를 설정한다. 추가적으로 산점도 속 원의 크기(Size)는 '미세먼지 농도'로 설정한다.

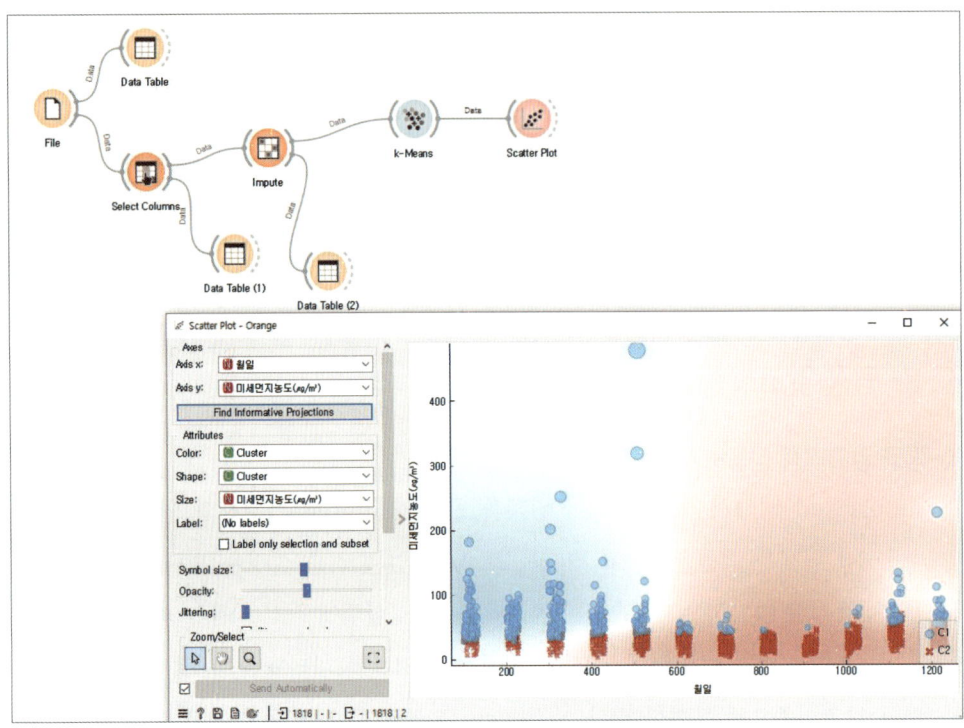

▶ [Scatter Plot] 위젯을 [k-Means] 위젯에 연결한 후 [Scatter Plot] 위젯을 클릭한 모습

5. 정리하기

산점도(Scatter Plot)를 통해 날짜별 미세먼지 농도의 분포를 확인할 수 있다. 또한 K-평균(K-means) 알고리즘을 통해 월별 미세먼지 농도의 정도를 파악할 수 있다.

2개의 군집화 결과 1월부터 5월에 미세먼지 농도가 심한 것을 확인할 수 있다. 즉 푸른 하늘은 주로 6월부터 10월에 볼 수 있다.

이 그래프는 과거 5개년 동안 측정한 미세먼지 그래프의 평균 결과이다. 이를 통해 앞으로도 비슷한 추세로 연도별 상반기에 미세먼지 농도가 심해질 것으로 예측해볼 수 있다. 즉 데이터 분석 결과 우리는 여름과 가을에 푸른 하늘을 볼 수 있다. 추가적으로, y축(Asix y)에 초미세먼지 농도를 설정하여 날짜별 초미세먼지 농도도 확인할 수 있다.

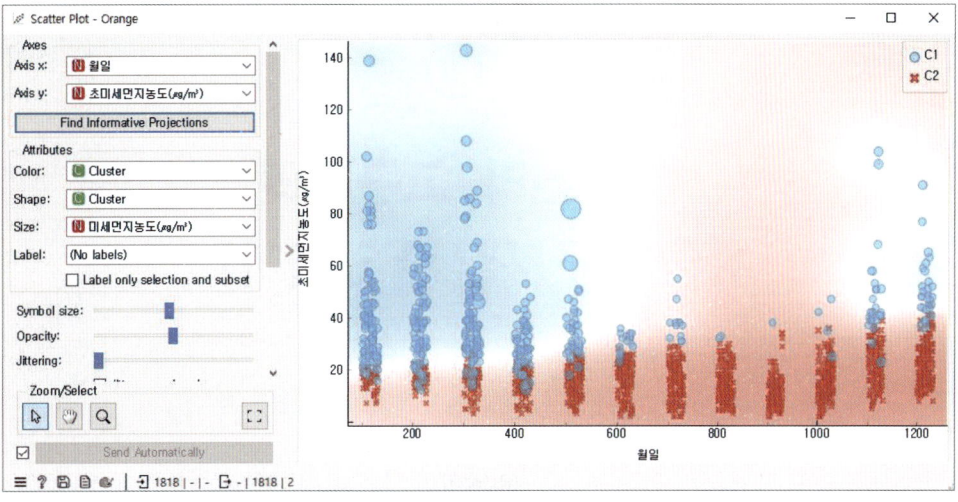

▶ 월별 초미세먼지 농도도 산점도로 확인할 수 있다.

백제, 신라, 고구려의 유물을 구분할 수 있을까?

로지스틱 회귀

> **준비하기**
>
> 코넛이는 한국사를 공부하던 중 삼국시대의 백제, 신라, 고구려의 문화재에 대해서 관심을 갖게 되었다. 그런데 다른 친구들이 한국사를 공부하면서 삼국시대의 문화재를 구분하는 게 어렵다고 해서 인공지능을 활용해 문화재를 분류할 수 있는 방법에 대해 고민하게 되었다. 문화재를 인공지능에게 학습시켜 구분할 수 있는지 궁금하고, 문화재 분류 과정은 어떻게 진행될까?

1. 알고 가기

회귀(Regression)는 관찰된 변수 사이의 모형을 구한 뒤 적합도를 측정하는 분석 방법이다. 지도 학습의 한 형태로, 시간에 따라 변화하는 데이터나 인과관계 모델링의 통계적 예측에 이용된다. 회귀는 종속변수와 독립변수 사이의 관계에 따라 구분하며, 하나의 독립변수일 경우 단순회귀분석, 여러 독립변수일 경우 다중회귀분석이라 한다.

회귀는 선형 회귀, 로지스틱 회귀, 리지 회귀 등의 방법이 있으며 그중에서 오늘은 로지스틱 회귀를 실습하자.

로지스틱 회귀

로지스틱 회귀는 선형 회귀와 유사하지만, 종속변수가 범주형 데이터를 대상으로 해 데이터의 결과가 특정 분류로 나뉘므로 분류 기법으로 사용할 수 있다.

로지스틱 회귀는 종속변수가 '합격, 불합격'과 같이 2개의 카테고리를 가지는 이방형 로지스틱 회귀와 '초코 우유, 바나나 우유, 딸기 우유'와 같이 여러 종속변수의 결과를 가지게 되는 다방형 로지스틱 회귀 분석이 있다.

로지스틱 회귀는 결과가 수치적인 확률로 나타나지 않고 제시된 범주에서 결과로 나타나게 된다. 예를 들어 국어, 수학, 영어 성적을 가지고 대학교에 지원했을 때 일정 확률이 넘을 경우 합격이고, 그렇지 않을 경우 불합격의 결과를 제시하게 된다. 이때 확률을 계산하는 로지스틱 함수를 가지고 계산한다.

그럼 이제 본격적으로 백제, 신라, 고구려 문화재를 분류해보자.

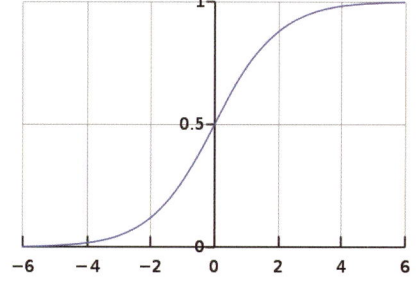

▶ 로지스틱 회귀 분석 그래프

2. 데이터 불러오기

이미지를 통해서 문화재가 어느 나라의 문화재인지 맞히기 위해서는 백제, 신라, 고구려 각 나라의 문화재 데이터를 구해야 한다. 그래서 문화재청의 '국가문화유산포털'에서 문화재의 이미지 데이터를 얻는다.

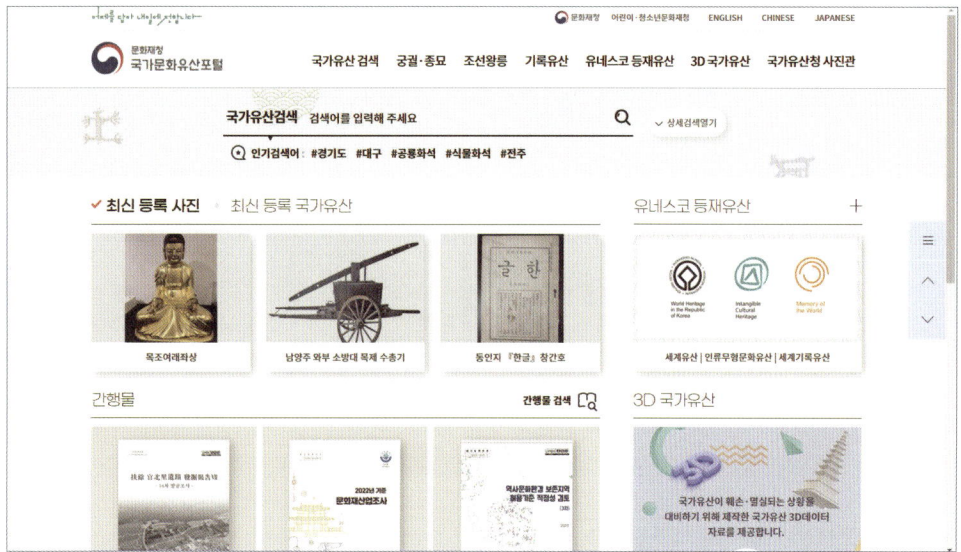

▶ '국가문화유산포털' 사이트

국가문화유산포털에서 이미지를 직접 다운로드 받아서 사용해도 무방하나, 제공된 데이터와 동일하기 때문에 실습 데이터 사용을 추천한다. 시대별 문화재 데이터를 찾는 방법은 '국가유산 검색-국가유산 검색'을 선택한 뒤에 시대별로 선택하면 이미지 데이터를 찾을 수 있다.

▶ 국가유산 검색창

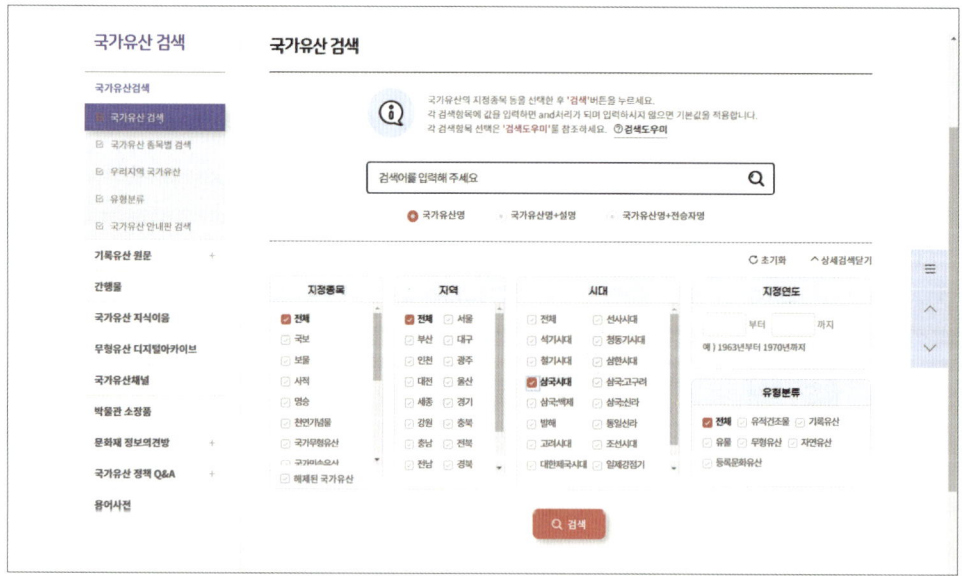

▶ 국가유산 검색창에서 '삼국시대' 조건 입력

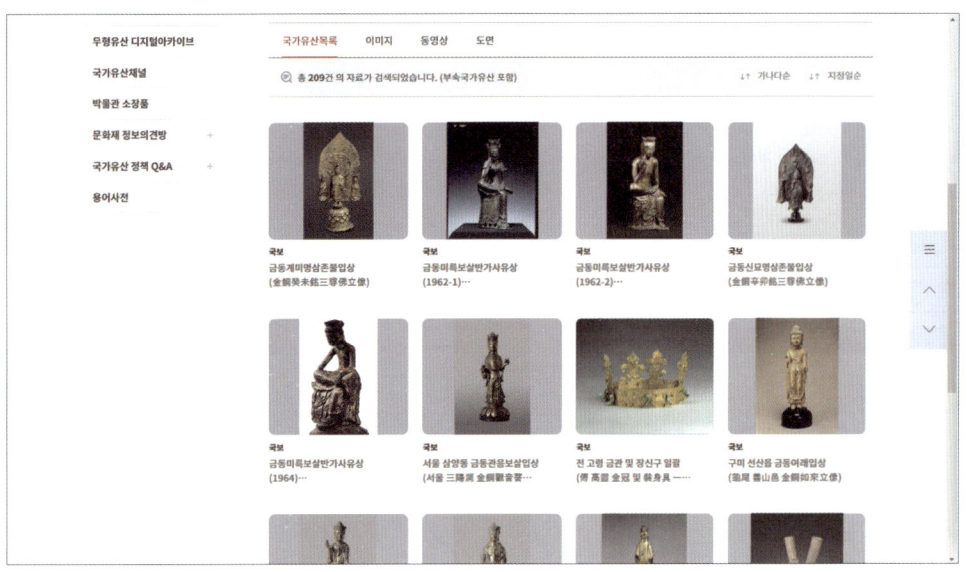

▶ 국가유산 검색창에서 '삼국시대' 검색 결과

시대를 '삼국:백제', '삼국:신라', '삼국:고구려'로 선택하여 각각의 문화재를 검색할 수 있다. 각 국가별로 검색해 문화재 이미지를 저장하여 실습에 사용한다.

국가별로 검색을 하면 백제는 165개의 문화재 자료를 제공하고, 신라는 137개의 문화재 자료를 제공하는 반면, 고구려 문화재는 연구에 대한 제약으로 인해 7개만 제공된다. 그래서 백제, 신라, 고구려를 정확하게 분류하기에는 고구려의 데이터가 너무 적다는 아쉬움이 있다.

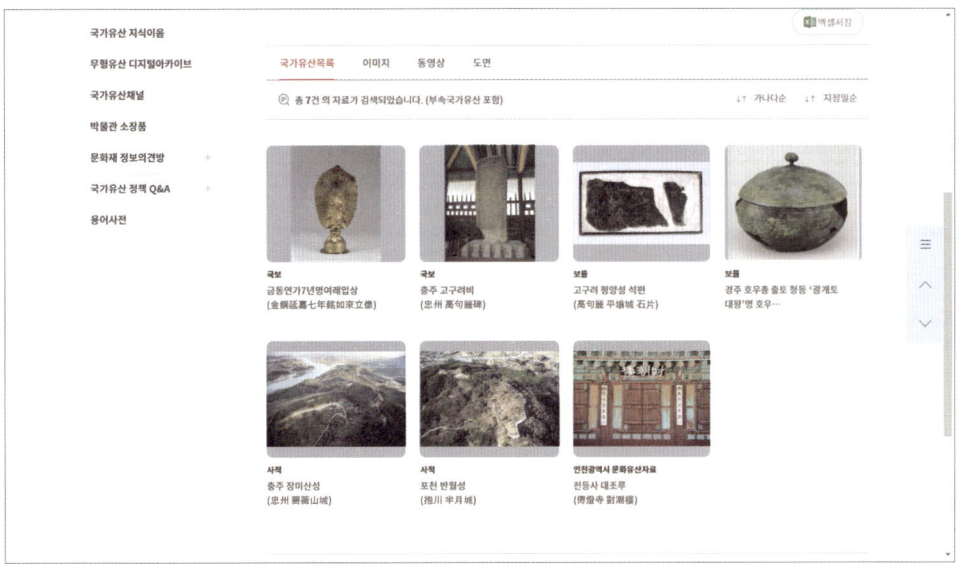

▶ 국가유산 '삼국:고구려' 검색 결과

3. 데이터 전처리하기

국가별로 수집한 이미지 데이터를 오렌지3에서 사용하기 위해서 Image Analytics 탭을 추가로 설치해야 한다. 'Options'에서 'Add-ons…'를 선택하여 추가적인 위젯을 설치할 수 있다.

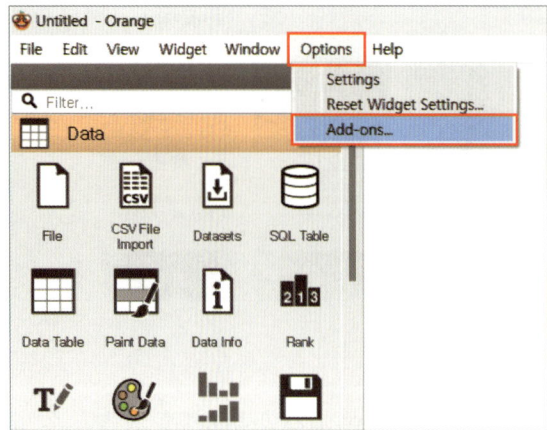

▶ Image Analytics 탭 추가 1

그중에서 'Image Analytics'를 선택하고 'Install'로 되면 'OK' 버튼을 눌러 설치한다.

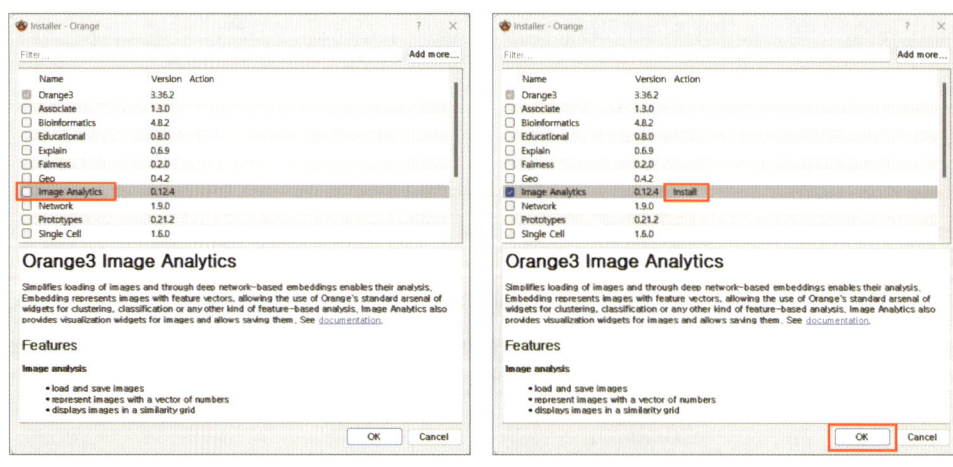

▶ Image Analytics 탭 추가 2   ▶ Image Analytics 탭 추가 3

Image Analytics 탭에서는 5개의 기능을 제공하며, 오렌지3에서 이미지를 사용하여 분석할 수 있도록 돕는다.

먼저 [Import Images] 위젯을 이용하여 준비한 이미지 데이터를 불러올 수 있다.

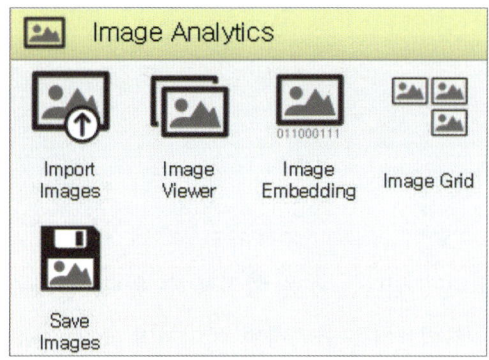

▶ Image Analytics 탭의 위젯들　　　　　　　　▶ [Import Images] 위젯 추가

[Import Images] 위젯을 클릭하여 이미지 데이터가 저장되어 있는 학습 데이터 폴더를 선택하면 폴더 안에 있는 백제, 신라, 고구려 폴더를 카테고리로 인식하고 안의 이미지 데이터에 자동으로 라벨링을 하게 된다.

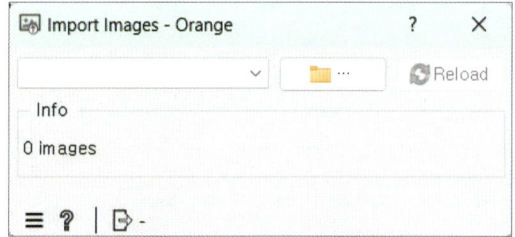

▶ [Import Images] 위젯의 데이터 불러오기 1

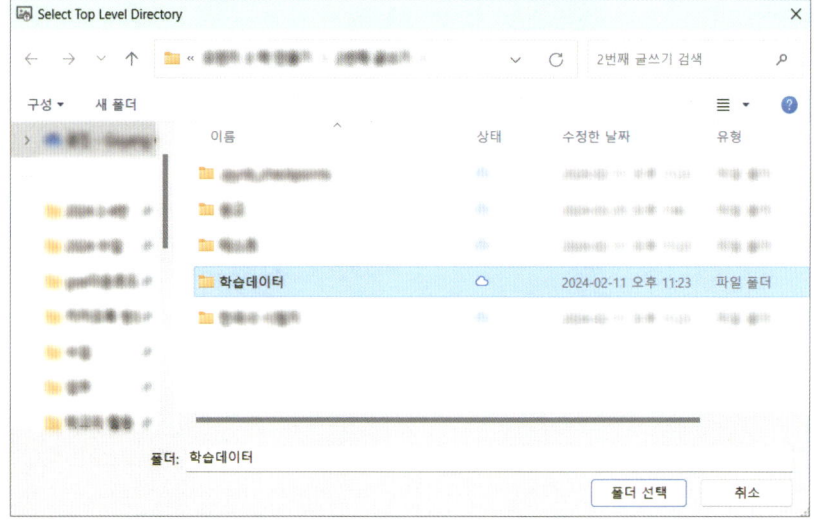

▶ [Import Images] 위젯의 데이터 불러오기 2

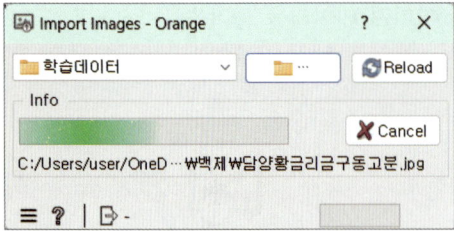

▶ [Import Images] 위젯의 데이터 불러오기 3

총 309개의 이미지가 불려지고 3개의 카테고리가 있다는 것을 확인할 수 있다. 불러온 이미지 데이터에 대한 정보를 확인하기 위해서 데이터를 클릭하면 이미지의 크기, 가로 사이즈, 세로 사이즈를 확인할 수 있다.

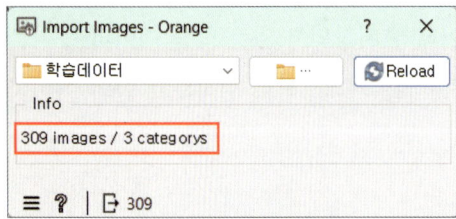

▶ [Import Images] 위젯의 데이터 불러오기 4

▶ [Import Images] 위젯의 데이터

불러온 이미지 데이터를 사진의 형태로 보기 위해서는 [Image Viewer] 위젯을 사용할 수 있다.

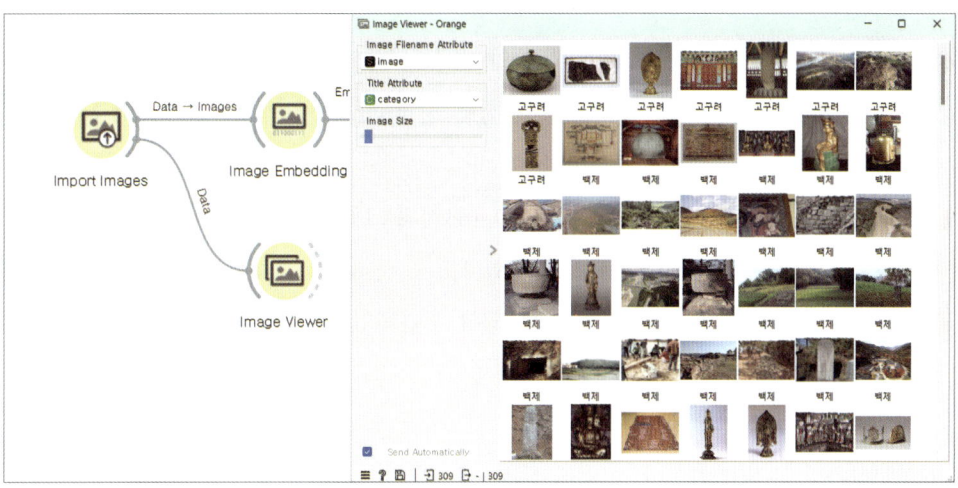

▶ [Image Viewer] 위젯 추가 및 위젯 화면

[Image Embedding] 위젯을 사용해 이미지 데이터를 컴퓨터가 이해할 수 있도록 수치화할 수 있다. 이러한 과정을 '이미지 임베딩(Image Embedding)'이라고 한다. 이미지 임베딩을 위해서 [Import images] 위젯을 [Image Embedding] 위젯과 연결한다.

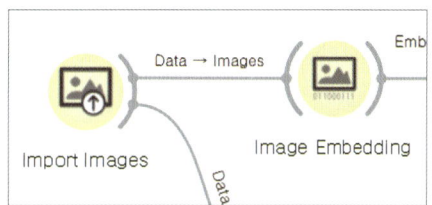

▶ [Image Embedding] 위젯 추가

[Image Embedding] 위젯에서는 이미지의 속성을 선택할 수 있고 7개의 임베더를 선택할 수 있다. 'SqueezeNet' 임베더를 제외한 나머지 임베더를 사용하기 위해서는 인터넷에 연결되어 있어야 한다.

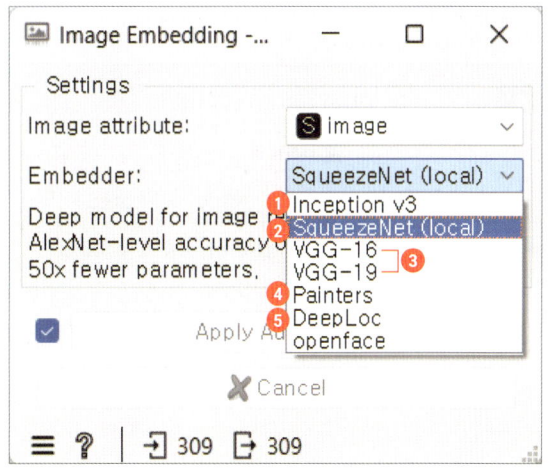

▶ [Image Embedding] 위젯 화면

❶ Inception v3: 구글의 심층 신경망을 이용하여 이미지 인식이 진행된다.
❷ SqueezeNet (local): 상대적으로 빠르게 작업을 할 수 있으며, 인터넷이 연결되지 않아도 된다.
❸ VGG-16과 VGG-19: 옥스퍼드대학의 비주얼 지오메트리 그룹(Visual Geometry Group)이 제안한 이미지 인식을 위한 심층 신경망을 사용하며, 각각 16계층과 19계층의 네트워크로 이미지를 인식한다.
❹ Painters: 1,584명의 화가가 그린 7만 9,433개의 그림 이미지로 훈련하였고, 작품 이미지를 통해 화가를 예측하도록 훈련되었다.
❺ DeepLoc: 효모 세포 이미지를 분석하도록 훈련되었고, 단백질 세포 내 위치를 예측하도록 훈련되었다.

각 인베더마다 특징이 있으며, 이러한 특징으로 결과에 차이가 있을 수 있기 때문에 상황에 맞춰 적절한 임베더를 선택해야 한다.

우리는 상대적으로 가벼운 임베더인 'SqueezeNet'을 사용해 이미지 임베딩을 한다. 'SqueezeNet'을 선택하면 임베딩이 자동으로 진행되고 결과를 [Data Table] 위젯과 연결하여 확인할 수 있다.

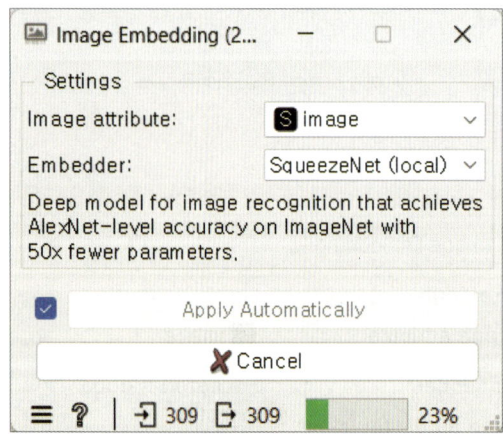

▶ [Image Embedding] 위젯에서 임베더 선택 후 진행 화면

임베딩 결과를 확인하면 수많은 점에 대한 값들이 표시되어 있다. 값들을 계산해 이미지를 인식하게 된다.

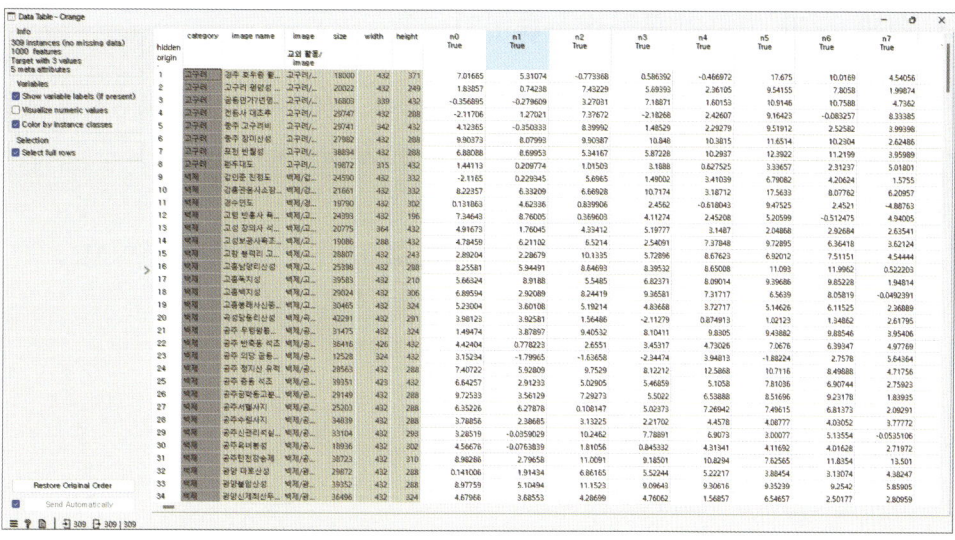

▶ [Data Sampler] 위젯으로 임베딩된 데이터

[Data Sampler] 위젯을 연결해 임베딩된 데이터를 학습 데이터와 테스트 데이터로 나눈다. [Data Sampler] 위젯은 일정한 비율로 데이터를 나눌 수 있으며 조절이 가능하다. 또한 무작위로 데이터를 나누게 된다. 주로 7:3 또는 8:2의 비율로 학습 데이터와 테스트 데이터로 나누기에 우리도 7:3의 비율로 데이터를 나눈다.

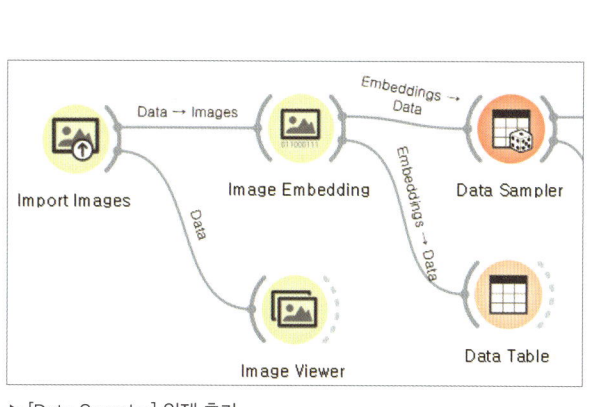

▶ [Data Sampler] 위젯 추가

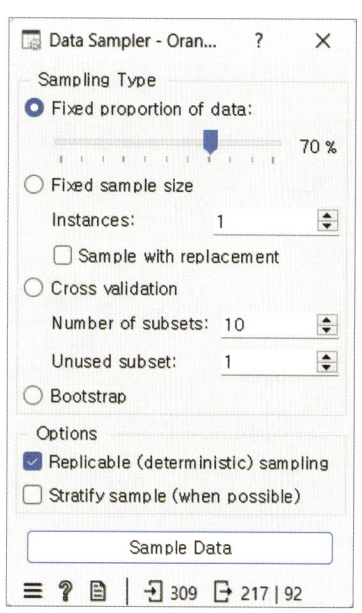

▶ [Data Sampler] 위젯 화면

4. 백제, 신라, 고구려 문화재 분류하기

우리는 이렇게 준비된 학습 데이터를 가지고 [Logistic Regression] 위젯에 학습을 시킨다. [Data Sampler] 위젯에서 선을 연결시키면 자동으로 학습이 진행된다.

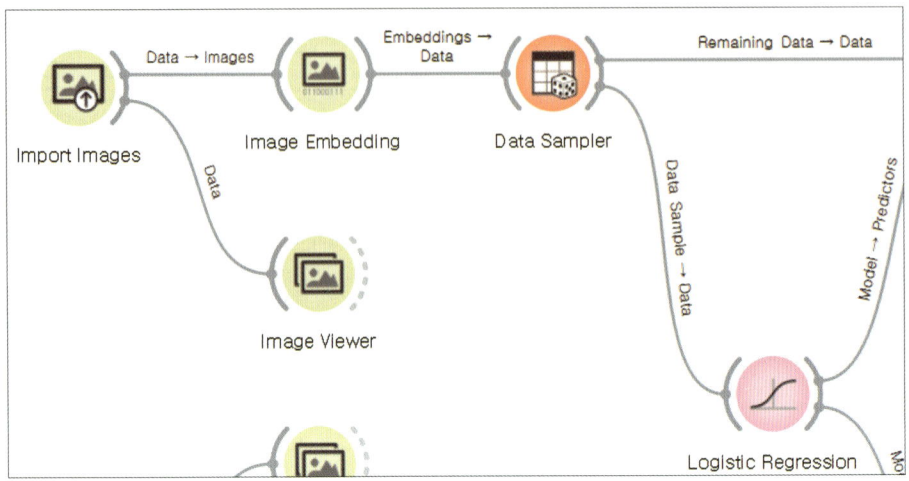

▶ [Logistic Regression] 위젯 추가 및 학습

[Logistic Regression] 위젯에서는 과적합을 방지하기 위한 정규화 기법으로 Lasso를 사용하는 L1 정규화와 Ridge를 사용하는 L2 정규화를 제공한다. L1은 특성의 선택이 필요한 경우에, L2는 모든 특성이 어느 정도 중요한 경우에 각각 사용된다.

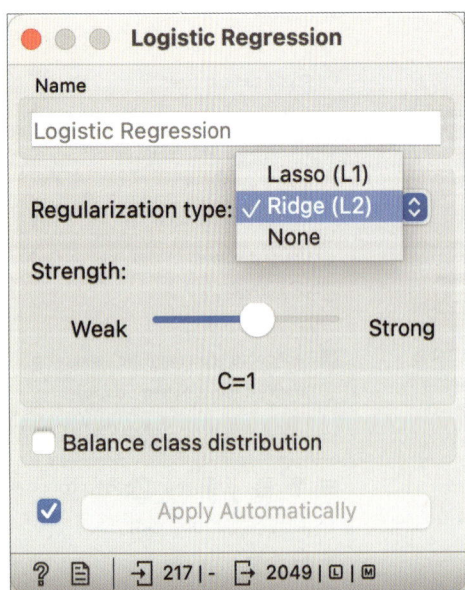

▶ [Logistic Regression] 위젯 화면

학습이 완료된 [Logistic Regression] 위젯을 [Predictions] 위젯에 연결하고, [Data Sampler] 위젯에 테스트 데이터와 [Predictions] 위젯을 연결한다. 테스트 데이터를 선택하려면 [Data Sampler] 위젯과 [Predictions] 위젯이 연결된 선을 클릭하여 'Data Sample'과 'Remaining Data' 중 'Remaining Data'를 선택해 [Predictions] 위젯의 'Data'와 연결하면 된다.

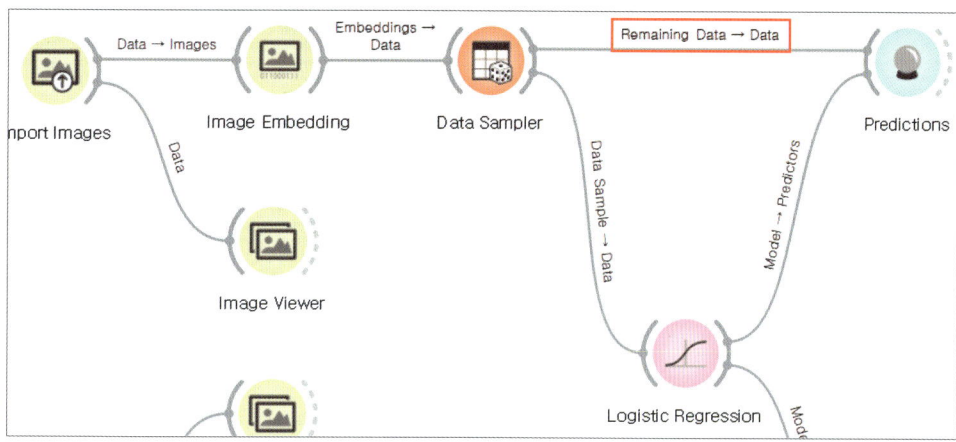

▶ [Predictions] 위젯 추가 및 [Data Sampler] – [Predictions] 연결선 선택

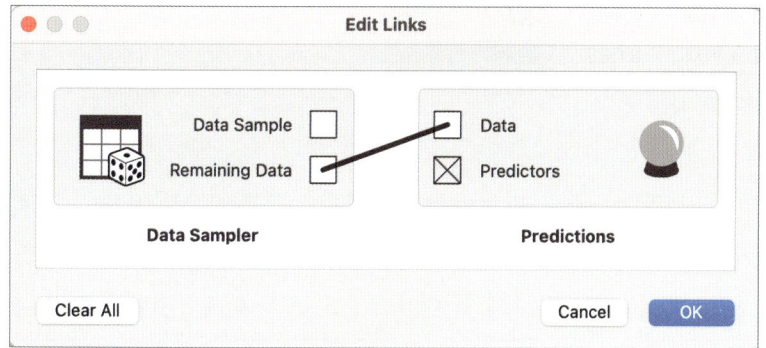

▶ [Data Sampler] – [Predictions] 연결선 화면

[Predictions] 위젯을 통해서 학습된 모델의 정확도를 확인할 수 있다.

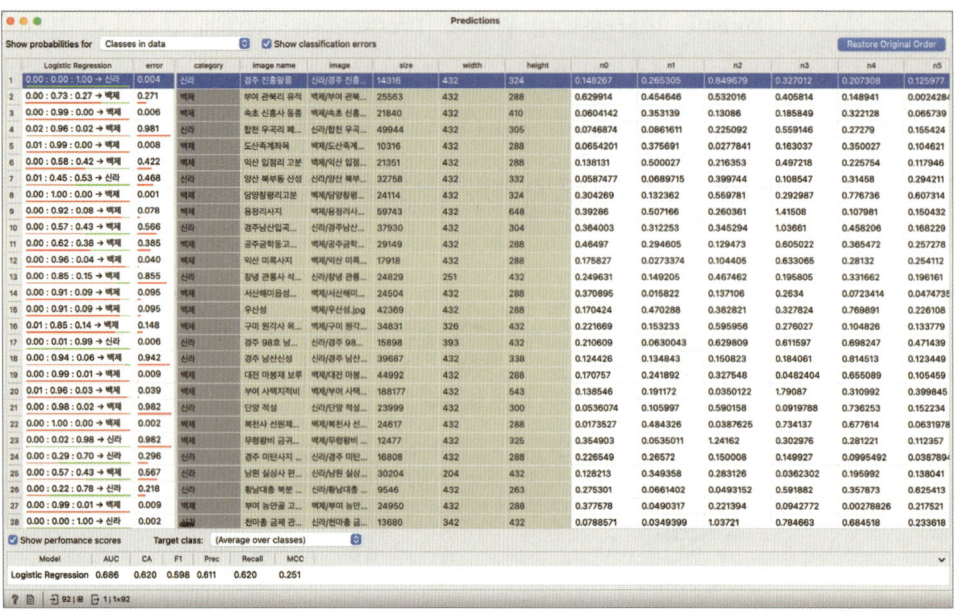

▶ [Predictions] 위젯 결과 화면

	Logistic Regression	error	category
1	0.00 : 0.00 : 1.00 → 신라	0.004	신라
2	0.00 : 0.73 : 0.27 → 백제	0.271	백제
3	0.00 : 0.99 : 0.00 → 백제	0.006	백제
4	0.02 : 0.96 : 0.02 → 백제	0.981	신라
5	0.01 : 0.99 : 0.00 → 백제	0.008	백제

▶ [Predictions] 위젯 결과 중 일부 화면

1번 데이터를 예시로 확인하면 Logistic Regression의 결과를 보면 '0.00 : 0.00 : 1.00 → 신라'로 1번 문화재를 신라 문화재로 예측한 것을 볼 수 있고 error(오류율)가 0.004인 것을 볼 수 있다. Logistic Regression은 각각의 데이터가 고구려, 백제, 신라 중 해당 나라의 문화재일 확률을 0.00~1.00 사이의 값으로 표기하여 가장 높은 값을 가지는 국가로 예측한다. 실제 국가가 아닌 다른 국가를 예측한 값의 합을 error로 표시하게 된다.

예측값의 순서는 학습한 모델에 따라 달라질 수 있고, 예측값을 카테고리별로 확인할 수 있게 다른 색으로 표현되어 있다.

결과 화면의 아래쪽에는 문화재 분류 모델에 대한 평가가 AUC, CA, F1, Prec, Recall, MCC 값으로 나와 있다.

AUC는 1에 가까울수록 모델의 성능이 좋다는 것을 의미하며, CA는 올바르게 분류한 샘플의 비율을 의미한다. F1은 정밀도와 재현율의 평균을 나타내어 값이 높을수록 좋은 모델이다. Prec과 Recall은 예측을 올바르게 성공했을 때의 비율을 의미하며, MCC는 이진 분류에서 사용되는 성능의 지표로 값이 높을수록 좋은 모델을 의미한다.

각 값은 모델의 성능을 평가하는 지표별로 학습된 모델을 평가한 것으로, 값이 낮을 경우 모델을 조정하거나 다른 모델을 사용해야 한다.

Model	AUC	CA	F1	Prec	Recall	MCC
Logistic Regression	0.686	0.620	0.598	0.611	0.620	0.251

▶ [Predictions] 위젯 결과 중 모델 평가 부분

만족할 만한 모델을 얻었다면 이를 활용해 새로운 데이터를 예측할 수 있다.

새로운 데이터를 이용하기 위해선 [Logistic Regression] 위젯에 새로운 [Predictions] 위젯을 연결한다.

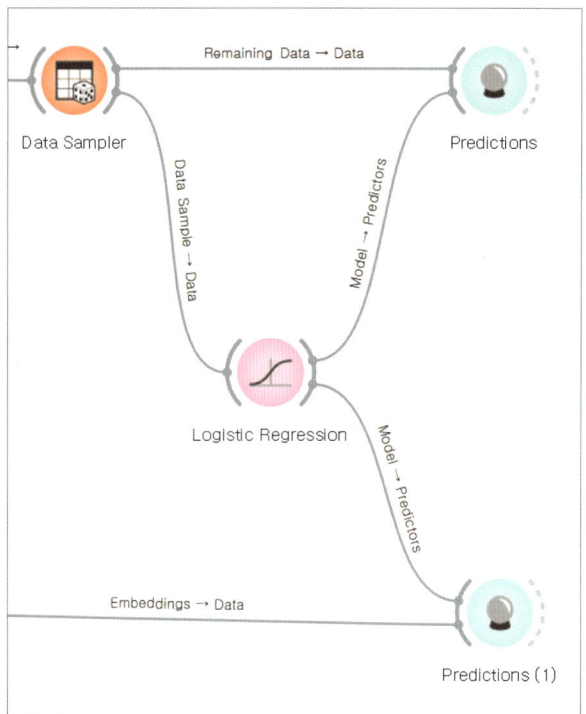

▶ 새로운 [Predictions] 위젯 추가

새로운 [Predictions (1)] 위젯과 예측에 사용될 데이터는 새로운 [Import images] 위젯과 [Image Embedding] 위젯을 사용하여 준비한다.

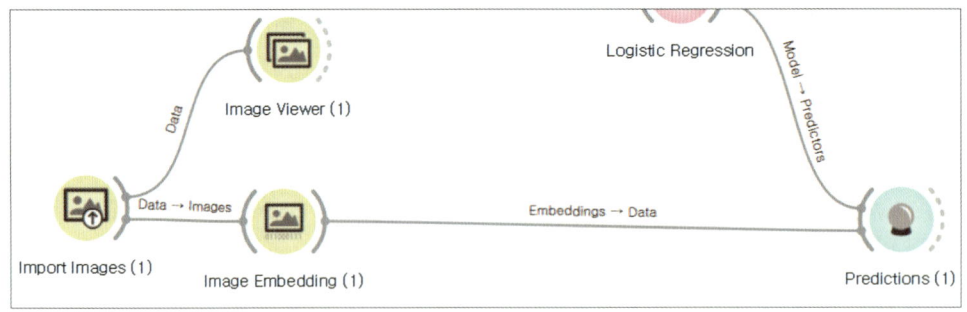

▶ 새로운 이미지 파일을 불러오기 위한 위젯 추가

새로 확인할 데이터를 준비하는 과정은 이전에 모델 학습에 사용된 데이터를 준비하는 과정과 동일하다(Import Image, Image Embedding).
새로 확인할 데이터는 한국사능력검정시험에 출제된 문화재 이미지를 확인해보려고 한다. 64회 한국사능력검정시험 4번 문제에 5개의 문화재 보기가 출제되었고 해당 보기의 이미지를 분류한 결과를 [Predictions (1)] 위젯에서 확인할 수 있다.

	Logistic Regression	image name
1	0.01 : 0.71 : 0.28 → 백제	64-보기4
2	0.00 : 1.00 : 0.00 → 백제	64-보기5
3	0.01 : 0.27 : 0.73 → 신라	64-보기1
4	0.73 : 0.06 : 0.21 → 고구려	64-보기2
5	0.00 : 0.04 : 0.96 → 신라	64-보기3

▶ 한국사능력검정시험 보기 이미지 분류 결과

분류 결과를 확인하면 보기 1번을 신라, 2번을 고구려, 3번을 신라, 4번을 백제, 5번도 백제로 분류하는 것을 확인할 수 있다. 보기 2번과 5번은 학습 데이터에 유사한 이미지가 있는 것을 확인할 수 있고 그로 인해서 예측값이 높은 것으로 유추할 수 있다. 보기 3번은 금관으로 신라시대의 금관 유물이 많아 신라로 분류된 것으로 유추된다.

5. 정리하기

문화재를 구분하는 더 좋은 인공지능 모델을 개발하기 위해서는 통일신라, 발해, 고려, 조선 등 다양한 시대와 더 많은 문화재 이미지를 학습시키면 성능이 향상될 수 있다. 뿐만 아니라 로지스틱 회귀를 활용해서 다양한 분류를 할 수 있으며 여러 분야에 적용할 수 있어 매우 유용한 기능이라고 할 수 있다.

Tip 분류 성능 평가 지표

- **오차행렬 또는 혼동행렬(Confusion Matrix)**: 이진 분류의 예측 오류가 얼마인지와 어떠한 유형의 예측 오류가 발생하고 있는지를 함께 나타내는 지표

		예측값	
		Positive	Negative
실제 값	Positive	TP (True Positive)	FN (False Negative)
	Negative	FP (False Positive)	TN (True Negative)

True: 실제 값과 예측값이 일치하는 것
False: 실제 값과 예측값이 일치하지 않는 것
Positive: 예측값이 참일 경우
Negative: 예측값이 거짓일 경우

TP: 실제 값이 참일 경우 참으로 예측하여 일치하는 경우
TN: 실제 값이 거짓일 경우 거짓으로 예측하여 일치하는 경우
FP: 실제 값이 거짓인데 참으로 예측하여 불일치하는 경우
FN: 실제 값이 참인데 거짓으로 예측하여 불일치하는 경우

- **정확도(Accuracy, CA)**: 모델이 올바르게 예측한 경우의 비율이다. 전체 예측한 샘플 중 올바르게 예측한 샘플 수(TP+TN)를 전체 예측 데이터 샘플 수(TP+TN+FP+FN)로 나눈 값

정확도 = (TP+TN) / (TP+TN+FP+FN)

- **정밀도(Precision)**: 실제 값이 참인 샘플을 참으로 예측한 수(TP)를 예측을 참으로 한 샘플 수 (TP+FP)로 나눈 값

정밀도 = TP / (TP+FP)

- **재현율(Recall)**: 실제 값이 참인 샘플을 참으로 예측한 수(TP)를 실제 값이 참인 샘플 수 (TP+FN)으로 나눈 값

재현율 = TP / (TP+FN)

- **F1 스코어(F1 Score)**: 정밀도와 재현율을 결합한 지표로, 'F1 스코어가 상대적으로 높다'는 것은 정밀도와 재현율이 어느 한쪽으로 치우치지 않음을 의미

$$F1 = \frac{2}{\frac{1}{recall} + \frac{1}{precision}} = 2 * \frac{precision * recall}{precision + recall}$$

- **ROC 곡선과 AUC**
    ① ROC 곡선(Receiver Operation Characteristic Curve): FPR이 변할 때 TPR이 어떻게 변하는가를 나타내는 곡선. FPR(False Positive Rate)은 실제 거짓을 참으로 잘못 예측하는 비율이고, TPR(True Positive Rate)은 실제 참을 참으로 예측하는 비율(재현율)이다.

    FPR = FP / (FP + TN)
    TPR = TP / (TP + FN)

    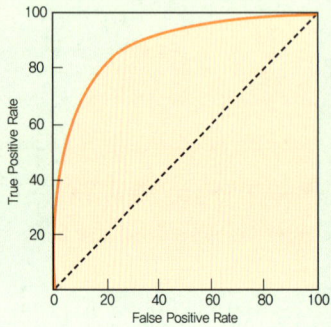

    ② AUC(Area Under Curve): ROC 곡선 밑의 면적을 구한 값으로, 1에 가까울수록 좋은 수치이며, FPR이 작을 때 높은 TPR을 얻을수록 좋다고 평가한다.

구름의 종류를 인공지능으로 잘 분류할 수 있을까?

트리 기반 분류 모델

> **준비하기**
>
> 구름의 종류를 분류하는 방법 중 하나는 위성 영상을 이용하는 것이다. 그런데 이 경우에는 가시광선 영상, 적외선 영상 등 여러 이미지를 동시에 눈으로 구분해야 하고, 일상생활에는 적용하기 어려운 점이 있다. 이런 어려움을 해결하기 위해 인공지능의 도움을 받으려고 한다. 지상에서 촬영한 구름 이미지를 트리 기반 분류 모델을 이용하여 종류별로 구분해보자.

1. 알고 가기

구름의 종류

구름은 지상에서 증발한 수증기로 이루어져 있고, 때로는 대기 상층의 빙정과의 혼합물이기에 구름의 종류는 단기 기상 예측에 사용되는 중요한 지표 중 하나이다. 구름은 생성 과정과 시간에 영향을 받아 그 형태가 달라지고, 다양한 종류의 구름으로 생성된다.

▶ 구름의 종류와 모양 (사진 출처: 네이버 지식백과)

▶ 비행운 (사진 출처: https://edition.cnn.com/travel/gallery)

앙상블(Ensemble) 기법

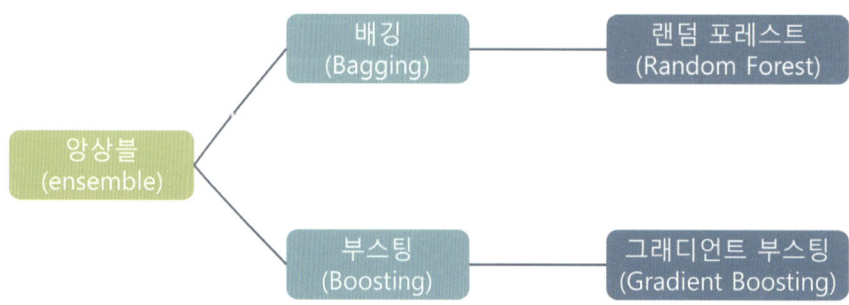

▶ 앙상블 학습법의 종류

기계학습에서는 여러 모델의 결과를 종합해서 더 좋은 성능을 내는 방법을 앙상블(ensemble) 학습법이라고 한다. 앙상블 학습법에는 배깅(Bagging)과 부스팅(Boosting)이 있다. 배깅은 입력 데이터셋에서 각기 다른 샘플을 여러 번 뽑아 부분 모델들을 학습시켜 결과물을 집계하는 방법이며, 대표적으로는 랜덤 포레스트(Random Forest)가 있다. 부스팅은 이전 학습기의 오차를 보정하면서 새로운 학습기의 성능을 향상해가는 방법이다. 앞에서 예측한 분류기의 틀린 부분에 가중치를 부여해서 틀린 부분을 더 잘 맞힐 수 있도록 하는 것이다. 대표적인 방법으로 그래디언트 부스팅(Gradient Boosting)이 있다.

① 랜덤 포레스트

랜덤 포레스트(random forest)는 앙상블 학습의 한 종류로 여러 개의 의사결정트리(Decision Trees)를 만들고 이들의 결과를 종합하여 최종 결과를 내는 방법이다. 랜덤 포레스트는 다수의 의사결정트리 모델을 생성해서 다수결 혹은 평균을 적용하여 최종 결과를 알려준다. 동일한 학습 데이터셋에서 각기 다른 입력변수(feature)와 각기 다른 데이터 샘플을 사용하여 여러 개의 소규모 트리들을 생성한 후 조합하여 단일 구성 트리의 단점인 과적합 문제를 피할 수 있다. 하지만 결과의 해석이 어려운 단점도 있다.

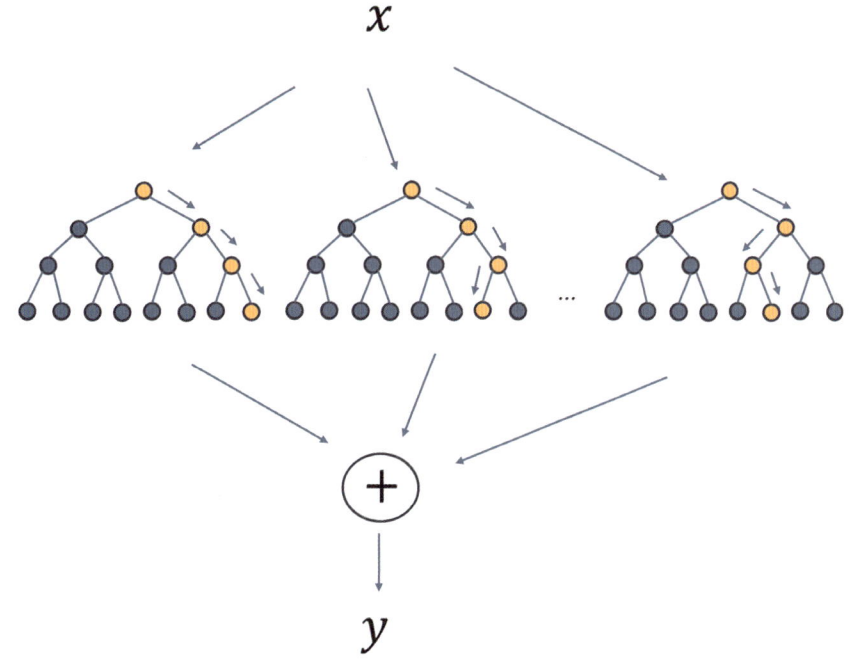

▶ 랜덤 포레스트 학습 과정

> **Tip 과적합**
>
> 과적합(過適合, overfitting) 또는 과대적합(過大適合)은 기계 학습에서 학습 데이터에만 맞도록 학습하는 것을 뜻한다. 학습 데이터는 현실 세계의 실제 데이터의 일부이므로 학습 데이터에 대해서만 예측을 잘할 경우 오히려 현실 세계의 실제 데이터에 대해서는 오차가 증가하게 된다.
>
>
>
> 초록색 선은 과적합된 분류를 나타내며, 검은색 선이 적절하게 학습된 분류이다.
> (그림 출처: 위키피디아)

② 그래디언트 부스팅

실제 값과 예측값의 차이인 잔차를 학습하며 잔차를 줄여나가는 방식이다. 즉 이전 학습기의 잔차를 다음 학습기가 학습하고, 학습기를 계속 추가해가면서 잔차를 줄여간다. 선형 회귀 알고리즘에서 그래디언트가 줄어들며 손실 함수의 최솟값을 찾아나가는 것과 같은 원리에서 그래디언트 부스팅 알고리즘이라고 한다. 다음 그림에서 보면 첫 번째 트리 모델에서 실제 결과값인 y_1과 예측값인 $\hat{y}_1$의 잔차 r1을 다음 트리의 입력값으로 넣는 것을 알 수 있다.

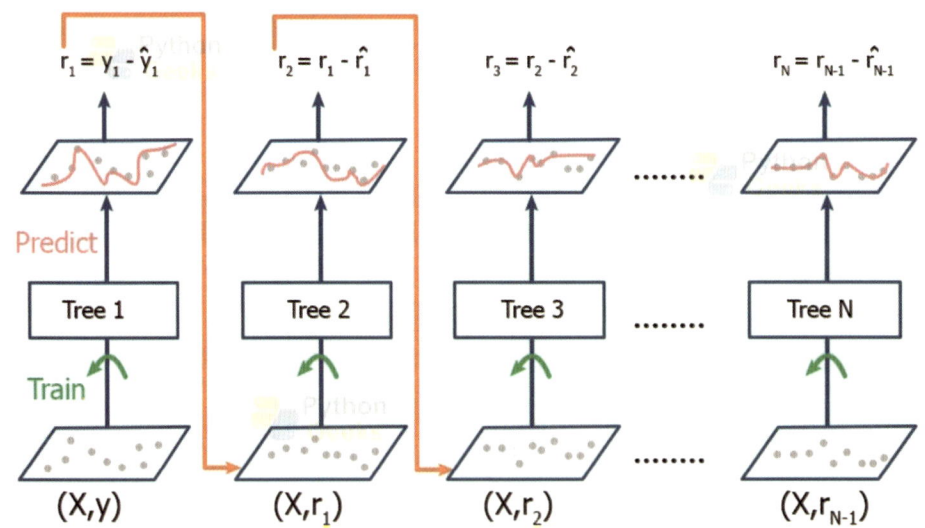

▶ 그래디언트 부스팅 학습 과정
(그림 출처: https://pythongeeks.org/gradient-boosting-algorithm-in-machine-learning)

2. 데이터 불러오기

하버드 데이터버스(Harverd dataverse)에서 오픈 데이터셋을 공개하는 사이트에 접속하여 구름 이미지 데이터셋을 다운로드한다. 구름 이미지 분류 모델을 만들기 위해 지상 구름 이미지 데이터셋인 CCSN(Cirrus Cumulus Stratus Nimbus) 데이터셋을 이용한다.

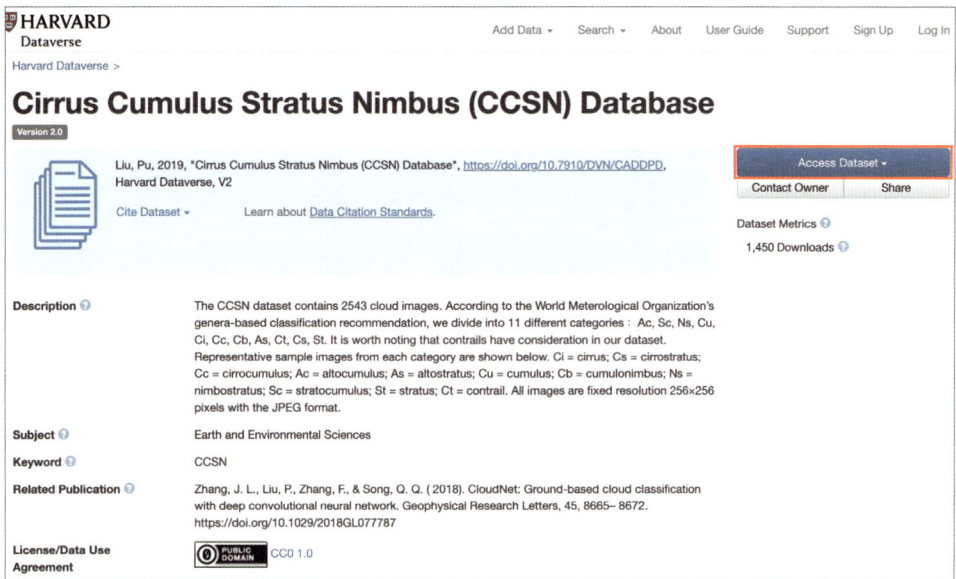

▶ CCSN 데이터셋 제공 사이트

(데이터셋 주소: https://dataverse.harvard.edu/dataset.xhtml?persistentId=doi:10.7910/DVN/CADDPD)

CCSN 데이터셋에는 2,543개의 구름 이미지가 포함되어 있다. 구름 분류 권장 사항에 따라 Ac, Sc, Ns, Cu, Ci, Cc, Cb, As, Ct, Cs, St 등 11개 범주로 나뉜다. Ci는 권운, Cs는 권층운, Cc는 권적운, Ac는 고적운, As는 고층운, Cu는 적운, Cb는 적란운, Ns는 난층운, Sc는 층적운, St는 층운, Ct는 비행운(비행기운)이다.

명칭	개수	명칭	개수
Ac	221	Cs	287
As	188	Cu	182
Cb	242	Ns	274
Cc	268	Sc	340
Ci	139	St	202
Ct	200	Total	2,543

*주의: CCSN.zip(94.0MB) 이미지 데이터셋의 용량이 커 다운로드와 압축 해제에 시간이 오래 걸린다.

3. 랜덤 포레스트로 구름 이미지 분류하기

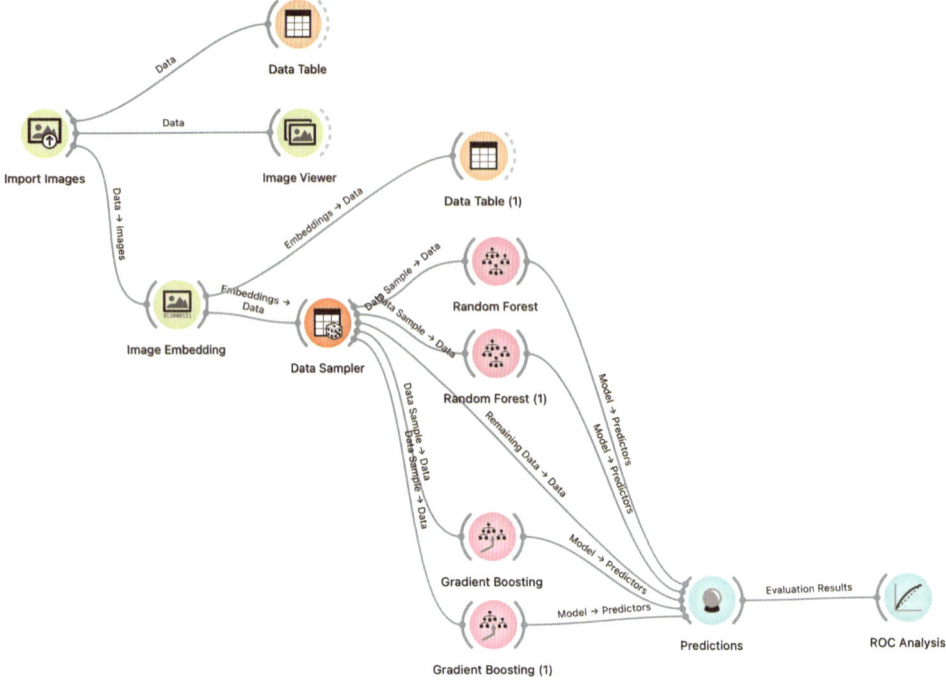

▶ 전체 위젯 구성 화면

오렌지3에서 이미지를 분류하기 위해서는 Image Analytics 카테고리에서 [Import Images] 위젯을 이용한다. 다운 받은 이미지 폴더를 선택하면 폴더별 카테고리와 이미지 데이터의 수를 확인할 수 있다.

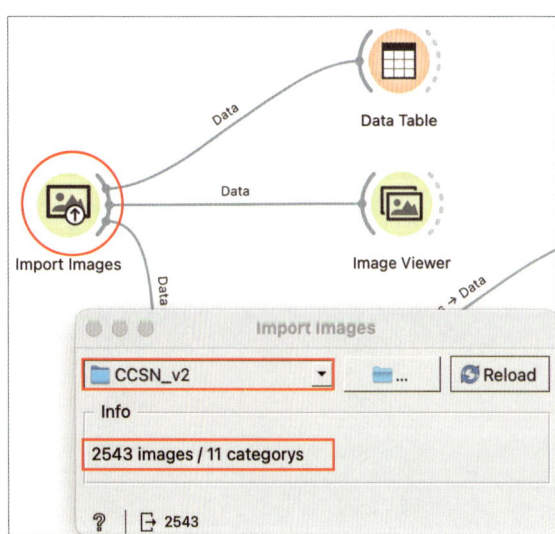

▶ 다운 받은 데이터셋 불러오기

[Data Table] 위젯을 클릭하면 불러온 데이터셋의 정보를 확인할 수 있다. 카테고리의 구름 이름이 라벨링되어 있으며 이미지 크기, 이미지의 가로×세로 크기 정보를 알려준다. 이미지의 가로×세로 크기는 400×400으로 모두 동일하며, 이미지 크기도 큰 차이 없이 약 40KB인 것을 알 수 있다.

[Data Table] 위젯이 보여주는 데이터에 대한 정보는 '2,543개의 데이터를 가지고 있으며 타깃(Target)은 11개'이다.

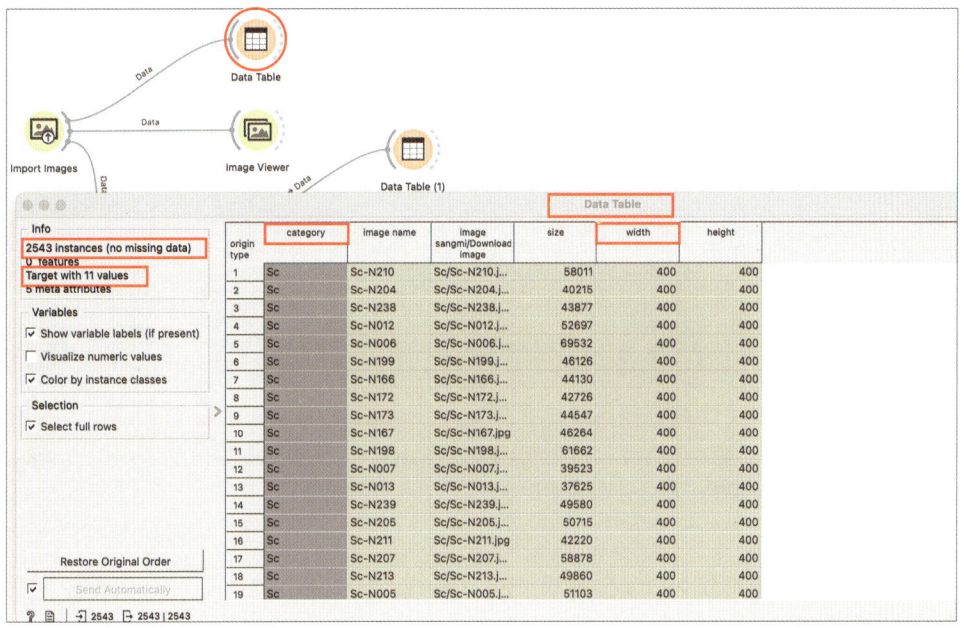

▶ [Data Table] 위젯이 보여주는 데이터에 대한 정보

이번에는 [Image Viewer] 위젯을 이용하여 불러온 이미지를 그림 형태로 확인해보자.

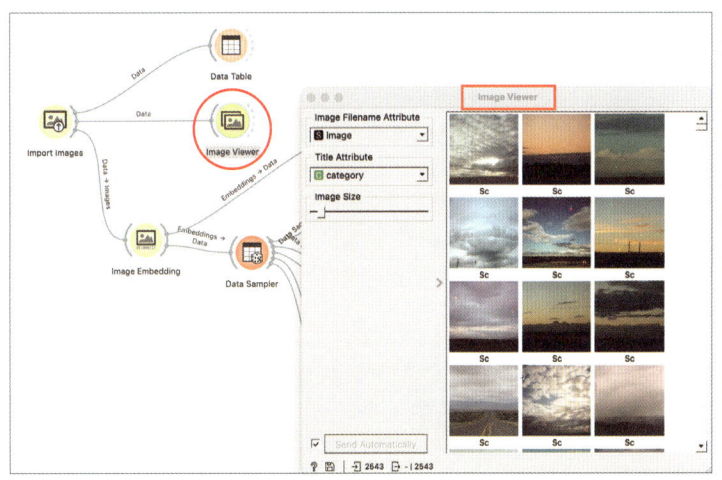

▶ [Image Viewer] 위젯을 실행시킨 화면

225

[Image Embedding] 위젯을 이용하여 이미지 정보를 숫자로 변환해 인식해보자. 이미지 임베딩을 한 이후의 정보를 확인해보려면 [Data Table] 위젯을 연결한 후 정보를 확인할 수 있다. 데이터 테이블을 오른쪽으로 스크롤을 해보면 n0~n999까지의 특성이 생성된 것을 알 수 있다. 이러한 특성은 오렌지3에 포함되어 있는 딥러닝 모델을 이용하여 이미지 파일의 화소를 1,000개의 특성으로 나눠서 각 특성에 숫자값을 준 것이다. 딥러닝 모델에서 각 이미지의 특징 벡터를 계산하는 데 사용된다.

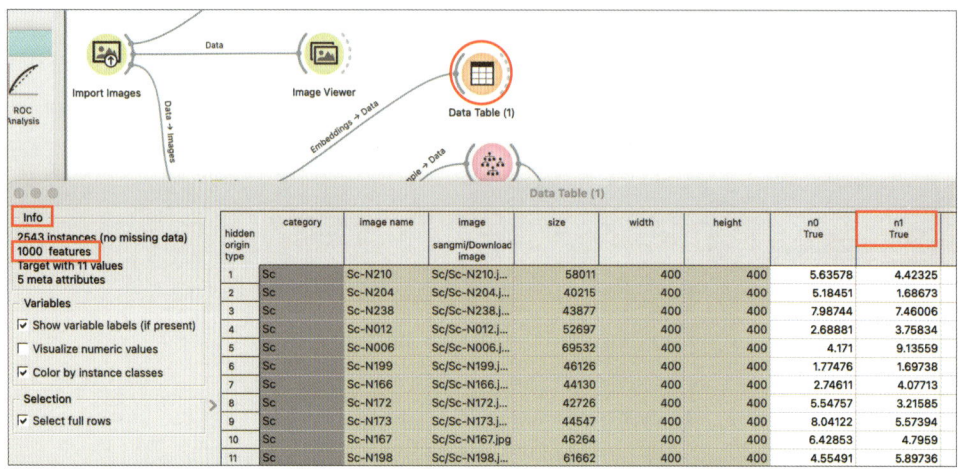

▶ 이미지 임베딩한 결과를 [Data Table] 위젯으로 확인

숫자로 표현된 이미지 데이터셋을 훈련 데이터와 테스트 데이터로 나누어서 학습을 진행해보자. [Image Embedding] 위젯에 [Data Sampler] 위젯을 연결한다. 기본값이 70%로 되어 있다. 훈련 데이터를 데이터셋의 70%, 나머지 30%를 테스트 데이터로 사용할 수 있도록 데이터를 구분한 것이다.

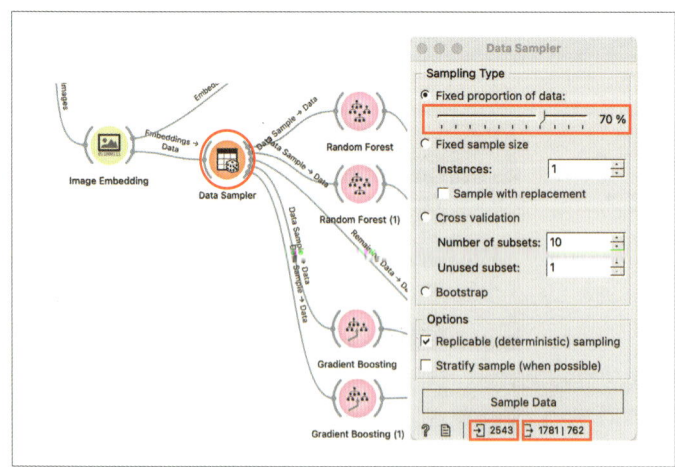

▶ [Data Sampler] 실행 화면

훈련 데이터를 전체 데이터셋의 70%로 설정하면 총 2,543개의 데이터 중 70%인 1,781개는 훈련 데이터로, 30%인 762개는 테스트 데이터로 사용된다.

다음으로는, 분류를 하기에 적합한 [Random Forest] 위젯과 [Gradient boosting] 위젯으로 이미지를 분류하려고 한다. 같은 모델을 2개씩 연결하여 어떤 모델의 성능이 우수한지 비교해보자.

첫 번째 [Random Forest] 위젯을 더블클릭하여 Number of trees의 값을 '100'으로 변경한다. 두 번째 모델은 '200'으로 값을 바꾸고, 파라미터 값으로 넣은 값을 임의로 바꾸어가며 최적의 값을 찾아보자.

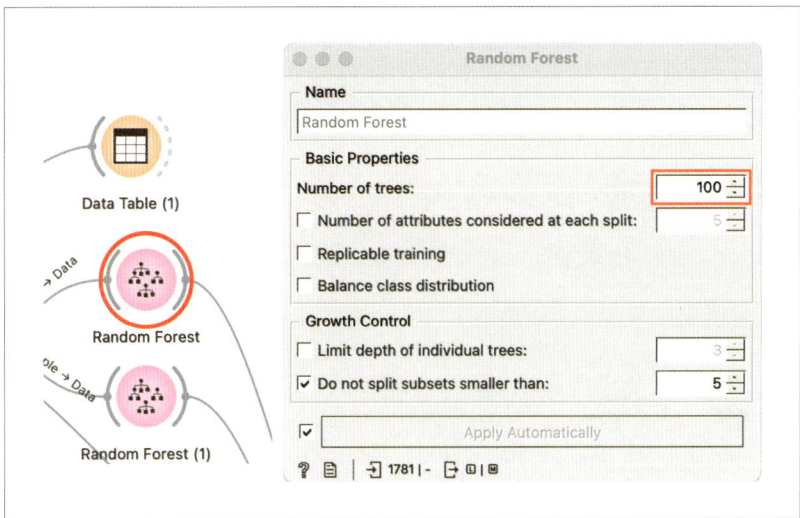

▶ 2개의 [Random Forest] 위젯의 조건을 다르게 하여 학습 진행 1

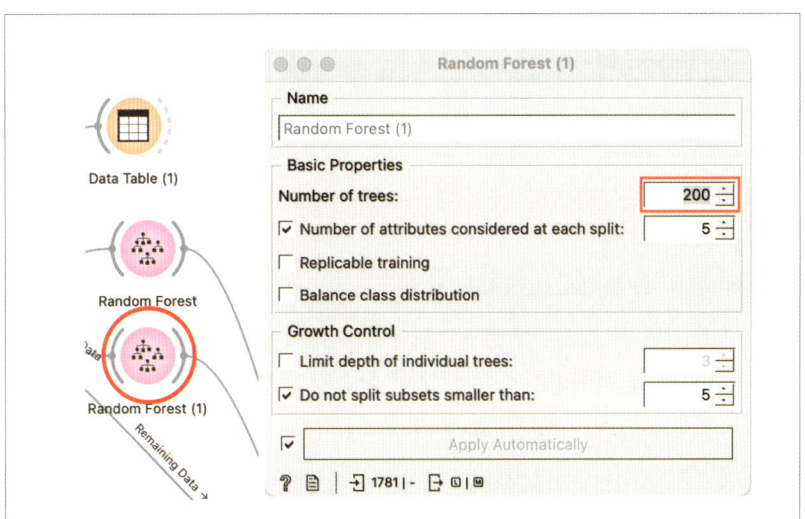

▶ 2개의 [Random Forest] 위젯의 조건을 다르게 하여 학습 진행 2

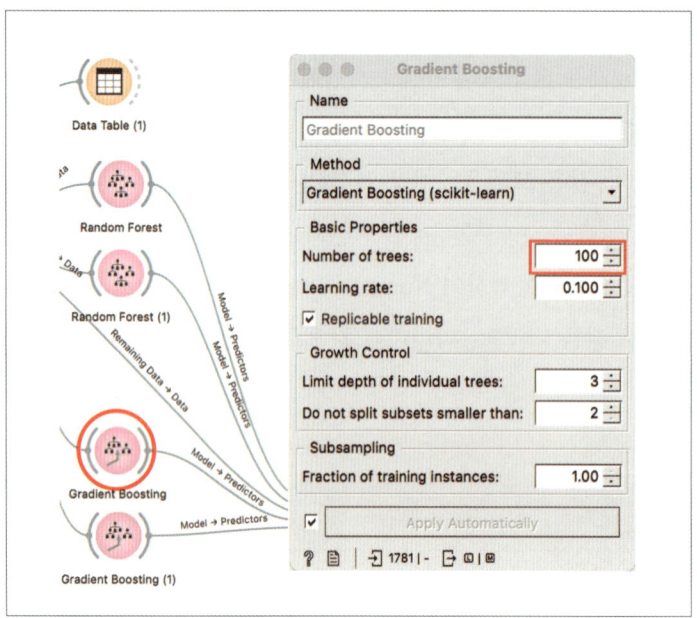

▶ 2개의 [Gradient Boosting] 위젯의 조건을 다르게 하여 학습 진행 1

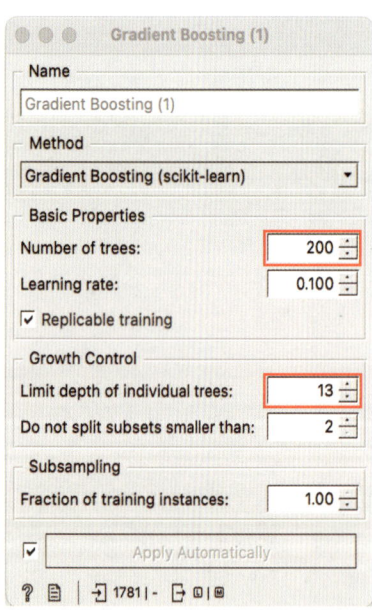

▶ 2개의 [Gradient Boosting] 위젯의 조건을 다르게 하여 학습 진행 2

이미지 데이터에 양이 많고 학습하려고 하는 모델의 학습량이 많아 학습을 완료하는 데 다소 시간이 걸린다. 오렌지3 프로그램이 '응답 없음'으로 나오기도 하지만 결과를 내기 위해 프로그램이 돌아가는 중이다. [Gradient Boosting] 위젯은 계산량이 많아 10분 이상 걸린다. 인내심을 가지고 기다리면 완료된다.

4. 평가 결과 분석

학습한 모델을 테스트하기 위해 [Predictions] 위젯에 모델 학습에 사용하지 않은 데이터셋을 입력한다.

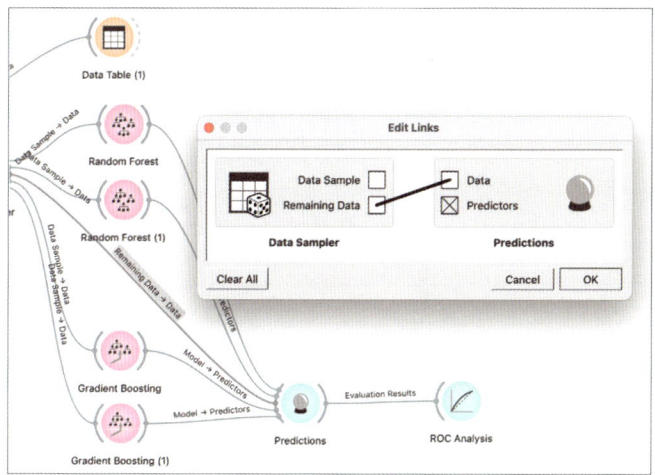

▶ [Predictions] 위젯에 남은 데이터 입력하기

[Predictions] 위젯을 클릭하여 결과를 확인한다. 세 번째 모델의 평가함수 값이 가장 좋은 것을 확인할 수 있다. 따라서 가장 우수한 모델은 세 번째 모델이다. [Predictions] 위젯의 실행 결과는 매번 다를 수 있다. 오렌지3는 기계학습 모델에 random_state를 지정하는 기능이 없으므로 앞으로 실행하는 모든 결과는 다르게 나올 수 있다. AUC가 1에 가까울수록 좋은 모델이다.

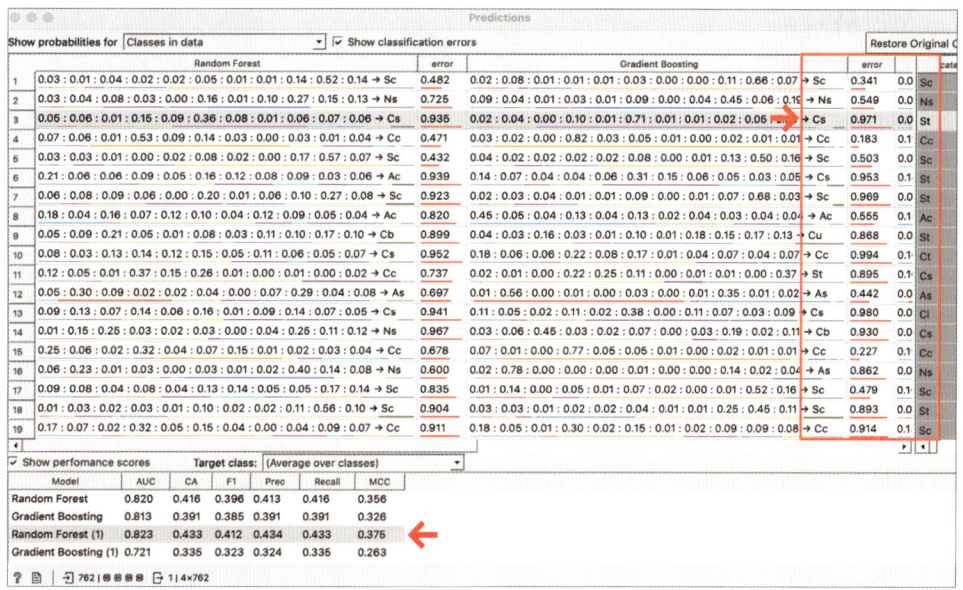

▶ 4개의 모델에 대한 [Predictions] 위젯 결과 화면

4개의 모델에 대해 데이터별로 예측한 결과를 확인할 수 있다. 그중 위의 그림에서 세 번째 데이터의 정답은 St이지만 Cs로 잘못 예측한 것을 알 수 있다.

[ROC Analysis] 위젯을 더블클릭하여 그래프를 확인한다. Target을 바꾸어가며 그래프를 확인해보면 대체적으로 보라색 선이 좌상단 쪽으로 직각에 가까운 것을 알 수 있다. 직각에 가깝다는 것은 1에 가깝다는 의미이며, ROC 역시 1에 가까울수록 좋은 모델이다.

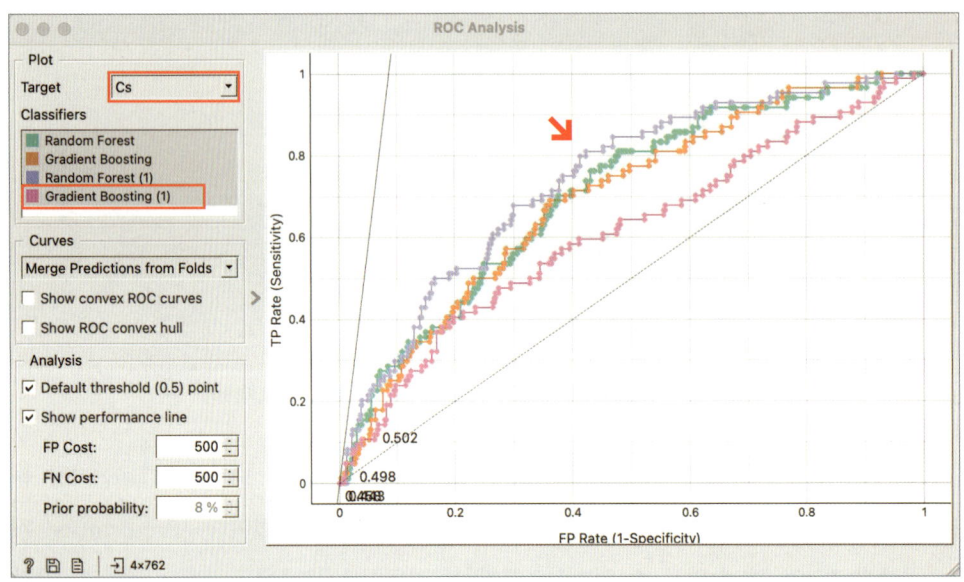

▶ [ROC Analysis] 위젯 결과 화면

5. 정리하기

이번 장에서는 이미지를 숫자로 표현하여 특징을 정보로 표현한 후 그 값을 이용하여 다양한 모델의 입력으로 넣어보는 시도를 하였다. 인공지능으로 최적의 모델을 찾는 과정은 정답이 없는 과정이다. 이번 장에서 실습한 것처럼 같은 모델이라도 여러 값들을 다양하게 주어 그중 값을 찾아나가는 과정이 필요하다.

우리가 사는 지구의 환경은 시간이 지나면서 어떤 변화를 겪고 있을까?

예측 분석, 시계열

준비하기

롤리팝은 환경 수업에서 선생님의 강의를 들으며 지구온난화와 생태계 변화에 관한 이야기에 귀를 기울였다. 선생님의 말씀에 흥미를 느낀 롤리팝은 환경문제에 대해 더 깊이 생각해보게 되었다. 그때 선생님께서 중요한 말씀을 하셨다. "환경 데이터를 분석하는 일은 우리가 지금 당면한 문제들을 이해하고 해결책을 찾는 데 매우 중요해요." 선생님의 이 말씀에 영향을 받아 롤리팝은 실제 데이터를 분석하여 환경문제에 대한 이해를 심화시키고자 결심했다.

캐글(Kaggle) 사이트에서 'Climate Insights Dataset'이라는 데이터셋을 찾아 다운로드해보자. 이 데이터셋은 기후가 시간에 따라 어떻게 변화하는지에 대한 귀중한 정보를 제공한다. 기온, 이산화탄소 배출량, 해수면 상승 등의 자료가 포함되어 있어서 세계의 기후변화 추세를 분석하는 데 매우 유용하다. 이 데이터를 활용하면 연구자, 과학자뿐만

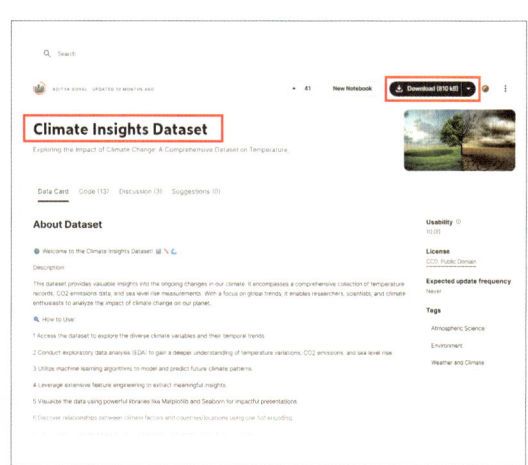

▶ 캐글 사이트의 'Climate Insights Dataset'

아니라 기후변화에 관심이 있는 모든 사람이 기후가 지구에 미치는 영향을 조사할 수 있다. 우리는 이 데이터셋을 오렌지3의 Time Series(시계열) 탭을 사용하여 시간에 따라 분석하고 미래를 예측해볼 것이다.

1. 알고 가기

예측적 데이터 분석은 기존 데이터를 활용하여 미래의 사건, 결과, 행동 등을 예측하는 과정이다. 이 방법은 과거의 데이터 패턴을 분석하여 미래의 불확실성을 줄이고, 좀 더 정보에 기반한 의사결정을 가능하게 한다.

상상해보라. 당신이 음식점을 운영한다고 할 때 다가오는 주말에 몇 명의 고객이 올지 예측할 수 있다면 얼마나 좋을까? 예측적 데이터 분석을 통해 과거의 방문 데이터, 이벤트, 날씨 등 다양한 요인을 분석하여 주말의 고객 수를 예측할 수 있다. 이 정보를 바탕으로 필요한 재료를 미리 준비하거나, 직원 스케줄을 조정하여 서비스의 질을 높이고 낭비를 줄일 수 있다.

예측적 데이터 분석은 다양한 장점과 단점을 가지고 있다. 장점은 미래 예측을 통해 정보에 기반한 정확한 의사결정이 가능하다는 점이다. 이를 통해 가능한 미래 상황을 이해함으로써 발생 가능한 위험을 미리 파악하고 대비할 수 있다. 또한 자원 배분과 운영의 효율성을 최적화하며 경제적 비용을 절감할 수 있다.

반면, 단점은 분석의 정확도가 사용된 데이터의 품질과 양에 크게 의존한다는 점이다. 이에 따라 데이터가 부족하거나 품질이 낮은 경우 예측의 신뢰성이 떨어질 수 있다. 또한 과적합 위험이 있는데, 이는 모델이 훈련 데이터에 지나치게 맞춰져서 실제 상황에서 새로운 데이터에 대한 예측이 부정확할 수 있다. 마지막으로, 경제·사회·기술의 급격한 변화는 모델의 예측력을 감소시킬 수 있는데, 이는 변화하는 환경에 모델이 유연하게 대응하지 못하기 때문이다.

예측적 데이터 분석의 일반적인 단계는 다음과 같다.

- 1단계. 문제 정의: 문제 정의 및 예측의 종류 결정
- 2단계. 데이터 수집: 분석에 필요한 데이터를 수집
- 3단계. 데이터 탐색: 수집된 데이터 탐색 및 분석
- 4단계. 데이터 전처리: 결측치 처리, 데이터 정제 및 변환
- 5단계. 모델 구축 및 훈련: 적합한 예측 모델 선택 및 훈련

- 6단계. 모델 평가 및 선택: 모델의 성능 평가 및 최종 모델 선택
- 7단계. 예측 수행 및 적용: 미래를 예측하고, 이 결과를 실제 의사결정 과정에 적용

시계열(Time Series) 분석은 예측적 데이터 분석의 핵심 요소로, 시간의 흐름에 따라 발생하는 데이터의 패턴과 관계를 세밀하게 분석하여 미래를 예측하며, 이러한 분석을 통해 얻은 통찰력은 효과적인 의사결정에 중요한 역할을 한다. 이에 우리는 오렌지3의 Time Series 탭에 있는 다양한 위젯을 활용하여 시계열 데이터셋에 예측적 데이터 분석의 단계를 적용해볼 예정이다.

자, 이제 우리가 사는 지구의 환경 변화를 이해하고 예측하기 위해 기후 데이터셋을 이용한 시계열 분석에 도전해보자.

오렌지3에서 Time Series 탭을 사용하기 위해서는 Options 메뉴에서 'Add-ons…'를 선택하여 'Timeseries'를 체크하고 설치하면 된다.

2. 시계열 데이터 분석하기

데이터 불러오기 및 전처리

먼저, 오렌지3의 [File] 위젯을 사용하여 climate_change_data.csv 파일을 불러온다. 이 위젯을 통해 데이터셋의 기본적인 정보를 확인할 수 있으며, 필요한 경우 변수의 타입(Type)을 조정할 수 있다. 우리가 업로드한 데이터셋에는 10,000개의 샘플이 있으며, 결측치가 없다. 우리는 온도 예측에 CO_2 Emissions, Sea Level Rise, Precipitation, Humidity, Wind Speed가 중요한 영향을 미친다고 생각하기 때문에 Temperature의 Role을 'target'으로 설정하고, 나머지 변수를 'feature'로 설정한다. 이러한 설정을 확인하고 'Apply' 버튼을 눌러 적용하자.

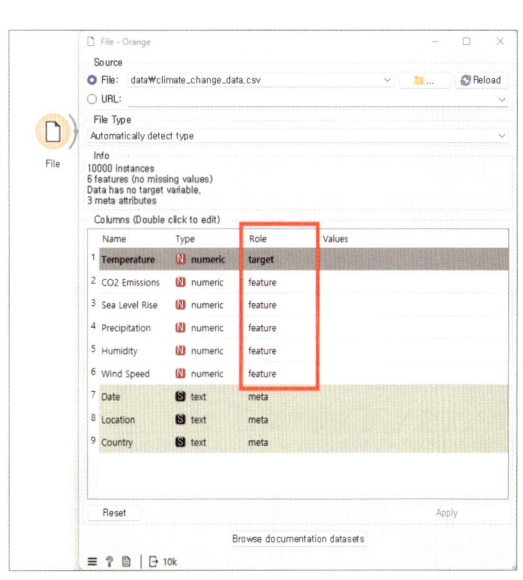

▶ csv 파일 불러오기

두 번째로 [File] 위젯에 [Preprocess] 위젯을 연결한다. [Preprocess] 위젯은 데이터의 전처리 과정에서는 결측치 처리, 변수 선택, 데이터 정규화 같은 작업을 수행한다. 우리가 사용하는 데이터셋은 결측치가 없는 상태로, 이는 전처리 과정을 진행할 때 큰 이점이 된다. 따라서 전처리 과정에서 변수 선택과 데이터 스케일링만 설정하기로 한다.

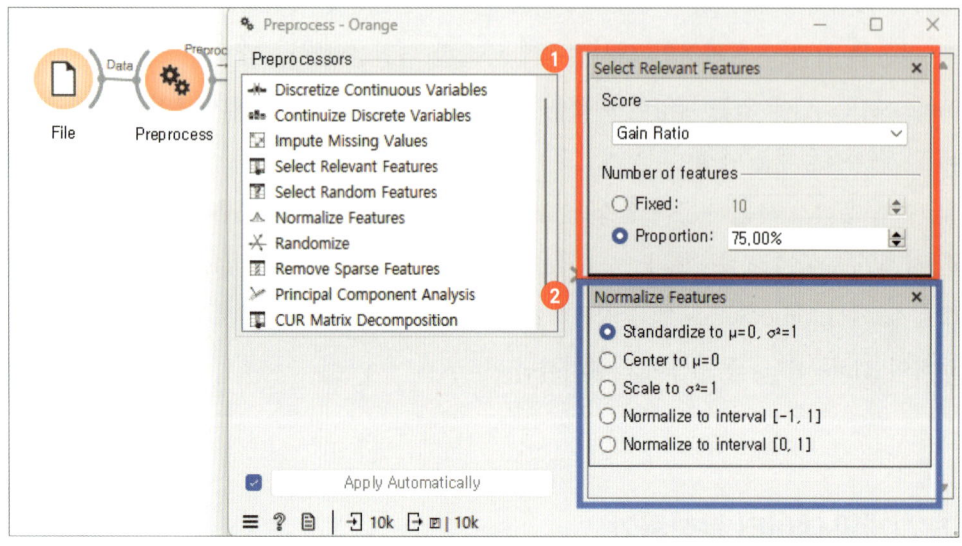

▶ 데이터 전처리

❶ Select Relevant Features: 변수 선택. 기후 데이터 분석에서는 분석 목적에 맞게 관련 있는 변수만을 선택해야 한다. 'Select Relevant Features'를 선택하면 데이터를 분석할 때 중요한 부분만 골라낼 수 있다. 우리는 Score로 'Gain Ratio'를 사용해 각 데이터가 목표치(Temperature)에 얼마나 중요한지 평가하고, Proportion을 75%로 설정해 전체 특성 중에서 가장 중요한 75%만 선택하기로 한다. 이렇게 하면 덜 중요한 데이터는 제외되고 중요한 데이터만 남아서 분석이 더 효율적이고 정확해진다.

❷ Normalize Features: 데이터 스케일링. 기후 데이터는 스케일링을 통해 모델의 성능을 향상시킬 수 있다. 아직 데이터셋의 특성을 잘 모르는 상황에서는 일반적으로 'Standardize to μ=0, σ=1' 옵션이 가장 적합하다. 이는 데이터의 평균(μ)을 0, 표준편차(σ)를 1로 조정하여 모든 변수가 같은 스케일을 갖도록 한다. 시계열 데이터의 경우, 각 변수가 시간에 따라 어떻게 변하는지를 파악하는 것이 중요하므로 스케일링은 신중하게 결정해야 한다.

[Preprocess] 위젯에 [Data Table] 위젯을 연결하면 CO2 Emissions, Sea Level Rise, Precipitation, Humidity 변수가 유용하여 선택된 것을 확인할 수 있다.

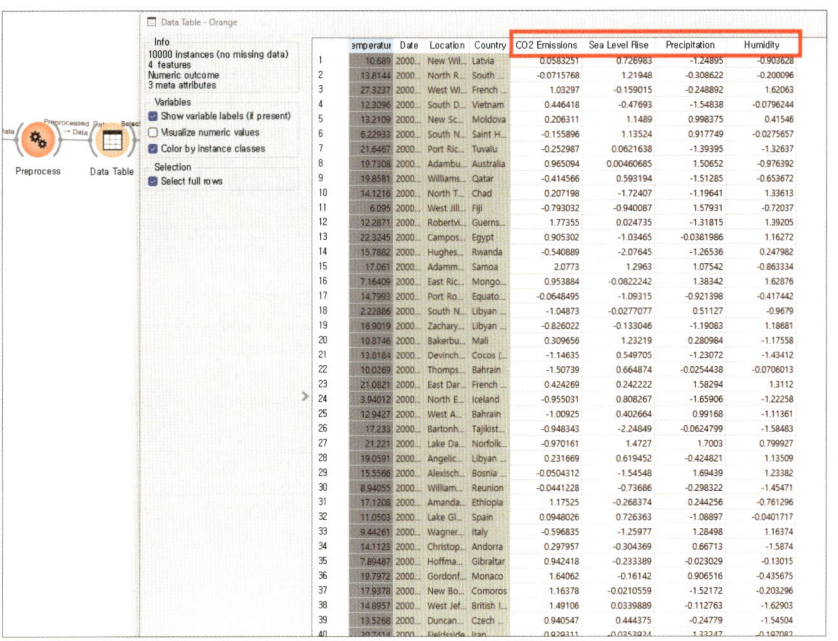

▶ 데이터셋 확인하기

세 번째로 [Preprocess]-[Data Table] 위젯에 [Edit Domain] 위젯을 연결한다. [File] 위젯에서 확인해보면 Date 변수가 텍스트 형식으로 되어 있어 메타데이터로 처리되게 되어 있는데, 이는 주로 분석 작업에서는 사용되지 않는 정보를 포함할 때 사용되는 방식이므로 Date 변수를 시간(Time) 변수로 재해석하는 작업이 필요하다. [Edit Domain]을 통해 'Date' 변수를 선택하고, 변수의 타입(Type)을 'Time'으로 변경한다.

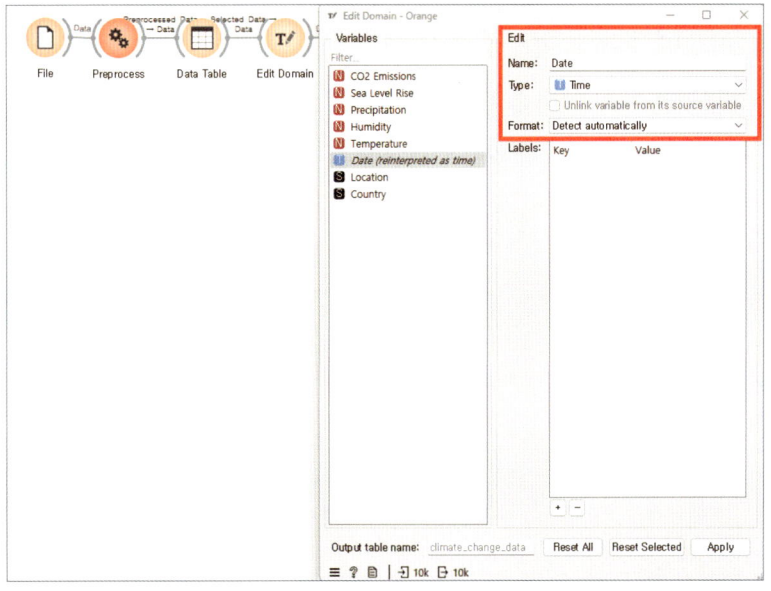

▶ 변수 타입(Type) 변경하기

마지막으로 Time Series 탭에서 [Form Timeseries] 위젯을 찾아 [Edit Domain] 위젯에 연결한다. 이미 [Edit Domain] 위젯을 통해 'Time'으로 설정된 변수가 있는 경우에도 [Form Timeseries] 위젯에서 해당 변수를 'Select the column with date' 옵션을 통해 날짜(Date) 열로 지정해주는 것이 좋다. 이렇게 하면 데이터가 시계열 데이터로 인식되어, 시계열 분석이나 다른 시계열 관련 작업을 수행할 때 정확한 처리가 가능하다.

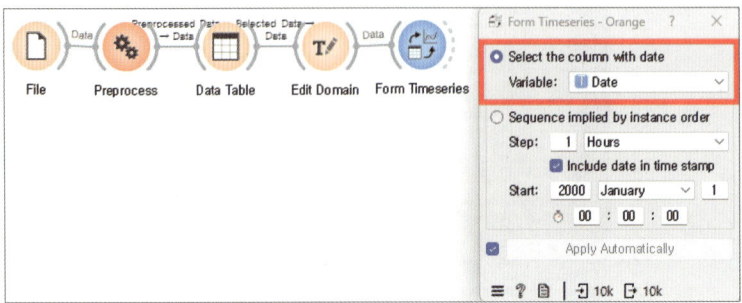

▶ 날짜(Date) 열 지정으로 시계열 데이터 인식하기

데이터 탐색: 주기성 파악

이번 단계에서 데이터 탐색을 위해 사용할 위젯은 [Periodgram]이다. 이 위젯은 데이터 내에서 가장 강한 주기를 식별할 수 있고, 데이터의 계절적 변화나 주기성에 대한 통찰력을 얻을 수 있다. 예를 들어 한 지역에서 매년 여름이 되면 기온이 얼마나 올라가는지, 혹은 겨울철에는 어떤 변화가 있는지와 같은 계절적인 변화를 찾는 것과 같다. 마치 날씨를 예측하는 일기예보처럼, 이 위젯은 한 해 동안의 기온 변화에서 가장 강한 변화의 패턴이나 주기를 찾아낸다. 이를 통해 봄이 시작될 때마다 꽃이 피는 것처럼, 데이터에서도 특정 시간이나 계절에 일어나는 중요한 변화를 식별할 수 있다. 이러한 정보는 미래의 기후 패턴을 예측하고 계절에 따른 변화를 이해하는 데 유용하게 쓰인다.

[Periodgram] 위젯을 [Form Timeseries] 위젯에 연결한다.

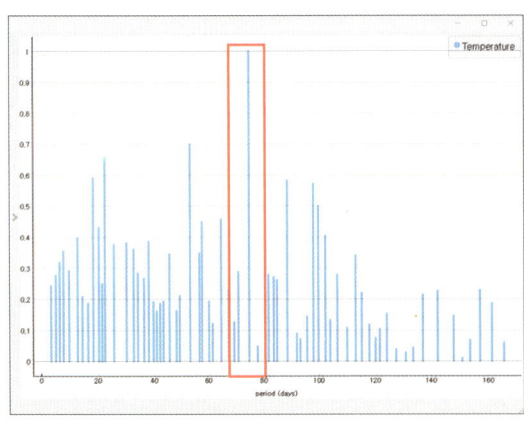

▶ 기온 데이터에 대한 주기성 분석

앞의 플롯에서 관찰되는 주기성(Periodogram)은, x축은 'period (days)'로 각 주기를 나타내고, y축은 각 주기에 해당하는 신호의 세기를 보여준다. y값이 클수록 해당 주기가 더 뚜렷하거나 강하게 나타나는 것을 의미한다.

앞의 플롯에서 가장 높은 막대는 약 77일에 위치하고 있다. 이는 기온 데이터에서 77일마다 반복되는 패턴이 가장 강하게 나타난다는 것을 의미한다. 즉 기온이 77일마다 비슷한 패턴을 반복하는 경향이 있다는 뜻이다. 이 정보를 통해 기온 변화의 주기를 예측하거나 주기적 변동성을 분석하는 데 사용할 수 있다.

물론 다른 주기에 해당하는 막대들도 있지만, 77일 주기만큼 뚜렷하지 않다. 이는 77일 주기 외에도 다양한 주기가 존재하지만 그 강도는 비교적 약하다는 것을 보여준다.

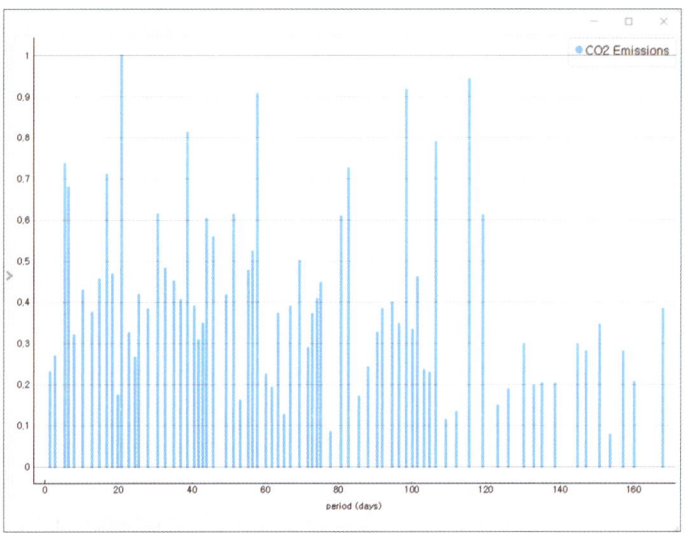

▶ 이산화탄소(CO_2) 데이터에 대한 주기성 분석

위의 플롯은 이산화탄소(CO_2) 배출량 데이터의 주기성을 분석한 결과를 나타내며, 20일, 60일, 100일, 120일마다 반복되는 패턴이 뚜렷하게 나타난다는 것을 보여준다.

우리는 이 패턴을 통해 CO_2 배출량의 변동성을 예측하거나 주기적 패턴을 분석할 수 있다. 예를 들어, 20일마다 CO_2 배출량이 비슷한 패턴을 반복하는 것은 공장 가동이나 특정 산업 활동이 20일 간격으로 이루어질 때 발생할 수 있다. 마찬가지로, 60일마다 반복되는 패턴은 계절적 변화나 대규모 축제, 농업 활동과 같은 대규모 이벤트와 관련이 있을 수 있다. 100일 주기는 분기별 보고나 특정 행사가 주기적으로 일어나는 것이 관련이 있을 수 있다. 120일 주기도 같은 방식으로 특정한 계절적 이벤트나 주기적인 활동이 영향을 미칠 수 있다. 이러한 정보를 통해 배출량을 관리하거나 환경 정책을 세우는 데 활용할 수 있으며, CO_2 배출량을 줄이기 위한 대책을 더 효과적으로 계획할 수 있다.

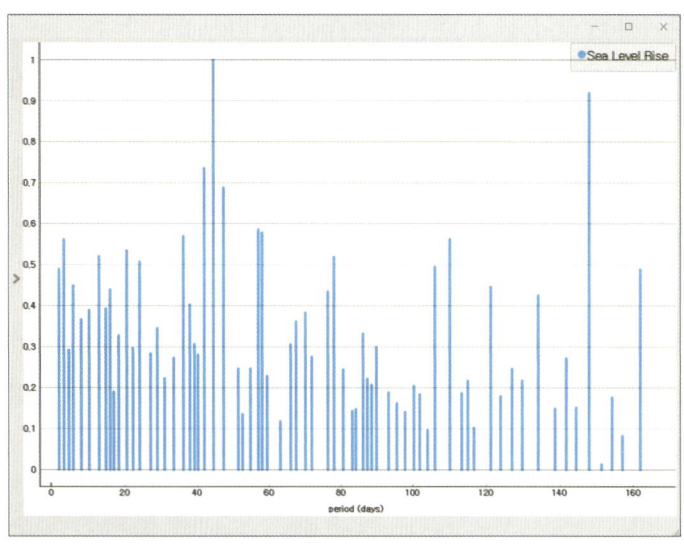

▶ 해수면 상승 데이터에 대한 주기성 분석

위의 플롯에 나타난 45일과 150일 근처의 높은 봉우리들은 해수면 상승 데이터에서 해당 주기를 가진 변동성이 상대적으로 높은 강도를 가지고 있음을 나타낸다. 이러한 주기에서 강한 신호는 특정 환경적 현상이나 자연적 주기가 이 시간 간격으로 일어나고 있음을 시사한다.

예를 들어, 45일 주기의 해수면 상승은 다양한 요인들과 관련이 있을 수 있다. 장기적인 기상 패턴, 예를 들어 특정 계절의 바람이나 강우 패턴이 45일 주기를 가질 수 있으며, 해양 내부의 순환 패턴이 주기적으로 변동할 수도 있다. 또 기후변화로 인한 해양의 열적 팽창 같은 요인들이 영향을 미칠 수 있다. 특정 산업 활동이나 농업 패턴 등 인간 활동도 주기적으로 해수면 변화에 영향을 줄 수 있다.

150일 주기의 해수면 상승은 엘니뇨와 라니냐 같은 기후 현상이 수개월에서 수년에 걸쳐 주기적으로 발생하며 해수면 변화에 큰 영향을 미쳐 발생할 수 있다. 또한 특정 계절적 패턴이 150일 주기로 나타나 해수면 변화에 영향을 줄 수도 있다. 대규모 해양 순환 패턴, 예를 들어 해류의 변화나 대양의 열적 팽창 등이 장기적인 주기를 가질 수 있으며, 장기적인 기후변화, 특히 온실가스 배출로 인한 지구온난화도 해수면 상승에 장기적인 영향을 미칠 수 있다. 특징 신입 활동이나 대규모 개발 프로젝트가 주기적으로 해수면 변화에 영향을 줄 수도 있다.

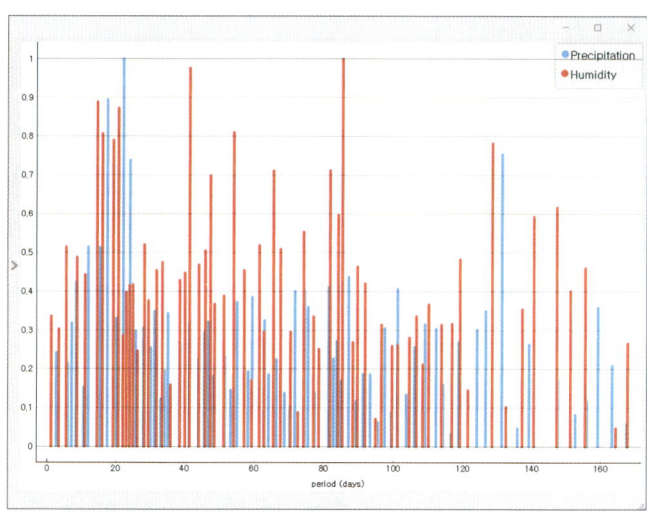

▶ 강수량과 습도 데이터에 대한 주기성 분석

위의 플롯은 강수량(파란색 선)과 습도(빨간색 선) 데이터의 주기성을 분석한 결과를 보여준다. 주기성 플롯에서 Ctrl이나 Shift 키를 이용하면 여러 요소를 한꺼번에 선택하여 여러 주기나 데이터를 동시에 분석하거나 비교할 수 있다.

강수량은 약 20일과 130일 주기에서 강한 신호를 보이고, 습도는 약 40일과 85일 주기에서 강한 신호를 보인다. 이는 특정 환경적 현상이나 자연적 주기가 이 시간 간격으로 일어나고 있음을 시사한다. 예를 들어, 강수량의 20일 주기는 장기적인 기상 패턴이나 해양 순환, 혹은 기후변화로 인한 대기 중 수분 함량의 변동과 관련이 있을 수 있다. 130일 주기는 엘니뇨와 라니냐 같은 기후 현상이나 대규모 해양 순환 패턴이 영향을 미칠 수 있다. 습도의 40일 주기는 기상 패턴이나 계절적 변화, 혹은 대기 중의 주기적인 변화와 관련이 있을 수 있다. 85일 주기는 기후변화나 대규모 해양 순환 패턴이 영향을 미칠 수 있다. 이를 통해 강수량과 습도 간의 잠재적인 상관관계를 탐구할 수 있지만, 정확한 결론을 도출하기 위해서는 더 구체적인 분석이 필요하다.

데이터 분석을 깊게 해나가려면, 먼저 데이터의 봉우리들이 실제 기후 현상이나 외부적인 요인들과 연결되어 있는지, 아니면 단지 우연한 변동인지를 알아보기 위해 다른 데이터와 비교해보는 과정이 필요하다. 그리고 데이터에 나타난 주기적인 신호들을 해석할 때는 자연적인 원인뿐만 아니라 인간의 활동 같은 인위적인 요소들도 함께 생각해봐야 한다. 데이터를 수집하고 처리하는 방식에서 생길 수 있는 오류나 특정 패턴, 데이터를 수집하는 간격 등도 주의 깊게 고려해야 한다. 이런 요소들이 실제로는 일어나지 않는 주기적인 현상을 만들어내거나 실제 현상을 잘못된 방식으로 보여줄 수 있기 때문이다.

데이터 탐색: 데이터 스무딩을 통한 장기 추세 분석

[Moving Transform] 위젯은 시계열 데이터를 분석하는 데 필수적인 도구다. 이는 데이터를 특정 기간 분석하여 주요 변화와 패턴을 파악할 수 있도록 돕는다. 이 위젯을 활용함으로써 우리는 데이터의 장기적인 추세를 부드럽게 표현하고 일시적인 잡음이나 불필요한 변동성을 제거하여 데이터의 본질적인 흐름과 경향성을 더욱 명확히 파악할 수 있다. 이를 데이터 스무딩이라고 하며, 데이터의 본질적인 패턴을 더 잘 드러내기 위해 불필요한 변동성을 줄이는 과정을 의미한다. [Moving Transform] 위젯을 [Form Timeseries] 위젯과 연결하여 이 기능을 적용할 수 있다.

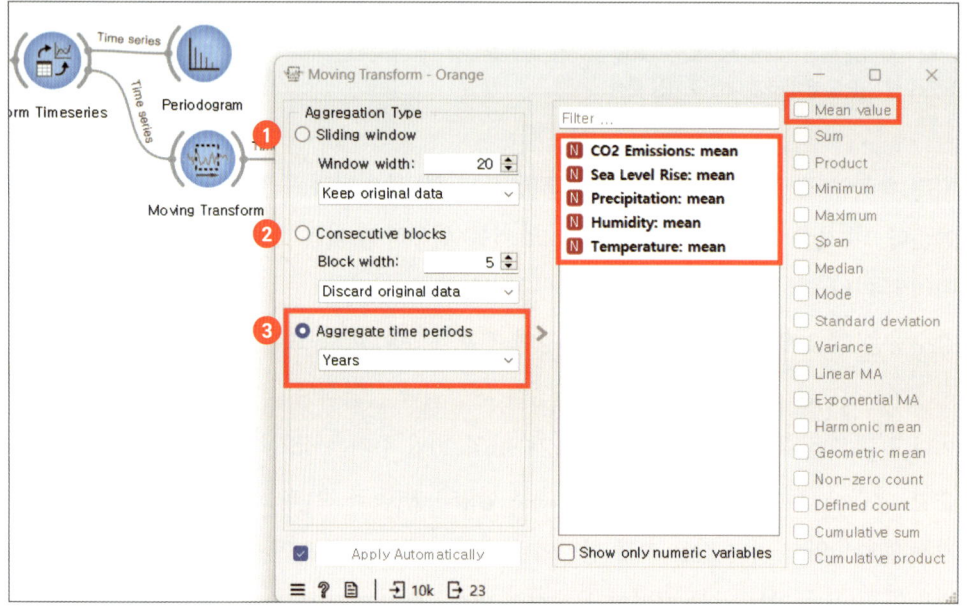

▶ 연평균값 계산하기

❶ Sliding Window: 슬라이딩 윈도. 일정한 크기의 '창'을 데이터 위에 두고 이를 시간의 흐름에 따라 이동시키는 기법이다. 예를 들어, 7일 동안의 평균값을 계산할 때 매일 새로운 데이터를 추가하고 가장 오래된 데이터를 빼면서 최신 7일의 평균값을 계속 업데이트하는 방식이다.

❷ Consecutive Blocks: 연속적인 블록. 데이터를 일정 기간씩 묶어서 분석하는 기법이다. 예를 들어, 한 달 치 데이터를 하나의 블록으로 보고 각 달의 평균을 계산하는 방식이다. 이렇게 하면 월별로 데이터를 요약할 수 있다.

❸ Aggregate time periods: 특정 시간 구간 집계. 사용자가 정한 시간 범위에 따라 데이터를 요약하는 기법이다. 예를 들어 시간별, 분기별로 구간을 설정하여 그 기간 동안의 평균, 총합, 표준편차 등을 계산하는 방식이다.

우리는 기후변화의 장기 추세를 관찰할 것이다. 이때 연 단위로 데이터의 평균값을 살펴보는 것이 중요하다. 이를 위해 Aggregation Type에서 'Aggregate Time Periods'를 선택하고, 가운데 창에서 원하는 변수를 선택한 후 'Mean value(평균값)' 옵션에 표시한다. 이렇게 하면 선택한 시간 구간에 대해 각 변수의 평균값이 계산된다.

계산된 평균값들을 [Moving Transform] 위젯에 [Line Chart] 위젯을 연결하여 시각화하면 시간에 따른 각 변수의 변화를 비교하고 분석할 수 있다. Line Chart에서는 'Add plot' 버튼을 사용하여 그래프를 추가할 수 있는데, 이를 통해 여러 플롯을 한 번에 비교하여 다양한 변수들의 변화를 시각적으로 분석할 수 있다. 또한 Ctrl 키나 Shift 키를 사용하여 여러 변수를 선택하고 한꺼번에 플롯에 표시할 수 있다. 다음 그림들은 이러한 과정을 통해 얻은 결과를 보여준다.

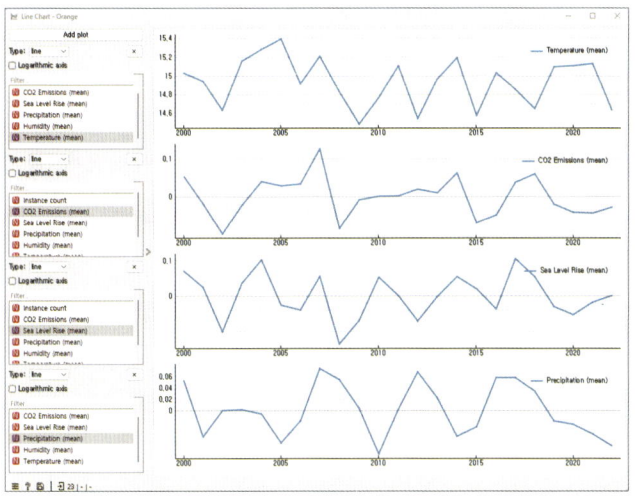

▶ 주요 환경 변수들의 연도별 평균값 변화(2000~2020년)

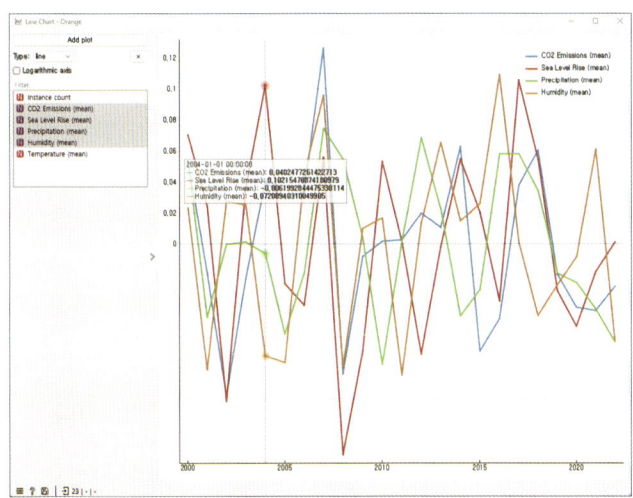

▶ 다양한 환경 변수의 시계열 변화(2000~2020년)

앞의 플롯은 2000년부터 2020년까지의 기간 동안 여러 환경 변수의 평균값 변화를 시각적으로 나타낸 것이다. 각 플롯은 서로 다른 변수를 보여주며, x축은 시간을, y축은 해당 변수의 평균값을 나타낸다.

기온(Temperature) 차트는 계절적 변동을 보여주는 것처럼 꾸준한 상승과 하락을 반복하고 있다. 이러한 변동은 계절적인 변화를 나타낼 수 있지만, 차트에 나타난 전체적인 추세를 단정하기에는 변동 폭이 일정하지 않다. 상승 추세나 하락 추세를 확인하기 위해서는 각 연도의 평균값들 사이의 경향성을 보다 장기간에 걸쳐 분석해야 하며, 추가적인 데이터와 통계적 방법을 통해 장기 추세를 더 명확히 할 필요가 있다.

CO_2 배출량(CO2 Emissions) 차트는 특정 연도에서의 배출량 증가나 감소를 보여주며, 전반적으로 상승하는 추세를 관찰할 수 있다. 이는 산업 활동과 관련된 인간의 영향을 반영하는 것으로 해석될 수 있으며, 장기적으로 CO_2 배출량이 증가하는 경향은 기후변화와 직접적으로 연결될 수 있다.

해수면 상승(Sea Level Rise) 차트도 변동성에도 불구하고 상승하는 경향을 보여준다. 이는 지구온난화에 따른 빙하의 지속적인 녹음과 해수 온도 상승으로 인한 해수면의 팽창을 나타낼 수 있으며, 이러한 해수면 상승은 해안 지역에 중대한 장기적 영향을 미칠 가능성이 있다.

강수량(Precipitation) 차트는 특정 연도마다 증가와 감소를 반복하는 패턴을 보여준다. 이러한 패턴은 기후변화에 따른 대기 조건의 변화와 관련이 있을 수 있다. 강수량의 변동성을 이해하기 위해서는 장기적인 데이터를 통해 경향성을 분석해야 한다.

모델 구축 및 훈련

다음은 예측 모델을 구축하고 훈련해보기 위해 [ARIMA Model] 위젯을 사용한다. [ARIMA Model] 위젯을 [Form Timeseries] 위젯에 연결한다.

ARIMA 모델은 시계열 데이터를 모델링하기 위해 널리 사용되는 방법의 하나다. ARIMA는 자기회귀 누적이동평균(AutoRegressive Integrated Moving Average)의 약자로, 시계열 데이터의 패턴을 분석하고 미래 값을 예측하는 데 사용된다.

ARIMA 모델의 구성요소를 쉽게 이해할 수 있는 예는 다음과 같다.

- 자기회귀(AutoRegressive; AR): '오늘의 기온은 어제와 그제 기온의 영향을 받아 결정될 수 있다.' 이는 오늘의 기온이 과거의 기온에 따라 변할 수 있다는 것을 의미한다.
- 누적(Integrated; I): '기온의 전체적인 증가 추세를 제거하고, 매일의 기온 변화를 분석한다.' 이는 오랜 시간 동안 기온이 계속 올라가는 경향을 없애고, 매일의 작은 기온

변화를 보는 것을 의미한다. 이렇게 하면 매일의 기온 변화가 더 분명하게 보인다. 예를 들어, 기온이 매일 조금씩 올라가는 경향이 있을 때 그 경향을 빼고 나서 남은 매일의 기온 변화를 분석하는 것이다.

- 이동평균(Moving Average; MA): '오늘의 기온 예측은 어제의 예측 오류를 고려하여 조정된다.' 이는 오늘의 기온을 예측할 때 어제 예측이 얼마나 틀렸는지를 반영해서 더 정확하게 예측하려고 한다는 것을 의미한다. 예를 들어, 어제 기온 예측이 실제보다 높았거나 낮았으면 오늘 예측을 그에 맞춰 조정하는 것이다.

이렇게 ARIMA 모델은 과거 데이터를 기반으로 미래를 예측하며 자기회귀, 누적, 이동평균 등 세 가지 요소를 결합하여 시계열 데이터의 복잡한 패턴을 효과적으로 분석할 수 있게 한다.

[ARIMA Model] 위젯을 사용하여 시계열 데이터를 분석하고 예측하기 위해서는 파라미터(p, d, q)를 설정하여 자기회귀(p), 차분(d), 이동평균(q) 요소를 조정할 수 있다. 우리는 p=2, d=1, q=2로 설정하기로 한다. 또한 설정창의 Forecast에서 'Forecast steps ahead' 옵션은 ARIMA 모델이 미래 몇 단계를 예측할지 설정하는 값이다.

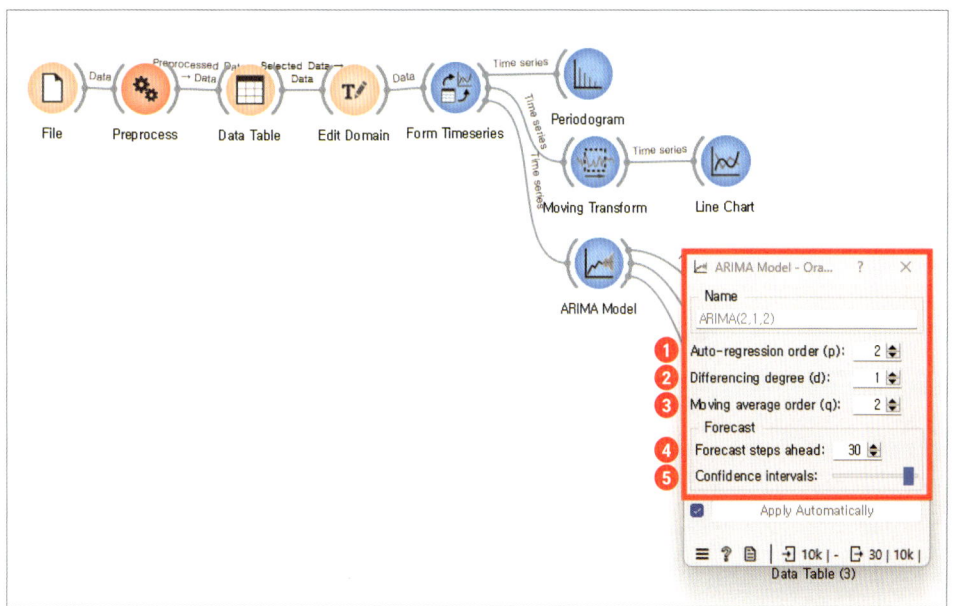

▶ [ARIMA Model] 위젯 설정 화면

❶ Auto-regression order (p): 자기회귀 차수. 현재 값이 과거 값들에 얼마나 영향을 받는지를 결정하는 것이다. 예를 들어, 오늘의 기온이 어제와 그제 기온의 영향을 받는다면 p값이 2가 된다.

❷ **Differencing degree (d)**: 차분 차수. 데이터를 더 안정적으로 만들기 위해 기온이 계속 올라가거나 내려가는 경향을 없애는 것이다. 예를 들어, 기온이 매일 조금씩 올라가는 경향이 있으면 그 경향을 없애기 위해 한 번 차분(d=1)을 한다. 차분을 한 번 하면 오늘의 기온에서 어제의 기온을 뺀 값을 사용하게 된다. 예를 들어, 기온이 15℃, 16℃, 17℃라면 차분 후에는 1℃, 1℃, 1℃가 된다. 만약 한 번 차분한 후에도 여전히 추세가 있으면 두 번 차분(d=2)을 할 수도 있다.

❸ **Moving average order (q)**: 이동평균 차수. 예측을 할 때 과거 예측이 얼마나 틀렸는지를 고려하는 것이다. 예를 들어, 어제의 예측이 많이 틀렸다면 오늘 예측을 조정할 때 그 오차를 반영한다.

❹ **Forecast steps ahead**: 미래 예측 기간. 앞으로 얼마나 먼 미래를 예측할지를 설정하는 것이다. 여기서는 30일 동안의 기온을 예측한다.

❺ **Confidence interval**: 신뢰구간. 예측값이 어느 범위 안에 있을 가능성이 높은지를 나타내는 것이다. 이는 예측의 신뢰도를 보여준다.

ARIMA 모델의 출력은 모델을 통해 생성된 시계열의 미래 예측값(Forecast)과 모델이 실제로 적합된 값(Fitted values), 모델이 각 단계에서 생성한 오차(Residuals)이다.

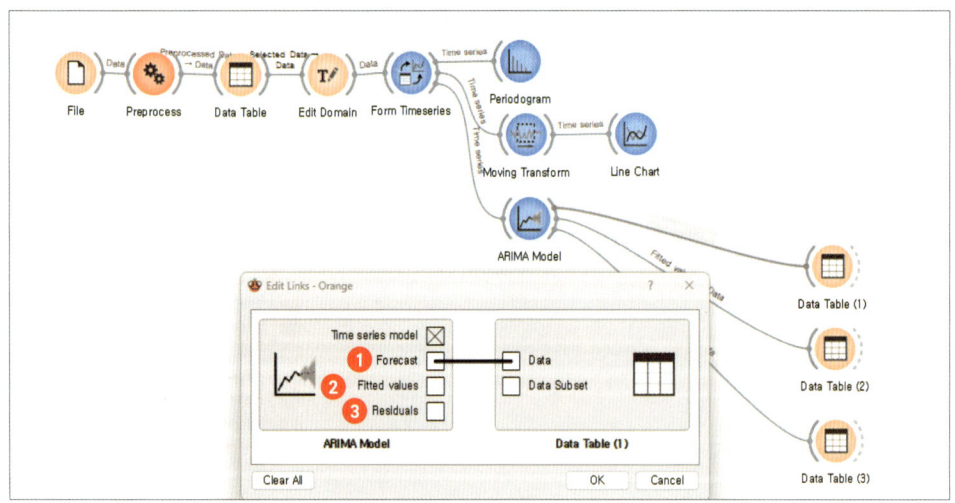

▶ ARIMA 모델의 예측 결과를 [Data Table] 위젯에 연결하는 과정

ARIMA 모델의 출력 결과를 각각의 데이터 테이블에 연결하기 위해서는 링크를 더블클릭하여 'Edit Links' 창에서 연결 설정을 해야 한다. 이 창에서 예측값을 Data Table로 보내려면 ❶ 'Forecast' 박스를 체크한다. 모델이 데이터를 기반으로 계산한 적합값을 Data Table로 보내려면 ❷ 'Fitted values' 박스를 체크한다. 또한 예측값과 실제 값의 차이를

Data Table로 보내려면 ❸ 'Residuals' 박스를 체크한다. 이렇게 하면 ARIMA 모델의 예측 결과, 적합값, 잔차를 각각의 데이터 테이블에서 확인하고 분석할 수 있다.

아래 표는 ARIMA 모델을 사용하여 기온 데이터의 예측값을 나타내고 있다. 표에는 세 가지 열이 있는데 ❶ Temperature (forecast)는 모델에 의해 예측된 기온값을, ❷ Temperature (95%CI low)와 ❸ Temperature (95%CI high)는 예측값의 95% 신뢰구간을 각각 나타낸다.

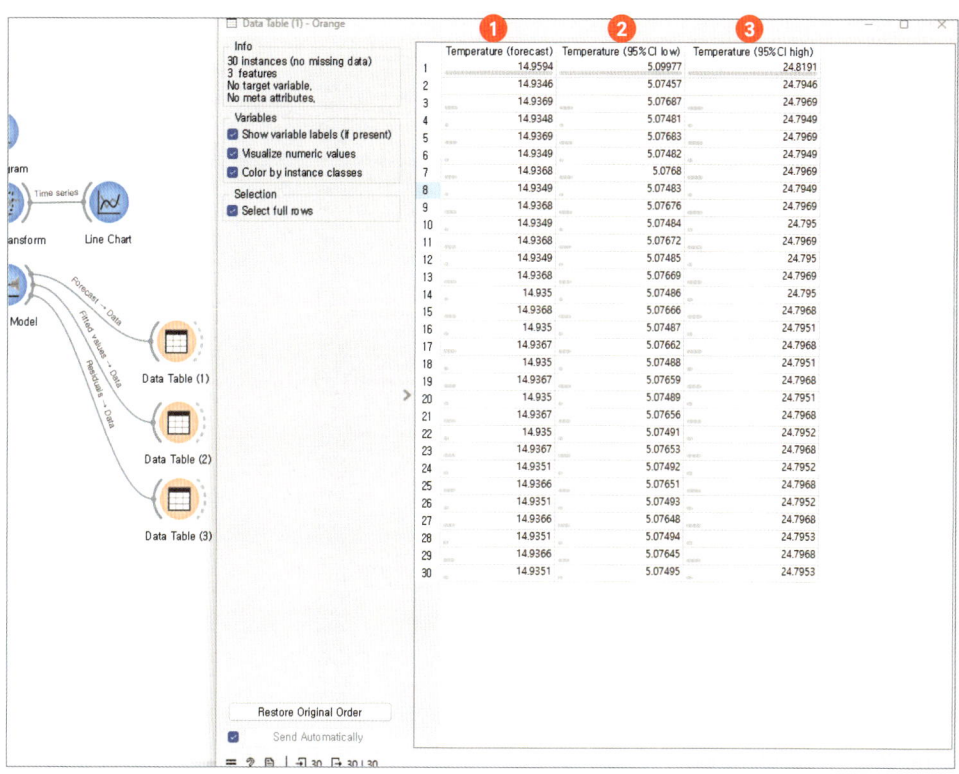

▶ ARIMA 모델을 사용한 기온 예측값

❶ Temperature (forecast): 이 열은 ARIMA 모델을 통해 예측된 미래의 기온값을 나타낸다. 예측된 값들은 모델이 학습한 데이터 패턴에 기반하여 계산되었다.

❷ Temperature (95%CI low): 이 열은 예측된 기온값의 낮은 쪽 95% 신뢰구간 경계를 나타낸다. 즉 모델이 95% 확신을 두고 예측하는 최저기온 범위이다.

❸ Temperature (95%CI high): 이 열은 예측된 기온값의 높은 쪽 95% 신뢰구간 경계를 나타낸다. 즉 모델이 95% 확신을 두고 예측하는 최고기온 범위이다.

95% 신뢰구간은 모델이 예측한 기온값이 실제 기온 범위 내에 있을 것으로 예상되는 범위를 제공한다. 신뢰구간이 넓을수록 예측의 불확실성이 높다는 것을 의미한다. 예를 들

어, 모델이 내년의 평균기온을 15℃라고 예측하면서 95% 신뢰구간을 14~16℃라고 제시했다면, 모델은 95% 확신으로 실제 기온이 이 범위 내에 있을 것이라고 말한다. 만약 실제 기온이 이 범위 내에 들어온다면 모델이 신뢰할 수 있는 좋은 예측을 했다고 볼 수 있다. 반대로 신뢰구간이 매우 넓다면, 예를 들어 10~20℃라면 모델이 실제 기온을 예측하는 데 있어 큰 불확실성을 가지고 있다고 볼 수 있다. 이런 경우에는 실제 기온이 신뢰구간 내에 있더라도 모델의 예측이 그다지 정확하지 않을 수 있다.

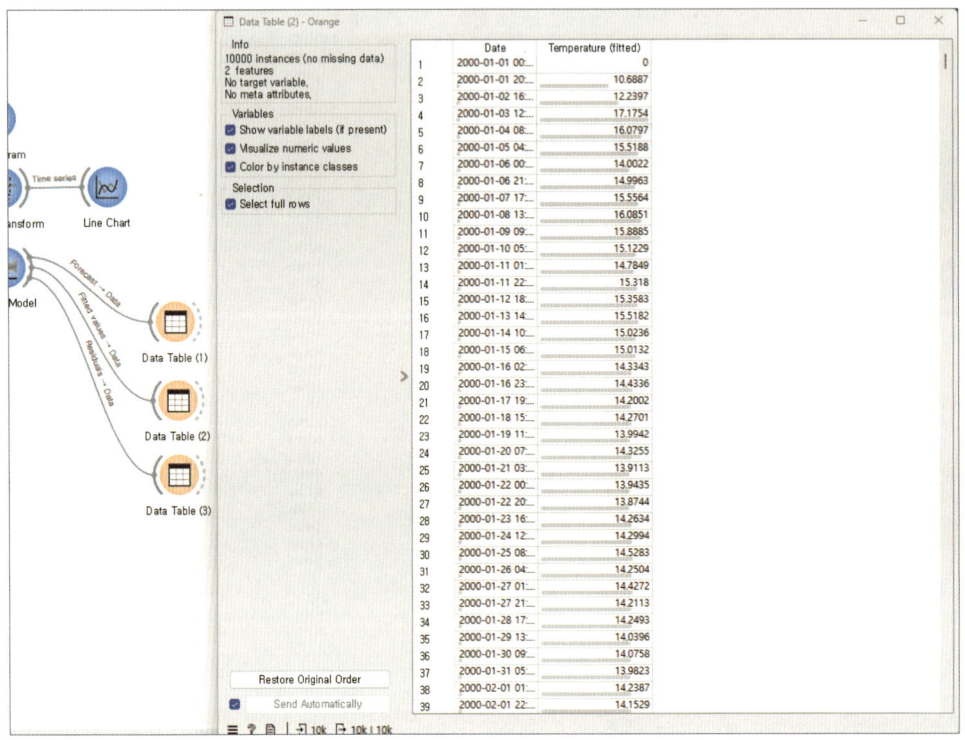

▶ ARIMA 모델로 계산한 기온 적합값

위의 표는 ARIMA 모델을 사용해서 기온 시계열 데이터에 대해 계산한 적합값을 보여준다. 적합값이란 모델이 실제 데이터에 적용되어 나온 결과로, 우리가 데이터에서 볼 수 있는 패턴이나 경향성을 모델이 얼마나 잘 따라가고 있는지를 보여준다. 'Date' 열은 날짜를 나타내고, 'Temperature (fitted)' 열은 ARIMA 모델을 통해 계산된 그 날짜의 기온 적합값을 나타낸다. 이 적합값은 원래 데이터에서 모델로 계산된 잔차를 빼서 얻어지는 값이다. 잔차는 실제 관측된 값과 모델에 의해 예측된 값 사이의 차이로, 모델의 예측이 얼마나 정확했는지를 나타내는 오차의 지표이다.

미래의 기온을 예측하고 싶을 때 이렇게 적합값을 분석하는 것은 모델의 성능을 평가하고, 필요하다면 모델의 매개변수를 조정해서 예측의 정확도를 높일 수 있는 중요한 단계가 될 수 있다. 모델의 적합값이 실제 데이터와 일치한다면 이 모델이 미래 값을 예측하는 데 신뢰할 수 있음을 의미한다.

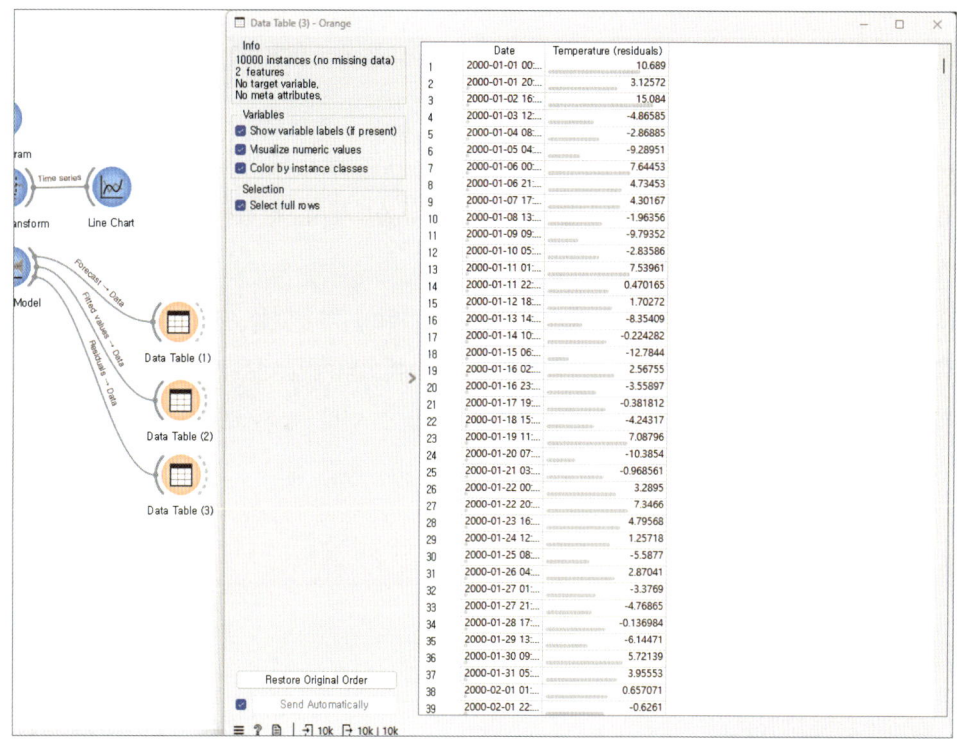

▶ ARIMA 모델로 계산한 잔차

위의 표는 ARIMA 모델로 예측된 기온 데이터의 잔차를 보여준다. 잔차는 모델이 예측한 값과 실제 관찰된 값 사이의 차이로, 모델의 예측 오차를 나타내는 지표이다. 'Date' 열은 날짜를 나타내며, 'Temperature (residual)' 열은 해당 날짜의 잔차값을 보여준다. 잔차의 절댓값이 크다는 것은 모델이 해당 데이터를 정확하게 예측하지 못했다는 것을 의미하고, 이는 이상치, 모델 사양 오류, 또는 모델에 포함되지 않은 변수의 영향을 받는 경우일 수 있다. 반면에, 잔차의 절댓값이 작다면 모델이 실제 값에 근접한 예측을 했다는 것을 나타낸다.

모델 평가

이번에 살펴볼 위젯은 [Model Evaluation]이다. [Model Evaluation] 위젯을 사용하는 이유는 우리가 만든 시간 순서에 따른 예측 모델이 얼마나 잘 작동하는지를 확인하기 위해서이다. 다시 말해, 이 위젯은 우리가 과거 데이터로부터 배운 것을 가지고 미래를 예측할 때 모델이 얼마나 효과적인지를 측정한다.

[Model Evaluation] 위젯에 [Form Timeseries] 위젯을 통해 생성된 시간 순서 데이터와, 평가하고자 하는 [ARIMA Model] 위젯을 연결한다. 이렇게 설정한 후 모델이 미래 데이터를 얼마나 잘 예측하는지 여러 수치를 통해 알 수 있다. 이 수치들에는 오차를 나타내는 RMSE, MAE, MAPE 같은 값과, 모델의 성능을 나타내는 POCID, R^2가 있으며, 모델이 얼마나 정보를 잘 담고 있는지 보여주는 AIC, BIC도 포함된다.

교차 검증이라는 과정을 통해, 시간 순서 데이터를 여러 '폴드'로 나누고 각 폴드에서 모델을 학습시킨 다음 미래를 예측하게 한다. 이때 각 폴드에서 예측한 결과를 비교함으로써 모델의 일관성과 신뢰도를 평가할 수 있다.

[Model Evaluation] 위젯의 최종 목적은 실제 데이터에 적용했을 때 모델이 얼마나 정확한지를 이해하는 것이다. 이를 통해 모델이 학습 데이터에만 너무 맞춰져 있는지(과적합), 아니면 실제 세계의 데이터에도 잘 맞는지를 알 수 있다. 좋은 모델은 학습 데이터에서의 오차(In-sample errors)와 새로운 데이터에 적용했을 때의 오차(Out-of-sample errors)가 크게 다르지 않아야 한다.

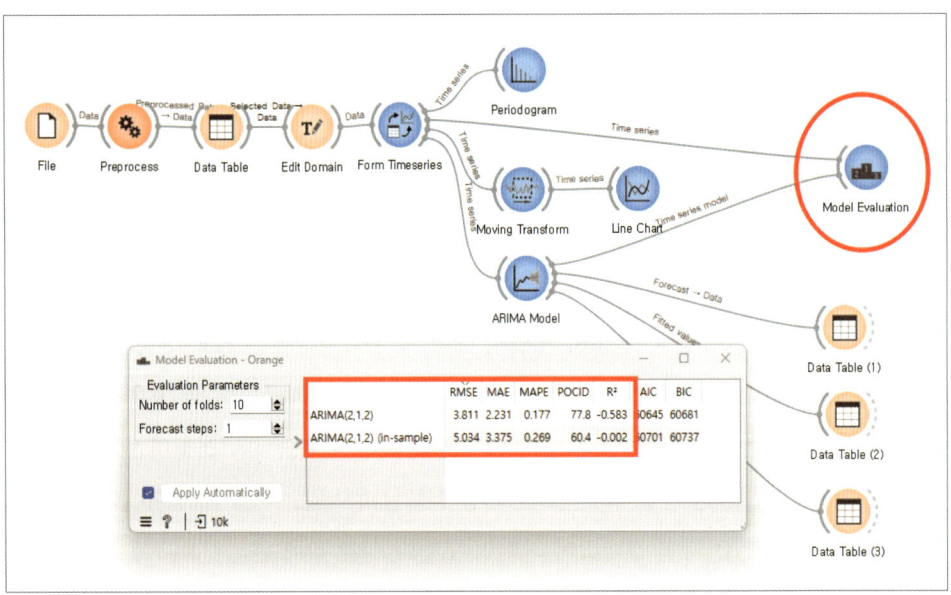

▶ 모델 평가 결과

ARIMA(2,1,2) 모델의 성능 평가 결과를 해석해보면, 이 모델은 테스트 데이터와 훈련 데이터 모두에서 비교적 안정적인 예측 성능을 보인다. 테스트 데이터의 경우 RMSE는 3.811, MAE는 2.231로 예측 오차가 비교적 낮으며, MAPE는 0.177로 평균 절대백분율 오차도 낮다. POCID는 77.8로 예측값이 실제 값과 같은 방향으로 변화하는 비율이 높아 모델의 방향 예측 성능이 우수함을 나타낸다. R^2는 -0.583으로, 모델의 설명력이 낮음을 나타낸다.

반면, ARIMA(2,1,2) 모델의 훈련 데이터 성능을 살펴보면 RMSE는 5.034, MAE는 3.375로 다소 높으며, MAPE는 0.269로 백분율 오차가 증가한다. POCID는 60.4로 훈련 데이터에서 예측값이 실제 값과 같은 방향으로 변화하는 비율이 낮아진다. R^2는 −0.002로, 모델의 설명력이 거의 없음을 나타낸다.

종합적으로, ARIMA(2,1,2) 모델은 테스트 데이터에서 낮은 예측 오차와 높은 POCID를 보여주며, 적합도와 복잡도를 잘 맞추고 있다. 따라서 이 모델이 테스트 데이터에 대해 더 나은 예측 성능을 보인다고 할 수 있다.

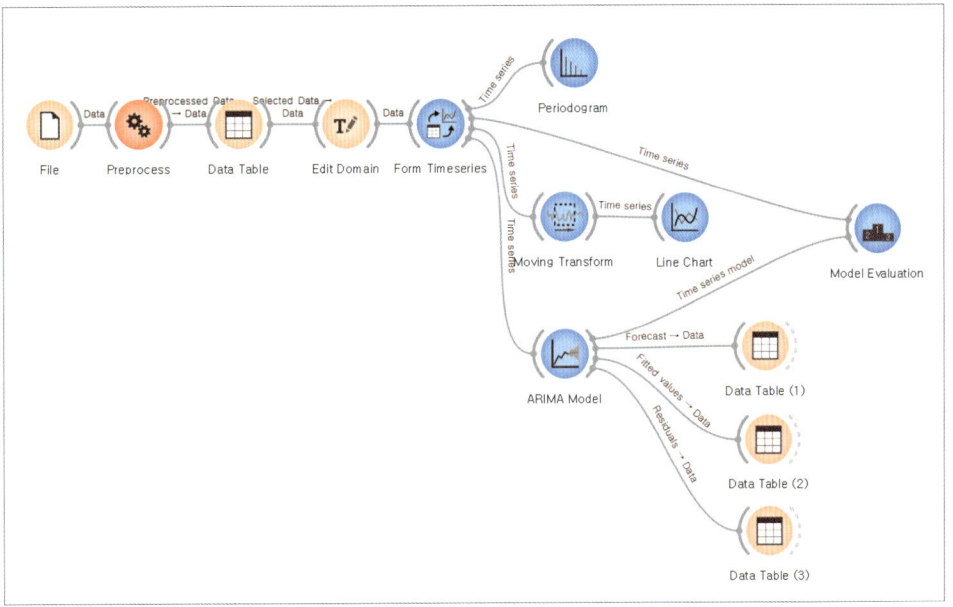

▶ 데이터 처리 흐름도

3. 정리하기

우리는 롤리팝이 환경문제에 대한 궁금증을 해결하기 위해 기후 데이터에 기반한 시계열 데이터를 사용하여 예측적 데이터 분석을 진행하는 과정을 함께했다.

데이터를 준비하고 전처리하는 과정부터 분석에 필요한 변수를 선택하며 데이터를 적절히 스케일링하는 기술을 익혔다.

데이터 탐색을 통해 기후 데이터의 주기성과 계절적 변화를 이해하고, 데이터의 장기적인 패턴과 경향을 파악하는 방법을 배웠다. 이 과정에서 다양한 위젯을 사용하여 데이터의 숨겨진 특성과 변동성을 분석하는 기술을 습득했다 모델 구축과 훈련 단계에서는 ARIMA 모델을 이용해 기온 데이터의 미래 값을 예측하는 경험을 했다. 이 모델을 통해 얻은 예측 결과의 신뢰성을 평가하며, 시계열 데이터의 패턴과 동향을 이해하는 능력을 키웠다.

마지막으로, 모델 평가를 통해 우리가 구축한 모델의 성능을 다양한 지표로 평가하고, 교차 검증을 통해 모델의 일관성과 신뢰도를 검증하는 방법을 배웠다.

이 분석을 통해 우리는 지구 환경이 시간이 지남에 따라 겪고 있는 변화를 좀 더 명확하게 이해할 수 있었다. 온도가 어떻게 변하는지, 비는 얼마나 자주 오는지, 해수면은 얼마나 높아지고 있는지, 공기 중에는 얼마나 많은 이산화탄소(CO_2)가 있는지 등을 살펴봤다. 이러한 정보는 우리의 일상생활과 환경이 어떻게 연결되어 있는지를 보여주는 중요한 통찰을 제공하며, 미래의 환경 변화에 대한 예측을 가능하게 한다. 더불어 더 나은 환경 정책을 만들거나, 어떻게 하면 지구온난화를 늦출 수 있을지 계획을 세우는 것과 같이 우리가 앞으로 어떻게 환경을 보호하고 지구를 더 좋은 곳으로 만들 수 있을지를 결정하는 데 도움을 줄 것이다.

영화를 본 사람들은
어떤 리뷰를 남겼을까?

텍스트 마이닝

> **📋 준비하기**
>
> 초코는 국어 수행평가 시간에 재밌게 본 영화를 소개하게 되었다. 수행평가를 준비하는 과정에서 사람들은 이 영화를 어떻게 생각하는지 궁금해졌고, 이를 포함해서 발표 자료를 만들려고 한다. 그러기 위해 사람들이 인터넷에 남긴 영화 리뷰를 한눈에 보고 싶어졌다. 인터넷에 떠도는 대량의 텍스트 데이터를 어떻게 수집하고 분석할 수 있을까?

1. 리스틀리로 웹 크롤링하기

우리는 2단원에서 텍스트 데이터를 시각화하고 전처리할 수 있게 되었다. 2단원에서의 텍스트 데이터는 '류블랴나대학교 컴퓨터정보과학부'에서 제공한 데이터이고, 앞에서 실습했던 데이터들은 누군가 캐글이나 공공데이터 분석 사이트에 올린 것들을 사용하였다. 그렇다면 직접 데이터를 수집하여 분석할 수는 없을까? 적은 양의 데이터라면 직접 데이터를 인터넷이나 친구들로부터 수집하고 이를 활용하여 데이터 분석을 활용할 수 있을 것이다. 하지만 많은 양의 데이터는 어떻게 해야 할까? 이번 단원에서는 직접 데이터를 수집하여 분석하기 위해 웹 크롤링하는 방법을 살펴볼 것이다.

우리는 '영화를 본 사람들은 어떤 리뷰를 남겼을까?'를 알아보기 위해 먼저 영화를 보고 사람들이 남긴 리뷰를 텍스트 데이터로 수집할 수 있어야 한다. 이를 도와주는 것이 바로

'리스틀리(Listly)'이다. 리스틀리란 웹 데이터를 마우스 클릭만으로 손쉽게 크롤링해주는 프로그램이다. 리스틀리를 설치해보자.

> **Tip 웹 크롤링**
>
> 웹사이트에서 데이터를 탐색하고 수집하는 작업이다. 웹 크롤링으로 온라인 쇼핑몰에서 상품 정보를 수집하여 가격 비교를 하거나, 뉴스 기사를 수집하여 트렌드를 분석할 수 있다.

먼저, 이 실습에서는 크롬(Chrome) 브라우저를 사용하겠다. 구글에 '리스틀리'라고 검색을 하여 검색 결과에서 리스틀리 사이트(https://www.listly.io/ko)를 클릭하거나, 주소창에 사이트 주소를 직접 입력하여 접속한다.

▶ 구글에서 '리스틀리' 검색

사이트에 접속하면 아래와 같은 화면이 나오는데, 먼저 회원가입을 하자. 회원가입이 완료되었다면 '크롬확장프로그램 추가'를 클릭한다.

▶ 리스틀리 사이트(https://www.listly.io/ko)에 접속

그러면 아래와 같은 화면이 나오는데, 'Chrome에 추가'를 클릭한다.

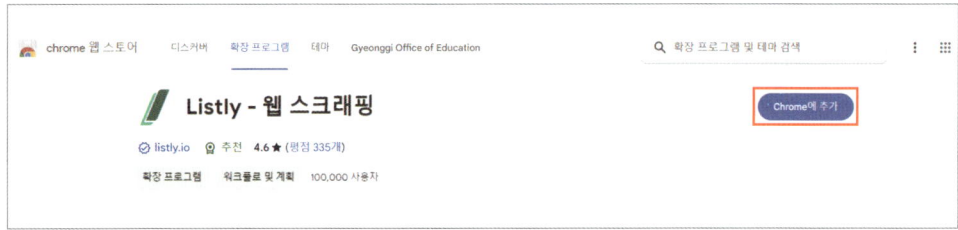

▶ 리스틀리를 크롬에 추가

이후 화면 상단에 아래 왼쪽 그림과 같은 창이 나타나면 '확장 프로그램 추가'를 클릭한다. 그러면 아래 오른쪽 그림과 같은 창이 나타날 것이다.

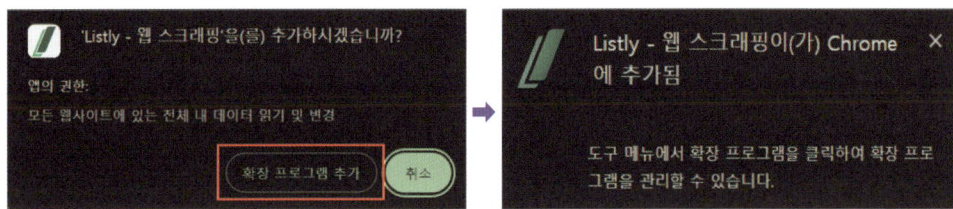

▶ 리스틀리 확장 프로그램 추가

크롬 브라우저 기준으로 퍼즐 모양으로 된 버튼을 클릭하면 확장 프로그램에 리스틀리가 추가되었을 것이다. 이제 웹 크롤링할 준비는 완료되었다.

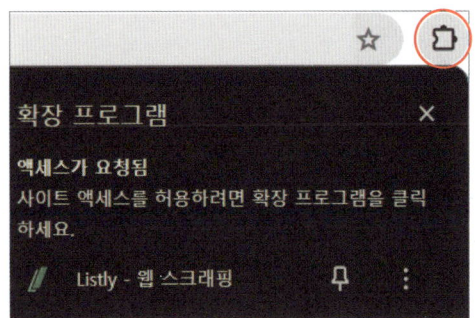

▶ 리스틀리 프로그램 추가 여부 확인

설치한 리스틀리로 영화의 리뷰를 웹 크롤링해보자. 이번 실습에서는 2023년 6월에 개봉한 영화 〈엘리멘탈〉의 리뷰를 웹 크롤링하겠다. 우선, 다음(Daum) 사이트에서 '엘리멘탈'이라고 검색하고, 평점을 클릭한다.

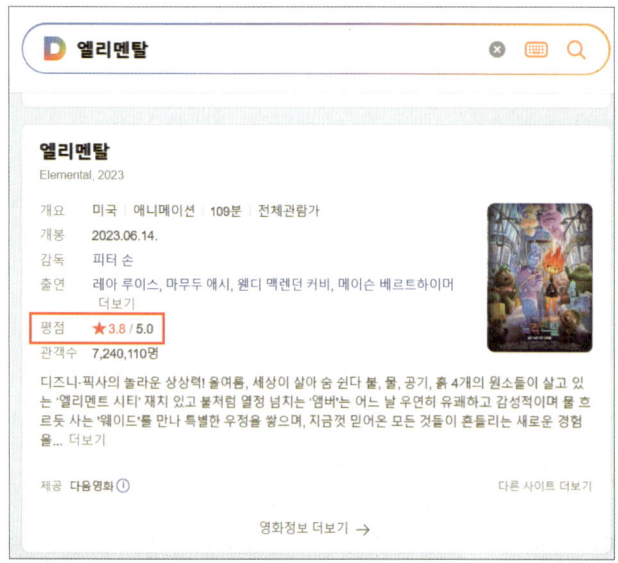

▶ 다음(Daum) 사이트에서 '엘리멘탈' 검색

리스틀리 프로그램은 화면에 나와 있는 데이터만을 수집할 수 있기 때문에 '리뷰 736개 모두 보기'를 눌러 화면에 리뷰가 모두 나오도록 하기 위해 스크롤을 계속 내려서 리뷰가 모두 보이게 한다.

실습을 위해 충분한 데이터를 수집해야 한다. 최소 400개 이상 수집해보자.

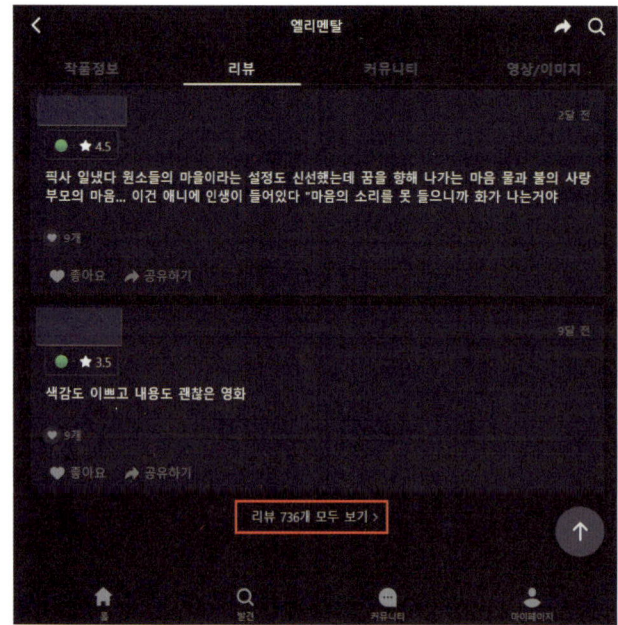

▶ 리뷰 모두 보기

퍼즐 모양의 버튼을 눌러 확장 프로그램을 열고 'Listly-웹 스크랩핑'을 클릭한다. 그러면 아래 오른쪽 그림이 나오는데, 초록색 '전체' 버튼을 클릭하면 일정한 시간 동안 로딩이 된 뒤 리뷰를 모두 크롤링할 수 있다.

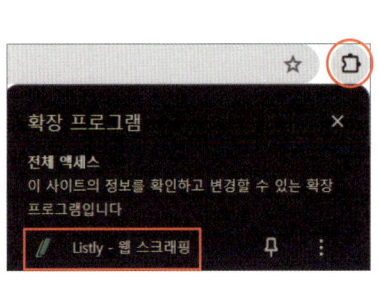 

▶ 확장 프로그램 열기   ▶ 리스틀리 사용 방법

크롤링하고 나면 아래와 같은 화면이 나오는데, '엑셀' 버튼을 눌러 데이터를 다운 받자. 만약 컴퓨터에 엑셀 프로그램이 없다면 '구글 시트' 버튼을 클릭하여 무료로 사용할 수 있는 구글 스프레드시트를 활용하자.

▶ 크롤링한 데이터 내보내기

네이버(Naver) 사이트에서 리뷰를 크롤링하려면 영화 검색 후 '관람평'을 클릭하면 된다. 이후 방법은 같다.

이번 실습에서는 다음(Daum) 사이트에서 영화 리뷰를 크롤링한 것을 기준으로 실습하겠다.

네이버(Naver) 사이트에서 영화 리뷰 크롤링 ▶

2. 데이터 전처리하기

엑셀 파일을 열면 아래와 같은 데이터를 확인할 수 있다.

▶ 다운 받은 파일

여기서 영화 리뷰 내용인 LABEL-6과 LABEL-7만 필요하기 때문에, F셀과 G셀을 제외한 나머지 셀을 선택한 뒤 마우스 오른쪽 버튼을 누르고 '삭제'를 눌러서 F셀과 G셀을 제외한 모든 셀을 삭제한다[Ctrl 키를 누르고 마우스로 열머리글(A, B, C…)을 클릭하면 여러 개의 셀을 한 번에 클릭할 수 있다].

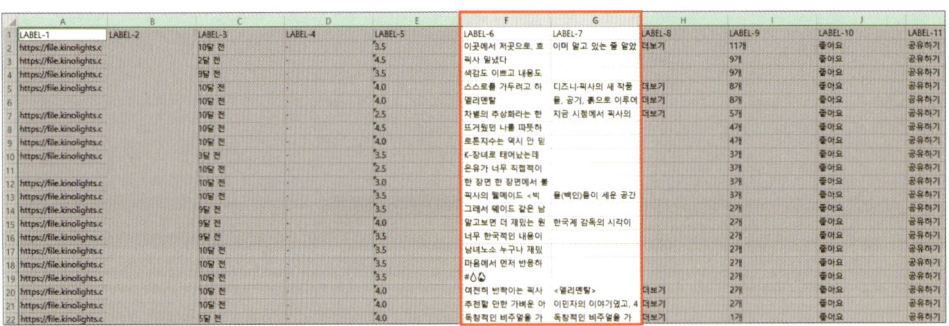

▶ 필요한 데이터만 클릭

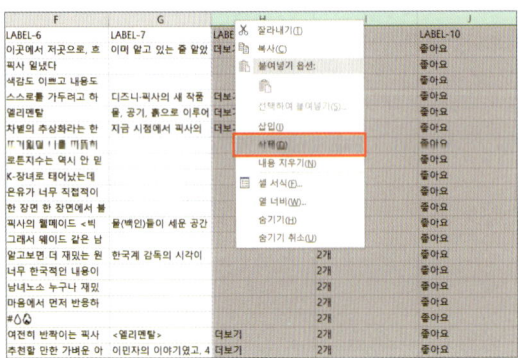

▶ 필요 없는 데이터 삭제

데이터 분석을 위해 전처리한 엑셀 파일을 저장해보자. 파일을 클릭하고 '다른 이름으로 저장'을 클릭한다.

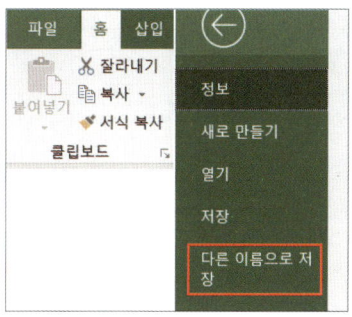

▶ 파일 저장 방법

아래 그림에서 오른쪽에 있는 폴더처럼 '새 폴더'를 만들고, 이 폴더에 .pdf 파일로 저장한다. 이번 실습에서는 'elemental'이라고 폴더명을 지정하겠다.

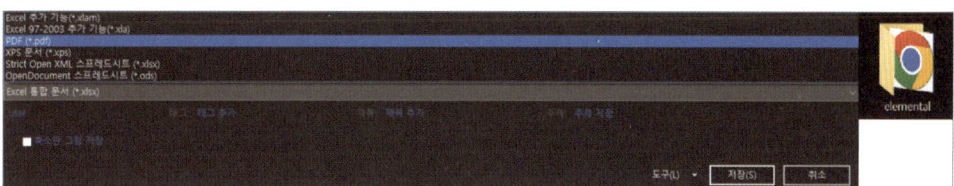

▶ 파일 저장 방법

3. 데이터 업로드하기

만약 이 단원부터 실습을 시작했다면 Options의 'Add-ons...'에서 Text가 설치되어 있는지 확인한다. 설치되어 있지 않으면 설치 후 실습을 진행한다.

위젯 모음에서 Text Mining 탭을 찾아 [Import Documents] 위젯을 클릭한다.

▶ [Import Documents] 위젯 클릭

Folder의 오른쪽에 있는 '📁...'을 클릭하자. pdf가 저장된 elemental 폴더를 선택하여 아래 오른쪽 그림과 같이 pdf 파일이 저장된 폴더가 가져와졌는지 확인해보자.

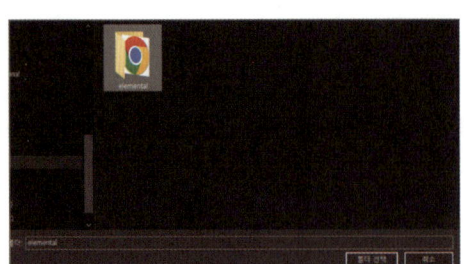 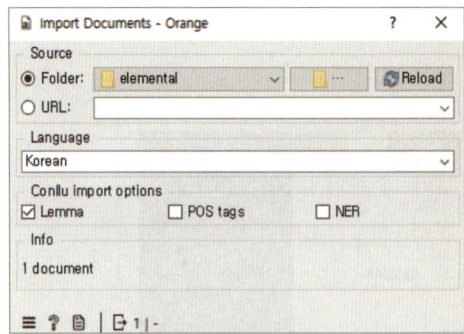

▶ 다운 받은 파일 업로드 　　　　　　　　▶ 다운 받은 파일이 포함된 폴더 업로드

4. 데이터 시각화해보기

Text Mining 탭에서 [Word Cloud] 위젯을 클릭하고 [Import Documents] 위젯과 연결해보자.

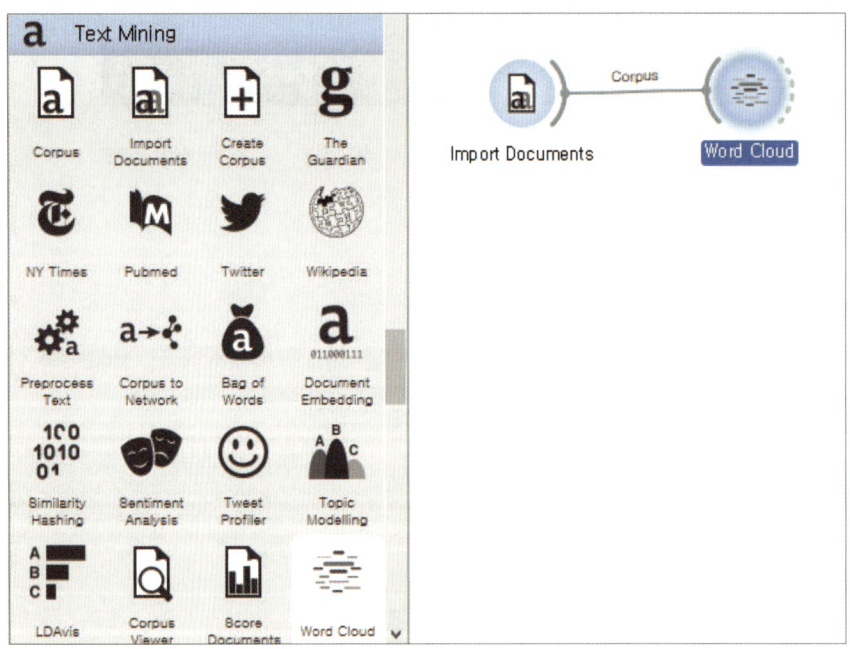

▶ [Import Documents] 위젯에 [Word Cloud] 위젯 연결

[Word Cloud] 위젯을 더블클릭하면 다음과 같은 워드 클라우드를 볼 수 있다(리뷰를 얼마나 수집하였는지에 따라 이 워드 클라우드와 다를 수 있다). 하지만 이 워드 클라우드에서는 불필요한 단어들이 보인다. 이럴 때 데이터 분석 과정에서 생각해야 되는 건 전처리이다.

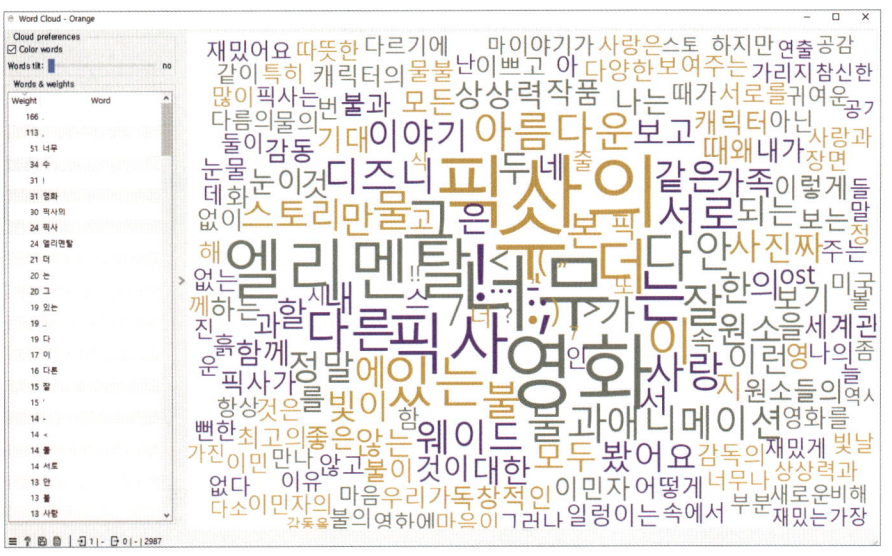

▶ 연결된 [Word Cloud] 위젯 실행

5. 데이터 전처리하기

아래 'words&weights'를 살펴보면 3개의 창에서 의미 없는 단어들이 보인다. 이를 필터링해보자.

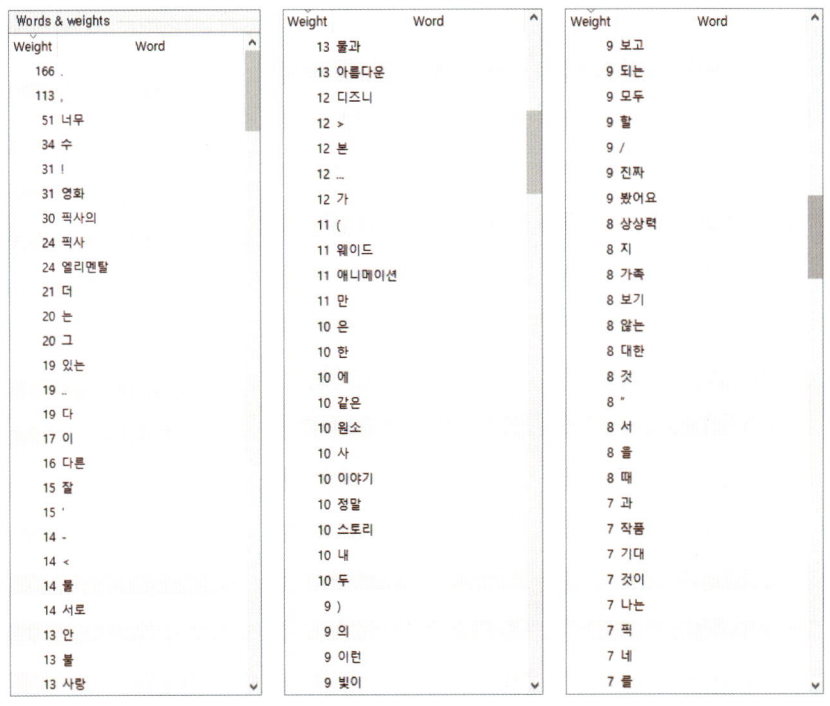

▶ [Word Cloud] 단어 살펴보기

메모장 프로그램을 실행하고, [Word Cloud] 위젯의 'words&weights'에서 빈도수가 많지만 의미가 없는 단어라고 보이는 것들을 순서대로 한 줄씩 적고 파일을 저장하자.
이 실습에서는 메모장 파일명을 'elemental_custom_stopword.txt'라고 설정하겠다.
Text Mining 탭에서 [Preprocess Text] 위젯을 선택하여 [Import Documents]와 연결한다.

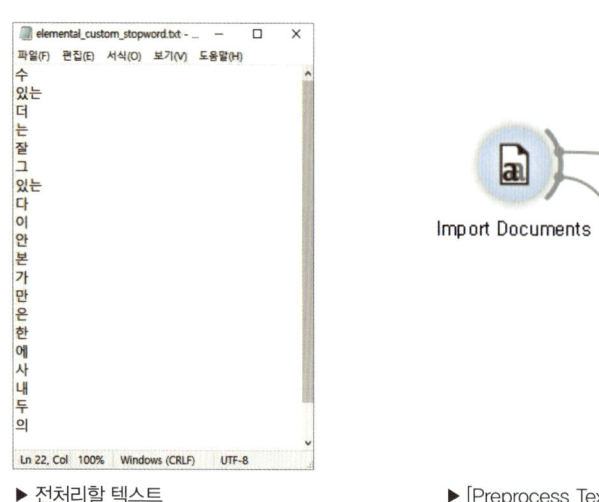

▶ 전처리할 텍스트   ▶ [Preprocess Text] 위젯 연결

[Preprocess Text] 위젯을 더블클릭하고 Stopwords의 '▇...'를 클릭하여 저장한 메모장 파일을 업로드한다.
토큰화는 'Regexp'로 기본 정규식과, 필터링은 불용어 처리할 텍스트 파일에 모두 포함하였으니 이것만 체크하겠다. 여기서 토큰화는 Word Punctuation(단어별로 나누기), Whitespace(공백으로 나누기), Sentence(문장으로 나누기), Tweet(이모티콘, 특수기호를 유지하는 트위터 모델로 나누기)를 클릭해서 다양하게 해보자.

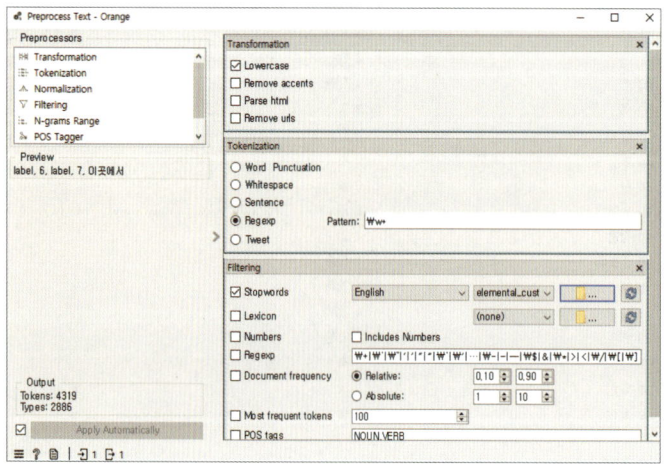

▶ [Preprocess Text] 위젯 실행

이제 전처리된 데이터에 [Word Cloud] 위젯을 클릭하여 추가하고, [Preprocess Text] 위젯과 [Word Cloud]를 연결한다.

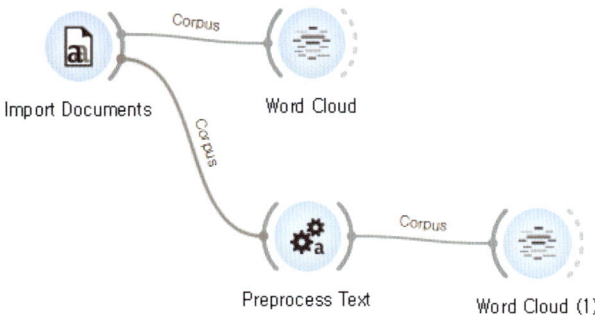

▶ [Preprocess Text] 위젯에 [Word Cloud] 위젯 연결

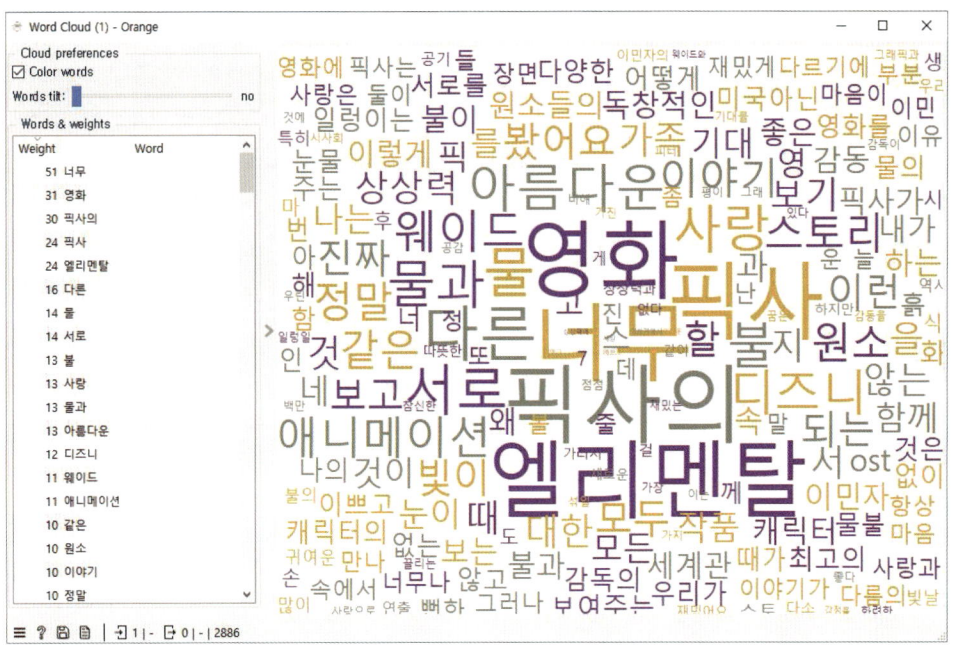

▶ 전처리된 워드 클라우드 확인

최종적으로 위 화면과 같은 워드 클라우드를 확인할 수 있다. 전처리를 하기 전인 259쪽의 워드 클라우드와 비교해보자. 빈도수가 높은 단어로 '너무', '픽사', '물', '사랑', '스토리' 등이 눈에 띈다. 이를 통해 〈엘리멘탈〉 영화에 대한 사람들의 키워드도 확인할 수 있고, 영화의 내용도 엿볼 수 있다.

6. 네트워크 그래프로 표현하기

[Corpus to Network] 위젯을 가져와서 [Preprocess Text] 위젯과 연결하자. [Corpus to Network] 위젯을 더블클릭하면 Node type(노드 유형)을 'Document(문서)' 혹은 'Word(단어)'로 선택할 수 있으며, Threshold(임계값)과 Window size(창 크기), Frequency Threshold(빈도 임계값)를 조절할 수 있다. 빈도 임계값이 10인 경우 네트워크에 빈도가 10을 넘는 것만 포함하겠다는 의미이다. 아래 그림처럼 임계값과 창 크기, 빈도 임계값을 설정하자.

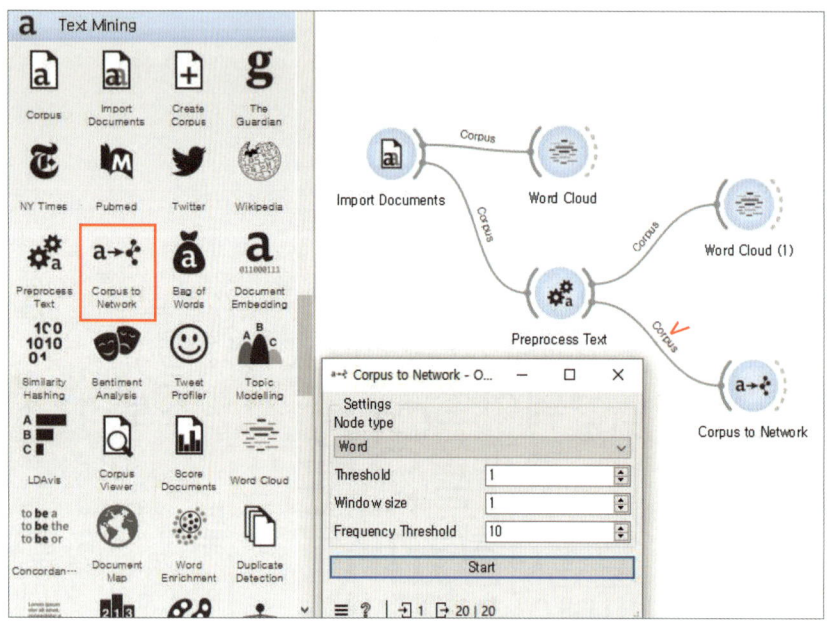

▶ [Corpus to Network] 위젯 연결 및 실행

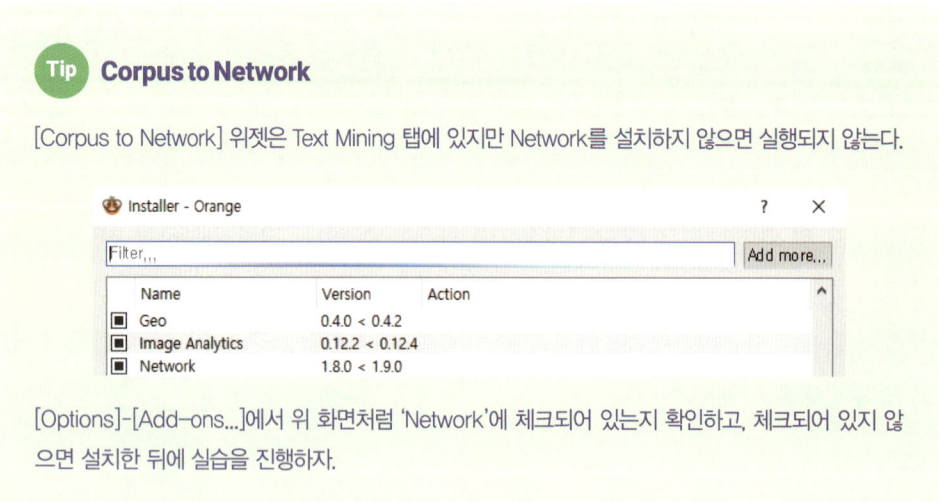

> **Tip** **Frequency Threshold**
>
> Frequency Threshold(빈도 임계값)란 데이터를 분석할 때 자주 사용되는 중요한 개념으로, 관심 있는 단어나 문장이 얼마나 자주 등장해야 분석 대상에 포함될지를 결정하는 기준이다. 실생활로 예시를 들어본다면, 여러분이 학교 도서관에서 도서부로 활동하고 있다고 생각해보자. 친구들이 가장 많이 빌린 책들을 조사하고 싶을 때, 10회 이상 빌린 사람만 조사 대상에 포함시킨다면 10회가 빈도 임계값인 것이다.

텍스트 데이터를 네트워크 형태로 변환하여 시각화하기 위해 Network 탭에서 [Network Explorer] 위젯을 가져와서 [Corpus to Network] 위젯과 연결하자.

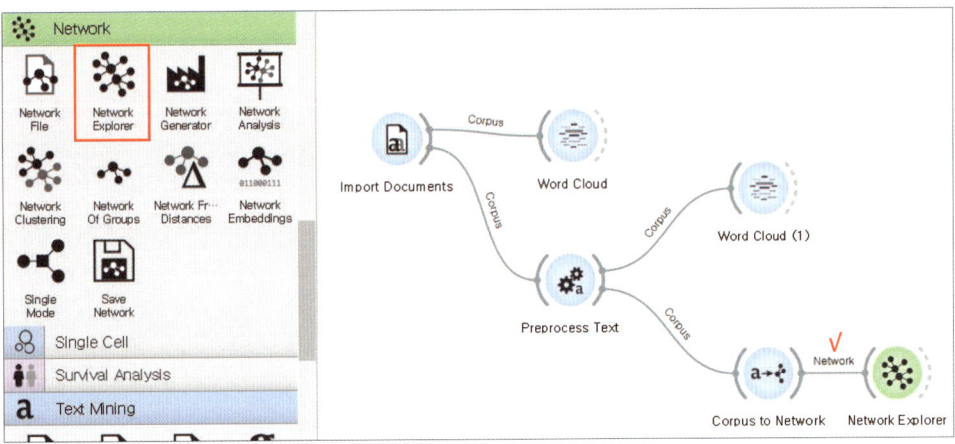

▶ [Network Explorer] 위젯 연결

> **Tip** **Corpus to Network, Network Explorer**
>
> - **Corpus to Network**: Corpus라는 말뭉치에서 네트워크를 생성하는 위젯이다. 단어들을 네트워크 그래프화하기 위해서 필요하다.
> - **Network Explorer**: 네트워크 그래프를 시각화하기 위한 기본 위젯이다. 이 시각화는 [Scatter Plot] 위젯과 동일하게 작동한다.

[Corpus to Network] 위젯과 [Network Explorer] 위젯 사이에 있는 'Network'라고 적혀 있는 선을 더블클릭하여 Edit Links 창을 띄워서 Corpus to Network의 'Node Data'와 Network Explorer의 'Node Data'를 추가로 연결하자.

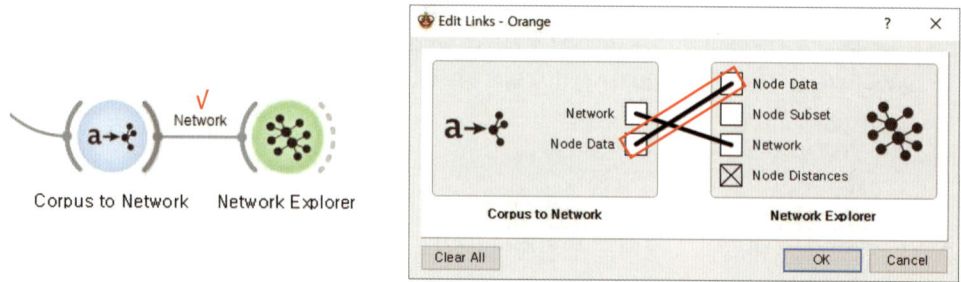

▶ [Corpus to Network]-[Network Explorer]의 Links 수정

[Courpus to Newtork] 위젯에서 'Start'를 눌러 실행하자.

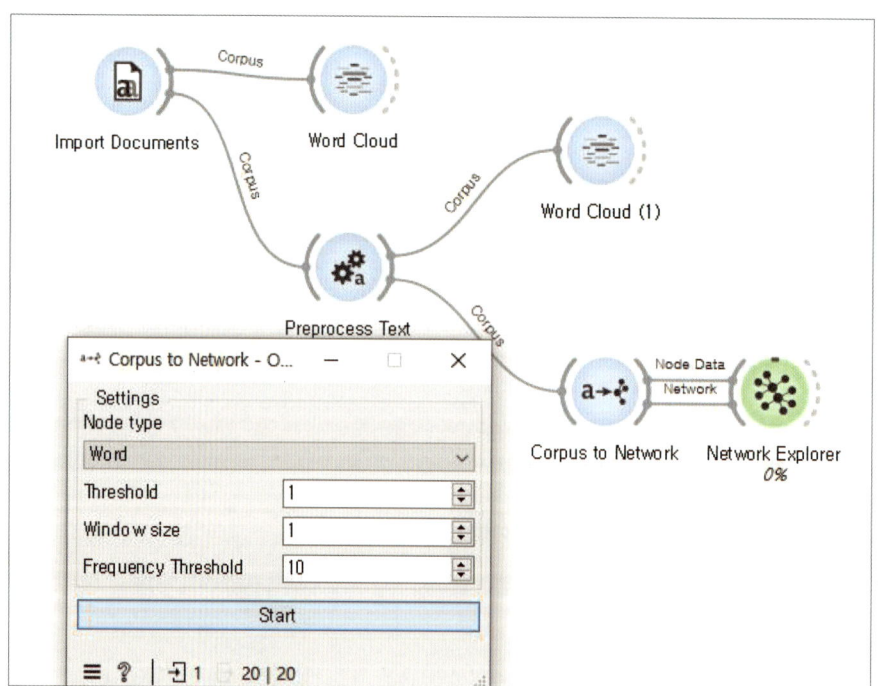

▶ [Corpus to Network] 위젯을 실행

Color와 Size를 'word_frequency'로 설정하고, Label을 'word'로 설정한 후에, Node Size와 Edge width도 조절하면 아래와 같은 네트워크 그래프를 확인할 수 있다.

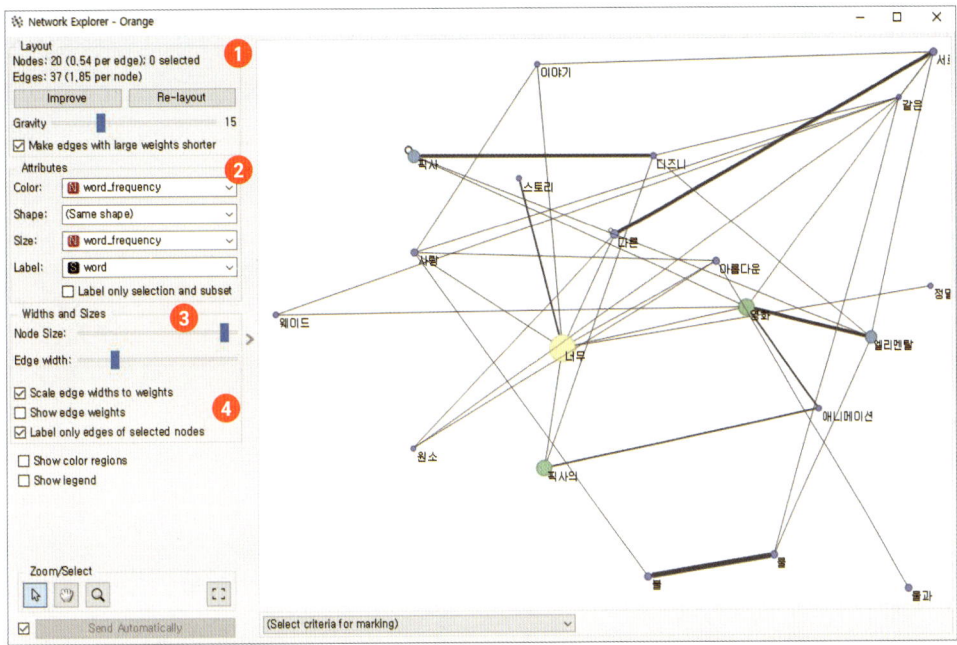

▶ [Network Explorer] 위젯 실행

❶ Layout: 네트워크에 대한 정보를 알 수 있다. 노드와 간선 수, 비율을 확인할 수 있으며, 노드를 다시 계산하려면 'Re-layout'을 누르면 된다. (노드는 원 모양의 연결 지점을 의미하며, 네트워크 그래프에서 각 개체나 요소를 나타내는 기본 단위이다. 간선은 노드 간에 관계가 있음을 선으로 표현한 것이다.)

❷ Attributes: 속성별로 노드의 색상, 모양, 크기 및 레이블을 설정할 수 있다.

❸ Width and Sizes: 노드 크기와 간선 크기를 설정할 수 있다.

❹ 간선을 가중치로 조절할지 선택할 수 있다.

위 그래프를 해석해보자면 단어(노드) 간에 연결되었다는 것은 두 단어가 서로 관련되어 있거나 유사한 문맥에서 사용되었다는 것을 나타낸다. 또한 '픽사-디즈니', '영화-엘리멘탈', '불-물'이라는 단어 관계는 다른 간선보다 두꺼운데, 이는 자주 함께 등장하거나 유사한 문맥에서 사용되었다는 것을 알 수 있다.

7. 정리하기

영화 <엘리멘탈>에 대해 사람들이 직접 남긴 리뷰 데이터를 웹 크롤링하여 시각화함으로써 어떤 단어들이 가장 많이 나왔는지 분석해보았다. 또한 사람들이 어떤 단어를 같이 썼는지 네트워크를 그래프로 표현하여 단어와의 관계를 살펴보았다. 캐글이나 공공데이터 사이트에서의 데이터를 분석해볼 수도 있지만, 이처럼 직접 텍스트 데이터를 수집하여 분석할 수 있다.

이제 데이터 분석을 위해 직접 수집하거나 데이터를 다운 받는 것에 그치지 말고 직접 웹 크롤링을 하여 대량의 데이터를 다루며 스스로 궁금한 것들을 분석해보자.

혈당과 혈압 측정을 통해 당뇨병인지 알 수 있을까?

지도 학습, 나이브 베이즈 분류

> **준비하기**
>
> 생명과학에 관심이 많은 성윤이는 최근 학교에서 조건부 확률을 배웠다. '어떤 환자가 당뇨병을 앓고 있을 때 혈당량이 60 이상일 확률'과 같은 조건이 있는 확률값을 계산해보면서 '혈당량이 60 이상일 때 당뇨병일 확률'과 같이 조건이 반대일 때의 확률을 구할 수 있는지에 대한 호기심이 생겼다. 대화형 인공지능 서비스를 통해 '베이즈 정리'라는 것을 알게 된 성윤이는 확률을 공부하고 기계학습을 통해 혈당과 혈압을 바탕으로 당뇨병을 분류해보려고 한다.

1. 조건부 확률 알고 가기

조건부 확률은 '어떤 조건이 주어졌을 때' 특정 사건이 발생할 확률을 말한다. 다시 말해, 한 사건이 이미 발생했다는 정보를 알고 있을 때 다른 사건이 일어날 확률을 계산하는 것이다.

우리 반 학생 30명을 대상으로 후드티셔츠 생활복 제작에 대한 찬성 여부를 조사하여 아래의 표로 나타냈다고 하자.

	찬성	반대	합계
남학생	11	7	18
여학생	6	6	12
합계	17	13	30

학생 중 임의로 한 명을 선택할 때 그 학생이 여학생일 사건을 A, 찬성하는 사건을 B라 하면 여학생이 찬성할 사건은 $A \cap B$ 이다. 따라서 여학생 중 임의로 한 명을 선택할 때 그 학생이 찬성할 확률은 다음과 같다.

$$\frac{n(A \cap B)}{n(A)} = \frac{6}{12} = \frac{1}{2}$$

그리고 두 사건 A와 B에 대하여 사건 A가 일어났다고 가정할 때 B가 일어날 확률을 '사건 A가 일어났을 때 사건 B의 조건부확률'이라 하며, 기호로 $P(B|A)$와 같이 나타낸다.

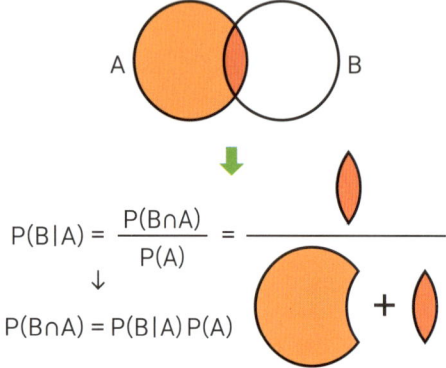

▶ 조건부 확률 (데이터 출처: https://blog.naver.com/alwaysneoi/100148922781)

2. 베이즈 정리(Bayes' Theorem) 알고 가기

베이즈 정리는 토마스 베이즈(Thomas Bayes)가 제안한 조건부 확률에 대한 정리로, 우리가 어떤 사건에 대해 이미 알고 있는 정보를 바탕으로 새로운 정보가 주어졌을 때 그 사건의 발생 확률을 어떻게 갱신해야 하는지 알려준다. 쉽게 말해, 이미 알고 있는 것을 바탕으로 새로운 정보를 평가하여 더 정확한 결론에 도달할 수 있게 도와준다.

예를 들어, 특정 지역에 비가 올 확률과 비가 올 때 먹구름이 낄 확률은 실제 데이터를 바탕으로 구할 수 있다. 하지만 사람들이 궁금해하는 것은 먹구름이 끼었을 때 비가 올 확률이다. 이 사건은 실제로 보지 않는 이상 예측하기 어렵다. 하지만 베이즈 정리를 이용하면 우리가 알고 있는 '비가 올 확률'과 '비가 올 때 먹구름이 낄 확률'을 바탕으로 '먹구름이 끼었을 때 비가 올 확률'을 구할 수 있다.

$$\underset{\text{사후확률}}{P(A|B)} = \frac{P(A \cap B)}{P(B)} = \frac{P(B|A)\underset{\text{사전확률}}{P(A)}}{P(B)}$$

수식으로 표현하면 위와 같이 표현할 수 있는데 A는 비가 오는 사건, B는 먹구름이 낀 사건이라고 볼 수 있다. 즉 '먹구름이 끼었을 때 비가 올 확률'인 P(A | B)는 '비가 올 때 먹구름이 낄 확률' P(B | A)와 '비가 올 확률' P(A)를 바탕으로 구할 수 있는 것이다. 여기서 P(A)는 사전확률이라 하며, 추가 정보가 주어지기 전의 어떤 사건 A가 발생할 확률을 말한다. 또 P(A | B)는 사후확률이라고 하며, 사전확률에 새로운 정보(B)를 반영한 확률을 말한다.

베이즈 정리를 바탕으로 사전확률을 이용하여 사후확률을 계산한 예시를 살펴보자. 아래와 같이 당뇨병일 확률과 당뇨병이 아닐 확률, 당뇨병일 때 고혈압일 확률과 당뇨병이 아닐 때 고혈압일 확률을 알고 있다고 하자. P(고혈압 | 당뇨병)과 P(고혈압 | 당뇨병 아님)은 데이터를 기반으로 쉽게 구할 수 있는 확률이다.

P(당뇨병) = 0.3   P(당뇨병 아님) = 0.7
P(고혈압 | 당뇨병) = 0.3   P(고혈압 | 당뇨병 아님) = 0.1

베이즈 정리에 의하여 고혈압일 때 당뇨병일 확률을 구해보면 아래와 같다.

$$P(당뇨병 | 고혈압) = \frac{P(고혈압 | 당뇨병)P(당뇨병)}{P(고혈압)} \cdots ㉠$$

$$= \frac{P(고혈압 | 당뇨병)P(당뇨병)}{P(고혈압 \cap 당뇨병) + P(고혈압 \cap 당뇨병 아님)} \cdots ㉡$$

(※ 전체 확률의 법칙에 의해 ㉠은 ㉡으로 구할 수 있다.)

$$= \frac{P(고혈압 | 당뇨병)P(당뇨병)}{P(고혈압 | 당뇨병)P(당뇨병) + P(고혈압 | 당뇨병 아님)P(당뇨병 아님)}$$

$$= \frac{0.3 \times 0.3}{0.3 \times 0.3 + 0.1 \times 0.7}$$

$$\fallingdotseq 0.56$$

일반적으로 어떤 사람이 당뇨병일 확률이 0.3이었다면, '고혈압에 대한 정보'가 주어졌을 때 당뇨병일 확률은 약 0.56이다. 즉 고혈압이라는 정보에 의해 당뇨병일 확률이 30%에서 56%까지 증가한 것이다.

> **Tip 전체 확률의 법칙 더 알아보기**
>
>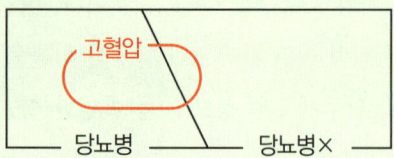
>
> 전체 확률의 법칙은 표본공간을 겹치지 않는 사건으로 나누어 확률을 계산하게 해주는 법칙으로, 앞의 수식에서 ㉠을 ㉡으로 바꿔 쓸 수 있는 이유는 전체 확률의 법칙에 따라 고혈압일 확률은 당뇨병이면서 고혈압일 확률과 당뇨병이 아니면서 고혈압일 확률의 합으로 나타낼 수 있기 때문이다.

이번에는 고혈당 관련 정보를 알고 있다고 가정해보자. 아래와 같은 확률이 주어지면 고혈당일 때 당뇨병일 확률을 구할 수 있다.

P(당뇨병) = 0.3   P(당뇨병 아님) = 0.7
P(고혈당 | 당뇨병) = 0.6   P(고혈당 | 당뇨병 아님) = 0.02

$$P(당뇨병 | 고혈당) = \frac{P(고혈당 | 당뇨병)P(당뇨병)}{P(고혈당 | 당뇨병)P(당뇨병) + P(고혈당 | 당뇨병 아님)P(당뇨병 아님)}$$

$$= \frac{0.6 \times 0.3}{0.6 \times 0.3 + 0.02 \times 0.7}$$

$$\approx 0.93$$

고혈당이라는 정보에 의해 당뇨병일 확률은 기존의 0.30(30%)에서 0.93(93%)까지 증가한다.

위 사례와 같이 베이즈 정리는 확률론에서 매우 중요한 원리로, 주어진 조건하에 특정 사건의 확률을 업데이트하는 방법을 제공한다. 사전확률과 사후확률 사이의 관계를 바탕으로 새로운 정보가 주어졌을 때 이전에 가지고 있던 믿음(확률)을 어떻게 수정해야 하는지 알려준다.

우리가 인공지능 분류 모델을 만들 때 사용할 나이브 베이즈 모델은 베이즈 정리를 기반으로 한 분류 알고리즘이다. 이 모델은 각 카테고리(당뇨병인지 아닌지)의 사전확률과, 주어진 데이터가 그 카테고리에 속할 조건부 확률을 계산하여 가장 높은 사후확률을 가진 카테고리로 분류한다. 나이브(Naive)는 '단순한', '순진한'이라는 뜻으로 데이터의 모든 특성(feature)이 서로 조건부 독립이라는 단순한(나이브한) 가정을 사용한다는 데서 유래한다.

3. 데이터 준비하기

캐글 사이트에는 분류(classification)에 활용할 수 있는 데이터가 많다. 그 데이터들 중에서 나이브 베이즈 분류에 활용할 만한 데이터를 소개한다.

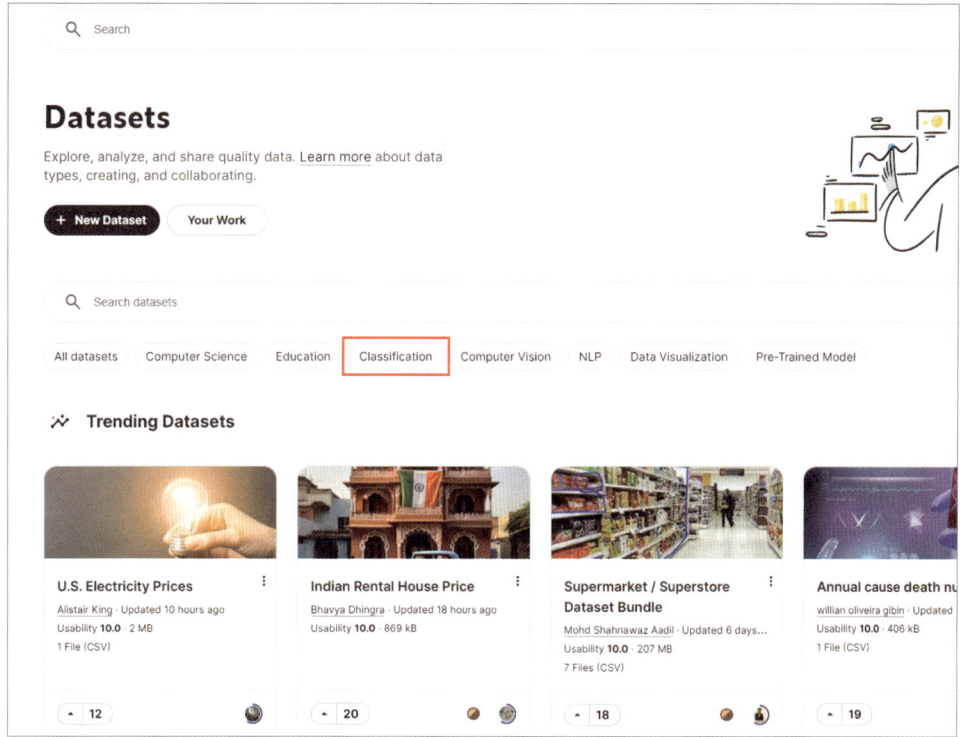

▶ 캐글 사이트의 데이터셋(Datasets)
  (데이터 출처: https://www.kaggle.com/datasets/himanshunakrani/naive-bayes-classification-data)

책에서 제공하는 diabetes.csv 파일을 열어보자. 세 가지 속성은 다음과 같다.

- glucose(혈당): 개인의 혈당 수치
- bloodpressure(혈압): 개인의 혈압 수치
- diabetes(당뇨병 여부): 개인이 당뇨병을 가지고 있는지를 나타내는 속성으로, 당뇨병이 있으면 1, 없으면 0으로 표시한다.

	A	B	C
1	glucose	bloodpressure	diabetes
2	35	82	0
3	35	82	0
4	35	82	0
5	35	83	0
6	35	83	0
7	35	88	0
8	35	88	0
9	35	90	0
10	35	90	0
11	35	90	0
12	40	75	0
13	40	77	0
14	40	78	0
15	40	78	0
16	40	78	0
17	40	80	0
18	40	80	0
19	40	82	0
20	40	82	0
21	40	82	0
22	40	82	0

▶ 당뇨병 데이터 미리 보기

파일에는 총 900개의 데이터가 있으며, 각 혈당 수치와 혈압 수치에 따른 당뇨병 여부가 0과 1로 표시되어 있다. 주어진 데이터를 나이브 베이즈로 학습시켜 당뇨병 여부를 분류하는 모델을 만들어보자.

4. 데이터 불러오기와 데이터 살펴보기

[File] 위젯을 이용해 당뇨병 데이터의 csv 파일을 불러온다. 다음의 그림에서 화면 중간에 있는 Info 부분을 보면 총 900개의 데이터(instances)가 있고, 3개의 속성(feature)을 가지며, 결측치는 없다는 것을 알 수 있다. 아래 Colums를 살펴보면 glucose(혈당)와 bloodpressure(혈압)의 Type은 'numeric(수치형)'으로 표시되어 있다. 우리가 분류하고자 하는 것은 당뇨병(diabetes) 여부이므로 diabetes(당뇨병)의 Role을 'Target'으로 바꿔주어야 하며, 만약 diabetes가 'categorical(범주형)' 데이터로 설정되어 있지 않으면 'categorical'로 바꿔준 뒤 'Apply'를 눌러야 한다.

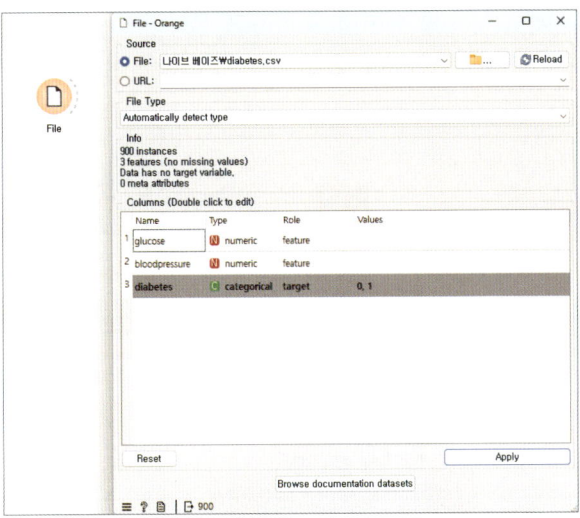

▶ [File] 위젯으로 당뇨병 데이터 불러오기

불러온 파일에 [Data Table]을 연결해보자. 본격적으로 모델을 만들기 전에 표 형식의 데이터가 잘 불러와졌는지 확인해야 한다.

데이터가 잘 들어왔다면 [File] 위젯에 [Distributions] 위젯을 연결하여 혈당(glucose)과 혈압(bloodpressure)의 분포를 히스토그램으로 살펴보자. 아래 그림은 혈당(glucose)을 다섯 구간으로 나누어 히스토그램으로 나타낸 것이다. 설정 부분에서 Bin Width는 계급의 크기, 즉 가로축을 나누는 단위를 나타낸다. 혈당(glucose)은 20~70의 범위를 가지며 40~55의 빈도가 다른 구간보다 많은 정규분포와 유사한 형태를 보인다.

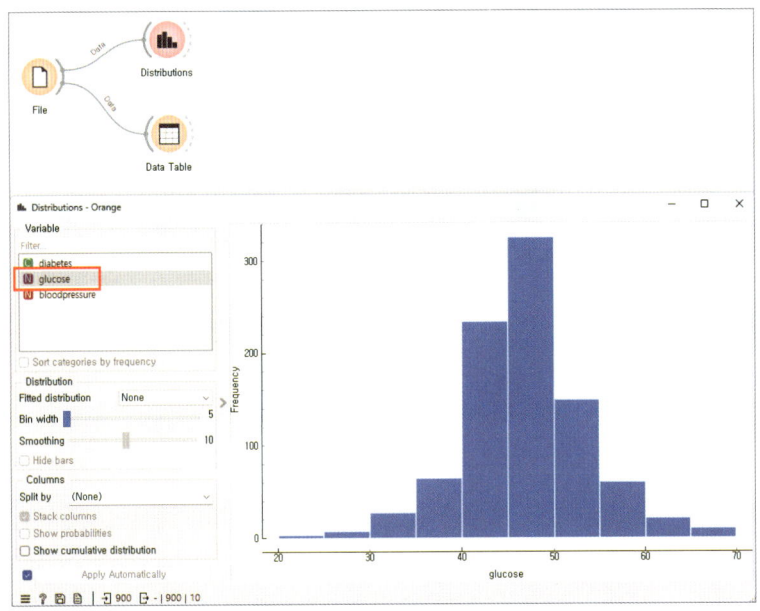

▶ [Dictributionc] 위젯으로 혈당 히스토그램 살펴보기

만약 혈당(glucose) 히스토그램 분포에서 당뇨병 여부를 표시하고 싶다면 Columns의 Split by에서 'diabetes'를 선택하면 된다.

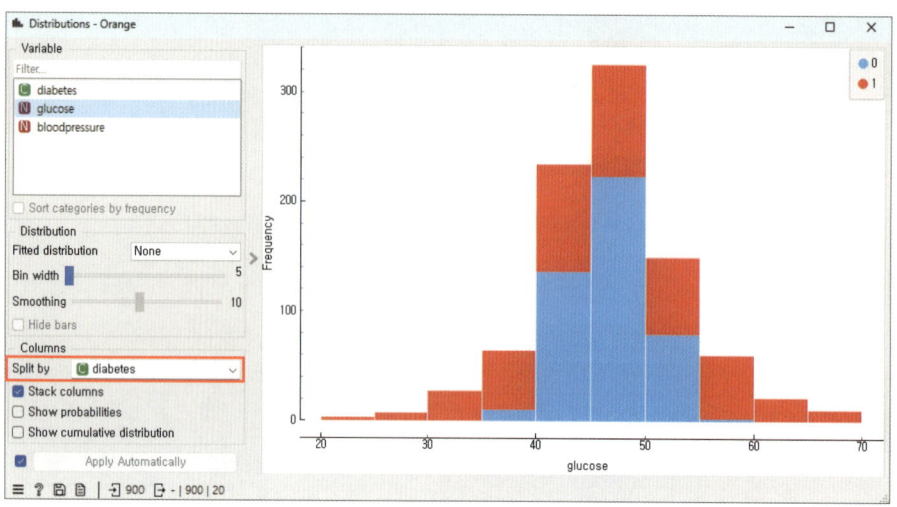

▶ 히스토그램 분포에서 당뇨병 여부 표시하기

이번엔 혈압(bloodpressure)의 분포를 살펴보자. 특정 구간에 데이터가 몇 개인지 특정 계급의 도수를 살펴보고 싶다면 해당하는 막대에 마우스를 올려놓으면 된다.

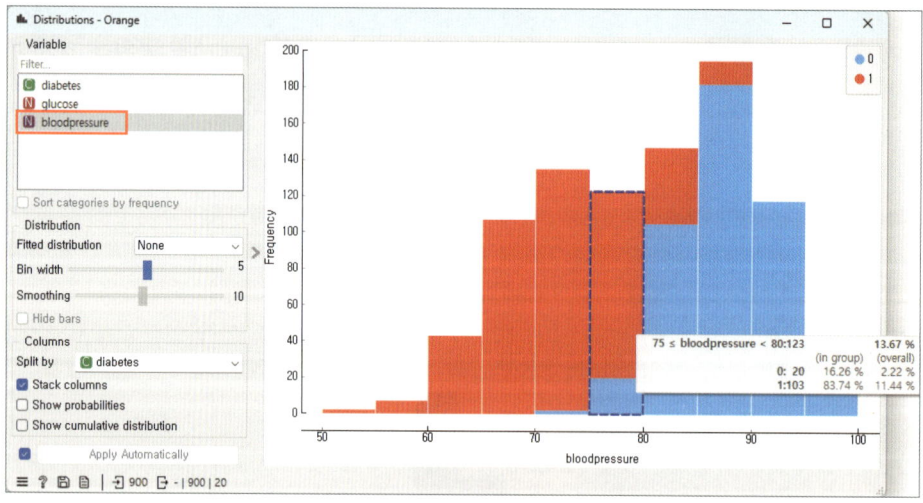

▶ [Distributions] 위젯으로 혈압 히스토그램 살펴보기

혈압(bloodpressure)은 위 그림과 같은 분포를 이루고 있으며, 혈압이 75 이상이고 80 미만인 데이터는 총 123개이며, 123개의 데이터 중에 당뇨병이 아닌(0) 데이터는 20개, 당뇨병인(1) 데이터는 103개인 것을 알 수 있다.

자, 그럼 본격적으로 나이브 베이즈를 이용한 분류 모델을 만들어보자.

5. 응용하기: 나이브 베이즈 분류하기

아래 그림과 같이 Model 카테고리에 있는 [Naive Bayes] 위젯을 불러와 [Test and Score] 위젯과 연결하고, [File] 위젯과 [Test and Score] 위젯을 연결한다. 그러면 주어진 데이터를 나이브 베이즈 방법으로 학습하고 테스트를 거친 뒤 분류 정확도를 확인할 수 있다.

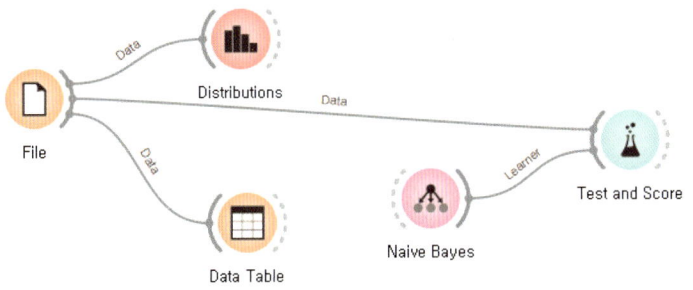

▶ [Naive Bayes] 위젯과 [Test and Score] 위젯 연결

[Test and Score] 위젯은 데이터와 학습 모델을 입력으로 받아 학습 및 테스트 결과를 출력하는 위젯으로, 모델의 성능과 관련된 지표들을 확인할 수 있다. 또한 모델의 성능을 평가할 때 학습 세트와 테스트 세트로 분할하는 두 가지 다른 접근 방식인 교차 검증(Cross Validation)과 무작위 추출법(Random Sampling)을 선택할 수 있다. 교차 검증은 전체 데이터셋을 여러 개의 작은 그룹(fold)으로 나눈 후 각 그룹을 한 번씩 테스트 세트로 사용하고 나머지를 학습 세트로 사용하는 방식을 말한다. 반면에 무작위 추출법은 데이터셋을 학습 세트와 테스트 세트인 두 묶음으로 무작위로 나누어 모델을 학습시키고 테스트 세트로 모델을 평가하는 방식이다.

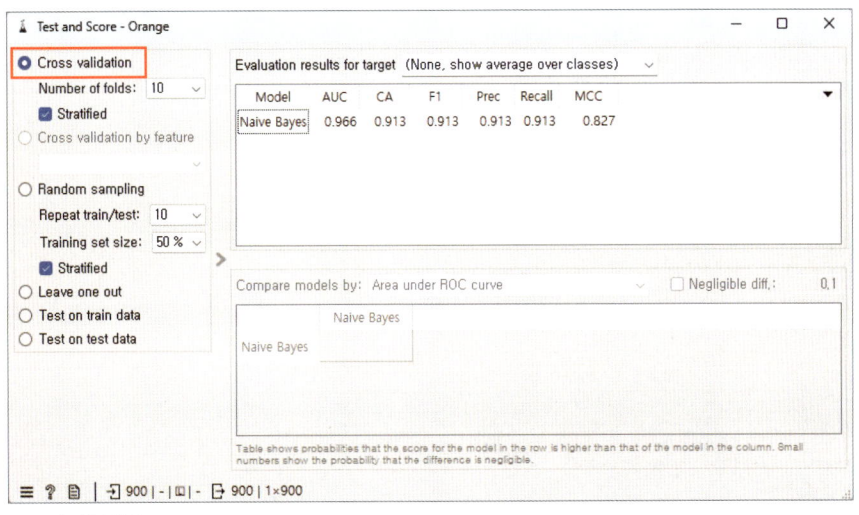

▶ 교차 검증 활용

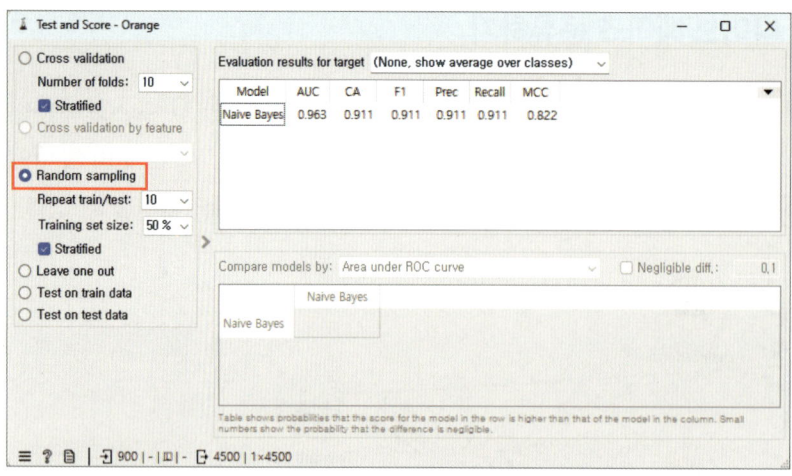

▶ 무작위 추출법 활용

위의 두 그림 중에서 첫 번째 그림은 교차 검증을 사용한 것이고, 두 번째 그림은 무작위 추출법을 이용한 것이다. 교차 검증을 사용했을 때 근소한 차이로 모델의 정확도(F1)가 높은 것을 알 수 있다.

다음으로 [Test and Score] 위젯에 [Predictions] 위젯을 연결하여 실제로 각 데이터에 대해 당뇨병 여부를 어떻게 예측했는지 살펴보자.

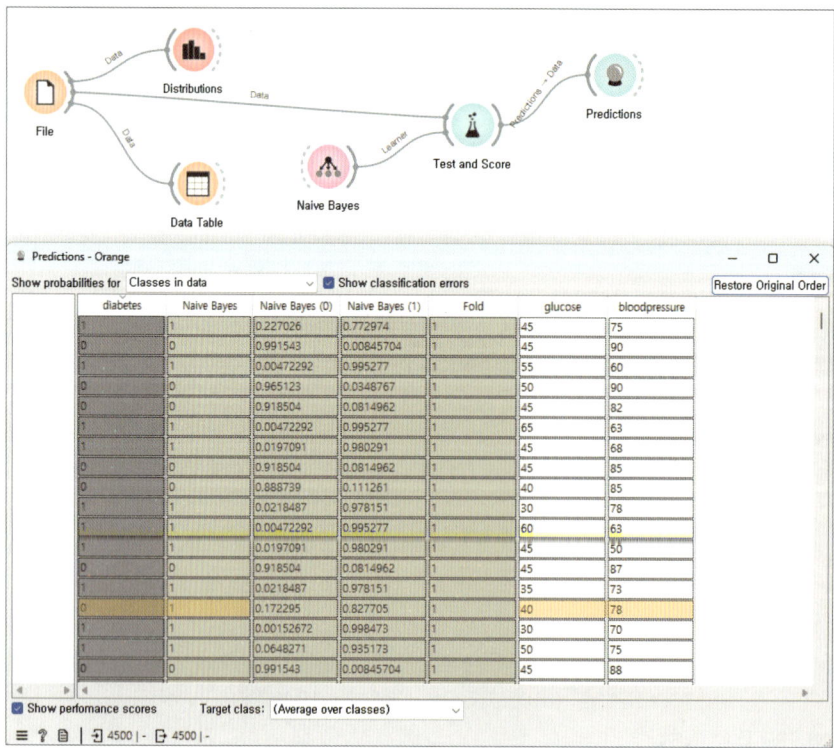

▶ 실제 당뇨병 여부와 예측값 확인하기(무작위 추출법의 실습 화면)

현재 그림에서 보이는 데이터는 실제 당뇨병 여부와 나이브 베이즈로 분류한 당뇨병 여부가 대부분 일치한다는 것을 보여준다. 다만 중간에 혈당(glucose)이 40이고 혈압(bloodpressure)이 78일 때 실제로는 당뇨병이 없음에도 불구하고 당뇨병이 있을 것(1)이라고 예측했다. 그리고 이때 Naive Bayes(1) 값이 0.827705인 것은 나이브 베이즈 모델이 약 82.77%의 확률로 당뇨병이 있을 것이라고 확신한다는 것을 의미한다.

그러면, 우리가 만든 나이브 베이즈 모델의 예측값이 실제 값을 얼마나 정확히 예측했는지 살펴보자. [Test and Score] 위젯에 [Confusion Matrix] 위젯을 연결해보자. Confusion Matrix(오차행렬, 혼동행렬)는 분류 문제에서 모델의 성능을 평가하는 데 사용된다(217쪽 참고). 이 행렬은 실제 당뇨병 여부와 모델이 예측한 당뇨병 여부를 기반으로 예측의 정확성을 보여준다.

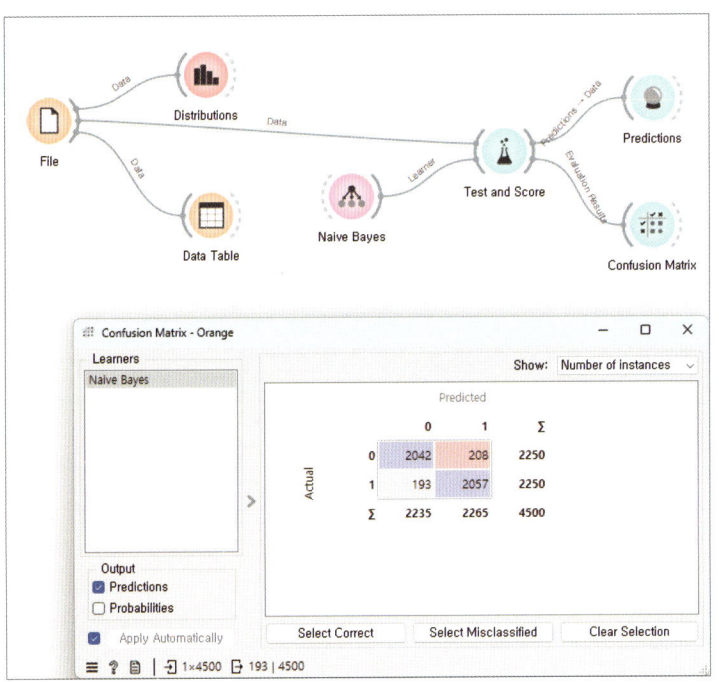

▶ 혼동행렬(오차행렬) 실행 화면(무작위 추출법의 실습 화면)

위 그림을 보면 실제 당뇨병이 아닌(0) 데이터에 대해 올바르게 예측한 데이터는 2,042개이고, 당뇨병이 아닌데(0) 당뇨병(1)이라고 다르게 예측한 데이터는 208개이다. 또한 실제 당뇨병인(1) 데이터에 대해 올바르게 예측한 데이터 2,057개, 다르게 예측한 데이터는 193개인 것을 알 수 있다.

6. 정리하기

이번 프로젝트를 통해 우리는 나이브 베이즈 모델이라는 기계학습 알고리즘을 사용하여 혈당과 혈압 데이터를 바탕으로 당뇨병 여부를 분류하는 방법을 탐구했다. 우선 조건부 확률과 베이즈 정리에 대한 이해를 바탕으로 어떻게 사전 정보와 새로운 정보를 통합하여 사후확률을 계산할 수 있는지를 배웠다. 또한 당뇨병 데이터를 히스토그램으로 살펴보고, 나이브 베이즈 모델로 학습시켜 [Test and Score] 위젯을 이용하여 분류 모델의 성능을 살펴보았다. 마지막으로 [Predictions] 위젯과 [Confusion Matrix] 위젯을 사용하여 모델이 실제 데이터에 대해 어떻게 예측을 수행했는지 살펴보고, 실제 당뇨병 여부와 모델이 예측한 당뇨병 여부를 기반으로 예측의 정확성을 확인했다.

이번 실습은 나이브 베이즈 분류 알고리즘을 깊이 이해하고 실제 의료 데이터에 적용해 본 것으로, 데이터 과학과 기계학습 기술이 현실 세계의 복잡한 문제를 해결하는 데 어떻게 도움을 줄 수 있는지 직접 경험함으로써 우리는 더 나은 의사결정을 내리고, 건강관리와 같은 중요한 분야에서 의미 있는 통찰을 얻을 수 있다.

<정보쿠키>는 길벗출판사가 전국의 <정보> 선생님들을 위해 최신 IT 교육 정보, <정보> 수업 사례, 다양한 교육 관련 정보를 제공하는 온라인 뉴스레터입니다. 매 달 마지막 수요일에 발송됩니다.

<정보쿠키>는 정보선생님들의 참여를 기다립니다.
동료들과 나누고 싶은 교육 정보, 수업 사례가 있다면 아래 이메일 주소로 원고를 보내주세요.
채택된 원고에는 소정의 원고료를 지급합니다.
pkr@gilbut.co.kr

<정보쿠키> 구독을 원하면
오른쪽 QR 코드로 접속하세요.

길벗 출판사는 전국의 〈정보〉 선생님에게
항상 최신, 최상의 IT 교육 콘텐츠를 제공합니다

길벗출판사 〈정보〉 교과서

길벗 교과서는 선생님과 학생이 함께 배움을 익히는 교과서를 만듭니다. 누구에게나 쉽고 재밌는 수업이 되도록 실생활 예제로 흥미를 유발하고, 직관적인 설명으로 꼭 알아야 하는 핵심 개념의 학습을 유도합니다. 최고의 집필진과 수 십 명의 현직 교사가 함께 만든 최고의 교과서를 만나보세요.

중학교 정보

고등학교 인공지능 기초

소프트웨어와 생활

강력한 교사 지원 시스템
길벗 교과서 홈페이지

누구나 제공하는 기본 교육 자료는 너무나 당연합니다. 급변하는 IT 트렌드에 발맞춰 최신 IT 교육 정보를 실시간으로 업데이트하고 선생님과 공유할 예정입니다.

길벗 정보교과서 카카오채널

정보 교과 관련 이슈 및 자료를 공유하는 채널입니다. 길벗교과서는 선생님께 좋은 자료를 제공해 드립니다. 카카오톡 '길벗 정보교과서' 채널을 구독하면 유용한 정보를 빠르게 받아볼 수 있습니다.

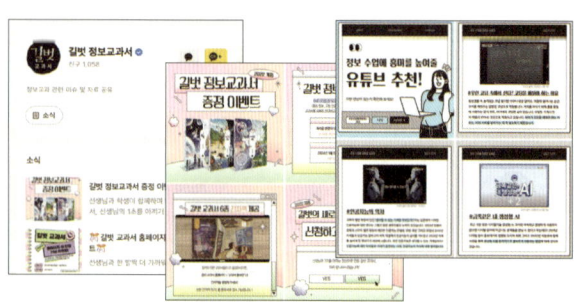